赢在电子商务

——网络营销创意与实战

环博文化　组　编
陈益材　等编著

机 械 工 业 出 版 社

本书作者具有近 10 年的互联网营销传播实战经验。书中深入讲解了现在互联网的常见营销手段，以及通过各种网络营销手段获得成功的案例。作者希望通过对这些成功案例的剖析，能在实质上帮助对电子商务和网络营销感兴趣，并想在网上推广销售的读者。

本书适合正在寻找电子商务网站经营之道的管理者、大专院校网络营销及电子商务专业的学生、网站的网络营销人员、开始网上销售的传统企业营销人员等参考。

图书在版编目（CIP）数据

赢在电子商务：网络营销创意与实战 / 陈益材等编著. —北京：机械工业出版社，2013.10
ISBN 978-7-111-45801-2

Ⅰ. ①赢…　Ⅱ. ①陈…　Ⅲ. ①网络营销　Ⅳ. ①F713.36

中国版本图书馆 CIP 数据核字（2014）第 026067 号

机械工业出版社（北京市百万庄大街 22 号　邮政编码 100037）
策划编辑：丁　诚
责任编辑：丁　诚
责任印制：乔　宇

保定市中画美凯印刷有限公司印刷

2014 年 3 月第 1 版 • 第 1 次印刷
169mm×239mm • 24.25 印张 • 472 千字
0001－4000 册
标准书号：ISBN 978-7-111-45801-2
定价：49.00 元

凡购本书，如有缺页、倒页、脱页，由本社发行部调换

电话服务
社服务中心：（010）88361066
销售一部：（010）68326294
销售二部：（010）88379649
读者购书热线：（010）88379203

网络服务
教材网：http://www.cmpedu.com
机工官网：http://www.cmpbook.com
机工官博：http://weibo.com/cmp1952
封面无防伪标均为盗版

前言——赢在网络创意营销

您已经进军并占据互联网市场了吗？

有了电子商务网站，但是没有任何的销售业绩，是否考虑做营销推广？

正在考虑重新建立网站，但是不知道营销型网站如何设计与制作？

做了竞价排名广告，效果不太明显？

是否以传统生意的营销思维在运营互联网市场？

知道很多网络营销手段却无从下手？

是否很想占据互联网份额，但是无人可以帮助你？

如果你有上面这些困惑，那这本书可以帮助你。

世界性的经济低迷，加上通货膨胀，使得我国传统行业尤其是中小企业，面临着前所未有的生存与竞争压力。但是，淘宝网站却获得了近 500 亿元的年营业额，超过了中国任何一家商业企业。PPG 凭网上销售衫衣日均销量就高达 1 万件以上，超过了同期的任何一家传统服装企业的零售额。显而易见，基于互联网的电子商务平台是任何企业和个人打开市场的一条捷径。但对于电子商务这件事，不能光凭感情用事，也不能仅凭自己的一腔热情。当您翻开这本书时，也就意味着您希望选择一条与众不同的道路。

首先笔者庆幸自己选择了互联网这个行业，2000～2003 年大学毕业头几年在华宇集团下属房地产公司任职营销策划经理，被单位送到上海、广州学习营销策划，回单位参与策划并运营了漪汾华苑、华宇大厦、华宇时尚购物中心等房地产项目，积累了项目营销策划的经验。2004 年开始回北京自主创业，在互联网行业一拼就是 10 年。在 10 多年的网站策划、技术开发、网站运营推广实战操作过程中，曾与近百家企业有过业务接触，其中有非常成功的案例，也有因为各种原因“流产”的项目。在这段时间，笔者积累了不少网络营销的经验，希望通过本书与读者共享，能够帮助企业或个人了解并开展现代电子商务，并在最后真正赢在电子商务上。

在市场上有很多“网络营销专家”，张口就是搜索引擎营销、微博营销、SNS 社区营销、电子邮件营销等，其实这些都是“概念”，问其网站技术一问三不知，试问给网络平台做营销，连最基础的产品自己都不清楚，以何资本论营销。笔者认为“水无常形，兵无常势”做电商或者网络营销这一行，别说不是同行，即便是同行、同业，实施的方案也有差别。归根结底，这跟企业的需求、项目的定位、投资的实力、运营的团队等都有关系。

正所谓“知己知彼，百战不殆”，想真正开展好电子商务，首先就要了解成功运营电子商务的核心是什么？其实无需太多的营销概念，主要应做好以下两个关键环节。

一是要搭建一个营销型的电子商务网站。二是要整合所有营销手段推广这个网站。

0.1 营销型电子商务网站

有些人认为做一个网站挂到互联网上，输入指定的域名，打开企业网站就是进行电子商务，其实这是一个很大的误区。目前大部分企业做的网站都是“名片式”的静态页面，只是起到广而告之的作用。电子商务是指在全球各地广泛的商业贸易活动中，基于互联网的应用方式，买卖双方不谋面而进行各种商贸活动，实现网上购物、商户之间的网上交易和在线电子支付以及各种商务活动、交易活动、金融活动和相关的综合服务活动的一种新型的商业运营模式。

一个完整的营销型电子商务网站要具备如下功能：

1）产品展示功能。即可以在后台按分类和索引目录自主上传所要销售的产品图片。在后台开发的时候通常包括一级目录和二级子目录，子目录有时在组织上很方便。例如，一个工业供应品商会有成千上万种被分类的产品，像这样的公司，在建立电子商务网站时，对产品的分类展示是十分重要的。

2）产品的搜索引擎。网站可以利用数据库和信息检索技术为用户提供对产品及其他信息的查询功能。查询功能可以包括关键字查询、分类查询、组合查询等。通过搜索引擎的查询功能，用户可以方便、快捷地在网站上找到所需要的产品及服务方面的信息。

3）网上订购功能。是指为浏览网站的消费者提供包括网上采购及填写订购单等功能。

4）网上结算功能。是指通过后台程序自动统计结算，并实现用户、商家与银行之间的结算。只有实现了网上结算，才标志着真正意义上的电子商务活动。

5）网络售后服务。要进行电子商务，实现网络售后服务的功能是很重要的。利用人工智能中的机器学习、知识表示，使得网站能自动地回答用户提出的各种问题，包括一般性服务和销售查询问题，还能把回答不了的问题转交给客户服务部，让他们来回答，这种技术目前被普遍地应用。

6）营销功能。这一点非常的重要，互联网平台在推广的时候往往是和技术相结合的，如 SEO 搜索引擎优化营销，在网站搭建的时候就要充分考虑进去，包括关键词的选择，关键词在网页上的分布，链接策略等。如果说一个网站只是找一个企业随便搭建的一个平台，那只是电子化的画册，并不是一个营销型的网站。网络营销是全程整合营销的过程，从开始有运营项目想法的时候就要充分考虑最终端市场的需求，把所要采用的营销手段充分溶入搭建的平台上，这才是正确的做法。

0.2 网络营销的重要性

在互联网信息平台上，“酒香不怕巷子深”的营销理念已经成为过去，一个成功的电子商务网站，除了要有优质新颖的产品、随时更新的新闻、良好的售后服务等之外，宣传与推广也是极其重要的工作。简单地说，企业电子商务网站如果不宣传，那就像是一个孤立的小岛，永远无人问津。不论你的商品有多好，多便宜，都很难让别的买家看到。

如何规划并进行有效的网络营销，这几乎成了中小企业进行电子商务平台推广的难题。从多年的经验来看，影响中小企业网络营销正常运作的因素，在于缺少有效的资讯、管理不到位、电子商务程度低、电子商务营销渠道不健全等。所以网络营销就是要以目标客户需求为出发点，整合企业各方面网络资源进行的低投入、精准化营销活动。

回顾成功的实例如凡客诚品（VANCL）便是一个很经典的电子商务网络营销案例，2008 年市场营销能够如此出色，离不开龙拓互动的精诚合作，龙拓互动通过网络营销结合 VANCL 新品牌上市，潜心构建了一套适用于 VANCL 发展阶段的以 ROI 为核心的网络推广策略，使 VACNL 迅速在 B2C 同行业竞争者中崛起，通过一系列的卖点明确、制作精美的互动广告，使 VACNL 在产品销售和品牌形象上同步提升。短短的一年时间，龙拓与 VANCL 并肩创造了 B2C 新神话，其选择的媒介首要原则是符合 VANCL 的整体营销策略，即在最短的时间之内打开市场并盈利。

上面所说的案例，说明了电子商务营销，不是简单地在互联网上建站，投放广告，而是一系列有计划、有策略、有预算和效果分析的营销作业，企业网络营销效果不是单一的推广产品带来的，而是整合企业和互联网信息资源，从而有针对性地开展网络营销推广，以达到低成本、高回报的商业目的。从案例中可以看出龙拓互动对电子商务营销如果没有一定的高招之处和良好的推广方案，那么其整合推广的 VANCL 也不会在短短的半年之内创造了 B2C 的网络销售神话（图 0-1）。众多的成功案例中可以看出龙拓互动在做电子商务客户营销方面拥有绝对的资源、技术、创意等实力优势，以独特的一面进行客户管理。

图 0-1　凡客电子商务网站

很多企业或者个人都希望能借助网络为自己的产品销售、企业形象增色添光，但遗憾的是并没有拿出十足的勇气来面对这项工作。网络对于他们来说，就是一个崭新的领域，没有丰富的知识和经验来面对网络所带来的市场和客户的变化。

在这里作者想用一句话来鼓励那些真正想做网络营销推广的企业和个人：拿出勇气重视网络营销。所谓的风险也总是伴随着利益的脚步。在网络市场，唯有勇者和智者才能欣赏到长天一色。

0.3 本书的导读

本书将向读者介绍的网络营销方法如图 0-2 所示。

本书各章将详细介绍各种营销的概念和实现步骤，并都引用笔者曾经操作过的项目来剖析相应营销手段的实现方法。各章的具体内容如下：

第 1 章介绍网络营销的基础知识；电子商务网络营销的基础知识；网络营销的概念；进行有效市场调研的方法和步骤；网络营销的策略；网络营销系统的组成；以及有效的网络营销方法。

第 2 章重点介绍营销型网站建设和评判的标准。企业营销型网站的建设是一个比较复杂的工作，需要投资者导入前期营销理念和进行专业平台搭建的前期策划。通过营销型网站建设前期的策划，可以明确企业网站建设的目的及功能，确定企业网站的定位，并根据策划方案对网站建设中的选择技术、制作内容、投入费用、网站测试及网站维护等作出部署，对企业网站的建设起着指导蓝图的作用。

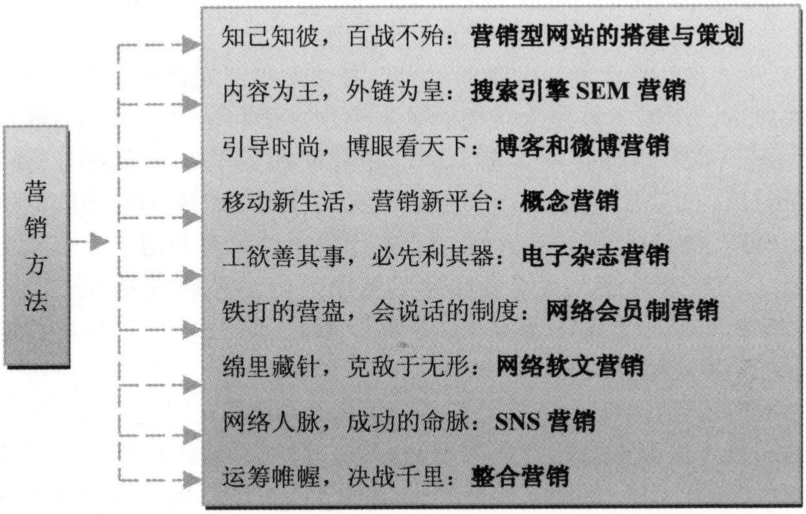

图 0-2　本书将介绍的网络营销方法

第 3 章是 SEM（搜索引擎营销）。统计表明，网站 60%的访问量来自各类搜索引擎，这充分体现了 SEM（搜索引擎营销）在网站营销中的重要性。SEM 是当前最为流行的网络营销方式之一，主要目的是增加特定关键字的曝光率以增加网站的能见度，进而增加销售的机会。SEM 包括 SEO 和 PPC 两部分，主要是利用搜索引擎的关键词排名带来的流量进行宣传推广。SEO 的主要工作是通过了解各类搜索引擎如何抓取互联网页面，如何进行索引以及如何确定其对某一特定关键词的搜索结果排名等技术，据此对网页进行相关的优化，使其提高搜索引擎排名，从而提高网站访问量，最终提升网站的销售能力或宣传能力的技术。

第 4 章讲解博客和微博营销。互联网是草根英雄辈出的地方，利用博客和微博就可以迅速让其成名。如经典案例“读博客抢博洛尼沙发”：2007 年 6 月 13 日，标题为“读蔡明博客，抢总价值 40 万元博洛尼真沙发”的消息出现在新浪网首页，这条消息在网络上不胫而走，仅仅用了不到一个月时间，蔡明博客的点击量就猛增到了 100 万之多，许多原本对博洛尼一无所知的人，也通过这个活动记住了博洛尼。那么企业是否可以利用博客和微博达到宣传企业、推广品牌的良好效果呢？企业该如何合理、正确而有效地利用博客和微博呢？这也成了网络营销研究的一个重要方向。博客和微博（微博客）是母与子的关系，两者的主要区别就在于发布文章内容的多少，显然个人宣传适用于微博，企业适用于博客，因为个人的信息量相对有限，而企业的文化内容通常都是包含大量的图片和文字的，微博营销可以说是博客营销的一个小分支，做好博客营销再做好微博营销就易如反掌了。在企业营销推广考虑博客和微博的时候，笔者建议两个都建立，核心是做好博文的营销。

第 5 章“移动新生活，营销新平台”是该章实例的营销概念主题，通过实例的操作展示，可以掌握概念营销的基本策划方法和运营思路。随着市场经济的深入发展，买方市场正在逐渐形成，企业间的竞争越来越趋向于品牌的竞争，概念营销也是在这种情况下产生的，深入分析概念营销与品牌竞争力之间的关系，有助于提升产品层次，使企业在竞争中处于有利地位。该章正是在这种大背景下，首先对概念营销和品牌忠诚度的内涵和构成要素进行了详细介绍，然后分析了概念营销的基本运作思路，最后用“手机旺铺概念营销”的案例的执行进一步进行说明。

第 6 章讲解的是电子杂志营销。在市场竞争异常激烈的今天，网站如何占领更大的市场，提高产品的竞争力和知名度，同时又合理地降低营销成本，是每个网站所面临的共同问题。传统的平面网络广告已经无法吸引日益挑剔的客户的目光，电子杂志以众多传统媒体无法比拟的优势，为网站的营销提供了“多、快、好、省”的解决方案。更多的企业能够利用好电子杂志营销这个新武器，抢先一步，赢得市场，争取更大的商机。正所谓“工欲善其事，必先利其器”，那么如何从设计层面和使用动画技术，让自己的网站脱颖而出呢？该章将以全新的设计理念制作一个“玉坛国际”电子杂志实例，使用 Flash 电子杂志技术，让制作的网站真正做到技高一筹，领先一路，最后还会介绍电子杂志的推广方法。

第 7 章讲解会员制营销模式，这是一种扩大经营规模、稳固销售渠道、团结分销成员和服务分销成员的方法，它采用系统的管理和长远的渠道规划，利用企业的产品、品牌、视觉标志、管理模式以及利益机制来维系分销渠道，并组建相对固定的会员组织，实现利益共享，模式共享，信息沟通和经验交流的作用。它是深层的关系营销。网络会员制度通常都是建立在一个用于实现会员代理的销售管理系统基础之上的，而决定平台会不会快速发展的核心在于——会员的代理制度是否合理，即佣金是否足够吸引人的基础上。

第 8 章讲解的是软文营销。对于中小企业来说，选择传统媒体并不是网络时代最为有效的营销方式。尽管传统媒体可以在日常生活中进行大范围的信息传递，但是对于中小企业来说，这种营销支出是企业难以承担的。而网络营销中，软文推广作为最红火的一支主力，具有价格低、营销效果好等一系列优势，是中小企业进行产品推广的最好选择。软文广告相比一般的广告信息来说，广告信息要更加委婉和自然，因此也更容易被用户接受。普通广告往往从设计广告到投放广告要耗费企业一大笔的资金，而且换来的推广效果也不一定很好。而软文广告的价格则要低得多，网络平台的投放价格相比一般的硬媒体来说更低廉。所以，一些中小型的企业往往选择软文推广来对企业进行宣传。正所谓“绵里藏针，收而不露，克敌于无形”，这里意指的就是软文看似不像广告却比硬广告强，真正好的软文一两篇就可以充当整个项目的营销利器，该章以解析实例“2012 成都毕加索大展”的软文行销方案，来看一下软文营销“四两拨千斤”以小力赢大市场的方法。

第 9 章 SNS 社交网站改变了传统的互联网交流方式，从传统的硬性广告传播方式，直接变成了顺畅的人与人之间的互动交流，每个人都拥有自己的社交关系网络。网民购买决策不再依靠传统的广告、名人代言、专业评论等，可以直接从社交网站使用过产品的人中获得可信的意见。而且 SNS 让用户直接与企业对话，参与其中体验活动，了解最新活动动态。目前，SNS 网站如雨后春笋涌现出来，其中以人人网、开心网 SNS 平台为代表，吸引了众多的人群。SNS 网站不仅建构起了一个庞大有机的网络社会，也为其带来了无限商机，它最大的特点就是可以充分展示人与人之间的互动，而这恰恰是一切营销的基础所在。

第 10 章讲解整合营销的概念，并深入剖析实例“123 宠物网”的营销整合策划。现在大多数的网络营销者，往往期待通过某种广告方式，或者是一些简单的网络推广，就能将潜在客户带到网站，完成销售，然后是持续盈利。这种方式在一般情况下还是可以获得利润的。但是很多时候这种方式经常会失败，甚至获得的收益抵消不了广告费用。聪明的网络营销者明白，必须将整个营销过程当做是一个战略来进行，整合所有的营销策略，把营销视为一个连续的圈，从一个能够产生收入的想法开始，直到公司拥有了忠实顾客的不断光顾。

0.4 本书的服务

本书主要由有 10 多年网站建设和运营实战经验的陈益材先生编写，于荷云、官斯文、邹亮、王炎光、耿国续、陈益红、秦树德、张铭运、赵红、陈章、于海鑫、任霖等参与了编写工作。欢迎购买本书的读者加入 QQ 技术服务群号 298191658 或本书主要作者的 QQ 号 83560148，大家一起探讨网络营销的经营之道。

编　者

目　　录

第 1 章　千里之行，始于足下：网络营销基础

“千里之行，始于足下”，让我们一起从网络营销的基础知识学起。本章知识点：

- 电子商务网络营销的基础
- 网络营销的概念
- 进行有效市场调研的方法和步骤
- 网络营销的策略
- 网络营销系统的组成
- 有效的网络营销方法

1.1 如火如荼的电子商务

比尔·盖茨说过：“二十一世纪，要么电子商务，要么无商可务！”顾名思义，电子商务包含两个方面的内容，一是电子方式，二是商贸活动。步入网络营销的第一步就是要了解并搭建一个专业的电子商务网站，这可以让企业轻松步入电子商务领域。让我们从了解电子商务的火爆市场和电子商务的特点开始学习。

1.1.1 电子商务的火爆市场

经济的快速发展、社会的进步使得人们的生活节奏也随之加快。现代大都市拥挤的交通和日趋繁多的店面，增加了购物时间和精力的耗费。因此社会迫切需要一种新的，快捷、方便而且省事的购物方式和服务。激烈的竞争、飞速上涨的成本以及日益挑剔的顾客也迫使制造商和零售商们不得不去寻找降低成本，缩短流转周期的途径。在这种情况下，无店铺销售便应运而生了。它是随着大众传播媒介的普及，利用报纸、杂志、电视等广告媒体进行产品的宣传，通过订单邮寄、电话订货等形式进行的一种新的购物方式。它减少了商场和店面所带来的许多中间费用，使得商品的成本大减而导致价格大大降低，给消费

者带来了实惠，同时部分商品的邮寄或送货上门又为消费者提供了方便。

所有的商家正是看到了这种无店铺销售的商业价值和潜在的市场，纷纷将其应用于互联网上，将自己的核心产品纷纷搬上了互联网，在网上销售自己的产品，建立网上的购物系统，于是逐步形成了选择商店、订货、付款等一系列通过电子方式完成的购物过程，轻易地实现了低成本扩张。这种购物方式的出现，不仅减轻了消费者的购物负担，同时也符合了商家的低成本要求。可以说电子商务的产生是流通业的一场新革命，它影响着人们的生活，冲击着传统的消费模式，也改变着零售商的角色转化。电子购物的发展，对商业活动产生了深远的影响，已经成为发展最快的一个新兴行业。

中国互联网络信息中心（CNNIC）发布的《中国互联网络发展状况统计报告》显示（图 1-1），截至 2012 年 6 月底，中国网民规模达到 5.38 亿，超过美国成为全球第一。历年来的数据如图 1-2 所示，它显示出中国信息化的高速发展。

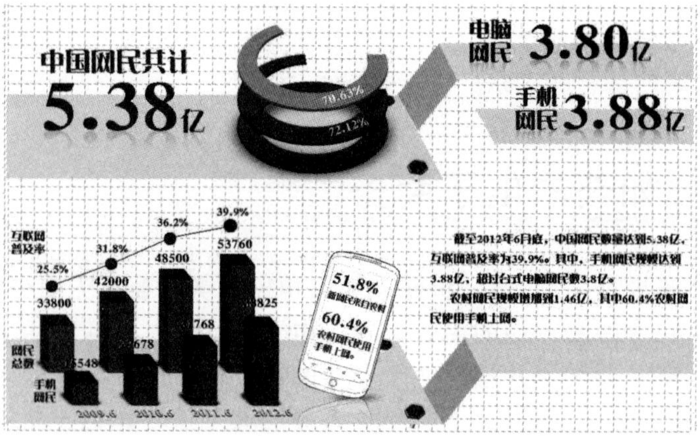

图 1-1 CNNIC 的互联网报告统计信息

历年数据 回到顶部

详细报告	截止时间	网民数	宽带用户	手机网民	域名总数	详细报告	截止时间	网民数	宽带用户	手机网民	域名总数
第30次	2012.06	5.38亿	3.80亿	3.88亿	873万	第21次	2007.12	21000万	16300万	5040万	1193万
第29次	2011.12	5.13亿	3.96亿	3.56亿	775万	第20次	2007.06	16200万	12244万	4430万	918万
第28次	2011.06	4.85亿	3.90亿	3.18亿	786万	第19次	2006.12	13700万	9070万	1700万	411万
第27次	2010.12	4.57亿	4.5亿	3.03亿	866万	第18次	2006.06	12300万	7700万	1300万	295万
第26次	2010.06	4.2亿	3.64亿	2.77亿	1121万	第17次	2005.12	11100万	6430万	未统计	259万
第25次	2009.12	38400万	34600万	2.33亿	1682万	第16次	2005.06	10300万	5300万	未统计	未统计
第24次	2009.06	33800万	32000万	1.55亿	1626万	第15次	2004.12	9400万	4280万	未统计	未统计
第23次	2008.12	29800万	27000万	1.17亿	1683万	第14次	2004.06	8700万	3110万	未统计	未统计
第22次	2008.06	25300万	21400万	7305万	1485万	第13次	2003.12	7950万	1740万	未统计	未统计

图 1-2 历年数据

最完整的也是最高级的电子商务应该是能够利用互联网进行全部的贸易活动，即在网上将信息流、商品流、资金流和部分的物流完整地实现，也就是说，可以从寻找客户开始，一直到洽谈、订货、在线付（收）款、开具电子发票以至到电子报关、电子纳税等通过互联网一气呵成。要实现完整的电子商务还会涉及很多方面，除了买家、卖家外，还要有银行等金融机构、政府机构、认证机构、配送中心等机构的加入才行。由于参与电子商务中的各方在物理上是互不谋面的，因此整个电子商务过程并不是物理世界商务活动的翻版，网上银行、在线电子支付等条件和数据加密、电子签名等技术在电子商务中发挥着重要的、不可或缺的作用。

电子商务最重要的是“商务”，而网站只不过是电子商务的后台支撑。网上购物无法取代电子商务的概念。事实上，它仅仅是电子商务的一小部分，而完整的电子商务过程则是一切利用现代信息技术的商业活动的电子化过程。

对于任何企业，产品的销售都是企业发展的重要问题，也是生存之本。在传统的销售模式中，存在很多的弊端，尤其是客户开发方面，首先不管结果会如何，前期就需要投入大量的资金去推广市场，在这种状况下，要想改变企业的现状很难找到方向。

面对如此巨大的网络销售市场，企业尝试着开展信息化的建设，从一些门户网站的横幅广告开始。在不经意间发现咨询的电话在增加，了解产品的客户也在增加，而且客户的来源不单单是本地客户，全国各地的企业都有。在给他们邮寄资料的时候，感觉时间太长，成本太高。这时，就会意识到网站是最好的宣传载体，方便、快捷。

如果想进一步从互联网上打开企业的产品销售渠道，企业就要考虑在互联网上打造自己的电子商务网站，从而更方便信息的交流以及产品的介绍。电子商务网站的建设，将拓宽新客户的开发，对于企业的发展更是如虎添翼。网站加上有效的、有针对性的宣传和推广使得企业在互联网上受益匪浅，订单也将会不断增加，效益也将会是越来越好。

1.1.2　电子商务的概念特点

电子商务作为一个完整的概念出现，也仅是在近几年里，因此它还是个新生儿，其相关技术发展得很快，其模式也在不断地摸索之中。即使是现在，人们对电子商务仍然没有一个统一的定义。不同的组织有不同的看法，不同的行业也有不同的说法。

1997 年 11 月国际商会在法国首都巴黎举行了“世界电子商务会议”，该会议从商业角度给出了如下的电子商务概念：电子商务是指实现整个贸易活动的电子化。从涵盖范围方面可以定义为：交易各方以电子交易方式而不是通过当面交换或直接面谈方式进行的任何形式的商业交易（图 1-3）；从技术方面可以定义为：电子商务是一种多技术的集合体，包括交换数据（如电子数据交换、电子邮件）、获得数据（如共享数据库、电子公告牌）以及自动捕获数据（如条形码）等。

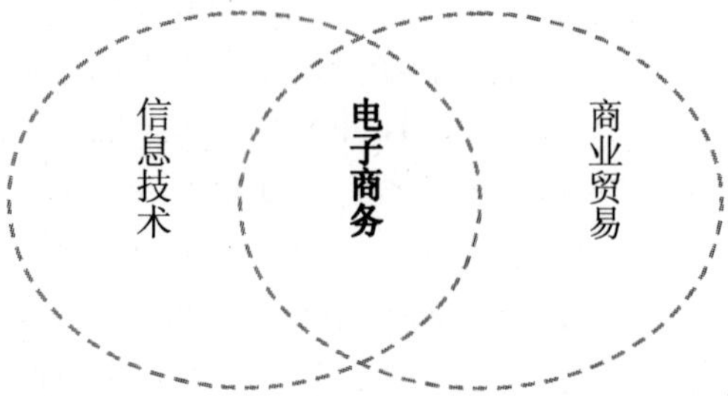

图 1-3　电子商务概念示意图

“电子商务”概念所包括的通信手段有以下各种以使用电子技术为基础的传递方式：以电子数据交换进行的通信，狭义界定为电子计算机之间以标准格式进行的数据传递；利用公开标准或专有标准进行的电文传递；通过电子手段如通过互联网络进行的自由格式的文本传递。

《电子商务示范法》对“电子商务”中的“商务”一词作了广义解释：“不论是契约型或非契约型的一切商务性质的关系所引起的种种事项。商务性质的关系包括但不限于下列交易：供应或交换货物或服务的任何贸易交易；分销协议；商务代表或代理；客账代理；租赁；工厂建造；咨询；工程设计；许可贸易；投资；融资；银行业务；保险；开发协议或特许；合营或其他形式的工业或商务合作；空中、海上、铁路或公路的客、货运输。”

电子商务发展到今天，迫切需要给出一个既完整又简洁的定义。综合各方面不同看法，结合我国电子商务的实践，电子商务的概念可以作如下定义：

电子商务是指交易者或参与者通过计算机技术和网络技术（主要是互联网）等现代信息技术所进行的各类商务活动，内容包括货物贸易、服务贸易和知识产权贸易等领域。这里的“利用信息技术和计算机网络”和“进行商务活动”都具有丰富的含义。

归纳起来，迄今为止，人们所谈及的电子商务，是指在全球各地广泛的商业贸易活动中，通过现代信息技术，特别是信息化网络所进行并完成的各种商务活动、交易活动、金融活动和相关的综合服务活动。这种电子商务活动从其产生之时起到现在的不长时间内，正在显著地改变着人们长期以来习以为常的各种传统贸易活动的内容和形式。

电子商务作为一种行业模式，具有如下的特点：

1．交易环节少、营销成本低

电子商务的诱人之处就在于它能有效地减少交易环节，大幅度地降低交易成本，从而降低消费者所得到的商品的最终价格。传统商业模式中，企业不得不拿出很大一部分资金用于开拓分销渠道，让出很大一部分利润给中间商下（分销商），用户也不得不承担高昂的最终价格。网上销售则打破了这一局限性，它使得厂家和消费者直接联系，绕过了传统商业模式中的中间商，从而使销售价格更加合理。所有信息化的商品在网上发布，既可主动散发，又可以随时接受需求者的查询，而不需要负担促销广告费，而且，在网上散发的信息面广，不仅仅只是针对某一地区或国家发出，它能快速将商品信息散播到全世界。同时，它又可以很好地实现“零库存”生产，调节什么时候卖货，什么时候进货。

2．不受场地区域的限制

利用网络，将营业窗口网络化、无形化，无需投入巨资在各地设立营业窗口，每一个用户上网就进入了商家的窗口，没有或只有很低的店面租金成本。电子商场的经营在“店铺”中摆放多少商品几乎不受任何限制，无论你有多大的商品经营能力均可满足，且经营方式灵活，可以方便地在全世界范围内采购、销售各种商品。

3．简单的电子化支付手段

随着 SET 标准的推出，各银行金融机构、信用卡发放者、软件厂商纷纷提出了在网上购物后的货款支付办法，有信用卡、电子现金、智能卡、储蓄卡等，电子货币的持有者可用它方便地购物和从事其他交易活动。

4．客户信息易于管理

在收到客户订单后，服务器可自动汇集客户信息到数据库中，可对收到的订单和意见进行分析，寻找突破口，引导新商品的生产、销售和消费。

5．方便信息类商品的销售

对于计算机软件、电子报刊、图书等电子信息商品，电子商务是最佳选择，用户可在网上付款，可在网上下载所购物品。

6．符合全球经济发展要求

电子商务生来具有的“全球性”特征使得各发达国家对其十分重视，网络的跨国界及触角的广泛，使得网上交易将打破原有国界的贸易壁垒，谁主导了电子商务，谁就在这个大商务环境中具有霸权。各发达国家在信息化发展方面已领先于我国，而电子商务，则是我国赶超世界的一次绝好的机会，是百年不遇的良机，我们应抓住机遇，使我国企业在世界上树立起真正的形象和实力，为世界作出贡献。

1.1.3 给企业带来的革命

建电子商务网站不是为了赶一时的潮流或是博取一个好听的名声才做的，只有把网络技术同企业管理体系、工作流程和商务动作紧密地集成，才能真正发挥企业网站的作用。一个企业建网的最终目的和它的经营目的应该是一致的，就是通过企业网站来降低企业的管理成本和交易成本以及通过开展电子商务活动来获得更多的利润。明确了这一目标，才能正确地经营这个电子商务网站，并使其为企业服务。

总而言之，开办电子商务网站的目的主要有如下几点：

1. 提升企业形象

一般说来，企业建立自己的网站，不大可能马上为企业带来新客户、新生意，也不大可能大幅度提高企业业绩。毕竟，企业用于网站的费用很低，期望极低的费用能马上为企业带来巨大的收益是不现实的，企业网站的作用更类似于企业在报纸和电视上所做的宣传企业本身及品牌的广告。不同之处在于企业网站容量更大，企业可以把任何想让客户及公众知道的内容放入网站。此外，相对来说，建立企业网站的投入比其他广告方式要低得多。当然，网站和广告是两种不同的宣传方式，各有不同作用，它们之间更多的是互相补充，而不是排斥，企业如拥有自己的网站，应在网络中推介该网站，并把具体的内容放入网站。国际互联网是一个不受时空限制的信息交换系统，它是目前最直接、最丰富和最快捷的联系方式，信息沟通的高效率为企业带来了最大的方便。

2. 全面详细地介绍企业和产品

企业网站的一个最基本的功能，就是能够全面、详细地介绍企业及企业产品。事实上，企业可以把任何想让人们知道的信息放入网站。如企业简介、企业的人员、厂房、生产设施、研究机构、产品外观、功能及使用方法等，都可以展示于网上。

企业网站是网上办公室或网上交易中心，是企业经营最方便的场所或窗口，只要想办法让更多的人知道自己的网上办公室或交易中心，它将给企业带来更多的客户或供应商，经营效率大大提高，自然会赢得更多的利润。

3. 及时得到客户反馈的信息

客户一般是不会积极主动地向企业反馈信息的。因此，如企业在设计网站时，加入客户与企业联系的电子邮件和电子表格，因其使用极其方便，一般来说，客户会乐意使用这种方式与企业进行联系。由此，企业可以得到大量的客户意见和建议，将有利于企业的发展。

4. 可以与客户保持密切联系

在美国，每当人们想知道某企业有什么产品、服务或新产品、新服务，甚至只是想知道该企业有什么新闻时，他们就会习惯性地进入该企业的网站。因为大多数企业已经把所有的产品、服务信息发布于网上，并且定期在网上发布有关企业的新闻信息。由于互联网这种高科技的媒介进入中国时间不长，中国企业与客户之间现在暂时还不习惯于这种联系方式。但随着越来越多的企业对互联网认识的加深，在网上发布产品和信息这种现状将发生巨大改变，目前已经有越来越多的中国企业具有自己的网络能力，并逐渐习惯于利用网络与客户进行沟通。

互联网作为唯一一种 24 小时全天候不间断的媒体平台，是传统媒体可望而不可即的。作为一个企业，在互联网上建立自己的网站，最显而易见的就是可以向世界展示自己的企业风采，让更多人了解自己的企业，使企业能够在公众知名度上有一定的提升。

5. 与潜在客户建立商业联系

这是企业网站最重要的功能之一，也是为什么那么多国外企业非常重视网站建设的根本原因。现在，世界各国的经销商主要都是利用互联网络来寻找新的产品和新的供求，因为这样做费用最低、效率最高。原则上，全世界任何人，只要知道了企业的网站，就可以看到企业的产品和服务。因此，与潜在客户建立商业联系关键在于如何将企业网站推介出去。一种非常实用、有效且常用的方法是将企业的网站登记在全国著名的搜索引擎上（如新浪、搜狐等），就可以使潜在客户能够容易地找到企业和企业的产品。这正是商业上通行的做法，而且已被证明是十分有效的。

6. 使企业具有网络沟通能力

在中国，人们对互联网往往有所误解，以为电子信箱就是互联网，有的企业将电子邮件地址当成网址，并印在名片上。实际上，电子邮件只是互联网最常用、最简单的功能之一。互联网真正的内涵在于其内容的丰富性，几乎无所不有。对企业来说，具有网络沟通能力的标志是企业拥有自己的独立网站，而非电子信箱。

国际互联网作为一种高效率的信息沟通工具，越来越多的企业运用它与供应商或客户建立关系，以最快的速度相互沟通，从而提高企业在市场中的竞争力。

7. 可以降低通信费用

对于企业来说，每年的通信费用，尤其是涉及进出口贸易的通信费用，是一笔非常庞大的开支。利用企业网站所提供的集团电子信箱可以有效地降低通信费用，这是企业建立网站的另一个益处。

8. 网络化的业务、用户管理

在一个有相对规模的企业中，信息流、物流、资金流的管理应该有一个比较规范和科学的流程。而网络的出现，恰恰满足了这种业务管理自动化的需要。在这里，网络在提高效率，比如内部新闻通告、订货管理、客户管理、采购管理、员工管理等许多繁杂的工作都可以在互联网和局域网上很轻松地完成。

9. 开展电子商务

直接利用互联网开展电子商务，是企业上网的理想目标，目前对于一些大型公司来说这已成为现实。他们已经尝到了电子商务带来的巨大好处：内部信息数据的瞬间沟通，人员联系的日趋紧密，业务开展效率加快，国际化成分的日益增加，大量门面与分支机构的削减所带来的资金节约等。

总之，企业上网开办电子商务网站不是摆设，它能给企业真正带来效益，是企业经营的需要，是一种战略投资，以最小的投入换取最大的回报，构造最适合自己特点的上网计划和模式才是最明智的选择。

一个完整的电子商务网站要具备如下功能：

1）产品展示功能，即可以在后台按分类和索引目录自主上传所要销售的产品图片。在后台开发的时候通常包括一级目录和二级子目录，子目录有时在组织上很方便。例如，一个工业供应品商会有成千上万种被分类的产品，像这样的公司，在建立电子商务网站时，对产品进行分类展示是很重要的。

2）产品的搜索引擎，网站可以利用数据库和信息检索技术为用户提供对产品及其他信息的查询功能。查询功能可以包括关键字查询、分类查询、组合查询等。通过搜索引擎的查询功能，用户可以方便、快捷地在网站上找到所需要的产品及服务方面的信息。

3）网上订购功能，是指为浏览网站的消费者提供包括网上采购及填写订购单等功能。

4）网上结算功能，是指通过后台程序自动统计结算，并实现用户、商家与银行之间的结算。只有实现了网上结算，才标志着真正意义上的电子商务活动。

5）网络售后服务，进行电子商务，实现网络售后服务的功能是很重要的。利用人工智能中的机器学习、知识表示，使得网站能自动地回答用户提出的各种问题，包括一般性服务和销售查询问题，还能把回答不了的问题转交给客户服务部，让他们来回答，这种技术目前被普遍的应用。

1.2 揭开网络营销的面纱

网络营销所包含的内容是广泛的，之所以这么说是因为传统营销的所有模式几乎都可以被网络营销所应用，基于网络营销的技术特性，往往还包含更多层次和专业化的营销模式和方法，了解网络营销首先就得从网络营销的现状、概念、特点和功能开始。

1.2.1 网络营销的现状

随着电子商务网络市场的快速发展，各商家之间逐渐进入竞争环境，比如推广媒体、广告价格、监管措施等。很多商家发现，尽早在互联网占据一席之地，比后来者更容易抢占先机。因为这些先进入到互联网消费者心智的企业，后来者很难再去争抢，除非他们犯了很大的错误。

现在来看一下整个互联网中小企业开展电子商务的现状。

1. 没有深层次了解网络营销

现在 99%的企业已经建立了企业网站，其中很大一部分公司已经做过网络推广或者竞价广告，不幸的是他们中真正成功的太少。中国网络已经发展 10 多年了，但是成熟的网络技术和混乱的市场成了时下中国互联网的诟病。当前，要做个网站是十分容易的，且不说漫天遍野的网络公司，随便进个大学找个学生来做，恐怕两三天就能完工。但真正的网络并不是一个简单的模板网站就可以概括的。互联网包括：网站建设、网站维护、服务器维护、SEO 优化、网络营销等几个方面。而目前大部分人对互联网的了解仅仅是在于一个网站而已，甚至连网站质量的好坏都无法区分。这样的思想导致了整个网络市场的混乱，很多人认为做个网站就像买个小菜似的，哪里便宜哪里买，所谓的网络营销不过是个陪衬。为此，我们应该了解网络营销，了解其深层次的价值。

2．不注重网络营销策划

大多数中小企业主会被互联网可以赚钱或者想找到新的业务途径以及互联网的门槛相对较低所诱惑，而错误地埋头苦干，并争先恐后地建立自己的网站，却又没有为整个网络营销过程准备充裕的时间和策划方案。他们不切实际地认为自己就能够在互联网上赚钱，即使他们在线下的生意已经取得较大的成功。

上述的两条注定了开展电子商务的失败结果。在互联网商业中，有很多方面是和传统商业环境不同的，它具有一定的独特性，如果仅仅做一个网站，然后再做一些推广，只是完成了互联网商业中的一小部分。互联网具有快速传播性，大量有价值或者无价值的信息充斥互联网，如果仅仅凭借有限的页面信息，或者简单的广告信息，抓住消费者的概率是非常低的。就像线下生意，如果需要成功运作一个项目，需要调配的资源是非常多的，不仅仅是推广就可以的。可能所有的电子商务平台所有者也比较清楚这一点，但是在互联网生意中，却都偏重于单一的营销。

1.2.2　互联网上的营销

在传统的商业模式里，商家总会想方设法要把自己的商品在市场上销售出去，以满足顾客的需求，同时获取企业的利润。为了促成这一结果，就产生了市场营销这一行为。营销是企业经营的一项重要内容，制定合理的营销策略是企业将自己的劳动成果化为社会劳动的一种努力，是企业实现其劳动价值和目的的一项十分重要的工作。营销管理专家菲利普·科特勒认为："营销是个人和集体通过创造并同别人交换产品和价值以获得其所需之物的一种社会过程。"它既不同于单纯的降低成本，扩大产量的生产过程，又不同于纯粹推销产品的销售过程。而"市场营销是致力于通过交换过程满足需要和欲望的人类活动"。与传统的单纯追求利润最大化的经营目标相区别，营销观念强调在满足消费者的需求和利益甚至整个社会的需求和利益的基础上，实现企业的利润最大化。为了达到这个目的，企业必须不断地改进产品、服务和企业形象，提高产品价值，不断地降低生产与销售的成本，节约消费者耗费在购买商品上的时间和精力。因此，营销过程是一个涉及企业人、财、物、产、供、销、科研开发、设计等一切部门所有员工的系统工程。

网络时代已悄然把我们带进了电子商务的世界，这里有商家、有消费者、有产品也有服务，形成了一个名副其实的虚拟市场。既然有了虚拟的网络市场，自然也就有了网络营销。从技术上说，电子商务与网络营销有着密切的联系。电子商务由于互联网的迅速发展而成为了商业活动的新浪潮，网络营销则是随着电子商务的兴起而成为其发展的必然要求，它是电子商务这一大概念涵盖下的一个重要组成部分。互联网即是电子商务与网络营销的工具。电子商务活动的形式是多种多样的，但是电子商务的本质是一种买卖双方的交换手段，这是大家公认的。交换是由交易的准备与交易的完成这两个基本过程组成的活动。

网络营销即是以互联网为传播手段，通过对市场的循环营销传播，达到满足消费者需求和商家诉求的过程。简单地讲：网络营销就是指通过互联网，利用电子信息手段进行的商业营销活动。

1．买卖双方的高效互动

网络营销的功能主要是在生产者、分销商和顾客之间建立一种商业互动关系。网络营销的关键环节是有效地联系买卖双方，整个贸易过程中很大一部分是企业之间的业务。很多人还没有想清楚网络贸易的环节与目的就蜂拥而上，眼里只盯着消费市场。虽然现在可以在互联网上卖花、书等一切东西了，可网络贸易的最终结果只有使买卖双方更高效才行。例如，当前企业间的市场大约值 1000 亿美元，其中约 400 亿美元是销售和分销产品的成本，如果网络服务企业能在这个环节上节省 10%，就是一笔非常可观的收入。相反，把网络营销仅理解为是把产品通过网络进行交易的变换，再直接卖给终端用户，借此获得利润，显然是不明智的定位。

2．完善的业务流程

广告是电子商务特别是互联网贸易至关重要的因素，电子商务的威力在于买卖双方可以在网上完成整个业务流程。从建立印象到货比三家，再到讨价还价、签单和付款提交，最后还有顾客服务。许多情况下，在网上就能完成交易。随着更有效的信息交换手段的建立，供应商和消费者双方都会从网上贸易中获益。企业要想在网络营销中取得成功，需要做好准备，不要盲目参与，因为企业需要填补对技术和网上群体认识的不足。要达到统一和协调，仍然需要时间。

3．网络贸易的四要素

网络营销定义为通过电脑网络进行的“无现金”交易，这种交易通常是通过一张能把货币价值以电子方式储存到一张微型芯片上的智能卡，以代替现金。由此引出的网络贸易的四大要素：

（1）安全性，这一点在现阶段已初步得到了解决。

（2）技术对等，目前，如果要为所购买的商品或服务付款，必须先开个账户，然后从账户中把钱转出来。技术对等的意思就是指以虚拟货币的方式实现交易的形成。

（3）小额款交易，信用卡公司不喜欢处理小额款项，但要成功应用网络贸易的商家必须处理小额款项，哪怕小至毫厘。

（4）发展迅速，展望未来，21 世纪使用网络营销的人将会和使用信用卡的人一样多。普及信用卡在美国花了 30 多年，而普及网络营销只要 5 年。

4. 在网络流通中增值

目前已有许多公司接受网络营销的观念，但网络贸易仍具有巨大的发展潜力。网络贸易的增长所带来的巨大影响在于为消费者或采购商降低成本，同时，网络营销也为生产企业节省了许多开支，比如不用再开设实体店和保留库存了，这些可以转嫁到购买商身上。一个常见的错误观念是许多人认为能靠国际互联网发财，网络营销固然激动人心，但如果企业不使其产品在网络流通中增值，那就丢掉了根本。

5. 需要标准化技术

网络营销市场的形成还需要努力，因为一些旧式的企业（不仅包括部分计算机企业，更主要的是银行和信用卡公司）会造成阻力，公司之间缺乏透明度大大拖了技术的后腿。只有整个行业在同一个结构下，有一套标准技术，才能发掘出创新的力量，如果在这个市场中企业仍然各守机密，网络贸易只能留待将来去开发了。

总之，网络营销是借助互联网完成一系列营销环节以达到营销目标的过程。网络具有快速、高效、低成本的特点，在互联网上信息资源共享，进入障碍极低。作为一种新的媒体，网络还具有全方位的互动性，这是对传统媒体面对大量“受众”特征的一种突破。从营销的角度讲，网络上生产者和消费者是一对一地互动沟通的，它使企业能够及时了解顾客的要求、愿望及改进意见，它可以将工业时代大规模生产、大规模营销改进为小群体营销甚至个体营销，为消费者提供极大的满足，这一切都迎合了现代营销观念的宗旨。随着信息技术的飞速发展、网络设施的进一步改进以及相关配套体系，如政策、法律等的逐步完善，网络营销将会如虎添翼，成为一种越来越重要的营销方式。

1.2.3 全新的营销模式

网络营销是全新的营销模式，但与传统的营销又有着千丝万缕的联系，它们都是以销售、宣传商品及服务、加强和消费者的沟通与交流等为目的。同时它们之间又存在着明显的差异性，在营销使用的手段、方式、工具、渠道以及营销策略上它们都有本质的区别。网络营销不是简单的营销网络化，作为一种新的网络产物，网络营销与传统营销相比具有其自身的特点。

进入网络时代后的营销组合已由传统的 4P［Product（产品）、Place（渠道）、Promotion（促销）、Price（价格）］理论转变为现在的 4C［Consumer（消费者）、Communication（沟通）、Convenience（方便）、Cost（成本）］理论（见图 1-4），两者的区别如下：

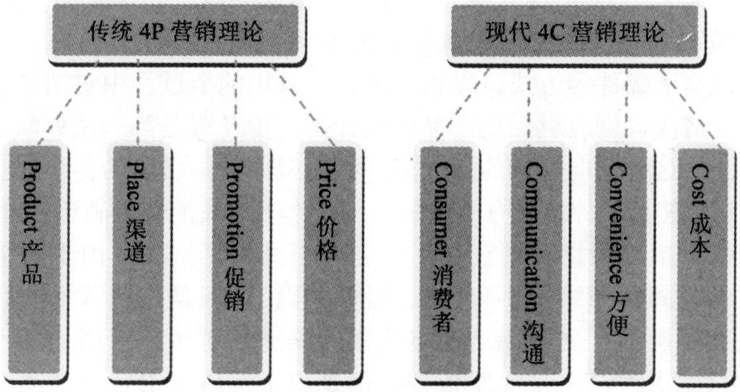

图 1-4　传统 4P 理论和现在的 4C 理论

1．消费者（Consumer）与产品（Product）

理论上任何商品和服务都可以在网络上进行销售，但实际情况并不是这样，电子产品、音像制品、书籍等较直观和容易识别的商品销售情况要好一些。从营销的角度来看，通过网络是可以对大多数产品进行营销的，即使不通过网络达成最终的交易，网络营销的宣传和沟通作用仍需受到重视。网络营销可以真正直接面对所有消费者，实施差异化行销，可以针对某一类型甚至一个消费者制定相应的营销策略，并且消费者可以自由选择自己感兴趣的内容观看或购买。网络营销最大的特点在于以消费者为主导。消费者将拥有比过去更大的选择自由，他们可根据自己的个性特点和需求在全球范围内寻找满意的产品，且不受地域限制。通过进入感兴趣的网站或虚拟商店，消费者可获取产品的更多信息，使购物更显个性化。这种个性化消费的发展将促使商家重新考虑其营销战略以消费者的个性需求作为提供产品及服务的出发点。这就是个性化营销方式，是传统营销不能做到的。

2．沟通（Communication）与渠道（Place）

按照营销策划和实施的基本要求，无论是传统的营销管理强调的 4P（产品、渠道、促销和价格）组合，还是现代营销管理追求的 4C（消费者、沟通、方便和成本），都必须基于这样一个前提：企业必须实行全程营销，即必须由产品的设计阶段开始就充分考虑消费者的消费需求和意愿。但在实际操作中这一点往往很难做到。因为消费者与商家之间缺乏合适的沟通渠道或沟通成本太高。消费者一般只能针对现有的产品提出意见或批评，对尚处于概念阶段的产品难以涉足。此外，大多数的中小企业也缺乏足够的资本用于了解消费者的各种潜在需求，他们只能凭自身能力或参照市场领导者的策略进行产品开发。但是在网络环境下，这一状况将起到重大的变化，商家可以通过电子布告栏、线上讨论广场和电子邮件等方式，以极低成本在营销的全过程中对消费者进行即时的信息搜索，消费者则有机会对产品从设计到定价及服务等一系列问题发表自己的想法和看法。这种双向互动的沟通方式大大提高了消费者的参与性和积极性，更重要的是它能使企业的决策有的放矢，从根本上提高消费者满意程度。

另外传统营销与网络营销在渠道上是有很大的区别的。由于网络的自身使用条件的限制，离开网络便不可能去谈网络营销，但是传统营销的渠道却是多样化的。从某种层面上去考虑，网络营销的渠道相对传统营销是单一化的，专一化的，它只能通过网络来实现传播，但是由于网络有很强的互动性，网络营销可以实时地和消费者进行沟通，同时解答消费者的疑问，而且可以通过论坛、电子邮件等方式快速为消费者提供信息。网络营销的这种“单一化”和“专一化”渠道是传统营销所做不到的。

3．方便（Convenience）与促销（Promotion）

促销方案是整体营销方案中的重点，在网络营销中，可以采用电子邮件、网页、网络广告等方式，也可以借鉴传统营销中的促销方式实现。促销活动要求要有创新性，这样才能吸引消费者参与，网络营销同样也要有创意、新颖的促销方式。同时，现代化的生活节奏已使消费者用于到商店购物的时间越来越少，人们也不愿意花太多的精力和时间奔走在各家商场之间。传统的购物方式中，从商品的买卖过程来看，一般需要经过看商品小样、选择商品、确定商品、确定所需购买的商品、付款结算、包装商品、取货（或送货）等一系列过程。这个过程大多数是在售货地点完成的，短则几分钟，长则需要数个小时，再加上去购物场所的路途时间、购买后的返途时间及在购买地的逗留时间，无疑大大延长了商品的买卖过程，同时增加了顾客的精力和时间成本的耗费。现代社会，随着生活节奏的加快，人们越来越珍惜闲暇时间，越来越希望在闲暇时间里从事一些有益身心的活动，充分享受生活。这种情况下，商家要做的就是真正方便顾客。一方面网络营销为消费者提供了足不出户即可挑选和购买自己所需的商品和服务的方便，让顾客有更多的闲暇时间从事他们更加乐意进行的活动，提高了购物效率，但在另一方面，我们也不得不看到，网络营销也减少了消费者直接面对商品的直观性，限于商家的诚实和信用，无法保证网上的信息绝对的真实，另外网上购物需要等待商家送货或邮寄上门，这在一定程度也给消费者带来了不便。因此，在网络营销层面要充分考虑上述的问题并尽可能解决它。

4．成本（Cost）与价格（Price）

做电子商务最大的优势就是网络营销能为商家节省巨额的流通费用和促销费用，使产品成本和价格的降低成为可能。这样消费者就可在全球范围内寻找最优惠的价格，甚至可绕过中间商直接向生产者下订单，因为网络营销直接面对消费者，减少了批发商、零售商等中间环节，节省了中间的营销费用，这样就减少了销售成本，降低了营销费用，因而商品的价格就可以低于传统销售方式的价格，从而产生较大的价格竞争优势。顾客也就能以更低的价格实现购买。这对大部分顾客而言无疑是一种极大的诱惑。但同时也要注意，减少了销售的中间环节就意味着必须增加商品的邮寄和配送的环节，这一环节上的费用必将在一定程度上影响商品的销售成本和价格，从而削弱了减少中间商所带来的成本竞争优势。相比之下如果是在同一个国家范围内实现普通的物流费用往往要比传统的中间商利润要低很多。

商家要真正实现个性营销还必须解决庞大的促销费用的问题。值得一提的是网络营销的出现同样也为这一难题提供了可行的解决途径。商家的各种销售信息可以在网络上以数字化的形式存在，可以以极低的成本发送并能根据需要进行修改，这样庞大的促销费用就可以大幅度节省。商家还可以根据消费者反馈的信息和要求通过自动服务系统提供特别服务。这对于中小企业尤为有利，摆脱了传统营销下规模经济的约束。

由此可见，网络营销相对于传统营销有着很强的优势。但同时也可看到它仍然有许多不足之处。尽管如此，就现代营销的趋势来看，网络营销必将在整个营销中占据越来越多的市场。市场营销中最重要也最本质的是组织和个人之间进行信息传播和交换。如果没有信息交换，那么交易也就是无源之水。正因如此，互联网具有营销所要求的某些特性，使得网络营销呈现出以下一些特点：

1．跨时空性

营销的最终目的是占有市场份额，由于互联网能超越时间约束和空间限制进行信息交换，使脱离时空限制达成交易成为可能，企业可有更多时间和更大的空间进行营销，可每周 7 天，每天 24 小时随时随地地提供全球性营销服务。

2. 多媒体互动性

互联网被设计成可以传输多种媒体的信息，如文字、声音、图像等信息，使得为达成交易进行的信息交换能以多种形式存在和交换，可以充分发挥营销人员的创造性和能动性。

3. 交互性

互联网通过展示商品图像，商品信息资料库提供有关的查询，来实现供需互动与双向沟通。还可以进行产品测试与消费者满意调查等活动。互联网为产品联合设计、商品信息发布以及各项技术服务提供最佳工具。

4. 个性化营销

互联网上的促销是一对一的、理性的、消费者主导的、非强迫性的、循序渐进式的，而且是一种低成本与人性化的促销，避免推销员强势推销的干扰，并通过信息提供与交互式交谈，与消费者建立长期良好的关系。

5. 高速成长性

互联网使用者数量快速增长并遍及全球，使用者多属年轻、中产阶层、高教育水准，由于这部分群体购买力强而且具有很强市场影响力，因此是一个极具开发潜力的市场渠道。

6. 整合性

互联网上的营销可由商品信息至收款、售后服务一气呵成，因此也是一种全程的营销渠道。另一方面，企业可以借助互联网将不同的传播营销活动进行统一设计规划和协调实施，以统一的传播咨询向消费者传达信息，避免不同传播中不一致性产生的消极影响。

7. 超前性

互联网是一种功能很强大的营销工具，它同时兼具渠道、促销、电子交易、互动顾客服务以及市场信息分析与提供的多种功能。它所具备的一对一营销能力，符合定制营销与直复营销的未来趋势。

8. 高效性

计算机可储存大量的信息待消费者查询，可传送的信息数量与精确度远超过其他媒体，并能适应市场需求及时更新产品或调整价格，因此能及时、有效地了解并满足顾客的需求。

9．节约性

通过互联网进行信息交换，代替以前的实物交换，一方面可以减少印刷与邮递成本，可以无店面销售，免交租金，节约水电与人工成本；另一方面可以减少由于多次交换带来的损耗。

10．技术性

网络营销是建立在以高技术作为支撑的互联网的基础上的，企业实施网络营销必须有一定的技术投入和技术支持。改变传统的组织形态，提升信息管理部门的功能，引进懂营销与计算机技术的复合型人才，才能具备市场的竞争优势。

1.2.4　网络营销的内容

网络营销作为新的营销方式和营销手段实现企业营销目标，它所包含的内容非常广泛。一方面，网络营销要针对新兴的网络市场，及时了解和把握网络市场的消费者特征和消费者行为模式的变化，为企业在网络市场进行营销活动提供可靠的数据分析和营销依据。另一方面，网络营销作为在互联网上进行的营销活动，它与传统营销的基本营销目的是一致的，传统营销中的产品品牌、价格、渠道和促销等要素都会在网络营销中体现，但与传统营销相比，又有很多变化。

图 1-5 所示为网络营销的主要内容。

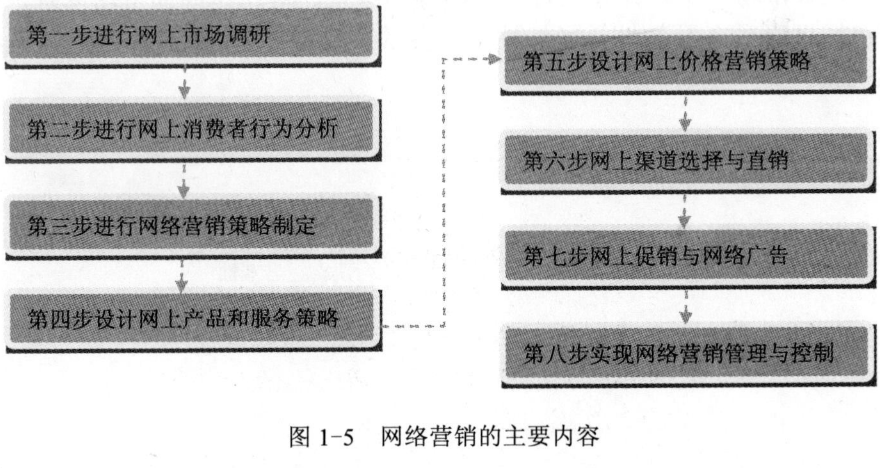

图 1-5　网络营销的主要内容

1.3 进行有效的市场调研

在进行网络营销策划之前，进行有效的市场调研是非常重要的。和传统营销的操作方法一样，一个成功的网络营销方案都是建立在一个完善、真实的市场调研的数据分析基础之上的，但网络市场调研有着自己的个性。本节介绍网络市场调研的一些基础知识和实现市场调研的方法。

1.3.1 网络市场调研是基础

网络市场调研的目的基本和传统市场调研的目的相同，都是为了制定恰当的营销策略而进行的市场信息的搜集和整理。没有市场调研，就把握不了市场，也就无从制定营销策略，从而就无法开展市场营销。因此，市场调研是营销管理信息系统和决策支持系统的主要信息资料来源，它在整个营销系统中起着非常关键的作用。策划完美的营销方案必须建立在对市场细致而周密的调研基础上。市场调研的内容包括了对消费者、竞争者以及整个市场情况的及时的报道和准确的分析。对一个企业商家来说，市场调研在市场营销流程中是至关重要的一步，它能促使企业及时地制定和调整营销策略。事实上，如果市场调研进行得及时且迅速，企业就能够根据市场的需要来生产产品，营销策略就必然更有针对性和目的性。

随着网络的迅速普及和发展。网络逐渐取代了传统的调研手段，为市场调研提供了更为有力的工具。现在国际上许多知名企业都利用网络和其他一些在线服务进行市场调研，并且取得了较满意的结果。对比传统的市场调研，网络上的市场调研具有及时性、经济性、对象的广泛性、结果的客观性 4 大特性（图 1-6）。

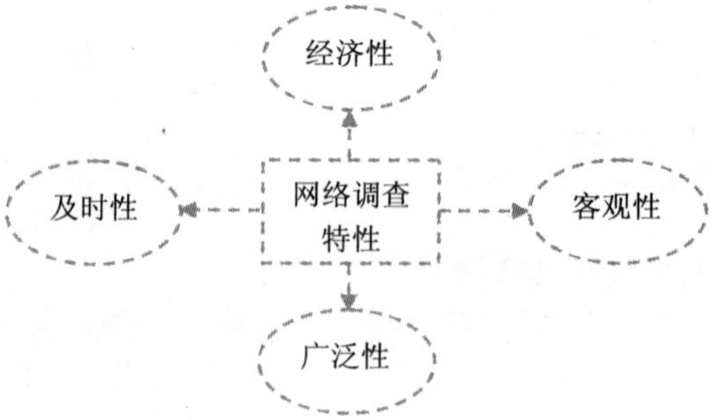

图 1-6 网络调查的 4 大特性

利用互联网进行市场调查是一种非常有效的方式，如许多企业在网站上设置在线调查表，用以收集用户反馈信息。在线调查常用于产品调查、消费者行为调查、顾客意见、品牌形象调查等方面，是获得第一手调研资料的有效工具。但如何提高在线调查结果的质量，是开展网上市场调研过程的关键。

因此，进行在线调查时应遵循以下原则：

（1）设计专业的在线调查表。在线调查表应该主题明确、简洁、明了，问题便于被调查者正确理解和回答，且便于调查结果的处理，这是所有问卷设计的基本原则，如图 1-7 所示为防晒产品网上调查问卷。

图 1-7　防晒产品调查问卷

（2）尽可能让更多的人参与调查。参与者的数量对调查结果的可信度至关重要，问卷设计内容中应体现出“您的意见对我们很重要！”，让被调查者感觉到，填写调查表就好像帮助自己或所关心的人，这样往往有助于提高问卷回收率。当然，也离不开有力的宣传推广，网上调查与适当的激励措施相结合会有明显的作用，必要时还应该和访问量大的网站合作以增加参与者数量。

（3）降低无效问卷。提醒被调查者对遗漏的项目或者明显超出正常范围的内容进行完善。

（4）保护个人信息隐私权。应让用户了解调研目的，并确信个人信息不会被公开或者用于其他任何场合。

（5）避免滥用市场调查功能。市场调研信息也会向用户透露出企业的某些动向，使得市场调查具有一定的营销功能，但应该将市场调查与营销严格区别开来，如果以市场调查为名义收集用户个人信息开展所谓的数据库营销或者个性化营销，不仅将严重损害企业在消费者（至少是被调查者）之间的声誉，同时也将损害合法的市场调查。

（6）降低样本分布不均衡的影响。样本分布不均衡表现在用户的年龄、职业、教育程度、用户地理分布以及不同网站的特定用户群体等方面，因此，在进行市场调研时要对网站用户结构有一定的了解，尤其是在样本数量不是很大的情况下。

（7）设置合理奖项。作为补偿或者刺激参与者的积极性，问卷调查机构一般都会提供一定的奖励措施，但这样会出现同一个用户多次填写调查表的现象，即使在技术上给予一定的限制条件，但也很难杜绝。所以合理设置奖项有助于减少不真实的问卷。

（8）采用多种网上调研手段相结合。在网站上设置在线调查问卷是最基本的调研方式，但并不限于这种方式，常用的网上调研手段除了在线调查表之外，还有电子邮件调查、对访问者的随机抽样调查、固定样本调查等。

网上市场调研的主要内容包括（图 1-8）：

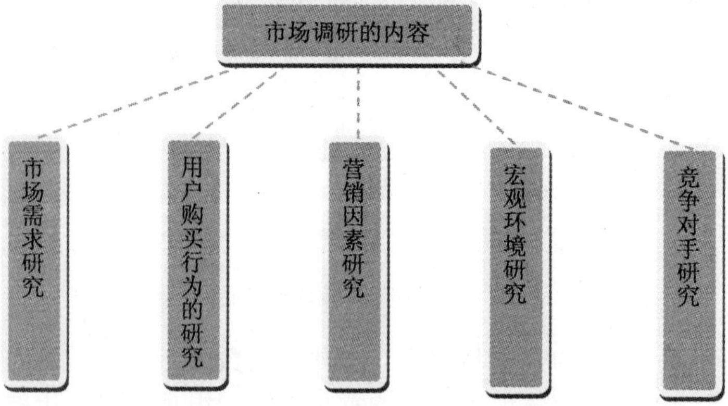

图 1-8　市场调研的内容

（1）市场需求的研究。研究和分析市场需求情况，主要目的在于掌握市场需求量、市场规模、市场占有率，以及如何运用有效的经营策略和手段，这样才能做到有的放矢。

（2）用户购买行为的研究。用户及消费者购买行为研究的方向和内容主要包括：不同地区和不同民族的用户，他们的生活习惯和生活方式有何不同，有哪些不同需要；了解消费者的购买动机，包括理智动机、感情动机和偏爱动机。特别是研究理智动机时产品设计、广告宣传及市场销售活动的影响及产生这些动机的原因；研究用户对特定的商标或特定的商店产生偏爱的原因；具体分析谁是购买商品的决定者，使用者和具体执行者，以及他们之间的相互关系；了解消费者喜欢在何时、何地购买，他们购买的习惯和方式，以及他们的反应和要求等。

（3）营销因素研究。网络营销所涉及的因素是多方面的。营销因素研究包括：产品的研究；价格研究；分销渠道的研究；促销策略的研究；广告投放的研究等。

（4）宏观环境研究。宏观环境包括人口、经济、自然地理、科学技术、政治法律和社会文化等因素。一切营销组织都处于这些宏观环境之中，不可避免要受其影响和制约，我们所研究的网络营销也不例外。

（5）竞争对手研究。商品经济社会，是一个竞争激烈的社会，企业要在竞争中取胜，必须“知己知彼”，每个企业都应充分地掌握并分析同行业竞争者的各种情况，认真地分析我方的优势和缺点。做到知己知波，学会扬长避短，发挥优势的竞争诀窍。其主要内容有：市场上的主要竞争对手及其市场占有率情况；竞争对手在经营、产品技术等方面的特点；竞争对手的产品、新产品水平及其发展情况；竞争者的分销渠道、产品价格策略、广告策略、销售推广策略等情况；竞争者的服务水平等。随着互联网的高速发展，如果某个企业想在互联网上独树一帜，已经是不太现实的事，使用搜索引擎搜索相关的商品，马上可以发现竞争对手原来有那么多，这也是网络营销竞争对手研究时比较方便的地方，可以通过搜索关键词快速得到相关的信息和数据。

1.3.2　网络市场调研的方法

网络市场调研方法随着网络技术发展而发展，不像传统的营销市场调研，可以有多种方法组合完成。在网络上设置在线调查问卷是最基本的调研方式，常用的还有电子邮件调查、对访问者的随机抽样调查、固定样本调查等。根据调查目的和预算，可以采用几种网络调查手段相结合的方式进行。

按资料来源可分为两种方法：

1．直接调查

网络市场直接调研指的是为当前特定的目的在互联网上收集一手资料或原始信息的过程。调研过程中应采用哪一种方法，要根据实际调查的目的和需要而定。需要注意的是，应遵循网络规范和礼仪。

（1）设置专题讨论。专题讨论法可通过新闻组、电子公告牌或邮件列表讨论组等进行。在站点上提供交互功能，让顾客直接发表意见是调查的一个好方式。

（2）邮件问卷。将调研问卷制作成一份简单的电子邮件，并按照已知的电子邮件地址发出。

（3）在线问卷。在线问卷法即请求浏览其网站的每个人参与企业的各种调查。

2. 间接调研

网络市场间接调研指的是通过网上信息的收集和整理取得二手资料。二手资料的来源有很多，如政府出版物、公共图书馆、大学图书馆、贸易协会、市场调查公司、广告代理公司和媒体、专业团体、企业情报室等。其中许多单位和机构都已在互联网上建立了自己的网站，各种各样的信息都可通过直接访问其网站获得。再加上众多综合型 ICP（互联网内容提供商）、专业型 ICP，以及成千上万搜索引擎网站，使得互联网上的二手资料的收集非常方便。

（1）网络间接调查的渠道，主要有 WWW、News、BBS、E-mail，其中 WWW 是最主要的信息来源，WWW 网页涵盖的信息包罗万象，目前所要的信息基本都可以找到。

（2）网络间接调查的方法，一般是通过搜索引擎查找有关站点的网址，然后访问所要查找信息的网站或网页。如百度、雅虎等搜索引擎网站。

全文搜索引擎是名副其实的搜索引擎，国外代表有 Google，国内则有著名的百度搜索。它们从互联网提取各个网站的信息（以网页文字为主），建立起数据库，并能检索与用户查询条件相匹配的记录，按一定的排列顺序返回结果。根据搜索结果来源的不同，全文搜索引擎可分为两类，一类拥有自己的检索程序（Indexer），俗称“蜘蛛”（Spider）程序或“机器人”（Robot）程序，能自建网页数据库，搜索结果直接从自身的数据库中调用，上面提到的 Google 和百度就属于此类；另一类则是租用其他搜索引擎的数据库，并按自定的格式排列搜索结果，如 Lycos 搜索引擎。

搜索引擎一般采用分类层次目录结构，使用时可以从大类再找小类，直到找到相关的网站，操作时只要进行选择即可，或者为提高查找效率和准确度，直接键入关键字查找相应内容。

1.3.3 市场调研实现的步骤

网络市场调研与传统的市场调研一样，应遵循专业的方法与步骤，以保证调研过程数据的真实性，这才能真正做出适合市场需求的营销方案。通常情况下网络市场调研的一般步骤如图 1-9 所示。

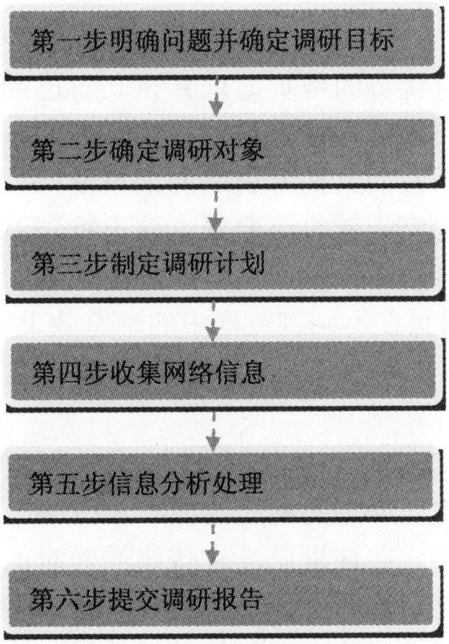

图 1-9　市场调研的步骤

调研报告一般有两种形式：一种是专门性报告，是供市场研究及市场营销人员使用的内容详尽的具体报告；另一种为一般性报告，是供职能部门的管理人员和企业领导者阅读，内容简明、扼要而重点突出。

调研报告的结构包括开头、正文和结尾三个部分。开头有问候语、说明和序言；正文有主要结论、调研的详细过程、调研的结果和小结、总的结论和建议；结尾有参考资料和附录等内容。

1.4 网络营销策略组合

网络营销策略（Network marketing strategy）是企业根据自身在市场中所处的地位而采取的一些网络营销组合，通常它包括网页策略、产品策略、价格策略、渠道策略等几个方面。是以互联网络为基础，利用数字化的信息和网络媒体的交互性来辅助营销目标实现的一种新型的市场营销方式。简单地说，网络营销就是以互联网为主要手段进行的，为达到一定营销目的的营销活动。在从事网络营销的过程中，可以通过市场调研对网络消费者购买行为的内在心理因素和外在影响因素进行详尽的分析，并对目标市场进行细分，在细分的基础上准确定位网络营销的目标市场，据此制定并实施营销组合策略。

1.4.1 网页策略

企业可以选择比较有优势的网页地址并建立自己的企业网站，建立后应有专人进行维护。用企业自己的网站宣传和推广产品，要比使用传统的市场营销方法可节省很多广告费用，而且搜索引擎的大量使用会增强搜索率，对于中小企业来说在一定程度上比广告效果还要好。这里特别要强调的是在营销策划的策略中要特别注重网页本身的策划，如做好想推广的关键词在网页中的布局，减少网页的容量，考虑网页在不同浏览器中的浏览效果等。

1.4.2 产品策略

将网上销售的商品分为实体和虚体两大类，主要是根据商品的形态来区分。

实体商品是指具有物理形态的物质商品。在网络上销售实体商品的过程与传统的营销方式有所不同。在这里已没有传统的面对面的买卖方式，网络上的交互式交流成为买卖双方交流的主要形式。消费者或客户通过访问卖方的主页考察其商品，通过填写表格表达自己对品种、质量、价格和数量的选择；而卖方则将面对面的交货改为邮寄商品或送货上门。

虚体商品。虚体商品指企业销售的无形、数字化的资讯与媒体商品，如电子报纸、电子杂志非常适合网络营销。

按照传统观念，产品就是指某种有形的劳动产物，如服装、家具、电视机等。但从市场营销学观点来看，市场营销过程不单是推销产品的过程，首先是一个满足顾客需要的过程，而顾客的需要是多方面的，不但有生理和物质方面的需要，而且还有心理和精神方面的需要，所以企业制定产品策略必须适应消费者的需求及其发展的趋势，在网络营销中，产品的整体概念可分为 5 个层次，相应地有以下不同的策略：

1. 核心利益或服务层次

这是产品最基本的层次，是满足顾客需要的核心内容，是顾客要购买的实质性的东西。如购买计算机，是为了利用它作为上网的工具等。营销的目标在于发现隐藏在产品背后的真正需要，把顾客所需要的核心利益和服务提供给顾客。有时同一种产品可以有不同的核心需要，如人们对服装、鞋帽的需要，有些以保暖为主，有些则以美观为主。所以，营销者要了解顾客需要的核心所在，以便进行有针对性的生产经营。

企业在设计和开发产品核心利益时要从顾客的角度出发，要根据上一次营销效果来制定下一次产品的设计开发策略。要注意的是网络营销的全球性，企业在提供核心利益和服务时要针对全球性市场需求来提供。

2．有形产品层次

这是指企业的设计和生产人员将核心产品通过一定的载体，转化为有形的物体表现出来。它包括产品的质量水平、功能、款式、特色、品牌和包装等。对于物质产品来说，必须保障品质，注重产品的品牌，注意产品的包装。在式样和特征方面要根据不同地区的文化来进行针对性加工。

3．期望产品层次

网络营销应满足消费需求呈个性化的特征，不同的消费者可以根据自己的爱好对产品提出不同的要求，因此产品的设计和开发也必须满足顾客的个性化消费需求。顾客在购买产品前对可购产品的质量、使用方便程度、特点等方面的期望值，就是期望产品需具备的条件。

在网络营销中，顾客处于主导地位，消费呈现出个性化的特征，不同的消费者可能对产品的要求不一样，因此，产品的设计和开发必须满足顾客这种个性化的消费需求。

4．延伸产品层次

延伸产品是指顾客在购买产品时所得到的附加的服务或利益，主要是帮助消费者如何更好地使用核心利益和服务。例如，提供质量保证、免费送货、售后服务等。美国著名管理学家李维特曾指出：新的竞争不在于工厂里制造出来的产品，而在于工厂外能否给产品加上包装、服务、广告、咨询、融资、送货、保管或顾客认为有价值的其他东西。在网络营销中，对于物质产品来说，延伸产品层次要注意提供满意的售后服务、送货、质量保证等。

5．潜在产品层次

这是在延伸产品层次之外，由企业提供能满足顾客潜在需求的产品层次。它主要是产品的一种增值服务。它与延伸产品的主要区别是，顾客没有潜在产品层次的需要时，仍然可以很好地使用顾客需要的产品的核心利益和服务。因为随着科技的发展，有很多潜在需求和利益或服务将逐渐被顾客认识到。

1.4.3　价格策略

价格策略是市场营销活动中极为重要的一部分，它与其他营销策略相结合共同作用于营销目标。价格的合理与否会直接影响产品或服务的销路，是竞争的主要手段，关系到企业营销目标的实现。在进行网络营销时，企业应特别重视价格策略的运用，以巩固企业在市场中的地位，增强企业的竞争力。网络定价的策略很多，这里主要根据网络营销的特点，着重阐述低位定价策略、个性化定制生产定价策略、拍卖定价策略和免费定价策略。

（1）低位定价策略。有直接低价定价策略和折扣策略，互联网因为减少了很多中间代理商环节，因此可以将中间环节“节省”出来的钱直接“补”给消费者，在定价时可以打“厂价直销”“批发价”“折扣价”等来体现低价位的特点。

（2）个性化定制生产定价策略。个性化定制生产定价策略是在企业能实行定制生产的基础上，利用网络技术和辅助设计软件，帮助消费者选择配置或者自行设计能满足自己需求的个性化产品，同时承担自己愿意付出的价格成本。

（3）拍卖定价策略。根据供需关系，网上拍卖定价方式有竞价拍卖、竞价拍买、集体议价。

（4）免费定价策略。免费定价策略就是将企业的产品和服务以零价格形式提供给顾客使用，满足顾客的需求，通过免费的策略可以提高关注度和网站的流量。

企业可以根据自己所生产产品的特性和网上市场的发展状况来选择合适的价格策略。但无论采用什么策略，企业的定价策略都应与其他策略相配合，以保证企业总体营销策略的实施。

在网络营销活动的整体策划中，网上促销是其中极为重要的一项内容。网上促销是指利用互联网等电子手段来组织促销活动，以辅助和促进消费者对商品或服务的购买和使用。网上促销尤其是网络广告比较受欢迎。网络促销的出发点是利用网络特征实现与顾客沟通，这种沟通方式不是传统营销中“推”的方式，而是“拉”的方式，即“软”营销。这一特色是发掘潜在顾客的最佳途径。

网络营销的成功往往在于策略，下面给大家介绍几个常用的价格策略方式：

（1）折扣营销。折扣营销策略简单说就是给产品打折，这是常用的促销方式，折扣营销，迎合了消费者希望少花钱的心理，所以，这一方式在销售上也是比较有效果的。

（2）赠品营销。在一款新产品推出之前，做一些赠品的小件，分发给广大消费者，强化产品意识，能不断地提升产品的知名度，产品的知名度提升了，就能够带动部分消费群体开始关注并使用产品。

（3）积分营销。积分营销策略能够稳定很多的顾客群体，通过积分的积累，制定一定的奖励措施。消费者通过多次购买或多次参加某项活动来增加积分以获得奖品，积分越高，所得到的奖品就越多，从而达到多销售产品的目的。

（4）全力优化网络。通过关键字的优化，让更多的消费者了解产品，通过论坛、邮件、QQ 群发软件等一些媒介工具，不断地向消费者传输产品的信息。

（5）开展活动营销。利用重大节庆日，开展优惠促销活动，这样能调动更多的消费者前来参与，有效地达成产品的销售。

1.4.4 渠道策略

网络营销的渠道应该是本着让消费者方便的原则设置。为了在网络中吸引消费者关注本公司的产品，可以根据本公司的产品联合其他中小企业的相关产品为自己企业的产品外延，相关产品的同时出现会更加吸引消费者的关注。合理的网络营销渠道，一方面可以最有效地把产品及时提供给消费者，满足用户的需要；另一方面也有利于扩大销售，加速物资和资金的流转速度，降低营销费用。有些企业的产品质量不错，价格也合理，但缺乏适合的营销渠道或营销渠道不畅，无法扩大销售，这种例子是很常见的。

网络营销的渠道可分为直接营销渠道和间接营销渠道。与之相对应的网络营销的渠道策略可分为直接渠道策略（网络直销）、间接渠道策略（网络间接分销），以及直销渠道和间接渠道并用的双道策略。

1．网络直销策略

网络直销是指生产厂家通过互联网，不使用其他分销渠道所开展的直接面对消费者进行销售的活动。这种买卖交易的最大特点是供求直接见面，环节少、速度快、费用低。

网络直销的诱人之处在于它能够有效地减少交易环节，大幅度地降低交易成本，从而降低消费者所得到的商品的最终价格。在传统的商业模式中，企业和商家不得不拿出很大一部分资金用于开拓分销渠道。分销渠道的拓展，虽然扩大了企业的分销范围，加大了商品的销售量，但同时也意味着更多的分销商参与利润分配。企业不得不出让很大一部分利润给分销商，用户也不得不承受高昂的最终成交价格，这种结果是生产者和消费者都不愿看到的。

网络技术的发展，使遍布全球的网络直接连接到最终消费者，电子商务使消费者能以较低交易费用与生产者直接交易，为网上直销提供了条件。越来越多的市场运作表明，网络直销将会成为未来营销的主要方式。由于网络直销合并了中间的环节，并提供更为详细的商品信息，买主能更容易地比较商品特性及价格，从而在消费选择上居于主动地位，而且与众多销售商的联系更加便利。对于卖方而言，这种模式几乎不需要销售成本，而且即时完成交易，好处是显而易见的。目前，越来越多的生产商建立了自己的网站，直接面对消费者销售产品。

但是，并不是每个厂家都适合采用自己建立的网站进行直接销售，一个企业在决定是否自建网站进行直接销售时必须认真考虑企业自身的市场优势和产品品牌的知名度。当然，对于一些企业来讲，不仅技术基础实施需要大量的投资，而且进行有效的管理和网站的推广也是一笔相当高的费用，这不是每个企业都能负担的。

在确定是否采用网上直销策略时，一般要综合考虑以下一些因素：

（1）目标市场的大小。通常，企业的目标市场范围越小，面对最终消费者进行网上直销的可能性就越大，因为市场范围小，如果用传统的营销模式投入的营销成本是一样的，而使用网络营销反而可以使用最少投入获得最大的市场范围推广。

（2）商品的特性。产品单价高、产品技术性复杂，可优先采用网上直销策略。如果是使用传统的营销将要涉及更多的成本和服务。

（3）企业自身实力。如果企业实力强大，能够独立投资建立自己的网上销售网络，则实行直接销售；反之，应选择利用中间商推销产品可以省掉很多的费用。

（4）物流配送环境。配送能力比较强的地区可以选择网上直销方式；反之，有可能因为配送成本太高，而导致直销无法进行。

（5）传统渠道的影响。如果企业采用网上直销模式，会对传统渠道构成影响，企业要慎重考虑替代的效果。中间商在广告、运输、储存、信用、训练人员、送货方面的作用如果不能用网络来代替，企业就不能全部采用直销渠道。

2．网络间接分销策略

由于网络是一个虚拟市场，交易双方都会考虑对方的诚信问题，买家担心出现对方“拿钱不给货”，卖家担心“拿货不给钱”的问题而影响交易进行。为了克服网络直销的缺点，网络商品交易中介机构（即网络中间商）应运而生。这类机构成为连接买卖双方的枢纽，使得网络间接销售成为可能。阿里巴巴B2-B网站（图1-10）、中国商品交易中心等都是这类中介机构，同时出现了“支付宝”“财富通”等第三方的支付手段。网络间接营销是指生产者通过融入了互联网技术的这类中介机构把产品销售给最终用户。

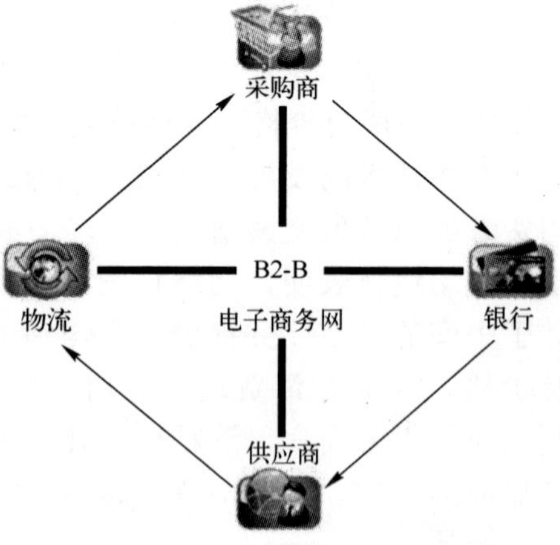

图1-10　B2-B网站的运营模式

网络间接销售克服了网络直销的缺

点，使网络商品交易中介机构成为网络时代连接买卖双方的枢纽。首先是因为这些专业的网络中介机构知名度高、信誉好，并且可以解决“拿钱不给货”或者“拿货不给钱”的问题，从而降低买卖双方的风险，确保了双方的利益。其次，由于网络中介机构汇集了大量的产品信息，消费者进入一个网站（中介机构）就可以获得不同厂家的同类产品的信息，生产者也只要通过同一个中间环节就可以和消费者发生交易关系，这大大简化了交易过程，加快了交易速度，使生产者和消费者都感到方便。虽然这类机构在发展过程中还有很多问题需要解决，但其在未来虚拟市场中的作用是其他机构难以替代的。所以那些认为随着网络营销的发展，网络直销将会完全替代间接销售的看法是片面的。尽管未来网络的进步会使网络直销得到充分的发展，但网络间接销售仍有其生存空间。

网络上的中间商又称为电子中间商。与传统中间商一样，电子中间商起着连接着生产者和消费者的作用。

网络中间商建立的交易市场相当于传统营销中的市场，市场的特征、知名度、客流量、所能提供的服务直接影响了企业营销活动的效果。因此，网络中间商的选择对企业开展网络营销起着十分重要的作用，图 1-11 所示为某年各中间商市场份额统计图。企业在选择网络中间商时，需要考虑以下几个主要因素：

（1）网络中间商的主要特色。

（2）网络中间商在行业内的影响力。

（3）网络中间商所提供的服务。

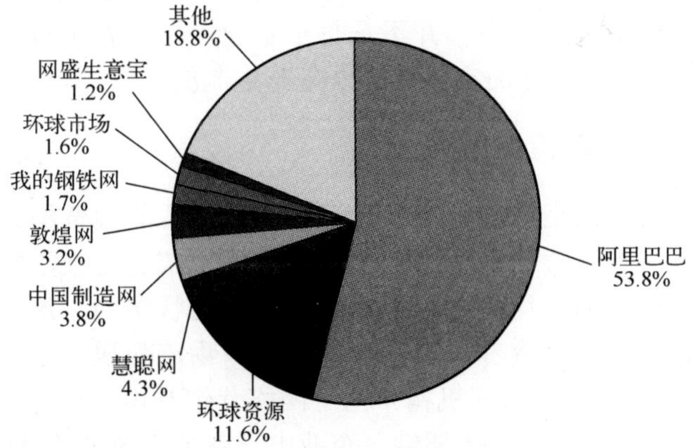

图 1-11　中间商某年的市场份额统计图

目前网上中间商按是否拥有商品的所有权，可以分为网上经销商和代理商；按中间商在流通过程中所起的作用，分为网上批发商和零售商。

3. 双渠道策略

网络营销渠道的双渠道策略，又称双道法，是指企业同时使用网络直销渠道和网络间接销售渠道，以达到销售量最大的目的。在西方众多企业的网络营销活动中，双道法是最常见的方法，是企业网络营销渠道的最佳策略。在买方市场条件下，通过两条渠道推销产品比通过单一渠道更容易实现“市场渗透”。

为了促进消费者购买，应该及时在网站发布促销信息、新产品信息、公司动态，为了方便购买还要提供多种支付模式，让消费者有更多选择，在公司网站建设时应该设立网络店铺，加大销售的可能，如现在很多已经做大的淘宝客已经陆续建立自己的独立网店。

1.5 网络营销行之有道

网络代表了一种比高度发达的工业时代的生产力更为先进的生产力。它的革命性在于缩短了整个经济的中间环节，降低了交易成本，节约了社会资源。网络营销是具有极大经济潜力和应用价值的全新领域，是国际营销的发展趋势。可以说，能否掌握这一高效低耗、优化资源的经营方式，不仅意味着一个企业能否在网络时代立足，更意味着一个国家能否抓住信息时代赋予的机会，扬长避短，顺势而为，跻身于世界强国的竞争之列。企业网络营销如今已是企业市场营销中的重要途径之一，很多企业都在关注如何才能做好企业网络营销，在网络营销的策划过程中，并不是每个企业网站的营销方法都是一样的，好的营销方案是要根据企业的实际情况来量身定制的。

1.5.1 完善的网络营销系统

网络营销系统是指企业进行网络营销活动所必备的由营销人员以及软硬件设施组成的整体。网络营销系统区别于传统营销系统之处在于它是由互联网支撑的，它的各个组成部分均通过网络相连，呈现网状结构。这一系统涵盖了企业、网络服务供应商、消费者、银行金融机构、物流配送公司、政府管理机构（税务、工商、海关）以及认证机构。由于网络营销是电子商务中最重要的组成部分，所以网络营销系统的构建要纳入企业电子商务系统的总体规划。

一个完善的网络营销系统一般由以下几个部分组成（图 1-12）：

1. 专业的网络营销平台

网络营销平台是指开展网络营销的有形界面，它由服务器、各种网络设施及软件系统和计算机终端所组成。网络营销平台一般是建立在互联网的平台上，网络营销平台包括信息发布系统、网上交易系统、网络营销服务系统和在线服务中心。

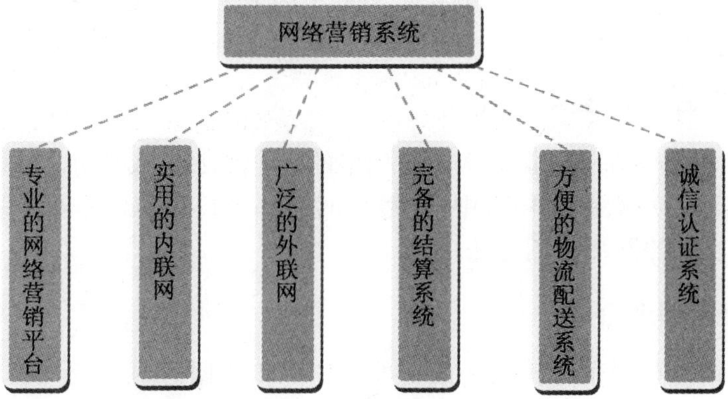

图 1-12　网络营销系统组成

2．实用的内联网

内联网是一个分布在企业内较小地理范围内的计算机网络，它由一台或多台服务器及若干工作站组成。构建局域网的目的是为了更好地实现资源共享与内部信息的迅速传输，提高管理水平与企业经营的效率。在企业内部局域网上可以有效地实现企业资源计划（ERP），进行办公自动化操作、产品制造生产计划与生产流程管理、项目管理、人力资源管理、财务管理、客户关系管理、供应链管理及市场营销管理。

3．广泛的外联网

外联网（Extranet）是借助于互联网，由协同企业内联网组成的一种虚拟专用网络。通过外联网，企业与供应商、合作关联企业、客户互相连通，实现信息资源的共享。

4．完备的结算系统

在网络营销中电子支付是一个重要环节，它不是企业可以独立完成的。网络营销企业必须与银行金融机构合作，构建电子支付结算系统。

5．方便的物流配送系统

物流配送系统是网络营销中的一个瓶颈环节，对大多数企业来说，企业可以自营物流，可以借助传统流通渠道，也可以委托第三方物流配送公司来完成商品的配送。

6．诚信认证系统

网上交易与支付环节通常要经过 CA 认证中心和金融认证系统来共同完成认证，通过认证可以提高企业的诚信度。

1.5.2 网络营销的基本理论

现在的网络营销是企业整体营销战略的一个重要组成部分。网络营销理论是传统营销理论在互联网环境中的应用和发展。可以从如下 4 个基本理论出发，制定出实用的网络营销方法。

1．直复营销理论

直复营销是指利用销售人员面对面推销、邮寄附有直接反馈的产品目录、电讯、电视、互联网、购物亭（比如自动售货机）等媒介向目标市场发出直接的销售信息，进行商品介绍、推广并寻求回应的市场营销活动。直复营销中的"直"指产品或服务不经过经销商而直接到达客户手中，"复"指客户和企业之间的沟通和交流，客户对企业实施的直复营销努力有明确的回复，企业可精确统计回复的数据并对结果进行评价。

传统的直复营销依靠产品目录、印刷品邮件和报纸杂志上带回复表的广告，而现代通信技术的发展使得互联网成为直复营销的最佳媒体。互联网具有方便快捷、双向沟通，内容篇幅不受限制，文字、声音、图像、动画共存的优良特性，它可以方便地在企业和顾客之间架起桥梁。顾客可以通过网络看货，下订单；企业可通过网络接受订单，安排生产及发货，所以直复营销策略和技巧可以在网络营销中使用。

2．关系营销理论

关系营销的基本立足点是建立、维持和促进与顾客和其他商业伙伴之间的关系，以实现参与各方的目标，从而形成一种兼顾各方利益的长期关系。关系营销将建立和发展与相关个人、企业组织的关系作为企业市场营销的关键变量，把握了现代市场竞争的时代特点，故被称为是对营销理念的又一次革命。关系营销的核心是争取与维持客户，为顾客提供满意的产品和服务，通过加强与客户的联系和沟通，维持与客户的长期关系，在此基础上开始营销活动，实现企业的营销目标。

关系营销理论包含了两个基本点：一是在宏观上认识到市场营销会对范围很广的一系列领域产生影响，包括客户市场、劳动力市场、供应市场、内部市场、相关者市场、金融市场及政府管理部门。二是在微观上认识到企业与客户的关系是不断变化的，市场营销的核心应从过去的简单一次性交易关系转变到注重保持长期的关系上来。企业是社会经济大系统中的一个子系统，企业的营销目标要受到众多外在因素的影响，每个企业通过网络和外界紧密相连。因此，必须要使企业融入到自己为之服务的社会之中。关系营销体现了电子商务时代的互动性、合作性和个性化发展趋势。

3．软营销理论

软营销理论是针对工业化时代的“强势营销”提出的新理论。在传统营销中，最能体现强势营销特征的是两种促销手段：传统广告和人员推销。在传统广告中，消费者通常是被动地接收广告信息的“轰炸”，企业通过不断地灌输强势信息的方式在消费者心中留下深刻的印象，至于消费者是否愿意接受，是否需要这样的广告信息则不予考虑；在人员推销中，推销人员根本不考虑推销对象是否需要和愿意接受，只是根据推销人员自己的判断强行展开推销活动。所以这两种强势促销手段都试图以一种灌输的方式引导消费者，而不管消费者是否需要，因此这两种手段往往会引起消费者的反感和厌恶。

“软营销”与“强势营销”的根本区别在于：软营销的主动方是消费者，强势营销的主动方是企业。软营销强调企业进行市场营销活动的同时必须尊重消费者的感受和体验，让消费者舒服地主动接纳企业的营销活动。由于在网络时代个性化消费需求的回归，使消费者在心理上希望自己成为主动方，而网络的互动特性又使他有成为主动方的可能。他们不欢迎不请自到的广告，但他们会在某种个性化需求的驱动下自己到网上寻找相关的信息和广告。网络软营销恰好是从消费者的体验和需求出发，采取拉动式策略吸引消费者的关注，从而达到营销效果。

4．整合营销理论

整合营销又称“整合营销传播”，整合营销的中心思想是以通过企业与消费者的沟通满足消费者所要的价值为取向，确定企业统一的促销策略，协调使用各种不同的传播手段，发挥不同传播工具的优势，从而使企业的促销宣传实现低成本策略化，与高强冲击力的要求，形成促销高潮。整合营销表示营销不再是单一的企业营销部门的活动，而是综合了与企业经营活动存在关联的各个内部企业单位与外部主体如供应商、顾客等的全局性活动。它要求企业整合各种可以利用的内部资源和外部资源，从而最大限度地获得竞争优势。

网络整合营销理论中包含了三个层面的意义：

（1）让顾客参与整个营销决策。企业必须意识到顾客的意见和想法对自己的重要性，并着手研究顾客的需求，生产相应的产品去满足顾客的需要。企业的中心从生产转向市场，将顾客的需求作为企业营销活动的起点。满足消费者的个性化需求，让顾客参与产品的设计与定价可以激发他们对企业的信任感和参与意识，从而争取到新客户，拉住了老客户。

（2）让产品生产部门参与营销。可以把产品生产的所有相关部分整合在一起参与营销，如将原料供应商、产品分销商、仓储及配送部门整合在一起，实行供应链管理，缩短产品的生产与供货周期，提高营销效率，降低产品成本。

（3）整合传统营销和网络营销。即将传统营销手段与网络营销手段整合到一起，虽然网络具有其他传媒无法比拟的快速、廉价与互动的优越性，并不意味着网络营销手段可以完全取代传统营销手段，只有两者的整合互补才可以做出优势的营销方案。

1.5.3 有效的网络营销方法

网络营销职能的实现需要通过一种或多种网络营销手段，常用的网络营销方法除了搜索引擎注册之外还有关键词搜索、网络广告、交换链接、信息发布、邮件列表、许可 E-mail 营销、个性化营销、会员制营销、病毒性营销、网络视频营销、博客营销、论坛活动营销等。按照一个企业是否拥有自己的网站来划分，企业的网络营销可以分为两类：无站点网络营销和基于企业网站的网络营销。有些方法在两种情况下都适用，但更多方法需要以建立企业网站为基础，基于企业网站的网络营销显得更有优势，如图 1-13 所示。

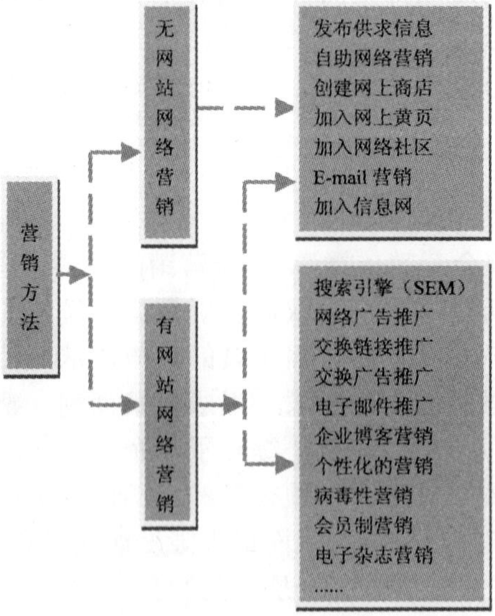

图 1-13　网络营销的方法

网络营销的具体方法很多，其操作方式、功能和效果也有所区别，常用的网络营销方法有以下几种：

1．搜索引擎营销（SEM）

搜索引擎营销（SEM）包括 SEO 和 PPC 两部分。主要是利用搜索引擎的关键词排名带来的流量进行宣传推广。搜索引擎优化也就是 SEO（Search Engine Optimization），有时 SEO 也指 Search Engine Optimizer，即搜索引擎优化师。PPC 是 Pay Per Click 的英文首字母缩写，可意译为点击付费竞价广告，典型代表是 Google Adwords 广告，以及百度竞价排名。之所以将搜索引擎放在第一位，是因为在正常情况下，需要网上购物的顾客，当需要购买某产品时，都习惯使用搜索引擎，在网上检索所需要的产品。目前，搜索引擎在国内已经非常普及，浏览者主要是通过什么方式，在网上寻找自己所要找的东西呢？大部分使用者都是登录有名的搜索引擎，输入相关的搜索内容，按下回车键就可以快速找到相关的信息。在主要的搜索引擎上注册并获得最理想的排名，是网站设计过程中要考虑的问题之一。网站正式发布后应尽快提交到主要的搜索引擎，是网络营销的基本任务。

2．网络广告推广

网络广告是一种常用的网站推广手段，是利用超文本链接功能实现的一种宣传方式，常见的网络广告有标志广告（Banner）、文本广告、电子邮件广告、分类广告等多种形式，其中标志广告又是最通用的，因此有时也将网络广告等同于标志广告。标志广告通常以 GIF、JPG、SWF（Flash 动画）等格式建立文件，插入在网页中来表现广告内容，同时还可以用 JavaScript 等语言使其产生交互性，用户单击标志广告后，通过超链接到达广告所要宣传的内容页面。据统计，标志广告的平均点击率在 1%左右。与传统媒体相比，网络广告有着独特之处，如成本低廉、不受地理区域限制、交互性、广告效果容易统计、实时性、用户主动性等。

网络广告的投放，宜选择目前知名度比较高的门户网站，如新浪、网易等大型门户网站。对于如何选择网络广告，有以下专业的建议：

（1）网页上方比下方效果好。统计表明，许多访客不愿意通过拖动滚动条来获取内容，因而放在网页上方和网页下方的广告所能获得的点击率是不同的。放在网页上方的广告单击率通常可达到 3.5%～4%。

（2）面积越大越好。通常网络广告的标准大小有 468×60（像素），150×68（像素）和 88×31（像素）三种常用规格。显而易见的，一个大的广告图形更容易吸引用户的注意，因此，不同面积的横幅，价格也会有所不同。

（3）经常更换广告图片。研究表明，当同一个图片放置一段时间以后，单击率开始下降。而当更换图片以后，单击率又会增加。所以保持新鲜感是吸引访客的一个好办法。

（4）采用合适的广告语。广告中使用的文字必须能够引起访客的好奇和兴趣，可以是招迎式的，如“免费获礼物单击进入”，也可以是时间性的，如“最后机会”“免费”“赠送”之类的词语，这种看起来落入俗套的词语，有时候却能够起到戏剧性的效果。

（5）使广告靠近网站最主要内容。通常综合网站都会有“最新消息”，或者发布网站自身新闻的位置，这往往是一个网站中最吸引人的部分，因此广告如果放在这位置附近，会吸引更多人的注意。

（6）适当运用动画图片。统计表明：动画图片的吸引力，比静止画面高三倍。但是如果动画图片应用不当，则会引起相反的效果，如太过花哨或文件过大影响了下载速度等。

（7）不可忽视纯文字的作用。在电子邮件杂志中可以放置纯文字广告，由于纯文字广告，通常可以表现100字左右的文字内容，而且几乎不影响下载速度，所以措词得当的纯文字广告，甚至可获得高达12%的点击率。

（8）选择合适的广告网站。在浏览量不同的网站做广告，效果完全不同。高浏览量的网站，使你获得所需效果的时间大大缩短，从而为你赢得了时间。像新浪的新闻频道、搜狐和中文雅虎的搜索频道，都是访问流量比较大的，可以考虑在这些门户网站投放网络广告。

3. 交换链接推广

交换友情链接（也称互惠链接），是增加网站推广机会，从而提高访问量的一种有效方式，而且交换链接数量的多少，也是搜索引擎决定网站排名的一项参数，因此，交换链接被认为是网络营销的一项重要手段，也是评价网络营销效果的一项标准。

实现交换链接的方法是，寻找与自己的网站具有互补性、相关性或者潜在客户的站点，并向它们提出与站点进行交互链接的要求，在企业的网站上为合作伙伴的站点设立链接，通常有图片链接及文本链接两种形式，由于文本链接占用字节少，且不影响网页整体效果，而被广泛采用。

互惠链接还可以增加企业网站的知名度。一个网站不可能大而全，但为了给用户提供“完整”的方案，有效的一个办法就是建立互惠链接，这也是被业界证明的，网站应该有自己的特色，有自己的核心业务。

在选择链接对象时应该有一定的标准，因为建立友情链接不仅仅是为了增加访问量，还可对网站内容起补充的作用，以便更好地服务自己的用户，如果链接了大量低水平的网站，会降低访问者对网站的信任，甚至失去潜在顾客。

4．交换广告推广

交换友情广告是网络广告的一种，一般是免费的。交换广告与交换链接有许多相似之处，都是出于平等互惠的目的，为增加访问量而采取的一种推广手段，其主要区别在于交换的是标志广告（也有文本广告），而不是各自网站的 Logo 或名称。而且，通常是加入专业的广告交换网，从而与其他成员建立交换广告，而不是自行寻找相关的网站，直接交换双方的标志广告。广告投放和显示次数也是由广告交换网决定，在网站显示广告网成员的广告，同时企业自身的广告，显示在交换广告网其他成员的网站上。互惠链接可以放置在网站的子目录，或其他任何位置，当用户浏览完网站之后再跳到其他网站，而免费广告交换网则不是，一般地，免费广告交换网要求在网站首页放置 Banner 广告，而不是网站内部。

可以跟一些兄弟公司或者朋友公司交换友情链接。当然，兄弟公司网站最好是单击率比较高的。友情链接包括文字链接和图片链接。文字链接一般就是公司的名字。图片链接包括 Logo 的链接和 Banner 的链接。Logo 和 Banner 的制作跟上面的广告条一样，也需要考虑怎么样去吸引客户鼠标的单击。如果条件允许，尽量使用图片链接。将图片做成 GIF 或者 Flash 动画。

5．电子邮件营销

这里所指的电子邮件营销，是特指有些网站提供的邮件列表服务，通过客户自主订阅，实现一对一，或者一对多的电子邮件营销，不会产生垃圾邮件带来的负面效应，当然邮件组的内容编辑要注意在个性化服务、内容的多样性和新颖等方面多下工夫，最好的方式是让客户参与进来，大家都有认同感。此营销方式经费最节省，当然，所起的效果反应起来比较慢，在宣传新网站方面远不及其他推广方式来得更快，但会保持比较高的回头率，在粘住客户方面是一种比较好的举措。

据统计电子邮件反馈率在 5%～15%，远远高于标志广告的回应率。电子邮件营销已经受到广泛重视，甚至许多 B2B 电子商务企业也在利用电子邮件营销手段。

电子邮件营销的基本思路是：通过为顾客提供某些有价值的信息，如时事新闻、最新产品信息、免费报告，以及其他为顾客定制的个性化服务内容，吸引顾客参与，从而收集顾客的电子邮件地址（邮件列表），在发送定制信息的同时，对自己的网站、产品或服务进行宣传，在企业没有条件实施邮件列表的情况下，也可以通过向第三方购买电子邮件地址与第三方合作等方式开展电子邮件营销，或者委托专业的电子邮件营销服务公司。从营销的手段、提供服务的内容和与顾客的关系等方面综合分析，电子邮件营销有下列 8 种主要模式：顾客关系邮件、新闻邮件、提醒服务/定制提醒计划、许可邮件列表、赞助新闻邮件、赞助讨论列表、鼓动性营销、伙伴联合营销。

6．企业博客营销

借助于网络博客平台的营销模式，应该说是一种创新的营销传播渠道。因为它实现不了即时的销售，只是通过一种新的媒介方式把信息传递给点击者；同时，这也是传播（媒介）渠道与时俱进的表现，是网络营销的一种创新表现，把以电子邮件为主的网络营销从虚拟的幕后推到更加真实的前台。企业的口碑营销、博客与其他相关网络科技的结合，就是博客口碑营销，简称为博客营销。就目前的网络环境而言，博客并不适合用来做短线营销，至少效果不会比传统的“官方网站”好多少。原因很简单，博客营销的重点在于透过标题列表输出、响应、引用三项基本技术，让网友自愿为营销者建立绵密的网络，以吸引大量的网友并且获得这些网友的认同，进而达成营销的效果。即使营销者使用博客媒体，但如果没有使用这些技术来进行串联，也没有足够的时间让网友（目标顾客）之间建立认同关系，则充其量只能叫做“布告栏”而已。

博客具有互动性、知识性、共享性等特性，也正是这些特性使得博客成为一种企业乐于利用的宣传平台。企业通过博客这一载体，将企业的理念、品牌、产品和服务等信息向浏览者宣传推广和交流，在这一过程中，实现了浏览者对品牌的认知，也提高了品牌的知名度，对企业品牌资产的提升起到了积极的作用。

7．个性化营销

个性化营销的主要内容包括：用户定制自己感兴趣的信息内容，选择自己喜欢的网页设计形式，根据自己的需要设置信息的接收方式和接收时间等，如现在流行的个性化博客页面设计。个性化服务在改善客户关系、培养客户忠诚度以及增加网上销售方面具有明显的效果，但个性化服务的前提是获得尽可能详尽的用户个人信息，这两者之间存在一定的矛盾。据研究，为了获得某些个性化服务，在个人信息可以得到保护的条件下，用户才愿意提供有限的个人信息，这正是开展个性化营销的前提保证。个性化服务是一个循序渐进的过程，需要在一定的基础条件下进行，比如完善的网站基本功能、良好的品牌形象等。

8．病毒性营销

病毒性营销并非真的以传播病毒的方式开展营销，病毒营销指的是厂商通过网络短片、低调的网络活动或是电子邮件信息的方式在全球网络社群发动营销活动，利用口碑传播成为与消费者交流强有力的媒介形式。它的本质就是让用户们彼此间主动谈论品牌，这种与品牌之间有趣、不可预测的体验，往往显示出强大的影响力。病毒性营销的经典范例是 Hotmail.com。Hotmail 是世界上最大的免费电子邮件服务提供商，在创建之后的一年半时间里就吸引了 1200 万个注册用户，而且还在以每天超过 15 万个新用户的速度发展。令人不可思议的是，在网站创建的 12 个月内，Hotmail 只花费很少的营销费用，还不到其直接竞争者的 3%。Hotmail 之所以爆炸式的发展，就是由于利用了"病毒性营销"的巨大效力。其实，原理和操作方法很简单：Hotmail 在每一封免费发出的邮件信息底部附加一个简单提示："Get your private，free E-mail at http：//www.hotmail.com"，接收邮件的人将看到邮件底部的信息，然后，收到邮件的人们继续利用免费 E-mail 向朋友或同事发送信息，会有更多的人使用 Hotmail 的免费邮件服务，于是，Hotmail 提供免费邮件的信息不断在更大的范围扩散。现在几乎所有的免费电子邮件提供商都采用类似的推广方法。

9．会员制营销

会员制营销是拓展网上销售渠道的一种有效方式，主要适用于有一定实力和品牌知名度的电子商务公司。会员制营销已经被证实为电子商务网站的有效营销手段。国外许多网上零售型网站都实施了会员制计划，几乎已经覆盖了所有行业。从 2000 年下半年开始，会员制营销方式开始被国内一些电子商务网站采用，如易趣、当当网上商店等，尽管还处于初级阶段，但已经看出电子商务企业对此表现出的浓厚兴趣和旺盛的发展势头。除了对网上销售具有直接的促进作用之外，会员制营销方法也可以产生良好的广告效果。

10．电子杂志营销

电子杂志又叫网络杂志、互动杂志。电子杂志有别于传统的纸质杂志，它是利用互联网技术在网上制作，用于宣传和营销的一种手段，目前已经进入第三代，以 Flash 为主要载体独立于网站存在，可以实现下载并进行单独播放。电子杂志是一种非常好的媒体表现形式，它兼具了平面与互联网两者的特点，且将图像、文字、声音、视频、游戏等相互动态结合来呈现给读者，此外，还有超链接、及时互动等网络元素，是很享受的一种阅读方式。电子杂志通常指的是完全以计算机技术、电子通信技术和网络技术为依托，编辑、出版和发行的杂志。它的内容在早期顺理成章地与计算机、通信和网络等相关。电子杂志极其方便的电子索引、随机注释，更使得电子杂志具有信息时代的特征。但由于受各种条件的限制，电子杂志目前在国内尚处于起步阶段。值得一提的是，电子杂志在各种传媒系统（如电视系统）和计算机网络上的出现，已经打破了以往的发行、传播形式，也打破了人们传统的时、空观念，它将会更加贴近人们的生活，更加密切人与人之间思想、感情的交流，更好地满足新时代人们对文化生活的更高要求。因此，在互联网营销中电子杂志营销更应独树一帜。

网络营销的方法并不限于上面所列举的内容，而且由于各网站内容、服务、网站设计水平等方面有很大差别，各种方法对不同的网站所发挥的作用也会有所差异，网络营销效果也受到很多因素的影响，有些网络营销手段甚至并不适用于某个具体的网站，需要根据企业的具体情况选择最有效的策略。

总之互联网络是一种先进的生产力，而网络营销是一种简化路径、跨越时空、高效低耗的营销方式，它直接契合了企业经营思想革命性的变化，所以它必将成为未来国际营销的发展方向。

第 2 章　知己知彼，百战不殆：营销型网站的搭建与策划

正所谓“知己知彼，百战不殆”，一个成功的营销网站更需要专业的策划和制作，本章就重点介绍如下知识：

- 网站的策划准备工作
- 网站策划和设计的重点
- 网站制作的注意事项
- 优势的技术解决方案
- 掌握网页的标准基础

2.1 解密营销型网站

建设一个营销型的企业网站，目的就是通过网络宣传企业的形象、推广企业业务，或者向网站的访问者展示和销售产品。那么前期应该进行哪些准备工作呢？本节就将介绍网站建设前期应该考虑和准备的工作。

2.1.1 营销型网站评判的标准

开发网站有近十来年的经验，接触过各式各样的用户，最终所有的用户都会根据自己的从业经验对所开发的网站发表自己的看法和见解。同时，也有很多的企业管理者和经营者经常问到笔者这样一个问题：

“我的网站搭建得怎么样？”

每次面对这样的问题我只能回答“合适的就是最好的”，其实一个好的营销网站和投资者以及建设者的定位、专业程度以及资金投入等条件都是息息相关的，有些企业家只投入几千块钱做一个“门面”型的网站，美工做得非常漂亮，其他营销手段都不考虑，但就因为漂亮而吸引了很多的浏览者，也促成了很多的网上销售。投入和产出已经有回报，这个网站就是不错的。但是作为营销型的网站，专业的互联网营销策划和开发人员是为企业者“锦上添花”，而不是为企业者创造全新的财富，这是笔者对网站建设和网络营销者提供的一个最

诚肯的答复。

从技术上去评判一个营销型网站是有章可循的，通常可以从如下几个方面去考虑这个网站是否“专业”（图 2-1）：

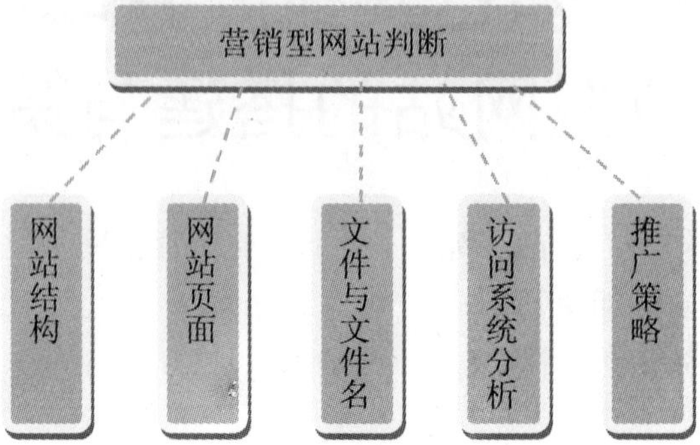

图 2-1 营销型网站判断标准

（1）网站结构。网站的结构是否合理，是否高效，是否方便，是否符合用户访问的习惯。

（2）网站页面。页面代码是否精简，页面是否清晰，页面容量是否合适，页面色彩是否恰当。

（3）文件与文件名。文件格式，文件名等。

（4）访问系统分析。统计系统安装，来路分析，地区分析，访问者分析，关键词分析等。

（5）推广策略。网站推广策略是否有效，是否落后，是否采用复合式推广策略等。

2.1.2 网站制作的注意事项

制作专业的网站还要特别注意如下一些问题，这样才能保证开发的网站具备实用性。

1. 网站版式的设计

网站设计作为一种视觉语言，要讲究编排和布局，虽然首页的设计不等同于平面设计，但它们有许多相近之处，应充分加以利用和借鉴。 版式设计通过文字图形的空间组合，表达出和谐与美。一个优秀的网站设计者要知道每一段文字图形该落于何处，才能使整个网站生辉。多页面站点页面的编排设计要求把页面之间的有机联系很好地反映出来，特别要处理好页面之间与页面之内的秩序。通常为了达到最佳的视觉表现效果，会讲究整体布局的合理性，使浏览者有一个流畅的视觉体验。

2．网站形式与内容的统一

要将丰富的意义和多样的形式组织成统一的页面结构，形式语言必须符合页面的内容，体现内容的丰富含义。运用对比与调和、对称与平衡、节奏与韵律以及留白等手段，通过空间、文字、图形之间的相互关系建立整体的均衡状态，产生和谐的美感。如对称原则在页面设计中，它的均衡有时会使页面显得呆板，但如果加入一些富有动感的文字、图案，或采用夸张的手法来表现内容往往会达到比较好的效果。点、线、面作为视觉语言中的基本元素，要使用点、线、面的互相穿插、互相衬托、互相补充构成最佳的页面效果。网站设计中点、线、面的运用并不是孤立的，很多时候都需要将它们结合起来，表达完美的设计意境。

3．三维空间的构成和虚拟现实

网络上的三维空间是一个假想空间，这种空间关系需借助动静变化、图像的比例关系等空间因素表现出来。在页面中，图片、文字位置前后叠压，或页面位置变化所产生的视觉效果均不相同，图片、文字前后叠压所构成的空间层次目前还不多见，网上更多的是一些设计比较规范、简明的页面，这种叠压排列能产生强节奏的空间层次，视觉效果强烈。 网站上常见的是页面上、下、左、右、中位置所产生的空间关系，以及疏密的位置关系所产生的空间层次，这两种位置关系使产生的空间层次富有弹性，同时也让人产生轻松或紧迫的心理感受。目前，人们已不满足于 HTML 语言编制的二维 Web 页面，三维世界的诱惑开始吸引更多的人。

4．多媒体功能的利用

网络资源的优势之一是具有多媒体功能。要吸引浏览者注意力，页面的内容还可以借助三维动画、Flash 等来表现。但要注意，由于网络带宽的限制，在使用多媒体的形式表现网站的内容时应考虑用户端的传输速度。

5．网站测试和改进

网站测试实际上是模拟用户询问网站的过程，以求通过测试发现问题并改进设计。要注意让用户参与网站测试。

6．内容更新与沟通

网站站点建立后，要不断更新内容。站点信息的不断更新，让浏览者更多地了解企业的发展动态和网上职务等，同时也会帮助企业建立良好的形象。在企业的站点上，要认真回复用户的电子邮件和传统的联系方式如信件、电话咨询和传真，做到有问必答。最好将用户的用意进行分类，如售前一般了解、售后服务等，由相关部门处理，使网站浏览者感受到企业的真实存在并由此产生信任感。 值得提示的是：不要许诺用户实现不了的东西，在真正有能力处理回复之前，不要恳求用户输入信息或罗列一大堆自己不能及时答复的电话号码。如果要求浏览者自愿提供其个人信息，应公布并认真履行个人隐私及承诺。

7. 合理运用新技术

新的网站制作技术几乎每天都会出现，如果不是网络技术介绍的专业网站，一定要合理地运用网站制作的新技术，切忌将网站变为一个制作网站的技术展台。对于网站设计者来说，永远要记住：用户方便快捷地得到所需要的信息是最重要的。及时学习并掌握网站设计的新技术如 Java、DHTML、XML 等，根据网站的内容和形式，合理地应用到设计中。

2.1.3 最佳建站方式的选择

在选择建站之前，通常要先考虑以下的一些问题：

（1）建设此网站的目的是什么？

（2）为哪些人群提供服务和产品？

（3）网站能提供什么样的产品和服务？

（4）网站的目的消费者和受众的特点是什么？

（5）网站产品和服务适合什么样的表现方式？

（6）网站需要采用什么技术来实现？

（7）打算申请一个什么的域名？

（8）网站的空间是租赁还是购买服务器？

（9）网站推广方式打算都用哪些？

目前开发网站的方式主要有三种：企业自行开发网站、委托网站设计公司开发及租用网上商城的专卖店。那么选择什么样的方式实现自己的网站最合适呢？这要根据企业的实际情况来决定，下面列出了这三种开发网站的方式特点：

1）企业自行开发网站的方式最灵活，能够完全地按照企业自身的要求来实现功能和效果，网站的更新与维护也很方便。

2）委托网站设计公司开发网站的优点是开发周期短，效果好。但是费用依据功能和页面数量的而定，会比自行开发的成本高。

3）租用网上商城的专卖店是最快捷的，较少需要开发周期，如某品牌在淘宝网上开设的直营店（图 2-2)。但是页面风格和功能比较单一，不够灵活，很难充分表达出企业自身的特点。而且网上商城经营的优劣在很大程度上决定了企业网站的成败，一旦网上商城倒闭，企业网站也很可能随之关闭，风险较大，因此选择时一定要考察该商城的实力和信誉。此外，网上商城与传统的商城一样，商城本身积聚的人气可以为网上商店带来大量的浏览量，因此，人气旺盛并且与自己的顾客群定位一致的商城是最佳的选择。此外，有的网上商城能够提供在线支付或货物配送服务，能够解决商品网上销售中的一些问题。

图 2-2　某品牌在淘宝网上的直营店

营销指导：

对于刚开始创办网站的用户来说，首先选择在 C2C 平台上注册独立网店进行推广是最合适的途径，这样可以以最少的成本投入和时间投入获得较好的平台效果，并能立刻拥有相应的终端注册会员的基础。在经过一段时间，对互联网营销有了更进一步的了解后，再着手进行第二步的独立品牌网站的建设。

2.1.4　营销网站的制作流程

网站首先需要明确网站的建设目的、访问用户定位、实现的功能、发布时间、成本预算、网站 CI 风格等。企业网站是展现企业形象、介绍产品和服务、体现企业发展战略的重要途径之一，因此必须从总体上对网站进行一定的规划和设计，从而做出切实可行的实施方案。

建立企业营销型网站的基本制作流程可以归纳如图 2-3 所示。

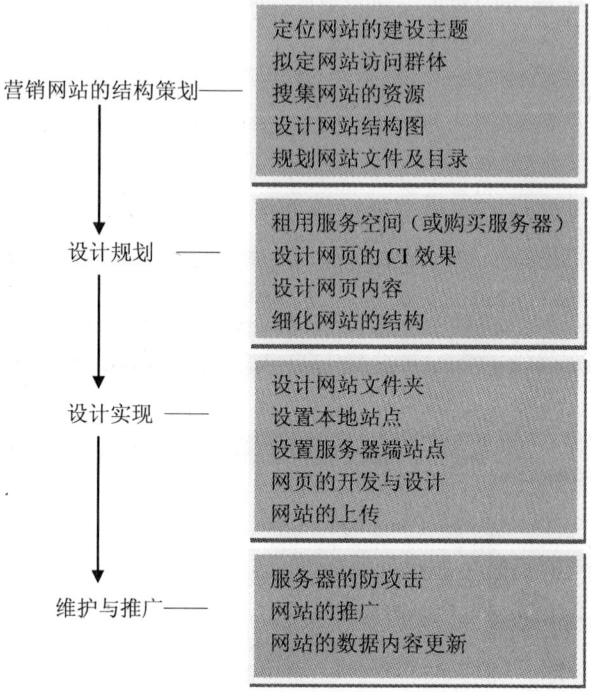

图 2-3　营销型网站的基本制作流程

2.2　网站的蓝图规划

在进行一个网站的设计之前，明确网站设计的风格、特点是很重要的。下面介绍网站建设整体设计策划的一些基础知识。网站设计包含的内容是非常多的，大体分两个方面，一方面是利用网站制作软件如 Dreamweaver 进行网页设计、文字排版、链接的设计、动态网页的设计等。前期还要利用 Photoshop 或者是 Fireworks 等平面设计软件实现平面设计、静态无声图片设计，根据需要，还可以利用 Flash 实现动画效果。另一方面是网站的延伸设计。它是指脱离软件，在网站建设之前、之后进行的网站建设与策划，主要包括网站的主题定位和浏览群的定位、智能交互、制作策划、形象包装、宣传营销等。

2.2.1　网站营销主题的选择

确定网站的主题名称，尽量使其好听、好记、有意义，还要有新意。同样，网站的名称会关系到浏览者是否很容易接受用户的网页。所以要注意如下两点：

（1）网站名称要明确用户的网站内容。如“中国大学生交友网”“非凡信息分类网”等，针对企业网站建设而言都可以用公司自己的名称或者是销售的产品来定位主题。

（2）网站名称要易记，名称不要太拗口、生僻。

不管你要建设的是一个单纯传播信息的公益网站还是商务网站，只有明确了网站的主题后，才可以正确地进行后续工作的分析与实施。

2.2.2　拟定网站访问的群体

在定位好网站的主题后，网站的服务对象是谁呢？哪些人会有兴趣先来浏览我们将要建设的网站？划定网站浏览者群体的重要性便立即体现出来。因为只有确认好观众的需要，才能正确地分析各种有用信息，把握网站的传播要点与经营理念，吸引更多的用户，达到网站建设的目标。

以迪斯尼网站为例来说明网站建设拟定网站访问的重要性，迪斯尼网站的首页如图 2-4 所示。该网站主要的浏览者是儿童，因此，从内容结构到颜色的设计都是从儿童的喜好出发，制作的网站很有趣味性，能让访问的孩子一下子就喜欢上这个网站。

图 2-4　迪斯尼网站首页

2.2.3 网站栏目的创意设计

在确定了网站目标和名称之后，就要着手设计网站的功能，也就是设计网站上的各个栏目，网站功能设计是战术性的，是实现网站目标的重要工作。网站的功能是为用户提供服务的基本表现形式。一般来说，一个网站有几个主要的功能模块，这些模块体现了一个网站的核心价值。

在设计栏目的时候首先应选择相应的网站题材，也就是说给用户的网站定位。以下为一些常见的网站栏目的题材，希望对读者有些启发。

（1）关于商业类的一些网站栏目：公司简介、公司动态、在线搜索、购物消费、网上招聘、产品介绍、在线加盟、股市信息、流行情报、阳光服务、支持下载、网上公告等。

（2）关于娱乐生活类的一些网站栏目：国画画廊、古典音乐、武器博物馆、古今佳句名言、游戏排行榜、游戏天堂、金庸客栈、象棋世家、能吃是福、GIF 动画库、陶艺园地、漫画天地、中国足球、摄影俱乐部、幽默轻松、体育博览、电子贺卡、旅游天地、电影世界、影视偶像、天文星空、MIDI 金曲、宠物猫、儿歌专集等。

营销指导：

栏目设计这是网站规划中的核心问题，需要非常明确和具体。建立网站的目的也就是一个网站的目标定位问题，网站的功能和内容，以及各种网站推广策略都是为了实现网站的预期目的。在实际的网站栏目设计过程中经常遇到所有的企业网站栏目千篇一律都是“公司简介、公司动态、网上招聘、产品介绍、在线加盟、网上公告”等词，一般的浏览者一进这种网站基本都是不会去认真浏览网页的内容的，如笔者曾和龙虎书画网的创始人沟通过其网站的栏目定位问题，原来是想用“首页、产品展示、书画作者、礼品产品、定制书画、文化栏目、画家画册、拍卖专栏、收藏信息、论坛、玉泉山书画院”几个栏目，笔者建议以需求为导向润色一下栏目的叫法，结果改为“艺术精品、书画名家、礼品定制、书画回购、文化工程、展览画册、拍卖征稿、收藏指南、有问必答、玉泉山书画院”制作的效果如图 2-5 所示。

图 2-5　优化后的网站栏目效果

2.2.4　网页形象包装和设计

所谓 VI（Visual Identity，视觉识别），通俗地讲就是通过视觉来统一网站的形象。一个好的企业网站，和实体公司一样，也需要整体的形象包装和设计。准确的、有创意的 VI 设计，对网站的宣传推广有事半功倍的效果。在网站主题和名称确定后，需要思考的就是网站的 VI 形象了。其实，现实生活中的 VI 策划比比皆是，例如肯德基公司，其全球统一的标志、色彩和产品包装，给人的印象极为深刻。下面介绍一下网站 VI 形象的一些主要内容。

1. 网站 Logo 的设计

网站 Logo 就是网站的标志。网站 Logo 是站点特色和内涵的集中体现，使浏览者看见 Logo 就联想起站点。目前国内、国际的网站已经相当多了，要想与众不同，跟别的网站进行 Logo 链接交换是很有必要的。简单地说就是在别人的网站上放一个用户的 Logo，用来链接到自己的网站。当然若 Logo 很能引人注目的话，网站的浏览量不就增加了吗？

Logo 标志的设计创意来自用户的网站的名称和内容。可以是中文、英文字母，可以是符号、图案，可以是动物或者人物等。比如，百度公司就是以 Baidu 加一小脚丫及中文百度作为象征性标志，很是吸引人。

营销指导：

如果用户本身拥有不错的企业 Logo 也是可以用作网站 Logo 的，这样能让用户的网站 VI 和企业的 VI 保持一致。

网络 Logo 不单要考虑在电脑高分辨率屏幕上的显示效果，更应该考虑到网站整体发展到一定高度时相应推广活动所要达到的效果，使其在应用于各种媒体时，也能充分发挥 Logo 的视觉效果。还有应考虑到网络 Logo 在传真、报纸、杂志等传媒介质上的单色效果、反白效果、在织物上的纺织效果、在车体上的油漆效果、制作徽章时的金属效果、墙面立体的造型效果等。

这里举例笔者给乐源宠物平台设计的网页 Logo 如图 2-6 所示，来看一下应该怎么去创意和设计网页标志。

图 2-6　乐源宠物 Logo

形状创意：由乐源宠物中文和拼音共同组成一只宠物狗的躯干，“乐”字在形心，“源”与形相连接成一体。寓意乐源是宠物行业的奠基石，服务用于心，渊“源”于乐源品牌。此 Logo 是抽象时尚型的方案，也是现在比较流行的设计方案。

色彩搭配：主色：C=0　M=100　Y=100　K=0 用血红色作为整个 Logo 的主色调，意味由乐源给宠物行业提供鲜活的血液，让宠物的生命更加的精彩。同时，红色是暖色，能代表宠物狗活跃的特点，乐源宠物馆的事业也应该是充满快乐和动感积极向上的。

此方案与现有的网站设计风格正好能融合一体，效果如图 2-7 所示。

图 2-7　网页的整体配色效果

2．网站设计的标准色彩

不可否认网站给人的第一印象来自视觉冲击，确定网站的标准色彩是相当重要的一步。不同的色彩搭配将产生不同的视觉效果，当然可能会影响到浏览者的情绪。网站的选择和确定，是根据网站所选择的题材和用户自己的个人性格特点决定的。

“标准色彩”就是指能体现网站形象和延伸内涵的色彩。例如，麦当劳的红色条块，163 邮箱首页的天蓝色如图 2-8 所示等，都给人很贴切、很和谐的视觉效果。

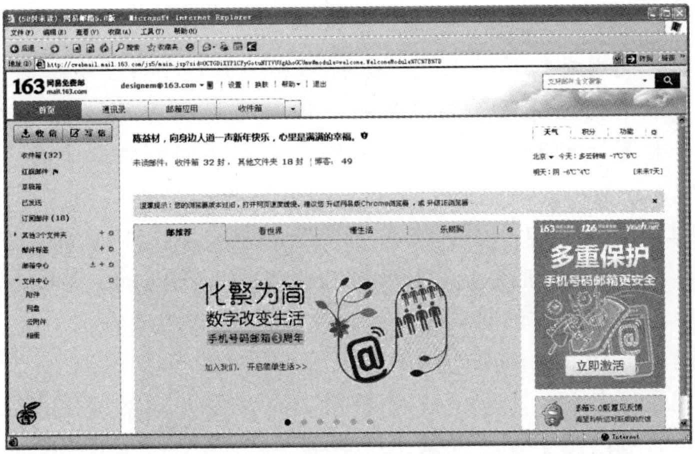

图 2-8　163 邮箱的天蓝色网页配色效果

一个网站的标准色彩通常不超过 3 种，太多则让人眼花缭乱。标准色彩要用于网站的标志、标题、主菜单和主色块，给人以整体统一的感觉。当然其他色彩也可以使用，但只是作为点缀和衬托，绝不能喧宾夺主。通常适合于网站标准色的颜色有：蓝色，黄/橙色，黑/灰/白色三大系列。

营销建议：

（1）建设网站之前，一定要了解网站所要传达的信息和品牌。选择可以加强这些信息的颜色。例如，在设计一个强调稳健的金融机构，首要选择冷色系但柔和的颜色，像蓝色、灰色或者绿色。在这样的状况下，如果使用暖色系或活泼的色系，可能会破坏了该网站品牌。

（2）还要了解此网站的读者群。文化差异可能会使色彩产生非预期的反应。同时还要知道，不同地区与不同年龄层对颜色的反应亦会有所不同。目前，年轻族群一般比较喜欢饱和色。

（3）网站的设计不要使用过多的颜色。主色系及修饰色共选择 4～5 个颜色就够了。太多的颜色会导致混淆，同样也会分散读者的注意力。

（4）在阅读的部分使用对比色。因为颜色太接近无法产生足够的对比效果，也会妨碍观众阅读。通常白底黑字的阅读效果最好。

（5）通常在设计网站时采用灰色阶来测试对比。当用户在处理黑色、白色和灰色以外的颜色的时候，有时候会很难决定每个颜色的相对值。为了要确认色盘能提供足够的对比，可以建立一个仿真网站，并将它转换成灰色阶即可。

（6）设计网站时选择颜色也要注意时效性。同一个色彩很容易充斥着整个市场，且消费者很快就对流行色彩感到麻木。但就另外一个角度来看，用户可以使用几十年前的流行色彩，引起人们的怀旧之情。

（7）在用软件设计网页的时候，选择颜色时请考虑功能性的颜色。别忘了在关键信息部分使用功能性的颜色，如标题和超级链接等。

（8）还要注意网站色差问题。每一个网站开发人员都知道，即使是网络通用颜色在跨平台显示的时候都会有些不同，会在不同的作业平台上测试用户的色盘。

在色彩的运用过程中，还应注意的一个问题是：由于国家、种族、宗教和信仰的不同，以及地理位置、文化修养的差异等，不同的人群对色彩的喜好有着很大的差异。所以在设计时需要考虑主要用户群的构成和背景。

一般来说，不同的色彩所传达的含义亦有不同，例如：

红色：代表了热情、浪漫、火焰、暴力、侵略。而且红色在很多文化中代表的是停止的信号，用于警告或禁止一些动作。

紫色：代表了创造、谜、忠诚、神秘、稀有。紫色在某些文化中与死亡有关。

蓝色：代表了忠诚、安全、保守、宁静、冷漠、悲伤。

绿色：代表了自然、稳定、成长、忌妒。绿色在某些文化中与环保有关。

黄色：代表了明亮、光辉、疾病、懦弱。

黑色：代表了能力、精致、现代感、死亡、病态、邪恶。

白色：代表了纯洁、天真、洁净、真理、和平、冷淡、贫乏。

3. 网站设计的标准字体

标准字体是指用于标志、标题、主菜单的特有字体。通常网站默认的字体是宋体。当然为了体现网站的“与众不同”，可以根据需要选择一些特别字体。例如：为了体现专业可以使用粗仿宋体，体现设计精美可以用广告体，体现亲切随意可以用手写体等。总之要根据自己网站所表达的内容，选择贴切的字体。

目前常见的中文字体就有二三十种，常见的英文字体有近百种，网络上还有许多专用的英文艺术字体下载，所以要寻找一款满意的字体并不算困难。需要说明的是：要使用非默认字体，就必须把文字内容设置成图片的格式。因为一部分浏览者的计算机里没有安装这种特别字体而无法正常显示，那么辛苦设计的制作便会付之东流。

2.2.5 框架和模块功能规划

确定网站的框架和模块，就是在目标明确的基础上，完成网站的构思创意即总体设计方案。这是在题材选定好之后很重要的一步，要做到主题鲜明突出、要点明确，就要以简单明确的语言和画面体现站点的主题。调动一切手段充分表现网站点的个性和情趣，来体现网站的特点。

其实网站的版面设计，就像搭积木，一个模块就是一个单位积木，要想拼搭出一座漂亮实用的“房子”，最重要的就是看开店者的创意和想象力了。通常设计版面的最好方法是，先将用户理想中的草图勾勒出来，然后再用网站制作软件实现。

这里举例说明一个常规网站应该拥有的功能模块以及框架的搭建，实例中的首页包括 Logo、Banner 区域、大导航区域、购物车、新闻系统、会员系统、搜索系统、产品展示系统以及版权区域等几个部分，设计的首页效果如图 2-9 所示。

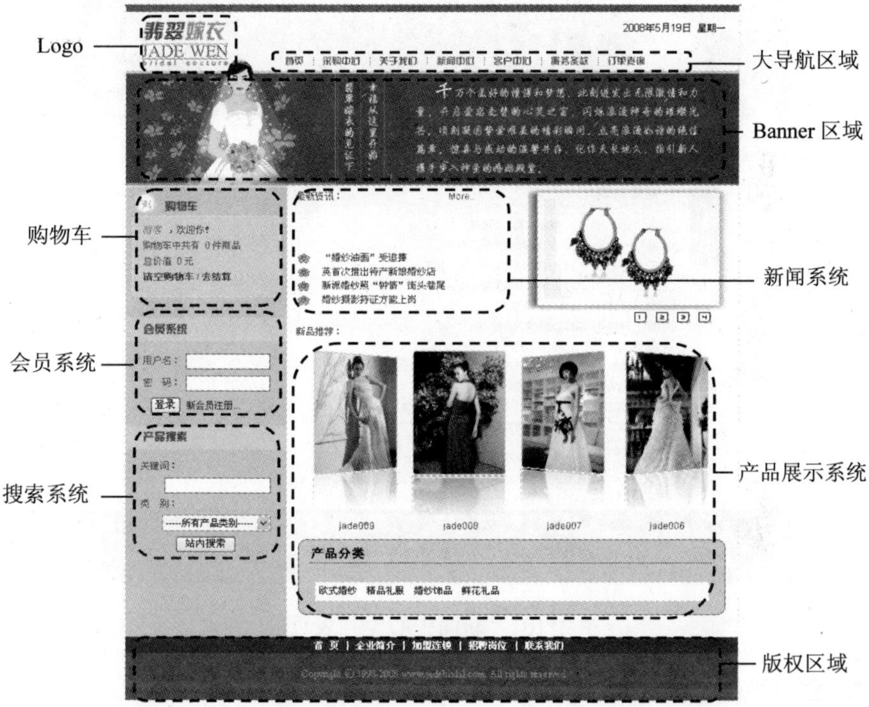

图 2-9　实例的效果

在策划好网站的主题、栏目、链接结构和整体风格后，就可以动手制作实际的网站页面了。在图 2-9 所展示的网络商店中，一共包含了新闻系统、产品展示系统、会员系统、搜索系统以及购物车这五个重要的动态系统，所谓的动态系统，就是指网站管理者可以登录网络后台，在后台进行信息的发布，可以不用制作复杂的网页，而自动生成一些实用的功能。对于一个成型的网络平台来说，上面提到的五大功能模块是必需的。

1. 新闻系统

新闻系统对于网站来说，起到一个即时通知和公告的作用。通过新闻系统的及时更新，可以让用户了解相关行业的信息，从而提高网站的浏览量。在网站中加入新闻系统，一方面可以提高网站的访问量，另一方面也让浏览者觉得这是一个大规模的网上商城，不只是一个简单销售东西的网站，实例“新闻中心”的列表效果如图 2-10 所示。

图 2-10 “新闻中心”列表页面

2. 会员系统

会员系统是 Web 应用中常常使用的一种技术。一个典型的会员系统，一般应该有会员注册功能、资料修改功能、取回密码功能及会员注销身份功能等。在网站中会员系统是与购物车系统相关联的，访问者只有在注册后，方可以实现在网上进行定购的任务。实例中的“会员系统注册”页面效果如图 2-11 所示。

3. 产品展示系统

产品展示系统对于一个网站来说是非常重要的，因为浏览者就是通过打开相应的产品展示页面，来了解产品的信息，这直接关系到浏览者是否购买。实例中的“产品展示系统”效果如图 2-12 所示。一般来说，该页面在文字上要详细地介绍产品特点、功能等，它的核心就是对产品图片效果进行的展示。

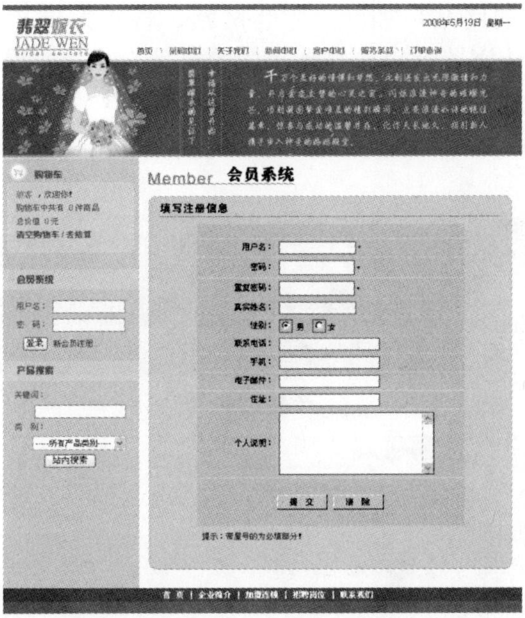

图 2-11　“会员系统注册”页面

图 2-12　“产品展示系统”效果页面

4．搜索系统

网站的站内搜索功能，对于用户获取网站信息具有非常重要的作用，尤其对于含有大量信息的网站，如网上零售网站、含有大量产品类别的大型网站等，通过搜索可以让浏览者轻松找到相应的产品，从而实现购物的目的。实例中的“搜索结果页面”效果如图 2-13 所示。

图 2-13 “搜索结果页面”

5．购物车系统

实例主要是通过在网络上建立一个虚拟的婚纱购物网站，让浏览者在网络上实现购物的目的。所谓的网上订购，就是通过网站的购物车系统来实现购物。浏览者注册后的购物流程如下：浏览→将商品放入购物车→去收银台。每个会员有自己专用的购物车，可随时订购自己中意的商品，然后结账完成购物。在这里购物的流程，是指导购物车系统程序编写的主要依据。实例中的“结算中心”效果如图 2-14 所示。

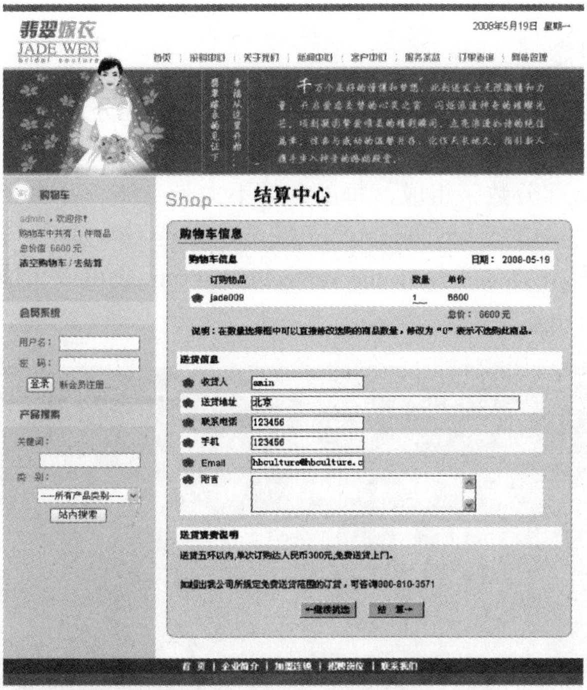

图 2-14　“结算中心”效果

上述网站建设前期的五个关键策划步骤统合了电子商务网站建设的知识，称之为不可不知的关键步骤是不为过的。能够充分理解这五个关键步骤，辅以强有力的执行，网站一定会别样出彩。

2.3 网站全程技术解决方案

网站建设过程中采用什么域名，购买多大的空间，选择什么样的技术开发网站，都是需要营销人员全程跟进的，本小节重点介绍营销型网站在制作时所遇到的“硬性”条件的解决方案。

2.3.1　域名也要注重营销

一个好的域名对网络营销的成功具有重要意义，网站名称同域名一样具有重要意义，域名和网站名称应该在网站规划阶段就作为重要内容来考虑。有些网站发布一段时间之后才发现域名或者网站名称不太合适，需要重新更改，不仅非常麻烦，而且前期的推广工作几乎没有任何价值，同时对自己网站形象也造成一定的伤害。那么本小节就让我们了解一下如何选择一个合适自己网站的域名。

1. 域名的概念

在互联网上有成千上万台主机同时在线，为了区分这些主机，给每台主机都分配了一个专门的地址，称为 IP 地址。通过 IP 地址就可以访问到每一台主机。IP 地址由 4 部分数字组成，每部分都不大于 256，各部分之间用小数点分开。例如，经常使用的 www.baidu.com 域名，就是 IP 地址为 61.135.169.125 的域名。在 DOS 操作系统下用 ping www.baidu.com 就可以知道该域名的 IP 地址，如图 2-15 所示。

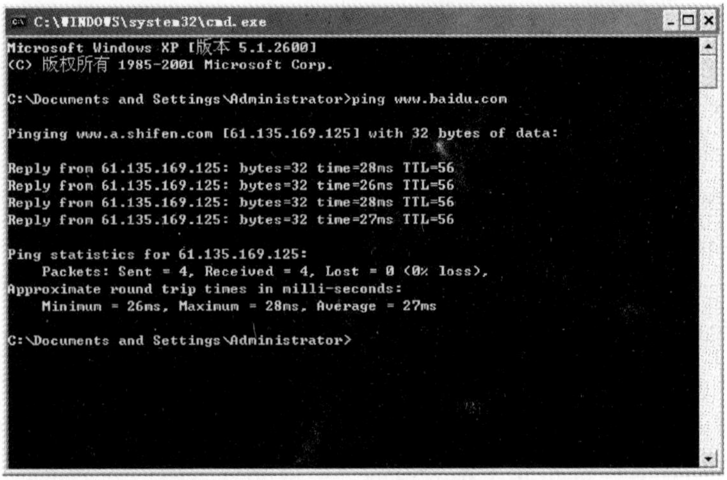

图 2-15　ping 域名所指向的 IP 地址

注意：每个虚拟主机用户，都有一个永久的 IP 地址。

域名是互联网上的一个服务器或一个网络系统的名字，是为了解决人们记忆 IP 地址困难的问题而出现的。域名是单一制的即一对一，而且一般都采取先来先得的申请方法。浏览者观看的每一个网址都是由域名来决定的，例如，网址 http://www.sina.com 对应的域名为 sina.com。因此，建立网站首先需要注册或转入一个域名以便命名要建立的网站。域名前加上传输协议信息，及主机类型信息就构成了网址（URL）。一个好的域名就像给网站建立品牌一样，它代表着一个高质量网站的存在，越是方便记忆，其价值就越高。人们通常都不愿意通过搜索引擎去寻找一个不方便的网址，大多数人宁愿通过猜测，或者尝试合理的域名去链接，以便到达他们想登录的网址。如果一个域名本身就便于记忆，那么它的流量自然就会增加。

除了通用的名字，一个域名简短、容易发音和方便记忆，都是它存在的价值。并且人们常常会通过域名来判断网站的内容或价值，如果域名能反映出网站的关键业务，又能让人们了解到该网站与其他人的不同，那么已经迈出了成功的第一步。虽说现在可供注册的好域名正在不断减少，可是在选择的时候，仍然尽量选择一个与自己网站内容或品牌相对应的域名，不仅容易记忆，而且说出来也可以增加自己的可信度，是网站的核心部分。此外，网站的域名不宜太长，其意不讲自清，太长的话，当然就不好记且容易记错。

营销指导：

在申请域名的时候可以按照自己公司的英文名称、中文名称的汉语拼音及其他易记的数字和字母来设置域名，同时要通过专门的代理公司申请。当然，选择域名的前提是符合公司形象、突出自己的个性等。

2．域名的类型

由于互联网源于美国，因此最早的域名并无国家标志，人们按用途把它们分为几个大类，它们分别以不同的扩展名结尾，随着网络的发展，产生了带国家区域的域名。如：

.com　　用于商业公司
.org　　用于组织、协会等
.net　　用于网络服务
.edu　　用于教育机构
.gov　　用于政府部门
.mil　　用于军事领域
.cn　　中国专用的顶级域名

这里要注意的是以.cn 结尾的二级域名通常简称为国内域名。注册国际域名没有条件限制，单位和个人均可以申请。注册国内域名必须具备法人资格，申请人需将申请表加盖公章，连同单位营业执照副本复印件（或政府机构条码证书复印件）一同提交才能申请注册。

国际域名与国内域名，两者在功能上没有任何区别，都是互联网上的具有唯一性的标志。只是在最终管理机构上，国际域名由美国商业部授权的 ICANN（Internet Corporation for Assigned Names and Numbers）负责注册和管理；而国内域名则由中国互联网络信息中心（CNNIC）负责注册和管理。

营销指导：

对于开办网站的用户来说，.com 域名是最适合注册的，而且价格也比较低，但是如果特别喜欢其中的一个域名，如 www.hao.com 已经被注册了，可以查询其他的域名如 www.hao.com.cn 或者 www.hao.net 是否被注册。

3. 域名的注册

决定要开设网站后，那么第一个步骤就是首先注册一个域名。在考虑好域名的名称后，就可以找网络代理公司进行注册，注册.com 的费用一般在一百多元左右，根据提供的服务和保障性不一样，价格也有所不同。可以注册域名的网络代理公司很多，当然，大型的代理注册商软、硬件成熟，服务完善，相对较有保证，如万网（图 2-16）。

图 2-16 注册域名的网站

4. 域名的解析

在浏览网站的时候用户习惯记忆域名，但机器与机器之间只认 IP 地址，域名与 IP 地址之间是一一对应的，它们之间的转换工作称为域名解析，域名解析需要由专门的域名解析服务器来完成，整个过程是自动进行的。在注册域名之后需要对域名进行解析，即把域名指向服务器 IP 地址，经过 24h（有些服务器所用时间可能会短些，但最少经过 6h）之后，域名解析才可以生效，此时用户在 IE 浏览器中输入域名地址就会自动转向服务器地址，从而实现对网站的访问。在注册后服务器商会给您提供一个域名指向的地址和 IP 地址，下面以一个实例来说明如何进行域名解析。

（1）在注册域名之后，域名提供服务商会给用户一个域名登录管理的网址，同时会给用户一个登录的用户名及密码。

（2）打开 IE 浏览器，在地址栏中输入域名管理地址，按下 Enter 键，打开登录页面，如 http://dns.cnwindows.com/ index.htm，如图 2-17 所示。

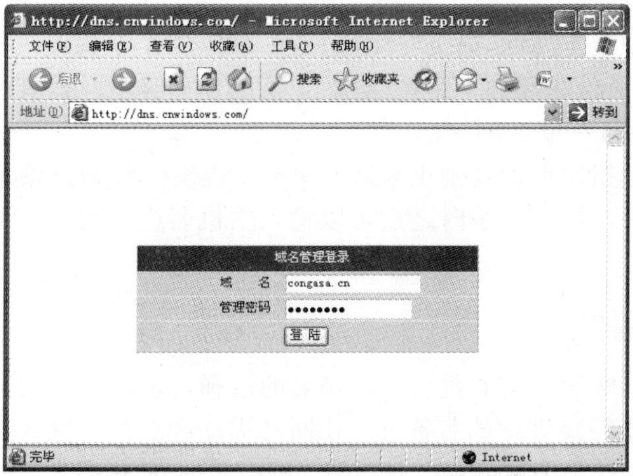

图 2-17　打开的域名管理登录页面

（3）在“域名”文本框中，输入需要指向的域名地址，如 congasa.cn，在“管理密码”栏中输入服务商给你的密码，然后单击“登录”按钮，进入域名解析管理后台，如图 2-18 所示。

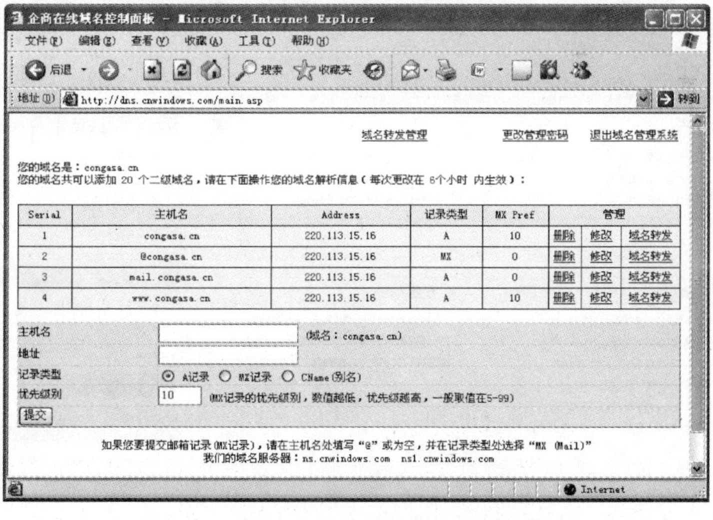

图 2-18　域名解析管理后台主页面

（4）在“主机名”文本框中输入需要指向的域名，这里要指向的是一个企业的域名。如果是“www.企业域名.com”，需要把“企业域名.com”和“mail.企业域名.com”分别再输入主机名。其中“mail.企业域名.com”是企业邮箱指向的管理地址，也就是说用户在 IE 栏里输入“mail.企业域名.com”就会指向邮箱后台管理列表。在“地址”文本框中输入服务器 IP 地址。在“记录类型”文本框中有“A 记录”“MX 记录”“CName（别名）”3 个选项，代表了访问记录时的优选顺序，“优先级别”是指 MX 记录的优先级别，数值越低，优先级越高，一般取值在 5～99 之间。

（5）输入完指向地址及主机名后，单击“提交”按钮，设置的域名指向就会显示在列表中，经过几小时之后可以输入主机名进行测试，从而完成域名解析操作。

5. 域名的备案

上面我们了解了域名的重要性，域名的选择，以及域名的注册。但是在注册完域名后，还需要进行域名备案，让网站更加合法化，域名备案一般都是域名所有者，直接登录国家信息产业部的“ICP/IP 地址/域名信息备案管理系统”进行注册备案的工作，在网上操作即可以备案成功，登录的地址和效果如图 2-19 域名备案网站所示。

图 2-19　域名备案网站

营销指导：

在备案的时候如果有论坛、留言板等操作系统是不容易通过的，对于我们建立网站而言，在开始的时候也没有必要一开始就拥有这些系统。在备案的时候，不管是在哪里注册和购买的网站空间都需要与提供商联系，让他们提供备案的一些重要信息。

2.3.2　优质技术解决方案

网站域名申请之后，就要为网站建立网络服务器。网络服务器要用专线或其他的方式与互联网连接。这种网络服务器除了存放企业的网页，为浏览者提供浏览服务之外，还可以提供企业邮箱服务，企业邮箱是负责收发企业电子邮件的。此外，有足够的技术支持下还可以在服务器上添加各种各样的网络服务功能。

根据网站的功能确定网站技术解决方案，应重点考虑下列几个方面：

（1）是采用自建网站服务器，还是租用虚拟主机。通常建立网络服务器的模式有以下两种：

1）购买服务器并托管。购买服务器的同时并将其托管于一些网络服务机构（该机构要有良好的互联网接入环境），每年支付一定数额的托管费用。但是购买服务器的费用非常高，而且需要专业的托管设备和维护人员。所以，在建设网站网络服务器的时候如果需求不大，租用服务器是比较好的选择。

2）租用虚拟空间。租用的服务器空间简称虚拟主机，用来存放需要存放的所有网页。因此，虚拟主机的优劣直接影响网站的稳定，主要的考查指标是带宽、主机配置、CGI 权限、数据库、服务和技术支持。值得一提的是，网站的服务器空间适量即可：对于小型企业网站来说，100MB 已是一个足够大的空间，单纯放置文字，相当于 5000 多万个汉字；若以标准网页计算，大致可容纳 1000 页 A4 幅面的网页和 2000 张网页图片。

（2）服务器选择操作系统，用 Unix、Linux 还是 Windows。分析投入成本、功能、开发、稳定性和安全性等。

1）Unix 系统的特点。Unix 系统是由美国 AT&T Bell 实验室开发的一种多用户、多任务的通用操作系统。它从一个实验室的产品发展成为当前使用普遍、影响深远的主流操作系统，经历了一个逐步成长、不断完善的发展过程。由于其功能强大、技术成熟、可靠性高、网络功能强以及开放性好等优点，可满足各行各业实际应用的需要，被广泛应用于金融、通信、军事、电力、航空、铁路、石化、政府、教育、科研等重要领域，受到企业用户的欢迎，一直是重点行业和关键事务领域的可靠平台，它作为高端的解决方案，正和其他操作系统协同工作。可以说，在当前流行的操作系统中，Windows、NT、Linux

处于低、中端，而 Unix 则处于高端。经过三十年的实践检验，Unix 服务器的稳定性与安全性已经得到行业用户一致的高度认可，Unix 系统始终占据着 IT 高端不可替代的位置。

2）Linux 系统的特点。简单地说，Linux 是一套免费使用和自由传播的类 Unix 操作系统，是一个基于 POSIX 和 Unix 的多用户、多任务、支持多线程和多 CPU 的操作系统。它能运行主要的 Unix 工具软件、应用程序和网络协议。它支持 32 位和 64 位硬件。Linux 继承了 Unix 以网络为核心的设计思想，是一个性能稳定的多用户网络操作系统。Linux 具有 Unix 的优点：稳定、可靠、安全，有强大的网络功能。它可提供包括 Web 服务器、Ftp 服务器、Gopher 服务器、SMTP/POP3 邮件服务器、Proxy/Cache 服务器、DNS 服务器等全部互联网服务。

3）Windows 系统的特点。Windows 系列是完全的多任务操作系统。它们支持同样的用户接口、网络和安全性。Windows Server 2003 是微软针对服务器操作系统的最新产品，其前期产品包括了 Windows NT Server 和 Windows 2000 Server。Windows Server 2003 简体中文版于 2003 年 5 月 22 日正式推向中国市场。Windows Server 2003 家族系列，包括了用户所希望的、用以支撑关键任务 Windows Server 操作系统提供的功能和特性，如高安全性、高可靠性、高可用性和高可扩展性。

营销指导：

Linux 和 Windows 的真正区别在于，Linux 事实上是 Unix 的一种版本，而且来自 Unix 的贡献非常巨大。是什么使得 Unix 如此重要？不仅在于对多用户机器来说，Unix 是最流行的操作系统，而且在于它是免费软件的基础。在互联网上，大量免费软件都是针对 Unix 系统编写的。由于有众多的 Unix 厂商，所以 Unix 也有许多实现方法。没有一个单独的组织负责 Unix 的分发。现在，存在一股巨大的力量推动 Unix 社团以开放系统的形式走向标准化。另一方面 Windows 系列是专用系统，由开发操作系统的公司控制接口和设计。在这个意义上这种公司利润很高，因为它对程序设计和用户接口设计建立了严格的标准，和那些开放系统社团完全不一样。

（3）选择开源的 CMS 建站系统还是自己开发，CMS 运行环境决定用户是买 asp 空间，还是 php，还是 Java 空间。

1）CMS 系统的概念。CMS 是 Content Management System 的英文缩写，中文名称是：网站内容管理系统。CMS 是一个综合整站解决方案，有点类似系统集成说的 Total Solution。CMS 是以文章系统为核心，附带增加用户所需要的功能模块，提供一个网站系统的整体解决方案。CMS 能帮用户把一个网站的程序部分的事全做完，使用者要做的只是一个网站里面美工的部分。如果自己想进行网站内容管理，基本上都是靠手工维护，但面对千变万化的信息流，没有好的程序支持，还继续靠手工完成是不可能的事，如果有一个好的 CMS 系统来支撑网站，那将节省大量的人力物力。使用 CMS 系统，开发者可能给用户一个软件包，就可以用它定期人工修改网站。只要配置安装好，更新员只要定期更新数据，就可以实现一个大型门户网站的运营。

2）CMS 系统的优势。CMS 具有许多基于模板的优秀设计，可以加快网站开发的速度和减少开发的成本。CMS 的功能并不只限于文本处理，它也可以处理图片、Flash 动画、声像流、图像甚至电子邮件档案。CMS 还分各个平台脚本种类，包括 php 和 asp 等脚本语言。

3）CMS 整站系统有哪些？整站系统按使用脚本的不同基本分四类，第一种是 ASP 脚本设计，第二种是.NET 脚本设计，第三种是 PHP 脚本设计，此外还有基于 JSP 脚本设计，比较通用的是前三种脚本开发的网站，因此 CMS 整站系统也比较多，这里就介绍几款常用的 CMS 系统。

a．ASP 脚本设计的 CMS 系统：

动易 CMS 管理系统，官方网站：http://www.asp163.net/，如图 2-20 所示。

图 2-20　动易 CMS 管理系统

风讯 CMS 平台，官方网站：http://www.foosun.cn/，如图 2-21 所示。

图 2-21 风讯 CMS 平台

b．基于 PHP 的 CMS 系统：

织梦 DEDECMS，官方网站：http://www.dedecms.com，如图 2-22 所示。

图 2-22 织梦 DEDECMS 平台

PCCMS 平台，官方网站：http://www.phpcms.cn ，如图 2-23 所示。

图 2-23　PCCMS 平台

c．.Net 系列的 CMS 系统：

锐商企业 CMS 平台，官方网站：http://comsharp.com，如图 2-24 所示。

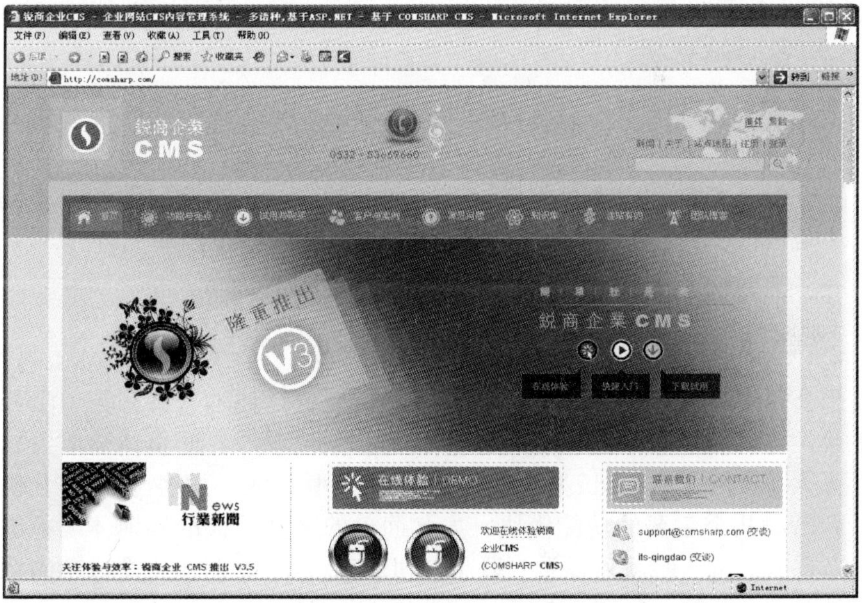

图 2-24　锐商企业 CMS 平台

SiteServer CMS 平台，官方网站：http://www.siteserver.cn/，如图 2-25 所示。

图 2-25　SiteServer CMS 平台

2.3.3　知名网站赏析

一个优秀的网站除了要拥有强大的交互功能以外，还应该在视觉效果上给予用户强烈的冲击和震撼，能让用户产生视觉上的共鸣，因此，在设计网站的时候，要充分从视觉艺术的角度考虑整个网站的布局。在这方面一些著名企业的网站还是做得相当不错的。

下面就来欣赏一些制作得比较成功的优秀网站。

1．联想公司网站：http://www.lenovo.com.cn/

联想公司网站是基于该企业的产品展示与销售，技术支持和售后服务而建立的平台。该网站从色彩上来看，保持了企业主色调。界面整体简洁大方，主要有个人及家庭用户、成长型企业、政教及大型企业、服务与驱动下载、商城、最新活动几个主要的功能模块。如此简单的网站却很准确地体现了该企业的形象。在首页上一眼就可以看到联想公司的 Logo，这对于一个成功的企业网站来说是非常必要的，如图 2-26 所示。

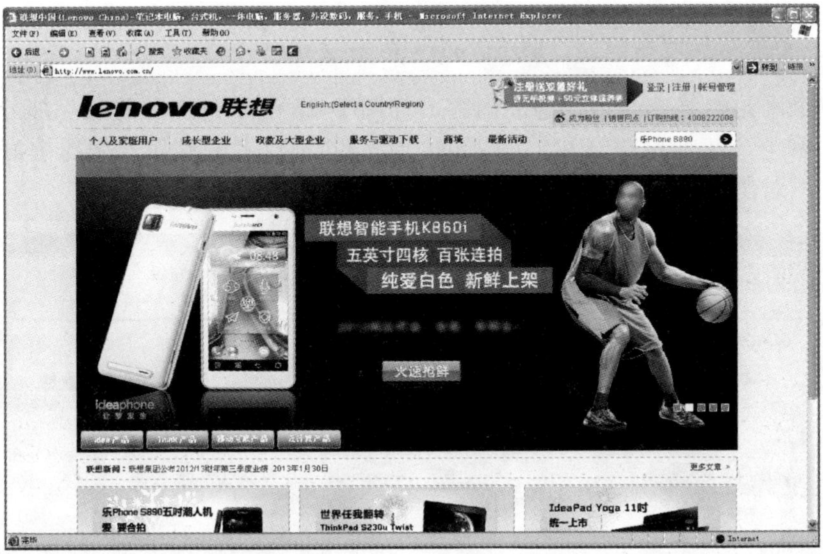

图 2-26　联想公司网站

2．惠普公司网站：http://www8.hp.com/cn/zh/home.html

惠普是全球著名的 IT 企业之一，该网站的最大特点是简单明了。在功能模块上最突出的就是网站的快速通道链接，这一点充分体现了惠普企业的国际性，向用户展示了该企业的实力。网站首页上的产品快速搜索功能也为访问者提供了方便，如图 2-27 所示。

图 2-27　惠普公司网站

3．凌志新品发布网站：http://www.lexus.com

整个网站始终充满着动态的内容，如图 2-28 所示，主要的交互部分始终停留在屏幕上，还通过声音和动画来进一步协助浏览者的动作。做得更好的是，它从来不对浏览过程产生强制导向。

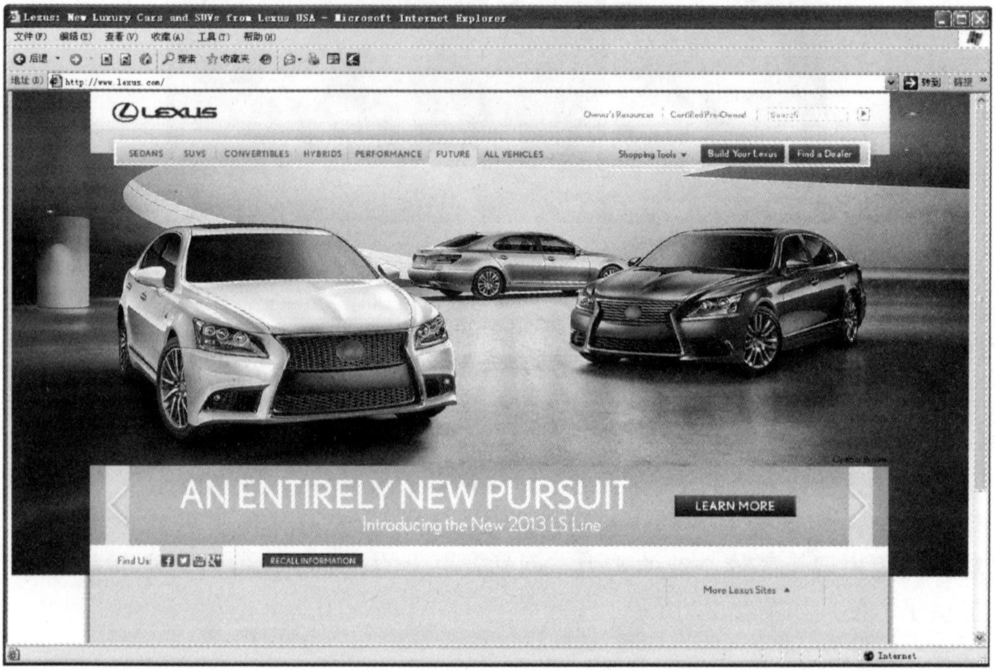

图 2-28　凌志新品发布网站

4．耐克公司网站：http://www.nike.com

耐克公司的网站通过数次更新设计与消费者建立起更为密切的联系，以分享公司对运动的激情。网站的首页和导航的设计，清晰地展现为通往多个内容分区的视觉门户，而不是迫使用户去寻找。这一网站，一半是销售耐克的产品，一半是宣传耐克的品牌，网站保持了这两者的清晰和灵活。而且，尽管网站的几个部分是分别设计的，但还是保持了统一，即公司在运动领域创新和权威的核心价值。主要的导航包括一个通过关键字查询特定产品的搜索引擎和一个包括专卖店的下拉菜单。网站采用了双重导航。一部分以 HTML 为主，以保证最大范围的受众。另一部分则采用了 Flash 技术。用户可以一帧一帧地观看视频。这一网站的设计经常更新，但始终保留一些时尚的因素。它总是运用各种时尚因素更好地和目标用户进行交互，效果如图 2-29 所示。

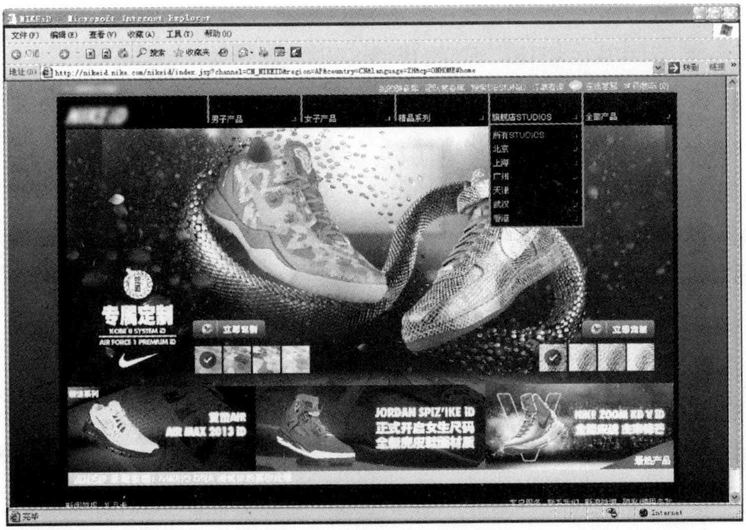

图 2-29　耐克网站的建设

5．柯达公司网站：http://www.kodak.com

这个网站是柯达公司综合性的大型平台，如图 2-30 所示。网站的内容包括拍摄的照片以及拍摄的过程、旅行见闻、提供的服务、在线订购产品等功能。网站的导航设计了一个模仿转盘的形式来导航内容。同时，网站既可以用线性的方式浏览，又可以用随机的方式浏览。在照片的展示上采用了动态的方式，这样对于不同照片的展示，就提供了选择合适环境色的可能。

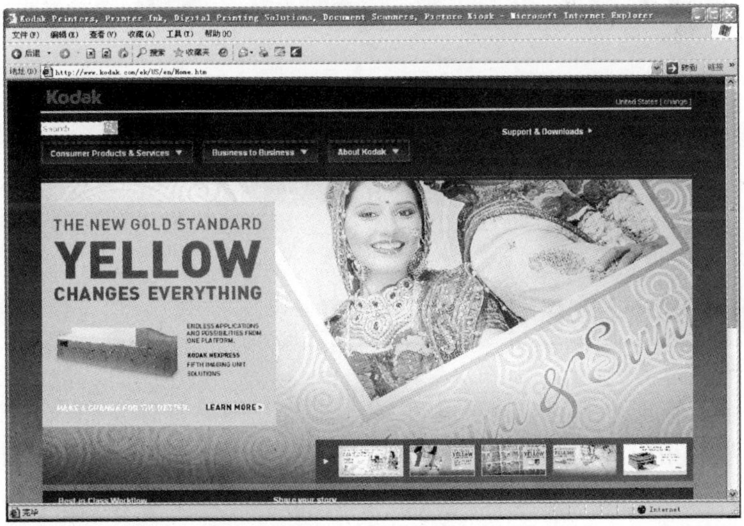

图 2-30　柯达公司网站

6．宜家家居网站：http://www.ikea.com

宜家家居这一网站的色彩运用非常漂亮，如图 2-31 所示，在色调上表现了宜家家居家具的风格——现代、简洁、功能和实用。动态的菜单设计使得能同时展现两个级别的菜单，而又不用同时展现所有的菜单选项，而只是展现选定的菜单的两个级别，这样做，简化了菜单，又更易于使用。产品和信息的多样性，要求有更多的模板供选择，设计者正是和左面的导航条相互配合，设计了一些的模板来规范宜家家居在各地的各种各样的内容和产品的展示，因而也就统一了宜家家居在世界各地的网站。宜家家居网站取得了很大的成功，很多消费者通过这些网站来了解邻近的宜家家居商店和宜家家居的产品。

图 2-31　宜家家居网站

2.4　网页的标准化规矩方圆

很多企业管理者不可能深入去了解一个企业网站具体是怎么开发的，也没有必要去掌握相应的程序开发语言，那是专业网站建设者应该掌握的。但是当一个开发者把做好的网站交给管理者或营销者时，除了在界面和功能上判断其是否适用的同时，也得掌握基础的网页标准知识，这对后期的营销推广是非常重要的，毕竟所有的推广就是基于网站平台这个基础，本节就介绍一下相应的基础知识，你会发现原来掌握专业的标准是那么的简单。

2.4.1　标准化给营销带来的优点

大部分网站建设者都有深刻体会，每当主流浏览器版本升级，我们刚建立好的网站就可能变得过时，马上就需要升级或者重新建造一遍网站。如何解决这些问题呢？有识之士早已开始思考，需要建立一种普遍认同的标准来结束这种无序和混乱。商业公司（Netscape、Microsoft 等）也认识到统一标准的好处，因此在 W3C（W3C.org）的组织下，网站标准开始被建立（1998 年 2 月 10 日发布 XML1.0 为标志），并在网站标准组织（webstandards.org）的督促下推广执行。

那么网站建设标准化的如下目的就显而易见了：

（1）简化代码、降低建设成本。

（2）确保任何网站文档都能够长期有效。

（3）让网站更容易使用，能适应更多不同用户和更多网路设备。

（4）当浏览器版本更新，或者出现新的网络交互设备时，确保所有应用能够继续正确执行。

对于网站设计和开发人员来说，遵循网站标准就是使用标准；对于网站用户来说，网站标准就是最佳体验。对网站浏览者的好处有：

（1）文件下载与页面显示速度更快。

（2）内容能被更多的用户所访问。

（3）内容能被更广泛的设备所访问。

（4）用户能够通过样式选择定制自己的表现界面。

（5）所有页面都能提供适于打印的版本。

对网站开发维护所有者的好处有：

（1）更少的代码和组件，容易维护。

（2）带宽要求降低（代码更简洁），成本降低。

（3）更容易被搜索引擎搜索到。

（4）改版方便，不需要变动页面内容。

（5）提供打印版本而不需要复制内容。

（6）提高网站易用性。

2.4.2　现阶段使用的 WEB 标准

WEB 标准不是某一个标准，而是一系列标准的集合。网页主要由三部分组成：结构（Structure）、表现（Presentation）和行为（Behavior）。对应的标准也分为三方面：结构化标准语言主要包括 XHTML 和 XML；表现标准语言主要包括 CSS；行为标准主要包括对象模型（如 W3C DOM）、ECMAScript 等。这些标准大部分由 W3C 来起草和发布的，但是，也有一些是其他标准组织制订的标准，比如：ECMA（European Computer Manufacturers Association）的 ECMAScript 标准。首先，我们来简单地了解一下这些标准：

1．结构标准语言

（1）XML。XML 是 The Extensible Markup Language（可扩展标识语言）的缩写。目前推荐遵循的是 W3C 于 2000 年 10 月 6 日发布的 XML1.0，参考（http://www.w3. org/TR/2000/REC-xml-20001006.html）内容如图 2-32 所示。

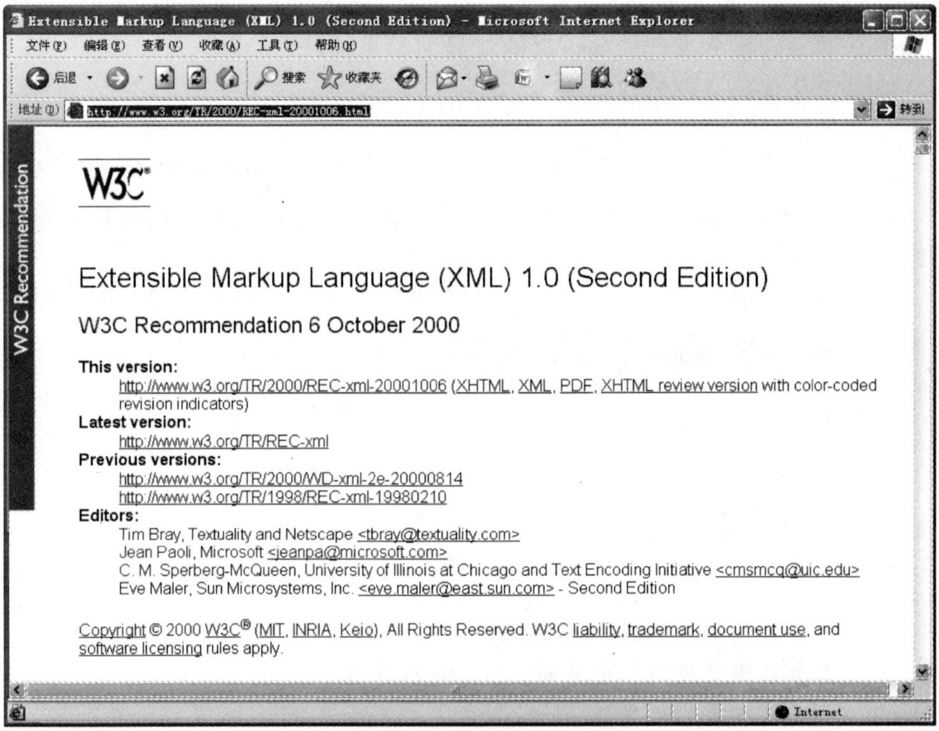

图 2-32　XML 内容简介

和 HTML 一样，XML 同样来源于 SGML，但 XML 是一种能定义其他语言的语言。XML 最初设计的目的是弥补 HTML 的不足，以强大的扩展性满足网络信息发布的需要，后来逐渐用于网络数据的转换和描述。关于 XML 的好处和技术规范细节，这里就不多说了，网上有很多资料，也有很多书籍可以参考。

（2）XHTML。XHTML 是 The Extensible HyperText Markup Language 可扩展标识语言的缩写。目前推荐遵循的是 W3C 于 2000 年 1 月 26 日推荐 XML1.0（参考 http:// www.w3.org/TR/xhtml1），具体如图 2-33 所示。

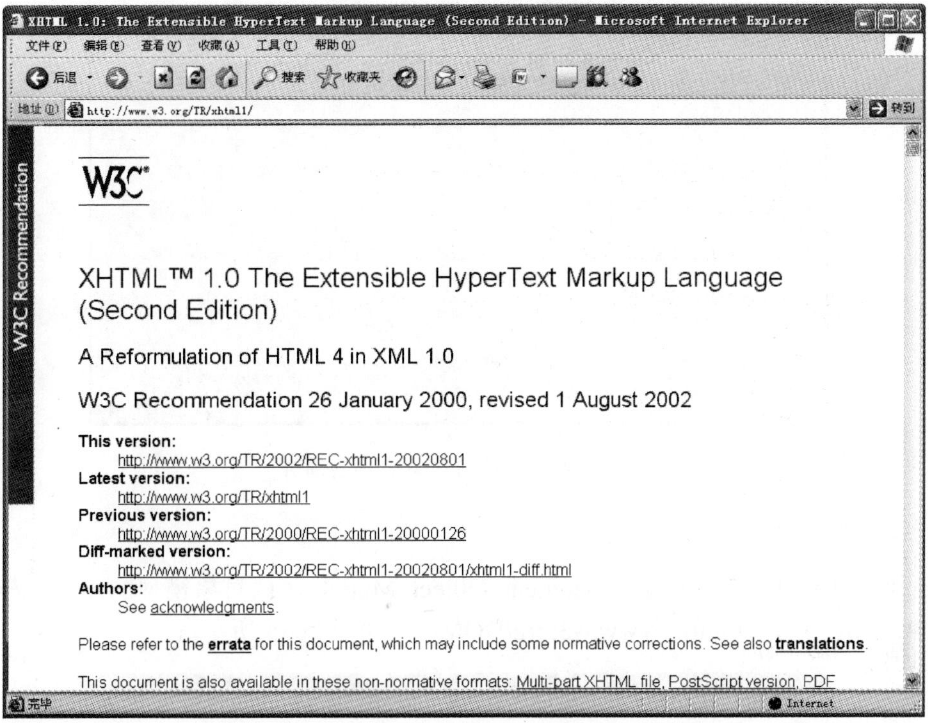

图 2-33　XHTML 内容简介

XML 虽然数据转换能力强大，完全可以替代 HTML，但面对成千上万已有的站点，直接采用 XML 还为时过早。因此，我们在 HTML4.0 的基础上，用 XML 的规则对其进行扩展，得到了 XHTML。简单地说，建立 XHTML 的目的，就是实现 HTML 向 XML 的过渡。

2．表现标准语言

CSS 是 Cascading Style Sheets 层叠样式表的缩写。目前推荐遵循的是 W3C 于 1998 年 5 月 12 日推荐 CSS2（参考 http://www.w3.org/TR/CSS2/），具体如图 2-34 所示。

W3C 创建 CSS 标准的目的是，以 CSS 取代 HTML 表格式布局、帧和其他表现的语言。纯 CSS 布局与结构式 XHTML 相结合，能帮助设计师分离外观与结构，使站点的访问及维护更加容易。

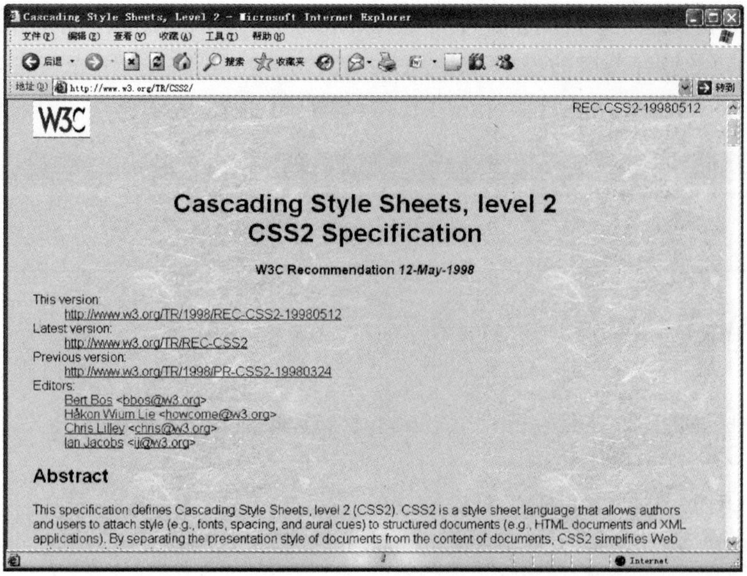

图 2-34　CSS2 标准语言内容简介

3．行为标准

（1）DOM。DOM 是 Document Object Model 文档对象模型的缩写。根据 W3C DOM 规范（http://www.w3.org/DOM/），如图 2-35 所示。

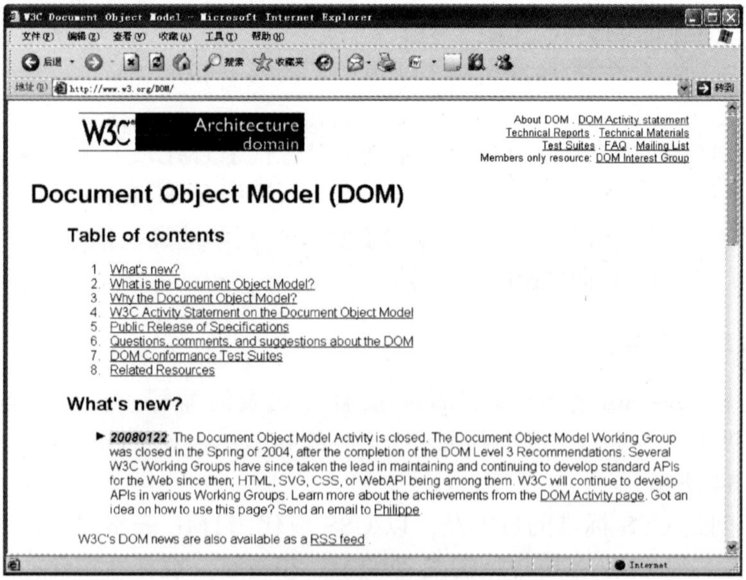

图 2-35　DOM 内容简介

DOM 是一种浏览器、平台、语言的接口，使得你可以访问页面其他的标准组件。简单理解，DOM 解决了 Netscaped 的 Javascript 和 Microsoft 的 Jscript 之间的冲突，给予 Web 设计师和开发者一个标准的方法，让他们来访问他们站点中的数据、脚本和表现层对象。

（2）ECMAScript。ECMAScript 是 ECMA（European Computer Manufacturers Association）制定的标准脚本语言（JavaScript）。目前推荐遵循的是 ECMAScript 262。

2.4.3　WEB 标准改善现有网站

大部分的设计师，依旧还是在采用传统的表格布局、表现与结构混杂在一起的方式来建立网站。学习使用 XHTML+CSS（对于网页设计者来说把这种技术称为 WEB 2.0）的方法需要一个过程，使现有网站符合网站标准也不可能一步到位。最好的方法是循序渐进，分阶段来逐步达到完全符合网站标准的目标。如果你是新手，或者对代码不是很熟悉，也可以采用遵循标准的编辑工具，例如 Dreamweaver，它是目前支持 CSS 标准最完善的工具。

营销指导：

建议现在企业网站的开发布局一定要采用 DIV+CSS 的方法来实现，现在有很多人在关注 WEB3.0 概念，它不是什么技术，只是一种新的概念。我们可以这么简单地认为，WEB 3.0 就是一个概念，或者说一个名词，而且是相对于早期使用表格和内部 CSS 建立 WEB 的技术来说的。WEB 是服务方提供资源，我们看到的 WEB 3.0，其实就是服务方提供一个平台，由我们自己来制作，同样由我们自己来修改。

使用 WEB 标准，主要包含如下几个标准化设置：

1．为页面添加文档宣告

很多设计师和开发者都不知道什么是 DOCTYPE，DOCTYPE 有什么用。DOCTYPE 是 document type 的缩写。主要用来说明被使用的 XHTML 或者 HTML 是什么版本。浏览器根据 DOCTYPE 定义的 DTD（文档类型定义）来解释页面代码。XHTML1.0 提供了三种 DOCTYPE 可选择：

（1）过渡型（Transitional）。打开 Dreamweaver，新建立一个 HTML 文档，再切换到“代码”窗口，你会发现第 1 行就是定义文档类型的代码标准，如图 2-36 所示。

其中宣告的代码如下：

```
<!DOCTYPE html PUBLIC "-//W3C//DTD XHTML 1.0 Transitional//EN" "http://www.w3.org/TR/xhtml1/DTD/xhtml1-transitional.dtd">
```

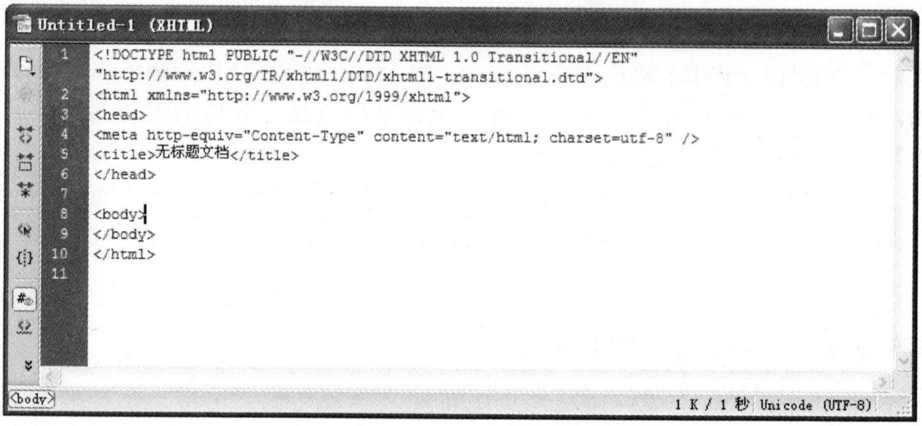

图 2-36　定义 XHTML 文档标准

（2）严格型（Strict）。宣告的代码如下：

<!DOCTYPE html PUBLIC "-//W3C//DTD XHTML 1.0 Strict//EN" "http://www.w3.org/TR/xhtml1/DTD/xhtml1-strict.dtd">

（3）框架型（Frameset）。打开 Dreamweaver，新建立一个“框架集”文档，再切换到“代码”窗口，会发现第 1 行就是定义文档类型的代码标准，如图 2-37 所示。

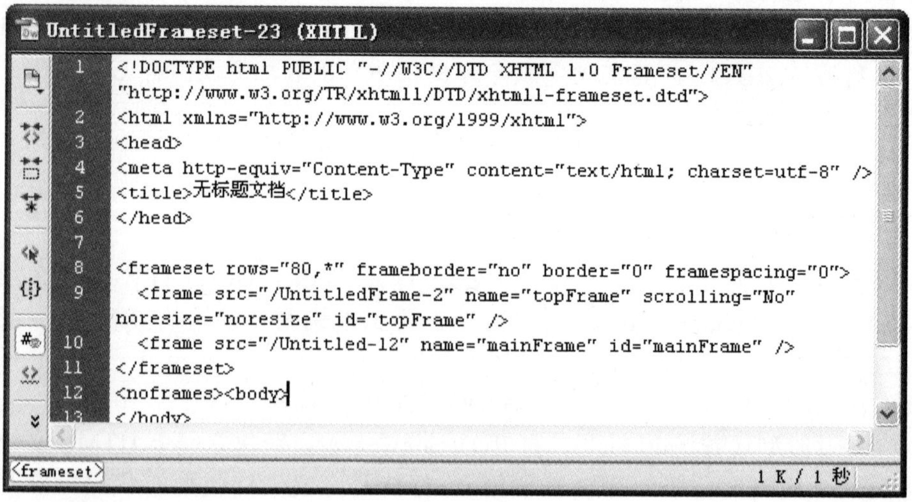

图 2-37　定义框架集文档标题

其中宣告的代码如下：

<!DOCTYPE html PUBLIC "-//W3C//DTD XHTML 1.0 Frameset//EN" "http://www.

w3.org/TR/xhtml1/DTD/xhtml1-frameset.dtd">

对于一般用户来说，只要选用其中的过渡型就可以了。它依然可以兼容现有表格布局、表格标识等，不至于让人感觉到变化太大，难以掌握。

2．声明编码

DOCTYPE 声明好以后，接下来的代码是：

```
<html xmlns="http://www.w3.org/1999/xhtml" >
```

通常我们 HTML4.0 的代码只是<html>，这里的"xmlns"是什么呢？这个"xmlns"是 XHTML namespace 的缩写，叫做“名字空间”声明。名字空间有什么作用呢？由于 xml 允许使用者自己定义自己的标识，使用者定义的标识和其他人定义的标识有可能相同，但表示不同的意义。当文件交换或者共享的时候就容易产生错误。为了避免这种错误发生，XML 采用名字空间声明，允许使用者通过一个网址指向来识别自己的标识。名字空间就是给文档做一个标记，告诉别人，这个文档是属于谁的。只不过这个“谁”，是用了一个网址来代替的。

XHTML 是 HTML 向 XML 过渡的标识语言，它需要符合 XML 文档规则，因此也需要定义名字空间。又因为 XHTML1.0 不能自定义标识，所以它的名字空间都相同，就是"http://www.w3.org/1999/xhtml"。

为了被浏览器正确解释和通过标识校验，所有的 XHTML 文档都必须声明它们所使用的编码语言，代码如下：

```
<meta http-equiv="Content-Type" content="text/html; charset=GB2312" />
```

这里声明的编码语言是简体中文 GB2312，你如果需要制作繁体内容，可以定义为 BIG5。

3．用小写字母书写所有的标签

XML 对大小写是敏感的，所以，XHTML 也是大小写有区别的。所有的 XHTML 元素和属性的名字都必须使用小写。否则你的文档将被 W3C 校验认为是无效的。例如下面的代码就是不正确的：

```
<TITLE>联系我们</TITLE>
```

正确的写法是：

```
<title>联系我们</title>。同样的，<P>改成<p>，<B>改成<b>等。
```

这步转换很简单。

4．为图片添加 alt 属性

为所有图片添加 alt 属性。alt 属性指定了当图片不能显示的时候，就显示替换文本，这样做对正常用户可有可无，但对纯文本浏览器和使用屏幕阅读机的用户来说，是至关重要的。只有添加了 alt 属性，代码才会被 W3C 正确性校验通过。值得一提的是，在使用 Dreamweaver 进行图片插入时，都会弹出相应的设置对话框，具体对话框如图 2-38 所示。

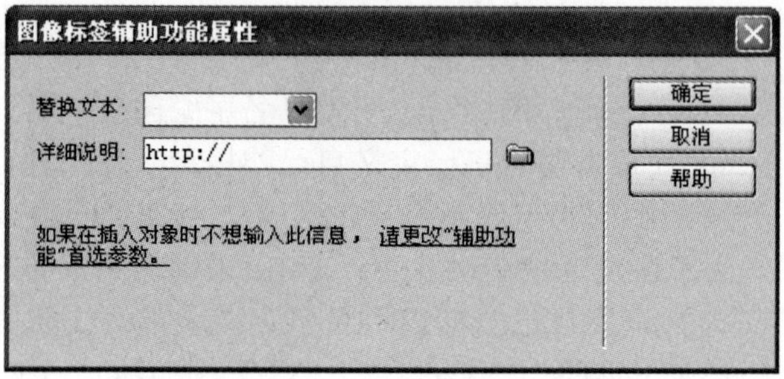

图 2-38 “图像标签辅助功能属性”对话框

注意的是，我们要添加有意义的 alt 属性，像下面这样的写法就毫无意义了：

```
<img src="logo.gif" alt="logo.gif">
```

正确的写法：

```
<img src="logo.gif" alt="公司标志">
```

5．给所有属性值加引号

在 HTML 中，可以不需要给属性值加引号，但是在 XHTML 中，它们必须被加引号。

例：height="100"，而不能是 height=100。

6．关闭所有的标签

在 XHTML 中，每一个打开的标签都必须关闭。

<p></p>每一个打开的标签都必须关闭。

<b>HTML 可以接受不关闭的标，XHTML 就不可以，需添加</b>。

这个规则可以避免 HTML 的混乱和麻烦。举例来说：如果不关闭图像标签，在一些浏览器中就可能出现 CSS 显示问题。用这种方法，能确保页面和设计的一样显示。注意：在这之中，空标签也要关闭，在标签尾部使用一个正斜

杠"/"来关闭它们自己。例如：

```
<br /> <img src="webstandards.gif" />
```

经过上述六个规则处理后，页面就基本符合 XHTML1.0 的要求。但我们还需要校验一下是否真的符合标准了。我们可以利用 W3C 提供免费校验服务（http://validator.w3.org/）。发现错误后逐个修改。当最后通过了 XHTML 验证，恭喜你已经向标准营销型网站标准迈出了一大步。不是想象中的那么难吧！

第 3 章 内容为王，外链为皇：SEM——搜索引擎营销

正所谓“内容为王，外链为皇”，本章就介绍一下 SEO 和 PPC 这两部分的知识，包括如下知识：

- 竞价排名的营销知识
- 搜索引擎的基础知识
- 关键字营销的策略
- 网站内链和外链的优化
- 网站优化营销的方案

3.1 PPC 原来如此

PPC 是 Pay Per Click 的英文首字母缩写，可意译为点击付费竞价广告，典型代表是 Google Adwords 广告，以及百度竞价排名，目前在国内使用百度进行关键词搜索的网民已经占到绝大多数，这里就重点以百度为例来说明竞价排名的知识。

3.1.1 搜索引擎分类多元化

说到搜索引擎大家都知道搜索引擎是个效劳器，并且也了解搜索引擎分为两个个体，一个是用来统计数据的搜索引擎效劳器，另一个则是收录页面信息的搜索引擎机器人也就是蜘蛛，这两种缺一不可，本小节主要为读者介绍搜索引擎的原理及工作流程。通过了解搜索引擎的基础知识，可以方便网站更有效地制定相应的 SEM 方案。

在计算机网络的初始发展阶段，网站相对现在要少很多，信息查询也比较容易。然而伴随着互联网爆炸性地发展，普通网络用户想找到所需的资料简直如同大海捞针，这时为了满足大众信息检索需求的专业搜索网站便自然应运而生了。成立较早的 Google 搜索引擎网站如图 3-1 所示。

搜索引擎按其工作方式主要可分为三种，分别是全文搜索引擎（Full Text

Search Engine）、目录索引类搜索引擎（Search Index/Directory）和元搜索引擎（Meta Search Engine）。

图 3-1　Google 搜索引擎

1．全文搜索引擎（Full Text Search Engine）

全文搜索引擎是名副其实的搜索引擎，国外代表有 Google，国内则有著名的百度搜索。它们从互联网提取各个网站的信息（以网页文字为主），建立起数据库，并能检索与用户查询条件相匹配的记录，按一定的排列顺序返回结果。根据搜索结果来源的不同，全文搜索引擎可分为两类，一类拥有自己的“检索（Indexer）”程序，俗称“蜘蛛（Spider）”程序或“机器人（Robot）”程序，能自建网页数据库，搜索结果直接从自身的数据库中调用，上面提到的 Google 和百度就属于此类；另一类则是租用其他搜索引擎的数据库，并按自定的格式排列搜索结果，如 Lycos 搜索引擎。

2．目录搜索引擎（Search Index/Directory）

目录搜索引擎，顾名思义就是将网站分门别类地存放在相应的目录中，因此用户在查询信息时，可选择关键词搜索，也可按分类目录逐层查找。如以关键词搜索，返回的结果跟搜索引擎一样，也是根据信息关联程度排列网站，只不过其中人为因素要多一些。如果按分层目录查找，某一目录中网站的排名则是由标题字母的先后顺序决定（也有例外）。该类搜索引擎因为加入了人的智能，所以信息准确、导航质量高，但是需要人工介入、维护量大、信息量少、信息更新不及时。目录索引中最具代表性的有 Yahoo 和新浪分类目录搜索，如图 3-2 所示。

图 3-2　Yahoo 搜索

3．元搜索引擎（Meta Search Engine）

元搜索引擎（Meta Search Engine）接受用户查询请求后，同时在多个搜索引擎上搜索，并将结果返回给用户。著名的元搜索引擎有 InfoSpace、Dogpile、Vivisimo 等，中文元搜索引擎中具代表性的是搜星搜索引擎。在搜索结果排列方面，有的直接按来源排列搜索结果，如 Dogpile；有的则按自定的规则将结果重新排列组合，如 Vivisimo。

一个真正的元搜索引擎由三部分组成，即：检索请求提交机制、检索接口代理机制、检索结果显示机制。“请求提交”负责实现用户“个性化”的检索设置要求，包括调用哪些搜索引擎、检索时间限制、结果数量限制等。“接口代理”负责将用户的检索请求“翻译”成满足不同搜索引擎“本地化”要求的格式。“结果显示”负责所有元搜索引擎检索结果的去重、合并、输出处理等。元搜索引擎的出现，对于那些需要连续地使用不同的搜索引擎重复相同的检索的人来说，是一个福音。使用元搜索引擎同时对几个搜索引擎进行检索，可获得分级编排的检索结果。

原理：我们可将元搜索引擎看成具有双层客户机/服务器结构的系统。用户向元搜索引擎发出检索请求，元搜索引擎再根据该请求向多个搜索引擎发出实际检索请求，搜索引擎执行元搜索引擎检索请求后将检索结果以应答形式传送给元搜索引擎，元搜索引擎将从多个搜索引擎获得的检索结果经过整理再以应答形式传送给实际用户。当然，某些元搜索引擎具有略微不同的机制，如图 3-3 所示。

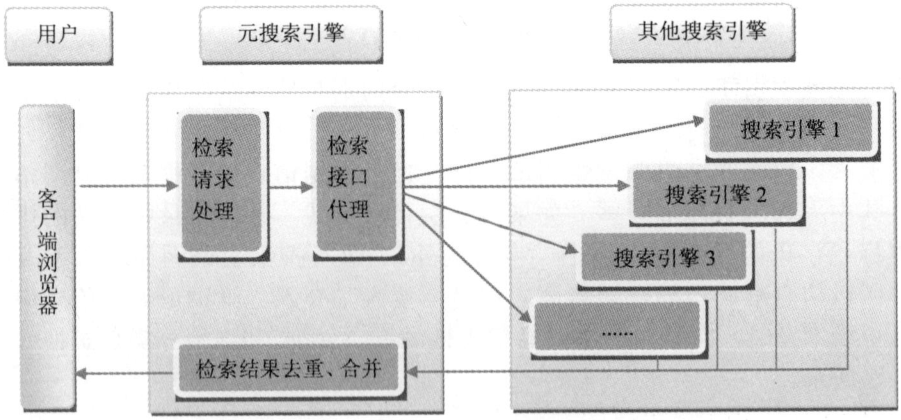

图 3-3　元搜索引擎工作原理

分类：在可以检索的目标搜索引擎、检索提问的处理方式以及如何编译和显示结果方面，元搜索引擎有着很大的差异。有些元引擎一个接一个地搜索目标搜索引擎，另一些则同时进行搜索。有些搜索引擎将检索提问转变成目标搜索引擎的提问语言，而有一些则原封不动地发送给目标引擎。

按功能划分，元搜索引擎包括多线索式搜索引擎和 All-in-One 式搜索引擎；按运行方式的差异可分为在线搜索引擎和桌面搜索引擎。

4. 其他非主流搜索引擎形式

除前面介绍过的还有以下几种搜索引擎形式，集合式搜索引擎：该搜索引擎类似元搜索引擎，区别在于它并非同时调用多个搜索引擎进行搜索，而是由用户从提供的若干搜索引擎中选择，如 HotBot 在 2002 年底推出的搜索引擎。

门户搜索引擎：AOL Search、MSN Search 等虽然提供搜索服务，但自身既没有分类目录也没有网页数据库，其搜索结果完全来自其他搜索引擎。

免费链接列表（Free For All Links，简称 FFA）：一般只简单地滚动链接条目，少部分有简单的分类目录，不过规模很小。

3.1.2 掌握搜索引擎工作原理

搜索引擎的工作流程对于外界来说神秘而高不可测，其实搜索引擎的工作流程非常简单。当作为一般用户在使用搜索引擎的时候，很难去想象或者了解搜索引擎的工作原理是怎么样的？所以正是因为对搜索引擎的工作流程不是很了解，导致现在很多人都认为搜索引擎返回的结果是动态的结果，也就是当用户输入一个语句进行关键字查询的时候，搜索引擎马上从互联网上抓取筛选结果，然后把我们查询的关键字结果反馈给用户！其实搜索引擎返回的结果是提前就已经抓取，然后经过了一系列算法筛选之后放入数据库，用户查询就立即对索引数据库进行查找，反馈用户准确的关键字查询结果。

1. 搜集信息形成快照

网页快照收录是搜索引擎通过蜘蛛程序在互联网上抓取页面并进行存储形成快照的过程，他为搜索引擎开展各项工作提供了数据支持，如图 3-4 所示。

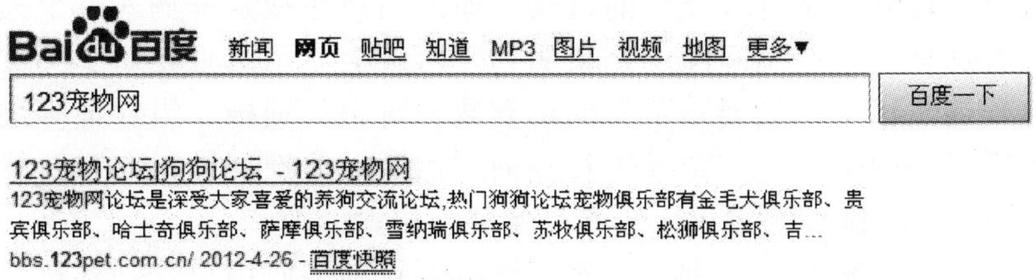

图 3-4　123 宠物网百度快照

搜索引擎的信息搜集基本都是自动的。搜索引擎利用称为网络蜘蛛（spider）的自动搜索机器人程序来连上每一个网页上的超链接。机器人程序根据网页链到其他网页中的超链接，就像日常生活中所说的“一传十，十传百……”一样，从少数几个网页开始，连到数据库上所有到其他网页的链接。理论上，若网页上有适当的超链接，机器人便可以遍历绝大部分网页。

2．整理信息分析页面

普通用户看页面，看到的都是文字、图片等一些直观信息，但是搜索引擎看的是网页源代码，而且会根据这些源代码来确定网页的重要信息。

当我们看一个页面的时候，会发现一些粗体、斜体、加色等样式的文字，还有一些比较大的字体，有些文字还被像标题一样被隔开，这些设置不光是让用户在浏览信息的时候要特别注意，还有一点就是它们可能是网页的重点。

在搜索引擎看来，源代码头部或者靠近头部的信息往往是比其他位置的文字重要，大家可以很形象地将一个网页和一张报纸的页面比较着看，还记得以前的一篇关于“H 标签”的文章里面就有相关比较。确定重要文字或词语，这是搜索引擎建立网页索引过程的一个步骤。

搜索引擎整理信息的过程称为“建立索引”。搜索引擎不仅要保存搜集起来的信息，还要将它们按照一定的规则进行编排。这样，搜索引擎不用重新翻查它所有保存的信息就能迅速找到所要的资料。想象一下，如果信息是不按任何规则地随意堆放在搜索引擎的数据库中，那么它每次找资料都得把整个资料库完全翻查一遍，如此一来，再快的计算机系统也没有用。

3．接受查询处理关键词

搜索引擎还会根据同义词典和潜在语义进行拓展查询检索项。比如，搜索引擎会将“宠物”和“狗狗”，“藏獒”和“犬”，“人民”和“百姓”当做同一个概念进行处理。另外，搜索引擎在查询的时候，还会根据主题来进行归类，比如当我们查询“SEO”的时候，系统会自动将“网络营销”“搜索引擎优化”“网站优化”之类的都归为一个主题来处理。

当用户在搜索引擎进行查询的时候，如果用户在搜索框输入一个关键词，当索引中有这样一个完全匹配的结果的时候，就会显示出来。对于英文来说，相对就比较简单了些，只要对英文的单复数、时态、词根、组合词等进行分析即可。不过对于中文，则一定要进行分词。然后对关键词进行向量计算，得出哪个网站的哪个关键词的权重比较高，就显示在索引中。

用户向搜索引擎发出查询，搜索引擎接受查询并向用户返回资料。搜索引擎每时每刻都要接到来自大量用户的几乎是同时发出的查询，它按照每个用户的要求检查自己的索引，在极短时间内找到用户需要的资料，并返回给用户。目前，搜索引擎返回主要是以网页链接的形式提供的，通过这些链接，用户便能到达含有自己所需资料的网页。通常搜索引擎会在这些链接下提供一小段来自这些网页的摘要信息以帮助用户判断此网页是否含有自己需要的内容。

3.1.3　对网站网页的收录

首先，来说说搜索引擎抓取收录页面的一般流程，在互联网中，URL 是每个页面的入口地址，“蜘蛛程序”就是通过这些 URL 列表抓取到页面的，“蜘蛛”不断地从这些页面中获取 URL 资源及存储页面，并加入 URL 列表，如此不断地循环，搜索引擎就可以从互联网中获取到足够的页面，如图 3-5 所示。

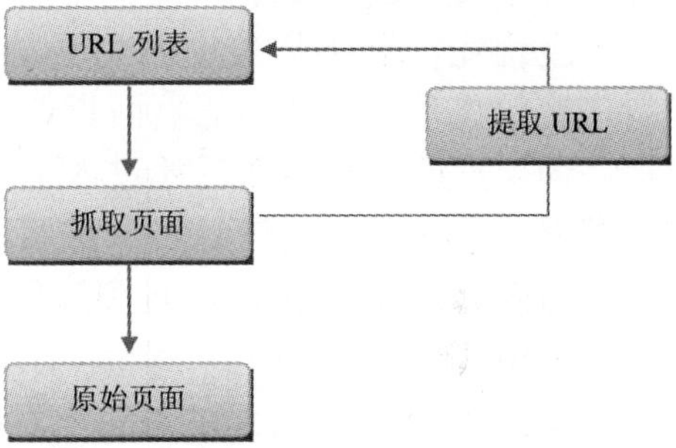

图 3-5　搜索引擎抓取页面简单流程

URL 是页面的入口，域名则是网站的入口，搜索引擎就是通过域名进入网站，挖掘 URL 资源的，换而言之搜索引擎在互联网中抓取页面的首要任务就是要有庞大的域名列表，再不断地通过域名，进入网站抓取网站中的页面。

上面的介绍让我们可以大致了解搜索引擎的工作方式，现在，我们来说一下页面收录的原理。假设把一个网站页面组成的页面看做是一个有向图，沿着页面中的链接，依照某种特定的战略对网站中的页面停止遍历。不停地从 URL 列表中移出曾经拜访的 URL，同时提取原始页面中的 URL 的消息，再将 URL 分为域名及外部 URL 两大类，同时判定 URL 能否被拜访过，递归地扫描 URL 列表，直至耗尽一切 URL 资源为止，如图 3-6 所示。

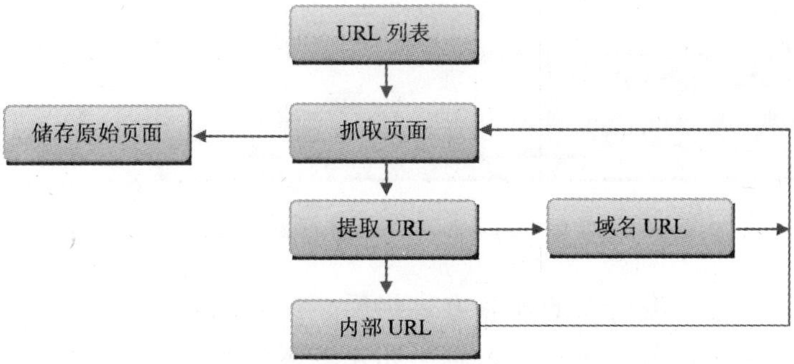

图 3-6　搜索引擎收录页面的工作原理

在搜索引擎中要获取相对重要的页面，就涉及搜索引擎的页面收录方式。虽然知晓了“页面收录流程”和“页面收录原理”但是在搜索引擎中要获取绝对主要页面，页面收录方式则是指搜索引擎抓取页面时所使用的战略手段。为了能在互联网中挑选出绝对主要的消息，假设使用相同的抓取战略，搜索引擎在一样的时间内能够在某一网站中抓取到更多的页面资源，则会在该网站停留更长的时间，收录的页面数自然也就多了。因而，加深对搜索引擎页面收录方式的熟悉，有益于为网站树立相对应对的构造，增加被收录的数目。搜索引擎搜收录页面的方式主要有“广度优先”“深度优先”及“用户提交”（用户提交暂时不做详细描述）三种。

广度优先：如果把整个网站看做一棵树，首页就是根，每个页面就是叶子。广度优先是一种横向的页面抓取方式，先从树的较浅层开始抓取页面，直接抓完同层次的所有页面后才进入下一层。因此，在对网站进行优化时，我们应该把网站相对重要的信息展示在层次比较浅的页面上（例如：在首页推荐一些热门的内容）。反过来，通过广度优先的抓取方式，搜索引擎就可以首先抓取到网站中相对重要的页面。

首先，“蜘蛛”从网站的首页出发，抓取首页上所有链接指向的页面，形成页面集合 A，并分析出 A 中所有页面中的链接；再跟踪这些链接抓取下一层的页面，形成页面集合 B；就这样递归地从浅层页面中解析出链接，再从深层页面，直至满足某个设定的条件才停止抓取进程，如图 3-7 所示。

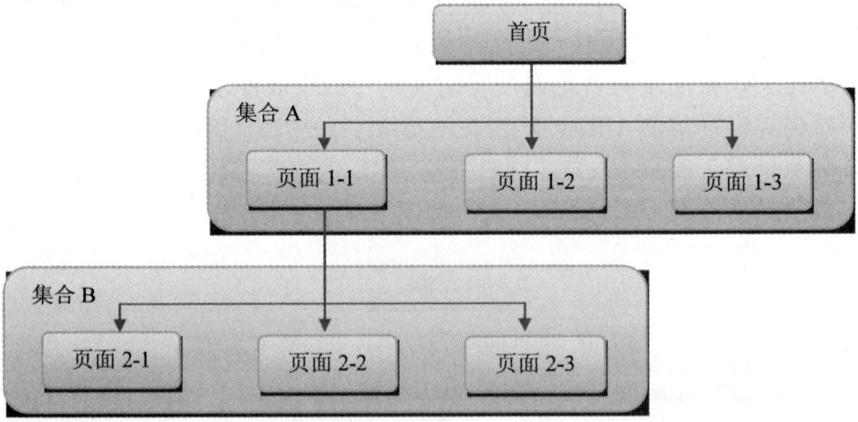

图 3-7　广度优先抓取流程

深度优先：与广度优先的抓取方式相反，深度优先首先跟踪浅层页面中的某一链接，后逐步抓取深层页面，直至抓完最深层的页面才返回浅层页面再跟踪其另一链接，继续向深层页面抓取，这是一种纵向的页面抓取方式。使用深度优先的抓取方式，搜索引擎可以抓取到网站中较为隐蔽、冷门的页面，这样就能满足更多用户的需求。

首先，搜索引擎会抓取网站的首页，并提取首页中的链接：再沿着其中的一个链接抓取到页面 A-1，同时获取 A-1 中的链接并抓取页面 B-1，获取 B-1 中的链接并抓取页面 C-1，如此不断地重复，满足到某个条件后，再从 A-2 抓取页面及链接，如图 3-8 所示。

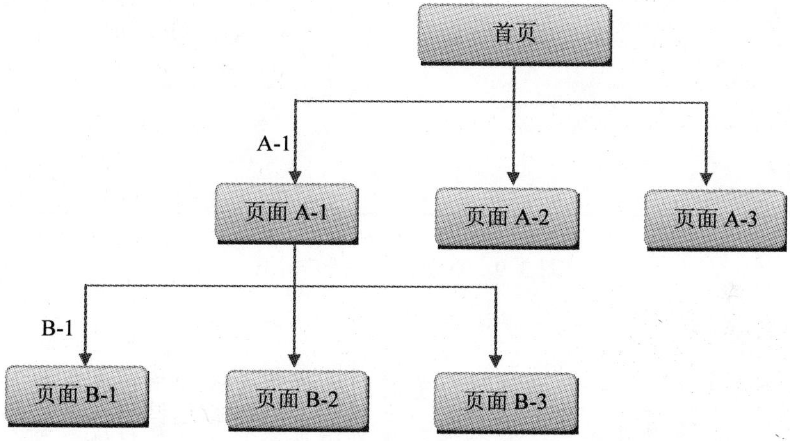

图 3-8　深度优先抓取流程

3.1.4　竞价排名解决方案

竞价排名在行业内的发展有些年头了，经笔者手策划的企业在上面做广告的也非常的多，大部分获得比较理想的效果，也有部分公司的老板投了几千元试着做竞价排名，没过几个月钱就被花光了，业务却没有开展起来。于是，他们就再也不相信这种广告方式。其实他们的费用很大一部分都是被恶意点击消耗了。本小节就重点学习一下这方面的知识，并通过一些关键词的设定，规避恶意点击。

1．百度的竞价排名

这里以刚建立的网店在百度上进行有效的推广为实例，重点介绍一下百度的关键词推广方法。推广的步骤如下：

（1）首先让我们一起来了解一下，百度搜索引擎网站推广的方式及各自的特点，百度的关键词推广主要有竞价排名和火爆地带两种，如在百度搜索关键词“鞋”打开的页面，如图 3-9 所示。

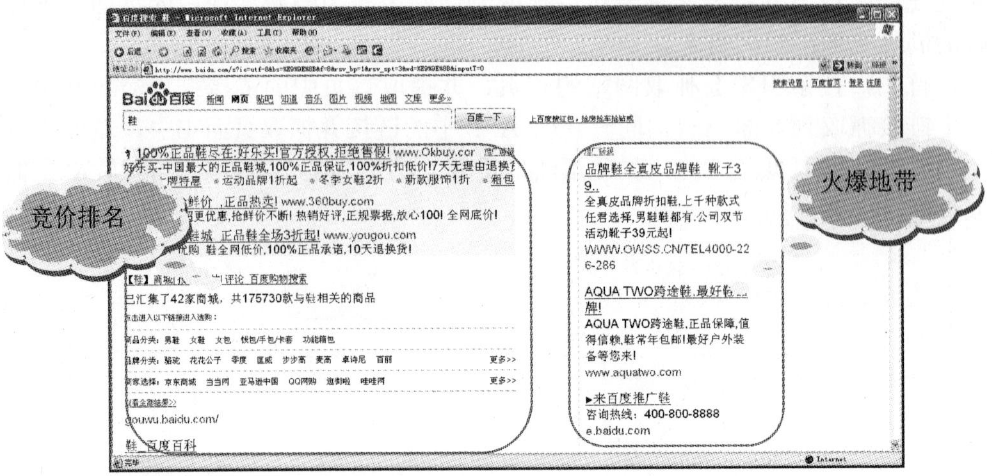

图 3-9　百度的两种推广方式

营销指导：

百度竞价排名，是一种按效果付费的网络推广方式。用少量的投入，就可以给网站带来大量潜在客户，有效提升企业销售额和品牌知名度。每天有超过数亿人次在百度查找信息，在百度注册与产品相关的关键词后，就会被查找这些产品的潜在客户找到。竞价排名按照给网店带来的潜在客户访问数量计费，可以灵活控制网络推广投入，获得最大回报。此类推广根据关键词的不一样，所产生的费用也是不一样的，按点击量付费。

百度火爆地带，是一种针对特定关键词的网络推广方式，按时间段固定付费，出现在百度网页搜索结果第一页的右侧，不同位置价格不同。购买了火爆地带关键词后，就会被主动查找这些关键词的用户找到，给商家带来更多的商业机会。

那么，开办网站选择哪种会更好些呢？从使用的实用性出发，一般网友在使用百度查找关键词后习惯于单击左边的“竞价排名”部分，“火爆地带”适用于商家打造长期的品牌形象使用。读者可根据自己的需求，选择适合的推广方式。

（2）对于最初开始创办网站的人，适合使用竞价排名的方式推广，费用也比较合适。打开 IE 浏览器输入网址：http://www.baidu.com/，打开首页，单击页面上的“加入百度推广”，打开“百度推广官方网站”页面，具体如图 3-10 所示。

图 3-10　打开的竞价排名页面

（3）单击页面中的“搜索推广”，打开搜索推广页面如图 3-11 所示。

图 3-11　搜索推广页面

（4）通过“在线咨询”和“在线申请”功能按其步骤操作即可以完成推广的操作。

营销指导：

如果已经确定选择此推广方式后，就要直接在百度上注册会员交纳相关费用，或者直接再找一些代理公司代理推广。具体的过程在这里就不在介绍了，直接按百度网页提示操作进行。百度的网页也公示了其开户的一些基本要求和费用，如图 3-12 所示。

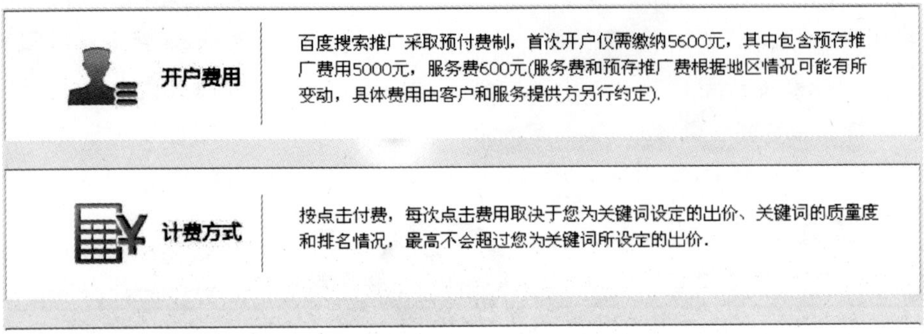

图 3-12　百度开户费用和计费方式

2．竞价恶意的点击

通过网络能够很好地开展业务，笔者在策划相应的项目时也都会推荐他们适当地做些竞价广告。但是无效点击，甚至是恶意点击就是我们要面对的一个问题。恶意点击是竞价排名广告的产物。如果一个企业的网站没有参加百度、雅虎等搜索引擎的竞价排名点击付费广告，企业是很乐意自己的网站经常被人访问的，不管来访的是谁，访问量大终归没有坏处。但是一旦参加了这种点击付费广告，就会有自己的钱花在了非目标客户的访问上的忧虑。

点击付费竞价排名广告，最早是由 Google 发明出来的。在刚开始应用时，并没有过多的恶意点击问题产生，但随着同行的仿效，有更多的企业加入到广告竞争行列，而能排在前面的就那么几家企业，资源有限，于是出现了恶意点击的竞争现象，对手们都希望把对方的广告费先花光，让自己的网站可以排在好的广告位。一些网站的首页不管是左侧还是右侧都可以放广告位，这种恶意点击的现象就更加严重了。而在竞价排名之后推出的广告联盟服务，就是把广告位放到一些流量大的别的公司网站上，如果有人点击了这条广告，广告费就会分给参加联盟的网站一部分。在利益的驱动下，恶意点击的不再单单是行业对手，这些加盟网站也开始了恶意点击。

想知道到底是谁恶意点击你的广告，首先就要分析出，谁会通过竞价排名来访问网站。

（1）有效客户：这是做竞价推广最需要的结果，浏览者在需要产品时，会通过百度搜索的关键词到达竞价页面，来点击访问网站，如果有意向会打客服电话、发送邮件咨询相关的信息，有些还能成为长期固定的消费群体。

（2）信息浏览者：有些浏览者想了解行业或产品的知识，通过搜索关键词也会到达竞价排名页面。这些浏览者并不是最直接的客户，但访问者有可能成为潜在的客户。

（3）其他行业业务员：做过销售的人都知道，现在利用网络信息可以最直接获得想要获取的资料，在百度上搜索相关的关键词，进入到网站，找到联系方式，就可直接打电话联系。排在搜索结果首页的竞价排名客户首当其冲成了这些业务员的推销目标。有时每天接到的这种骚扰电话比业务电话还要多，像这些销售员大多数做不了几个月就换新的一批人，同样会继续点击网站，浪费广告费。

（4）行业竞争对手：竞价排名的最大的误区就是无法阻止同行业竞争对手的恶意点击。所谓恶意点击，就是为了消耗竞价排名客户的广告费，经常通过竞价排名页面访问该网站。其目的是消耗同行的预算费用，使同行广告投放力度减弱，以获得自己的广告排名上升。

（5）联盟网站的站长们：一些网站除了在搜索引擎结果处竞价外，还会在加入他们的广告联盟网站上投放广告。在这些放入了百度广告的网站里，只要是有人通过渠道点击广告，竞价费用就会被这些小网站分成，在这种利益的驱动下，网站站长们也会花很多时间和精力去点击你的广告。

（6）网站代理商或内部业务人员：由于代理商的返利是按业绩比例高低进行返利或给予内部业务人员业绩提成，因此推广广告费用被点击越多，服务商和业务员就可以获得更多的自己收益。

3．防止恶意点击策略

我们如何自己通过有效的方法来阻止类似的情况发生呢？近年来，出现一些代理公司替大的广告主打理竞价后台，在访问量不变的情况下降低广告费，从中收取一定的佣金，一般是总广告费的 10%左右。这说明企业的竞价广告只要有人科学地管理，就可以省出大量的广告费。下面就以百度为例，介绍如何利用现有的竞价工具和必要的访问统计软件来操作防止恶意点击。

一般情况下客户会用什么词来搜索呢？通常会找产品名或者是行业名或者模糊的厂名，如：进口化妆品、化妆品厂、包装盒、北京化妆品厂家等。其中可能性最大的关键词应当是类似这样的词：北京化妆品厂家——用户需要找厂家，而不是找中间商的客户；进口化妆品总代理——需要找总经营，从而可以拿到较低的批发价格或是洽谈分销；包装盒——需要找一种特定的产品……

所以在投入广告之初，我们首先要从产品名、行业名、模糊的厂名这些关键词做起。其次才是一些热门关键词，如：化妆品、美容产品、化妆品公司等。因为这些词客户与“非客户”都爱搜索，投资回收比不一定值得。除了靠经验推测，还有其他方式也可以得到关键词。可以根据沟通内容推测已合作客户的用词习惯，还可以根据百度搜索栏中联想出来的词组来推测，如图 3-13 所示，用户只在百度搜索栏中输入了化妆品 3 个字，百度就会把与之关联的词组在下拉菜单中列出，用户不用继续打字，只需要选择一下就可以了。如果是一家化妆品厂家，那么列出的这几个词，都将成为我们的竞价词。

图 3-13　关键词及关联的词

这是我们初步确定的关键词，在进入到百度竞价后台后，还需要采用一定的手段，再次确定一下关键词，这就是利用竞价的关键词的广泛匹配功能，少量投放几个短词，找到所有与短词有关的关键词，与之前我们统计好的关键词进行比对，保留共同的去除非客户用词。这里再重点介绍一下竞价关键词的知识，所有广告主都想花尽量少的钱，达到尽量好的广告效果。在百度竞价中关键词的匹配设置是非常重要的。

关键词匹配主要有 4 种模式：

（1）广泛匹配模式。当用户搜索词与竞价的关键词高度相关时，即使广告主并未提交这些词，其广告内容也会展现在广告位上。在广泛匹配方式下，可能触发的推广结果包括：同义相近词、相关词、变体形式、完全包含关键词的短语。比如，装修行业的“装修”就与“装潢”“装饰”广泛匹配。

（2）精确匹配模式。仅当用户的搜索词与广告主提交的关键词完全一致时，推广内容才展现在广告位上。

（3）短语匹配模式。在短语匹配的模式下，只有在用户搜索词与关键词字面一致或者搜索词完全包含关键词并顺序一致时，广告才会展现出来。

（4）否定匹配模式。用来屏蔽掉广告主不希望投放的关键词。比如，做儿童用品的厂家，一般不会希望别人搜索“少年用品”时找到自己、花自己的广告费，这时就可以用这个功能来拒绝这方面的广告投放。

在明确了我们要投放广告的关键词后，接下来就是要决定关键词要用哪种匹配模式去做广告了。一般来说，采用广泛匹配模式，以上 6 种人群肯定都会光顾的，开销很大。但如果关键词选择得够专业，开销并不一定很大，客户的来源却会相对比较广。

如图 3-14 所示，一个搜索“大码鞋”的商品错被输入成“新码鞋”进行搜索，用了广泛匹配模式的商家获得了机会。所以我们一般会建议对于很专业的关键词应采用广泛匹配。

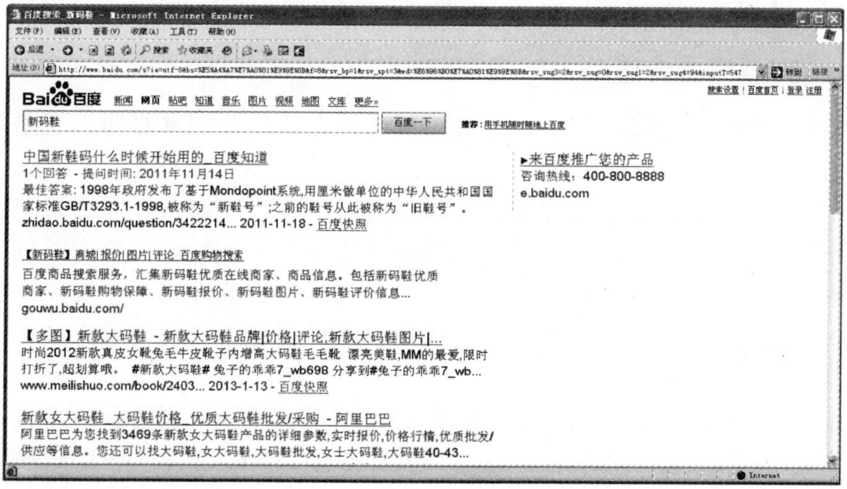

图 3-14　广泛匹配模式

短语关键词匹配模式范围小，花销也相对小一些，潜在客户搜索到的可能性比精确匹配相对要大，但会丢掉一些用冷门词的客户。这种关键词匹配模式比较适合中小企业。毕竟这种模式抓住了 80%的客户，只流失了 20%的客户，对于业务规模不是很大，承担不起巨额广告费的中小企业来说还是值得的。特别值得一提的是，采用这种模式时，当客户在搜索同行厂家时，也有可能找到你。

关键词精确匹配模式花销最小，当然相对客户搜索到的概率也就小多了，所以关键词应当短一些，最好是行业的关键词。比如：上海化妆品厂、儿童玩具等。精确匹配模式比较适合广告预算少，也没有精力打理广告的中小企业。

关键词匹配模式确定好以后，接下来就是要选定投放广告的区域了。投放地域是影响竞价量的简单的一个原因。地域对展现量有限制作用。当一个地域的展现量增长到一定程度时就无法再增加了。增加投放地域也就意味着增加了新的访问群体，同样也就意味着点击量有可能增长。一般选择潜在客户群集中，且避开竞争对手云集之地。比如毛绒玩具企业最好不要在扬州和青岛两个地区投放广告，因为那里是中国两大毛绒玩具加工中心和集散地。

选定好区域，还要调整一下广告投放时间。一般 B2B 的业务，比较适合做工作日时段的广告，在其他时间段学习者和同行搜索的居多，应当避免 8 小时以外的广告投放。但如果是针对外贸的业务，还应当考虑在晚上投放广告，因为有些外贸业务员在半夜与欧美客户谈好订单后，就会马上在网上搜索供应商。

为了防止黑客软件的恶意点击，还应当设置每天的广告费限额。一旦出现突发性的恶意点击，也不会造成重大损失。

除此之外，还应当采用访问统计软件随时查看网站访客的情况。一旦发现有同一个 IP 地址反复消费广告费的现象，就要及时地把这个 IP 地址屏蔽掉。

4．竞价关键词调整

百度竞价账户管理过程中，对关键词进行调整是非常重要的，下面简单介绍下百度竞价关键词调整思路：

（1）周期性地调整无效关键词。建议是以一周为周期，一周的时间所产生的数据会有一定的代表性，同时调整的频率也不至于太慢。需要去整理出每一周消耗前列的关键词，并且对它们进行分析，看它们的转化率。转化率低的果断降价和暂停。通过这样的方式进行调整，可以保证的是消耗较大的关键词都会是转化率不错的关键词。

当消耗前列的关键词的转化都被筛选得不错的时候，则需要再定位消耗下一阶层的关键词，以同样的策略进行调整。从而最终让百度竞价的关键词的总体质量得到提升。

（2）梳理低流量高转换的关键词。也可以是以一周为周期，每周我们的账户一定会有一些低流量，但是高转化的词，这类词需要我们去特别的关注，不管它是一时的原因还是真的会有高转化，我们都应该去重点关注这个词。做法就是将他们的位置提升到第一位，保障他们能带来足够的流量，然后再观察他们接下来的表现。如果转化一直不错，就一直放在第一位，如果发现只是当时偶然的高转化，那再进行停投。

通过这样的方式，可以找到很多高转化率的词，这类词累积到一定量的时候，会对整个百度竞价投放的转化率有大幅的提升。

（3）开发新的关键词。上面说的两项工作都是需要更多新的关键词的支撑才能够更长久地操作的。挖掘的新词，可以定期定量地做导入，也可以是随时进行的工作，总之新词的挖掘是不能停的。用精准的匹配方式做关键词的挖掘，必须及时地做出调整，否则会既得不到流量，又失去了转化。

5．百度竞价排名策略

很多企业刚接触百度竞价的时候，经常怕投入失误，这里简单整理了些百度竞价排名的常见策略。

（1）百度账户里的关键词需要设置多少个。这里首先申明下，账户做得好不好与关键词数量没有直接关系，百度账户里的关键词越多，意味着维护起来的工作量越大，大部分情况下，账户里有 3000～5000 个词就足够了，当然这里是没有重复计算不同推广计划里相同的关键词。

（2）关键词排名排第几最合适。通常情况下品牌词追求左侧第一位，大部分词追求左 3 的位置。在不考虑品牌传播的情况下，最恰当的排名是需要根据数据分析来制定关键词出价和排名策略，高排名意味着高点击、高消费，只有转化高、性价比高的词才适合靠前的排名。

（3）掌握适合自己企业推广销售的关键词。百度竞价作为一种推广手段，大多数情况下就是以销售为目的。所以我们每天对账户的优化和调整，也必须以销售为目的，通过数据分析，找到提升销售的最佳方法，调词、修改创意以及优化质量度只是其中的某几项工作，但所有工作的结果就是要总结出适合自己企业和产品的关键词。

（4）百度竞价一定要做。笔者曾经和中国互联网信用评价中心主任卢咸开先生共同探讨过这个问题，结论是不谋而合的——一个互联网平台上网做百度推广就是争取了生存的空间。也可以算一笔账，每年投入在百度推广平台上也许是几千，也许是几万或者几十万，但其产出与花相同的钱找电话业务人员所带来的产出比是非常明显的。

需要强调，百度推广只是一种相对有效的推广手段，是整个网络营销的一个环节。销售业绩的提升需要整体配合，百度推广是一方面，网站本身也占了很大的比重，另外，如果是有需要与线上或线下人员配合，那么这块也占很大比重。

3.2　了解 SEO

通过 PPC，很多企业都切身感受到了搜索引擎营销所带来的好处，但往往其昂贵的费用及带来的一些负面影响让企业望而却步，那么有一种成本更低，回报更高的方式来开展搜索引擎网站营销，这就是 SEO——搜索引擎优化。

SEO 是时下网络非常火爆的专业词语，但它在现实生活中还不是那么广为人知。对搜索引擎优化的不了解不仅存在于国内的中小企业里，就算是一些跨国公司也有同样的问题，这里举例在百度里搜索品牌 Legend，结果除了百度词典之外，排在百度快照第一名的是其他的一些网站，如果排在第一名的是一个欺骗性的网站，这就会给该品牌及形象带来极大的负面影响，搜索的结果如图 3-15 所示。

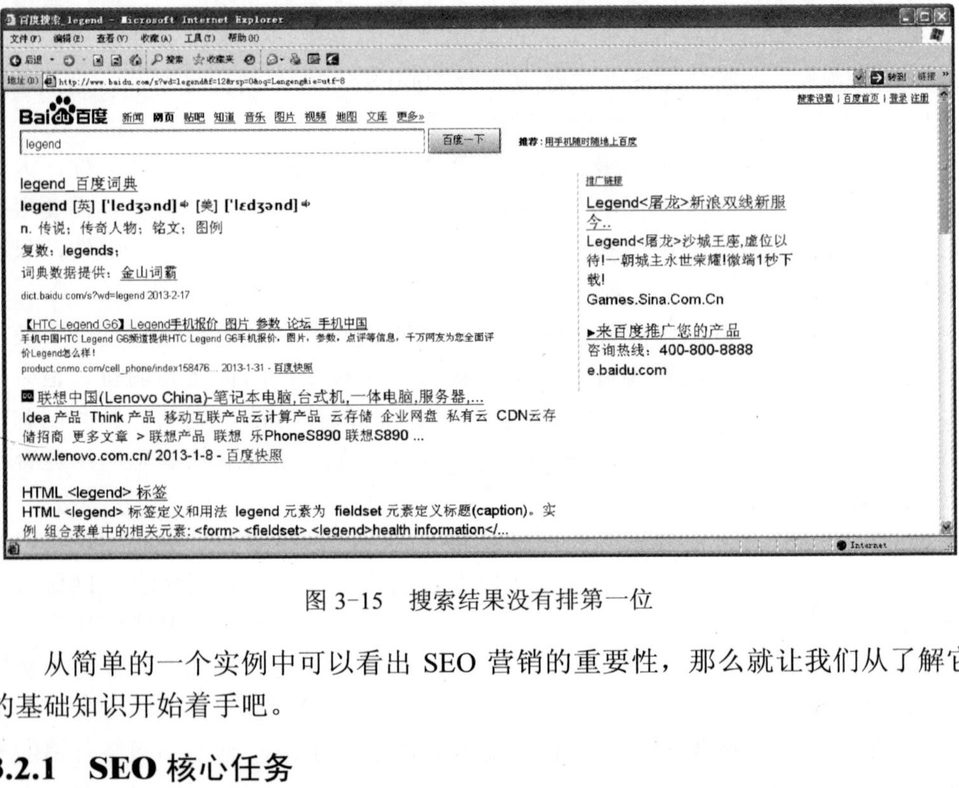

图 3-15　搜索结果没有排第一位

从简单的一个实例中可以看出 SEO 营销的重要性，那么就让我们从了解它的基础知识开始着手吧。

3.2.1　SEO 核心任务

SEO 的英文全称为 Search Engine Optimization，翻译过来意思就是搜索引擎优化，是指通过采用易于搜索引擎索引的合理技术手段，使网站各项基本要素适合搜索引擎的检索原则并且对用户更友好，从而更容易被搜索引擎收录及优先排序。可以这么简单地认为 SEO 就是指通过总结搜索引擎的排名规律，对网站进行合理优化，使用户的网站在百度和 Google 的排名提高，让搜索引擎给用户带来客户。通过 SEO 这样一套基于搜索引擎的营销思路，为网站提供生态式的自我营销解决方案，让网站在行业内占据领先地位，从而获得品牌收益。

SEO 的主要任务就是通过使用 SEO 技术让网站的关键字在百度等搜索引擎中排到较好的位置使之能够自然地为我们的网站带来大量的廉价流量。流量：如果我们把网站比作一个超市，那么流量就相当于来逛超市的顾客。这种顾客在网络上，我们就称之为 IP 量。通过 SEO 为自己的网站带来了人气，使其能够让自己的网站盈利。上面都是一些通俗的解释，而在专业的描述中 SEO 是指通过架设符合搜索引擎索引排序算法的网站结构、内容、代码以及外链达到预先设定的排名效果，并通过排名获取流量来达到网络营销的目的。

3.2.2 SEO 的好与坏

SEO 能在竞价排名的竞争中出类拔萃，受到广大用户的追捧，必定有其内在的魅力，作为主要的搜索引擎营销之一，SEO 除了具备搜索引擎营销的特点之外，还有以下特点。

SEO 的优点：

（1）成本较低：SEO 是一种“免费”的搜索引擎营销方式，对于个人网站而言只要掌握一定的搜索引擎优化技术就可以达到目的，对于企业而言就只要通过聘用专业的技术人员，或者让代理公司进行代理优化即可，而网站优化维持一年排名的费用也许只是做竞价一到两个月的费用，相比竞价要便宜得多。

（2）持久耐用：用正规网站优化手法做好了排名的网站，只要维护得当，排名的稳定性非常强，所在位置数年时间也许都不会变动。

（3）不用担心无效点击：通过正规 SEO 技术所优化的网站排名效果比较稳定，是自然排名，不会按点击付费，不论竞争对手如何点击，都不会浪费企业的费用。

（4）所有搜索引擎通用：网站优化最大的好处就是没有引擎的各自独立性，即便用户只要求针对百度进行优化，但结果无论是 Google、雅虎还是其他的搜索引擎，排名都会相应地提高，会在无形中带来更多的有效访问者。

SEO 的缺点：

（1）见效比较慢：通过网站优化获得排名是无法速成的，一般难度的词大约需要 2～3 个月的时间，如果难度更大的词则需要 4～5 个月甚至更久，建议企业可以在销售淡季进行网站优化工作，到了销售旺季时排名也基本稳定了。

（2）排名的不确定性：由于搜索引擎对排名有各自的不同规则，有可能在某天某个搜索引擎对排名规则进行了改变，那时也许就会出现原有的排名位置发生变动，这个是很正常的现象。

（3）关键词区分难易程度：竞争过于火爆的关键词，例如：手机、MP3 等，做优化排名难度是很大的，这需要非常长久的时间，而且价格也会非常高昂，所以难度太大的词不适合做优化。

（4）关键词数量有限：做网站优化一个网页推荐只做一个关键词，如果多的话最好不超过 3～4 个，其中 1～2 个是主词，剩余 1～2 个是分词，做不到竞价排名那种想做多少做多少的效果。

3.2.3 SEO 工作阶段

SEO 包含的优化技术工作主要可分为关键字网页排名优化（简称网页优化）与整站搜索引擎优化（简称整站优化）。

1．网页优化

网页优化通过 SEO 技术对网站内与关键字相关的网页进行优化，使其单个网页搜索引擎排名靠前。可以根据指定的关键字在各大搜索引擎使指定的网页排名靠前，便于搜索者能够轻松地找到此网页信息，目前国内的搜索引擎优化服务商提供的基本为网页优化服务，根据推广的关键字提升网页排名。

关键字网页排名优化（网页优化）技术主要分为两部分：

（1）网页的内部优化。网页内部优化相对单个网页而言主要是修改网页内部的代码标签、关键字密度，从而增加其搜索引擎的友好性。

（2）网页的外围优化。网页外围优化：对于网页的 URL 路径实行增加外部链接（别的站点指向此页面的链接）的形式、链接文字为指定相关关键字或者链核为其他方式、这点可与网页内部优化相协调使用，此项工作必须贯彻网页优化的全过程。

2．整站优化

整站优化通过 SEO 技术使其网站在搜索引擎中成为一个权威站点，当达到效果时该网站的任意一个分页面都可以在搜索引擎中进行争夺热门关键字、全站的关键字，不计其数、根据收录页面数量来决定。假设这是一个行业性质站点，在做完整站优化后很有可能利用这一个网站劫持一个行业的所有匹配关键字（其中包含长尾关键字等）。整站优化不能保证某个关键字的排名提升，好的整站优化能够保证的仅仅为搜索引擎营销的效果。

搜索引擎优化（整站优化）技术主要分为：

（1）站内结构优化。站内结构优化：包括上述网页内部优化、网站程序修改、网站内部整体链接、用户体验度优化、网站目录结构层次规划、网站地图制作。

（2）搜索评级优化。搜索评级优化：对于网站首选域名实行大量的、高质量的、针对性强的外部链接，增加站首页不争夺任何关键字，仅仅保存网站品牌名称。

结合上述的两大部分的优化内容，可以总结出网站优化的主要工作流程如图 3-16 所示。

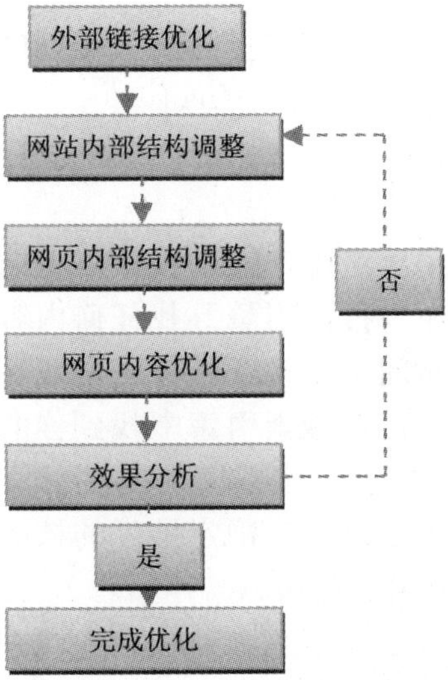

图 3-16　网站优化主要工作流程

如果按具体工作流程来衡量又可以分为如下的四个阶段：

（1）网站的收录，有收录才有可能有排名，没有收录一定没有排名。

（2）关键字排名的不断提升，依靠对网站内优外化的不断工作。

（3）关键字良好的排名带来的网站流量。

（4）对网站流量进行转化，直接或间接地带来效益。

可以做的推广选择面更广：①利用博客养站法；②利用论坛养站法；③可以利用收藏夹，对网站进行收藏；④可以利用微博做网站的外链；⑤可以去友情链接平台，发布站点信息；⑥可以去找一些同行业的友情链接交换；⑦可以做一些问答，带起网站的名气；⑧可以与一些资源共享平台共享一些含有网站信息的文件；⑨可以与媒体合作，写一些与公司情况或产品情况相关的信息，如去百度百科、SoSo 百科等写一些公司相关信息或产品信息、领导人员情况等，增加曝光率；⑩可以找一些导航站进行提交、收录等；⑪可以去一些信息发布平台，发布一些相关网站的信息等。

3.3 优质关键字的筛选

想要对网站进行搜索引擎优化，肯定先要为网站的页面选择适当的关键词，之后围绕着核心关键词展开相关的工作使关键词能在搜索引擎排名中到达满意的结果。而很多人在选择关键词的时候，往往选择一些热度非常热，搜索量非常大的词来做关键词，吸引流量。这个方法无可厚非，但是，使用这种方法也是要讲究方法和原则的。我们选择热度关键词的时候，不要脱离了网站的主题内容。本小节重点介绍关键字的一些知识。

3.3.1 关键字基础知识

我们总说的关键词其实就是用户输入搜索框中的文字，也就是用户命令搜索引擎寻找的东西。可以命令搜索引擎寻找任何内容，所以关键词的内容可以是：宠物、人名、网站、新闻、小说、软件、游戏、星座、工作、购物、论文等，根据潜在客户或目标用户在搜索引擎中找到你的网站时输入的语句，产生了关键字 （Keywords）的概念，这不仅是搜索引擎优化的核心，也是整个搜索引擎营销都必须围绕的核心。首先确定推广的核心关键字，再围绕核心关键字进行排列组合产生关键词组或短句。

关键词可以是中文、英文、数字，或中文英文数字的混合体。

例“金毛寻回犬”“windows”“119”“F-1 赛车”。

其次，关键词可以输入一个，也可以输入两个、三个、四个，甚至可以输入一句话。

例可以搜索“爱”“美女”“mp3 下载”“游戏、攻略、大全”“蓦然回首，那人却在灯火阑珊处”。

输入多个关键词搜索，可以获得更精确、更丰富的搜索结果。

例如，在百度搜索引擎中搜索“比利时 牧羊犬”，可以找到几万篇资料；而搜索“比利时牧羊犬”，则只有严格含有“比利时牧羊犬”连续 6 个字的网页才能被找出来，不但找到的资料只有几百篇，资料的准确性也比前者差得多。

因此，当你要查的关键词较为冗长时，建议将它拆成几个关键词来搜索，词与词之间用空格隔开，如图 3-17 所示。

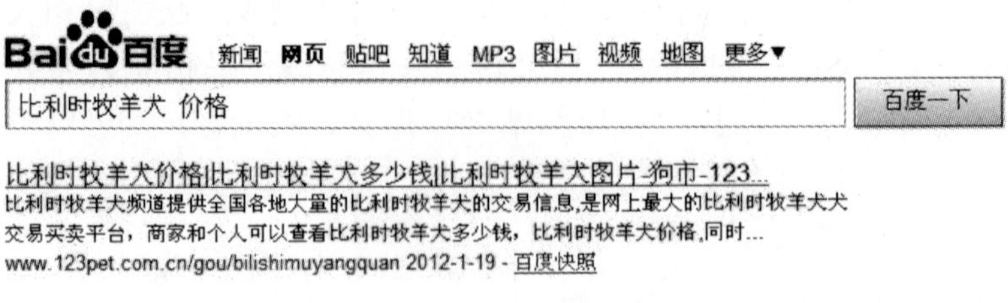

图 3-17　关键词搜索模式

查看关键词的方法：在浏览器中打开目标网页，点击菜单栏上的“查看”

→“源文件”→“<meta name="keywords" content=”后面的文字即该网站关键词，图 3-18 所示是我们给一家婚纱企业做的关键字策略。

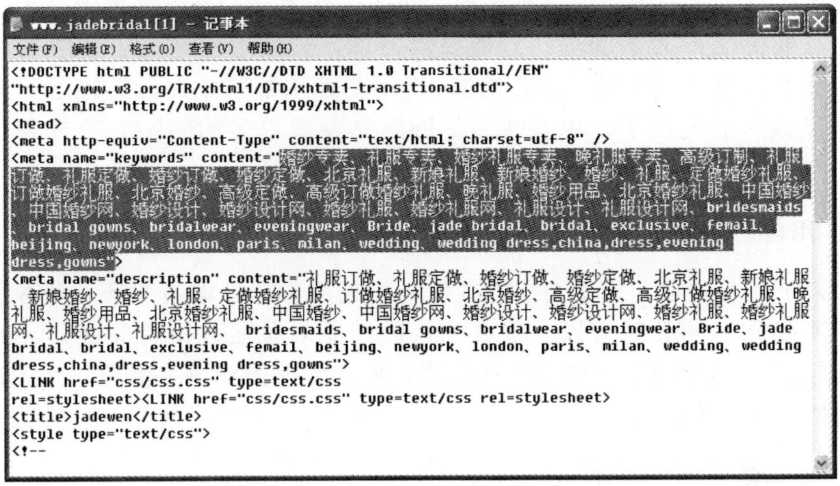


```
<!DOCTYPE html PUBLIC "-//W3C//DTD XHTML 1.0 Transitional//EN"
"http://www.w3.org/TR/xhtml1/DTD/xhtml1-transitional.dtd">
<html xmlns="http://www.w3.org/1999/xhtml">
<head>
<meta http-equiv="Content-Type" content="text/html; charset=utf-8" />
<meta name="keywords" content="婚纱专卖、礼服专卖、婚纱礼服专卖、晚礼服专卖、高级订制、礼服
订做、礼服定做、婚纱订做、婚纱定做、北京礼服、新娘礼服、新娘婚纱、婚纱、礼服、定做婚纱礼服、
订做婚纱礼服、北京婚纱、高级定做、高级订做婚纱礼服、晚礼服、婚纱用品、北京婚纱礼服、中国婚纱
、中国婚纱网、婚纱设计、婚纱设计网、婚纱礼服、婚纱礼服网、礼服设计、礼服设计网、bridesmaids
、bridal gowns、bridalwear、eveningwear、Bride、jade bridal、bridal、exclusive、femail、
beijing、newyork、london、paris、milan、wedding、wedding dress,china,dress,evening
dress,gowns">
<meta name="description" content="礼服订做、礼服定做、婚纱订做、婚纱定做、北京礼服、新娘礼服
、新娘婚纱、婚纱、礼服、定做婚纱礼服、订做婚纱礼服、北京婚纱、高级定做、高级订做婚纱礼服、晚
礼服、婚纱用品、北京婚纱礼服、中国婚纱、中国婚纱网、婚纱设计、婚纱设计网、婚纱礼服、婚纱礼服
网、礼服设计、礼服设计网、 bridesmaids、bridal gowns、bridalwear、eveningwear、Bride、jade
bridal、bridal、exclusive、femail、beijing、newyork、london、paris、milan、wedding、wedding
dress,china,dress,evening dress,gowns">
<LINK href="css/css.css" type=text/css
rel=stylesheet><LINK href="css/css.css" type=text/css rel=stylesheet>
<title>jadewen</title>
<style type="text/css">
<!--
```

图 3-18　查看关键词的方法

3.3.2　选择核心关键字

对企业、商家而言，核心关键字就是他们的经营范围，如产品、服务名称、行业定位，以及企业名称或品牌名称等。

选择关键字应该注意如下一些常识。

1. 从客户的角度考虑

潜在客户在搜索产品时将使用什么关键词？这可以从众多资源中获得反馈，包括从客户、供应商、品牌经理和销售人员那里获知其想法。

2. 将关键词扩展成一系列词组和短语

尽量不要用单一词汇，而是在单一词汇基础上进行扩展，如：服装→流行服装→时尚流行服装。百度关键字工具可以查询特定关键词的常见查询、扩展匹配及查询热度，最好的关键词是那些没有被广泛滥用而又很多人搜索的词。

3. 进行多重排列组合

改变短语中的词序以创建不同的词语组合。使用不常用的组合。组合成一个问句。包含同义词、替换词、比喻词和常见错拼词。包含所卖产品的商标名和品名。使用其他限定词来创建更多的两字组合，三字、四字组合。

4. 不要用意义太泛的关键字

如果从事服装设备制造，则选择“设备”作为核心关键字就无益于吸引目标客户。实际上，为了准确找到需要的信息，搜索用户倾向于使用具体词汇及组合寻找信息（尤其是二词组合），而不是使用那些大而泛的概念。此外，使用意义太广的关键字，也意味着你的网站要跟更多的网站竞争排名，难以胜出。

5. 用自己的品牌做关键词

如果是知名企业，则别忘了在关键词中使用你的公司名或产品品牌名称。但如果不是知名的品牌宜以企业要销售的产品对象名称作为关键词。如使用“流行服装”就要远远比“美伊”强得多，因为没有人知道美伊是做什么的，更不会去搜索这个关键词。

6. 适当使用地理位置

地理位置对于服务于地方性的企业尤其重要。如果业务范围以本地为主，则在关键词组合中加上地区名称如“北京广告创意”。

7. 参考竞争者使用的关键词

查寻竞争者的关键词可让用户想到一些可能漏掉的词组。但不要照抄任何人的关键词，因为并不清楚他们如何要使用这些关键词——你得自己想关键词。寻找别人的关键词只是对已经选好的关键词进行补充。

8. 不用无关的关键字

有的人会将热门的词汇列入自己的 Meta 关键字中，尽管这个热门关键字跟自己网站内容毫不相干。甚至有人把竞争对手的品牌也加入到自己的关键字中，这是侵权的行为。由于这些所谓“热门”词汇并未在网站内容中出现，因此对排名并无实质帮助，过多的虚假关键词还可能受到处罚降低排名。

9. 适当控制关键词数量

一页中的关键词最多不要超过三个为佳，然后所有内容都针对这几个核心关键词展开，才能保证关键词密度合理。搜索引擎也会认为该页主题明确。如果确实有大量关键词需要呈现，可以分散写在其他页面并针对性优化，这也是为什么首页和内页的关键词往往要有所区分的原因。

营销指导：

对 SEO 没概念的人决定目标关键词时首先想到公司名称或自己的产品名称。但是当企业或网站没有品牌知名度时，没有用户会搜索公司名或网站名。产品名称如果不包含产品的通用名称，也往往没人搜索。有很多时候即使是使用此行业中最通用的词语，也不一定有足够的真实搜索数量，最典型的就是“SEO”这个词本身。通过百度指数我们看到“SEO”每天的搜索量有八九千次以上，首先这与很多其他真正用户在搜索的词相比，已经属于比较低的。其次，搜索“SEO”的人很多是网站站长，在研究记录“SEO”这个词排名的新动向，而不是对 SEO 服务感兴趣。

要确定适当的关键词，首先要做的是，确认用户搜索次数达到一定数量级。在这方面做出错误的方向选择，对网站的影响将会是灾难性的。经过核心关键词确定与关键词扩展，应该已经得到一个至少包含几百个相关关键词的大列表。这些关键词需要合理分布在整个网站上。在确定了核心关键词后，接下来就是进行关键词扩展。对一个稍有规模的网站来说，几个关键词远远不够，还需要找出比核心关键词搜索次数少一些的更多关键词，安排到分类或频道首页，从而扩展出几百甚至几千个关键词都很常见。

要确定一个词的竞争强度是比较复杂的，这需要参考查询的数据很多，而且很多带有比较大的不确定性。根据搜索次数和竞争程度可以大致判断出关键词效能。在相同投入的情况下，关键词效能高的词获得排名的可能性较高，可以带来更多流量。

例如：主关键词不可太宽泛，这实际上是上面两点的自然推论。关键词宽泛，竞争太大，所花代价太高，搜索词意图不明确，转化率也将降低。比如：做房地产的公司，想当然地把“房地产”作为目标关键词，做旅游的公司就把“旅游”作为目标关键词，这都犯了主关键词过于宽泛的毛病。

同时，主关键词不可太特殊，选择主关键词也不能走向另外一个极端。太特殊、太长的词，搜索次数将大大降低，甚至没有人搜索，不能作为网站主关键词。

如果说“律师”这个词太宽泛，那么选择“北京律师”比较适当；根据不同公司业务范围，可能“北京刑事律师”更合适。但是如果选择“北京新街口律师”就不靠谱了。这种已经不属于长尾的关键词可以考虑以内页优化。

特殊的关键词还包括公司名称、品牌名称、产品名称等。

综上所述，网站主关键词或者称为网站核心关键词，既不能太长、太宽泛，也不能太短、太特殊，需要找到一个平衡点，才能达到想要的效果。

3.3.3 最佳关键字密度

在确定了自己的关键字之后，需要在网页文本中适当出现这些关键字。关键字在网页中出现的频次，即关键字密度（Keyword Density），就是在一个页面中，占所有该页面中总的文字的比例，该指标对搜索引擎的优化起到重要作用。

关键字密度的算法：

关键字密度=关键字词频/网页总词汇量

公式中总词汇是指页面程序标签（如 HTML 标签及 ASP、JSP、PHP 等）以外的所有词汇的数量。

中文关键字密度一般在 6%～8%较为合适，超过这一标准就有过高或过低之嫌。切记避免进行关键字堆砌，即一页中关键字的出现不是根据内容的需要而安排，而是为了讨好搜索引擎人为堆积关键字。这已经被搜索引擎归入恶意行为，有遭到惩罚的危险。

1. 关键词密度的阈值

什么样的关键词密度为最佳密度呢？关键词密度是一个模糊的概念，没有一个准确的公式来限定其密度。关键词密度并不是越高越好。一般说来，在大多数的搜索引擎中，关键词密度在 2%～8%是一个较为适当的范围，有利于网站在搜索引擎中排名，同时也不会被搜索引擎视为关键词堆砌。在百度上，关键字密度对排名较为重要，5%左右的密度应该是比较理想的，但是也要根据网站页面的字符数而定，Google 的可以更高些。很多相关工具对此都给出了大概范围，如图 3-19 所示。

关键词	出现频率	2%≦密度≦8%
软件著作权	7	5.0%
著作权登记	5	3.6%
计算机软件著作权	5	5.7%
软件著作权登记	5	5.0%

图 3-19 站长工具关键词密度查询

2. 查询网页关键词密度

对于网页关键词的密度查询方法，一般技术人员是通过“页面关键词密度查询”进行查询。相对百度而言，Google 搜索引擎赋予关键词密度的权重更小，很多排名靠前的网页关键词密度可能高到 20%以上，也可能完全没有关键词。

3．增加关键词密度的方法

行之有效的增加关键词密度的最佳方法是：通过网站本身的内容来作为有效的支撑。只要按逻辑，按语法正常编写网页，就不必太顾及关键词密度了。一个页面中出现关键词密度很高的情况，只要是实际需要的，便可以保留，毕竟网站是给网站的浏览者看的，而不是做给搜索引擎看的，尽量提供最有价值的信息给访客才是最重要的考虑点之一。

3.3.4　合理分布关键字

搜索引擎分析网页时，在 HTML 源代码中是自上而下进行的，从页面布局的角度上看则是自上而下，从左到右的顺序进行。下面我们就介绍一下关键字如何在具体的网页中进行分布是最有效的。

1．网页代码中的 Title、Meta 标签（关键字 keywords 和描述 description）

如前面图 3-18 查看关键词的方法中关键字分布：

<meta name="keywords" content="婚纱专卖、礼服专卖、婚纱礼服专卖、晚礼服专卖、高级订制、礼服订做、礼服定做、婚纱订做、婚纱定做、北京礼服、新娘礼服、新娘婚纱、婚纱、礼服、定做婚纱礼服、订做婚纱礼服、北京婚纱、高级定做、高级订做婚纱礼服、晚礼服、婚纱用品、北京婚纱礼服、中国婚纱、中国婚纱网、婚纱设计、婚纱设计网、婚纱礼服、婚纱礼服网、礼服设计、礼服设计网、bridesmaids、bridal gowns、bridalwear、eveningwear、Bride、jade bridal、bridal、exclusive、femail、beijing、newyork、london、paris、milan、wedding、wedding dress，china，dress，evening dress，gowns">

<meta name="description" content="礼服订做、礼服定做、婚纱订做、婚纱定做、北京礼服、新娘礼服、新娘婚纱、婚纱、礼服、定做婚纱礼服、订做婚纱礼服、北京婚纱、高级定做、高级订做婚纱礼服、晚礼服、婚纱用品、北京婚纱礼服、中国婚纱、中国婚纱网、婚纱设计、婚纱设计网、婚纱礼服、婚纱礼服网、礼服设计、礼服设计网、 bridesmaids、bridal gowns、bridalwear、eveningwear、Bride、jade bridal、bridal、exclusive、femail、beijing、newyork、london、paris、milan、wedding、wedding dress，china，dress，evening dress，gowns">

2．网页正文最吸引注意力的地方

正文内容必须适当出现关键词，并且“有所侧重”，意指用户阅读习惯形成的阅读优先位置按从上到下，从左至右成为关键词重点分布位置，包括：页面靠顶部、左侧、标题、正文前 200 字以内。在这些地方出现关键词对排名更有帮助。

3．超链接文本（锚文本）

除了在导航、网站地图、锚文本中有意识使用关键字，还可以人为增加超链接文本。如一个童装厂商网站可以通过加上以下行业资源：中国童装网、流行童装网…… 等含有“童装”文字的链接来达到增加超链接文本的目的。这也值得网站在添加友情链接时做参考，即链接对象中最好包含有你的关键字或相关语义的网站。

4．Header 标签

即正文标题<H1><H1/>中的文字。搜索引擎比较重视标题行中的文字。用<b></b>加粗的文字往往也是关键词出现的地方。

5．图片 Alt 属性

搜索引擎不能抓取图片，因此网页制作时在图片属性 Alt 中加入关键字是好办法，这会让搜索引擎认为该图片内容与你的关键字一致，从而有利于排名。

一般的网页设计都由网页设计师完成。设计师设计网站往往仅从美观、创意和易用的角度考虑，这对于一个期望获得搜索引擎排名优秀的商业网站来说，已经远远不够了，网站策划人员至少应该为设计师递交一份需求备忘录，提醒在设计中需要配合和注意的环节。

3.3.5 有效评估关键字

经过关键字的寻找及用户搜索习惯分析后，确定了相应的关键字，开始进行使用时还要对其进行一下评估，包括关键字的“搜索量”“商业价值”“竞争程序”，再从中筛选出高搜索量、高相关性、低竞争的关键字。

1．搜索量的评估

搜索量就是指关键字在某个搜索引擎网站上的搜索量，利用搜索引擎提供的相关工具即可以实现评估，使用百度搜索“关键字排名查询工具”找到并下载使用 Flash 开发的一个关键字查询的工具。

（1）下载后双击并运行“关键字排名查询工具”后打开其主界面如图 3-20 所示。

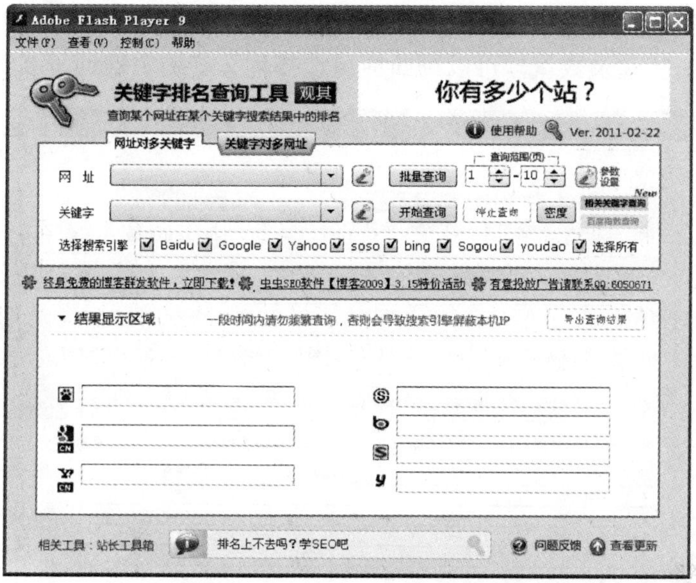

图 3-20　关键字排名查询工具

（2）单击面板上的“相关关键字查询”链接，打开“相关关键字查询”对话框，在“关键字”文本框中输入需要查询的关键字如“服装”，单击选择“搜索引擎”复选框 Baidu，即表示在百度上查询，设置如图 3-21 所示。

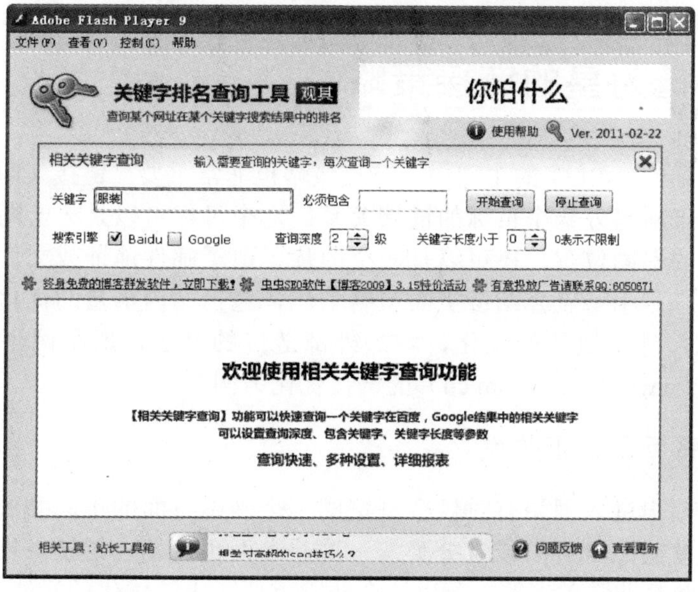

图 3-21　关键字查询设置

（3）单击“开始查询”按钮，稍等片刻即可以查出相关的关键字在百度上的收录情况，从收录数量即可以判断应该选择什么样的关键词了（图 3-22）。

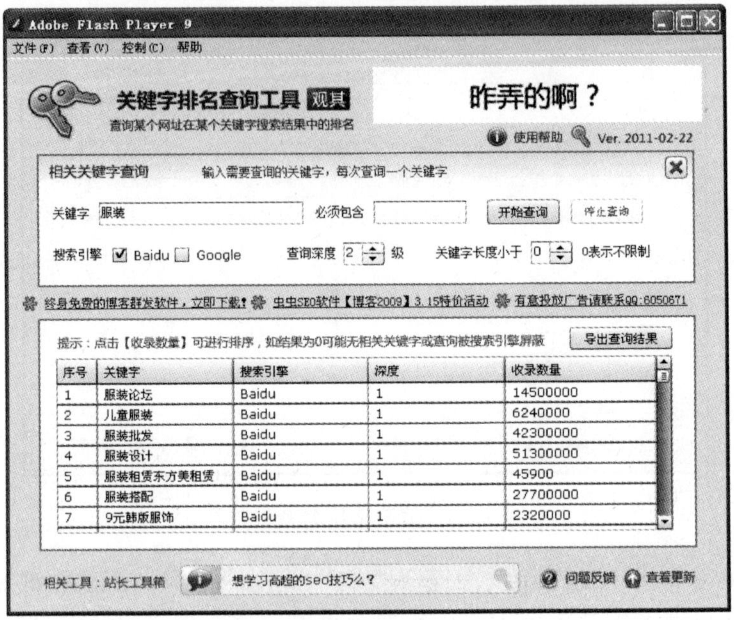

图 3-22　查询结果

3.4 外链为皇的链接策略

外链为皇，在 SEO 的工作中，链接策略也非常重要。链接（即超链接）指从一个网页指向另外一个目标的链接关系，这个目标可以是一个网页，也可以是同一网页的不同位置，还可以是一个图片、电子邮件地址或文件，甚至是一个应用程序。本小节就介绍链接的策略知识，包括站内链接的优化方法，内部链接的优化，外部链接的优化，增加外部链接的办法，所举例子以笔者操作 123 宠物网（www.123pet.com.cn）的链接优化为例。

3.4.1 提高页面的相关性

现在的用户进入网站有时候会浏览同一个网站下面的不同类的内容，这个时候他往往就会想到导航或者分类等，这些东西也是站内链接，现在搜索引擎对于用户体验是非常关注的，所以这个非常重要。内链优化的好处大概如下：

（1）可以提高页面蜘蛛爬取效率。我们都知道蜘蛛爬取网页分为广度优先和深度优先，不管是哪种方式靠的都是站内链接的合理格局，只有提高了蜘蛛爬取页面频率，才能保证网站能够具有更好的收录能力。

（2）还能够增加网站的收录数量。其实这个只是对上面第（1）条的补充，提高了页面蜘蛛爬取率之后，网页只要内容还行，质量不错，就会被收录，那么网站收录数量自然而然地就会提高。

（3）使得网站的权重得到提升。其实搜索引擎对每个网站页面给的权重大致上是一样高的，特别是 Google，给予每个页面的权重是一样的。而每个页面都能赋予其他页面权重，我们每天辛苦的去做外链，就是在不同的网页页面上留下我们的链接，让这个网页分点权重给我们，同样的我们网站内部网页也是能给同一个网站下面的不同网页带来权重的，所以这个站内链接又可以传递权重，提高关键词排名，给整个网站的权重带来一个整体的提高。

1．链接决策

链接是决定页面权重最主要的因素，分内部链接及外部链接。这里将从内、外部链接的角度出发，讲述链接对页面权重及相关性的影响，以及介绍如何合理、有效增加外部链接。

（1）源页面与目标页面。在链接关系中，我们称存放链接的页面为源页面，被链接的页面为目标页面。例如：页面 A 中存在指向页面 B 的链接，则页面 A 为源页面，而页面 B 为目标页面。

（2）链接与投票机制。在搜索引擎里，链接反映的是页面间的信任关系。也就是说，如果某个页面中存在链接指向另外一个页面，则表示该页面对被链接的页面是信任的。在搜索引擎优化里，利用“投票机制”来表达页面间的这种信任关系。例如，在页面 http://www.123pet.com.cn/action-news.html 中存在链接指向页面 http://www.123pet.com.cn/ask/，则说明页面/action-news.html 对/ask/是信任的，因而投了它一票。

（3）链接分类。按照链接使用的对象可分为“文本链接”“图片链接”及“多媒体文件链接”；按照链接的指向可分为“导入链接”与“导出链接”；而按照链接的范围分为“内部链接”和“外部链接”。

（4）链接对象。在网页中，超链接的对象可以是文本、图片或者多媒体文件。当浏览者点击链接对象后，链接目标将按照指定的方式打开或运行。

2．文本链接

文本链接指使用文本作为链接对象的链接。例如：<a href="http://bbs.123pet.com.cn">宠物网</a>就是以文本“宠物网”作为链接对象指向目标地址 http://www. 123pet.com.cn 的。

在对象是文本的链接里，我们称文本内容为锚文本。

例如：在某页面中存在这样的一个链接：<a href="http://www. 123pet.com.cn">宠物网</a>，该链接通过锚文本“宠物网”表达了目标页面的主题。

在使用文本作为链接对象时，应该尽量使用那些与目标页面主题相关的关键字作为锚文本。在同一页面上分别使用以下两个不同锚文本的链接：

链接 1：<a href="http://www. 123pet.com.cn">pet</a>

链接 2：<a href="http://www. 123pet.com.cn">宠物</a>

在提高网站“www. 123pet.com.cn”与关键字“宠物”相关性方面，链接 2 所起的作用远远大于链接 1。

在同一页面中，即使链接的锚文本相同，目标页面与锚文本间的相关性也会由于锚文本样式的不同而有所差异。例如：

链接 1：<a href="www. 123pet.com.cn">宠物网</a>

链接 2：<a href="www. 123pet.com.cn"><b>宠物网</b></a>

在这两种链接方式中，链接 2 在提高目标页面与锚文本“宠物网”相关性方面所起的作用要比链接 1 大。

3. 图片链接

图片链接指使用图片作为链接对象的链接。例如：<a href="http://www. 123pet.com.cn"> <img src="http://www. 123pet.com.cn/images/logo.png"> </a>就是以图片 logo.gif 作为链接对象指向目标地址http://www. 123pet.com.cn 的。

4. 多媒体文件链接

多媒体文件链接指使用多媒体文件作为链接对象的链接。在多媒体文件链接里，链接信息包含在多媒体文件中，当用户点击该多媒体文件时就会打开相应的目标内容。

例如以下代码，表示把链接信息http://www. 123pet.com.cn 放在 Flash 文件里。当用户点击该 Flash 文件时，就会打开目标地址http://www. 123pet.com.cn。

```
on (release) {
getURL("http://www. 123pet.com.cn", "_blank");
}
```

综上所述，对于重要的目标页面，应该优先使用具有特别样式的文本作为链接对象，且锚文本应该采用与目标页面主题相关的关键字，这样就可以在最大的程度上提高目标页面的相关性，尽量少采取图片链接、多媒体文件链接。

3.4.2　内部链接的策略

内部链接指网站内部页面间的链接关系，反映了网站内部页面间的信任关系。内部链接除了直接决定网站的逻辑结构，影响搜索引擎对网站页面的收录外，还影响网站中每个页面的权重及相关性。

1．内部投票机制

在网站内部，如果某一页面中存在链接指向另外一个页面，即表示该页面对于被链接页面是信任的，从而投了它一票。通过分析内部页面间的链接关系，搜索引擎可以从中筛选中相对重要的页面。

例如，在同一个网站里，页面 A 存在链接指向页面 B，即表示页面 A 对页面 B 是信任的，因而给页面 B 投了一票。反过来，页面 B 得到了页面 A 的投票。

搜索引擎可以根据网站内部页面间的链接关系统计出页面的得票数，从而计算出每个页面的内部链接权重。在网站内部投票中，页面得到的投票越多，其重要性就越大，内部链接权重也就越高。因此，在对网站进行优化时，应该让网站中相对重要的页面得到更多的内部导入链接。

由于在提高目标页面与关键字相关性方面，文本链接所起的作用最大，因此，在规划网站内部链接时，应该优先使用文本作为链接对象，且锚文本应该采用与目标页面主题相关的关键字。

2．内部链接数量

搜索引擎对每个页面的内部链接数量是有一定限制的，如果页面中的内部链接的数量超过限制，则搜索引擎就可能会忽略该页面，或者忽略该页面中超出限制的那部分链接所指向的目标页面。因此，我们在规划页面时要尽量把页面的内部链接数量控制在合理的范围。

例如：Google 就明确要求页面上的内部链接数要限制在 100 以内。如果某页面的内部链接数量超过 100，Google 就有可能会忽略该页面，或者忽略 100 以后的那部分链接指向的目标页面。如图 3-23 所示 Google 会。忽略该页面中“链接 101”及其后的链接指向的目标页面。

链接 1
链接 2
链接 3
……
链接 100
链接 101
……
链接 N

图 3-23　页面链接示意图

3．内部链接意义

由于网站所有者不但可以控制网站内部链接的对象，还能随意调整每个页面的导入、导出链接数量，从而控制内部页面的权重与相关性。相对于外部链接，搜索引擎对内部链接的重视程度较低，即内部链接在决定页面权重及相关性方面所起的作用较低。

3.4.3 外部链接的策略

外部链接是指本网站以外的链接，表达的是网站间的链接关系，反映了网站间的信任关系。与内部链接相反，外部链接具有不可操控性，即网站所有者不能通过正规的手段操控本站以外的页面的导入（导出）链接数、链接对象及链接目标。因此，网站所有者并不能操控页面的外部链接权重。

例如：网站 A 的所有者，控制不了网站 B 的页面上的导入（导出）链接数、链接对象及链接目标。

1. 外部投票机制

外部投票机制表达的是网站间页面的信任关系。例如：网站 A 的页面 A-1 上存在链接指向网站 B 的页面 B-1，则表明网站 A 对于网站 B 是信任的，从而投了它一票。

同样，搜索引擎可以根据网站间页面的链接关系统计出每个网站的每个页面得到的外部投票数，从而计算出页面的外部链接权重。在外部投票机制中，页面得到的投票越多，其重要性就越大，外部链接权重也就越高。而且，由于外部链接存在不可操控性，通过外部投票机制“推选”出来的页面，其重要性相对更高。

在提高目标页面相关性方面，我们也应该优先选择文本作为链接对象，且锚文本应使用与目标页面主题相关的关键字。此外，在选择外部链接时，还要考虑外部链接所在源页面的主题，即网站相关性的问题。

外部链接关系中，如果链接双方页面的主题是相同或相近的，则该链接在提高目标页面相关性方面所起的作用是非常大的。

2. 外部链接数量

同样，如果忽略链接在源页面中的位置及存在时间，所有外部链接指向的目标页面也是以平均方式继承源页面的权重。因此，如果页面中存在过多的外部链接，不但会减少外部目标页面继承的权重，也会给网站内部页面带来致命的打击，甚至被搜索引擎视为垃圾链接页面。

例如，很多网站的友情链接页面，动辄就是几百个外部链接。对于这样的页面，搜索引擎会把它当做是垃圾链接页面。

一般情况下，页面的外部链接数在 100 以内是合法的。但综合考虑内、外部目标页面的权重继承等问题，在友情链接页面中，外部链接数量要控制在 40 以内；而其他重要页面的外部链接数量应该控制在 20 以内，如网站首页等。

3．外部链接意义

由于外部链接存在不可操控性，外部链接不管是在提高页面权重还是相关性方面所起的作用都远大于内部链接。

通过内部链接，搜索引擎可以发现网站中的新页面；而通过外部链接，搜索引擎几乎可以发现整个互联网。

3.4.4　增加外链的方法

链接，特别是外部链接，在决定页面权重及相关性方面起着至关重要的作用。因此，为了提高页面的权重及相关性，我们应该让网站中相对重要的页面得到更多高质量的外部链接，如网站的首页。

寻找高质量外部链接是一件十分艰巨的任务，耗时长（搜索引擎优化 80%以上的时间都是耗费在寻找高质量外部链接上）、工作过程乏味。接下来，将介绍几种可以有效增加高质量外部链接的方法和增加外链需注意的事项。

增加外链的方法：

（1）可以找朋友的网站帮你加上你的链接。如果你朋友愿意，单向链接是最好不过的了。

（2）在 Google 和百度查询网站的主题。比如你是做游戏网站的，那就在 Google 和百度查询游戏，看看排名第一页的网站的反向链接，然后联系这些排名前面百度的链接的网站跟你交换链接，或出钱跟他们做单向链接。

（3）查询排名好的大站，定期到他们站上发表一些原创文章。文章中巧妙地带上你网站的地址。

（4）去一些大型 blog，尤其是一些已经被搜索引擎收录的个人 blog 内容下面，给他们评论并加上你网站的链接，同时也注意查找相关你的网站主题内容的 blog 评论，不相关的外链只会变成劣质外链。

（5）如果有不错的技术，且网站全部是原创的话，把你的网站内容输出成 RSS，提交到 Google 和百度新闻中心。将会有上万 IP 引来您网站，也会被 N 多网站引用，因为好多网站都是引用 Google 和百度的 RSS 源，包括 IGoogle（Google 个性化主页）。当然，要记住一定要保证网站输出的 RSS 是原创内容，不然 Google 和百度不一定会青睐。

（6）网站提交给开放目录 DMOZ（dmoz.org），DMOZ 收录网站的时间较长，可能需要 1 个月甚至 1 年时间，但收录后效果非常明显。

（7）在百度知道等问答系统搜索你的网站的关键字，回答相关的问题并留下你的网站网址，注意一天不要回答太多，一般不要超过 5 个，不然 ID 会被封。

（8）如果你经常上论坛，可以把论坛的个性签名改成你的网站的关键字链接。

添加外链需注意事项如下：

（1）添加外链在短时间不是越多越好，最好每天一条就够了，多了只会让搜索引擎注意到你，最后会“开除”你的网站，所以坚持才是重点。

（2）跟别人交换友情链接时一定要用 site：对方网站网址，检查对方网站在 Google 和百度是否收录，如果未收录，请千万别加他的友情链接，可能这个站是被搜索引擎开除过的，加上他的链接会给你的网站带来同样负面的影响。

（3）交换友情链接时链接锚文字一定要用你的网站的关键字，链接锚文字就是指比如“金山打字通”中的金山打字通就是链接锚文字，这样作用才大，你在帮对方加友情链接时一定要用对方相关的链接锚文字。比如对方是做游戏网站的，他让你链接锚文字用化妆品，这样绝对不能接受，不然搜索引擎会认为你在作弊。

（4）一个页面上最多放 20 个友情链接，如果有更多的，做个更多友情链接页面做链接，包括对方给你做友情链接时，请不要做在链接超过 100 个的页面上，这样对你的 PR 值的提升没有作用。

（5）如果对方给你的友情链接页面放在 IFRAME 框架里，不要跟他交换友情链接，因为搜索根本抓不到 IFRAME 里的内容。

（6）如果对方网站给你做的友情链接目录下有 robots.txt，且有 Disallow，有友情链接的目录名，说明对方告诉蜘蛛不要去索引放在有友情链接的目录下的任何文件。不要跟对方交换友情链接，检查有没有 robots.txt，对方网址后加/robots.txt 就可看到，如果没有，就说明他没定义 robots.txt，那就没关系了。

（7）有很多站点都在做“链接页”像 links.htm、links.asp、links.cgo、等，如果搜索引擎看到这个，不仅可能把它记做一个内页链接，更有可能忽略不计，所以不要在这种页上交换友情链接。

（8）一定要定期检测网站的友情链接。

（9）外链的位置也是一个很重要的因素。你的链接最好放在对方网站的头区（主导航区），主区（内容正文内容里），尾区（友情链接、次导航版权及备案声明）。其中主区正文内效果最佳，其次主区，最后到尾区，大部分搜索引擎已经降低了友情链接对排名的影响，这里的反向链接也只能算是劣质链接。一个主区正文链接可以抵上百个尾区劣质链接，前面讲到要在内容关键字上加链接就是这个原因。

（10）做友情链接时一定要用文字链，不要用图片链接。因为图片链接搜索引擎抓对方网站时根本抓不到图片链接，对你一点用处都没有。

3.5 内容为王，外链为皇：网站优化营销方案

前面已经介绍过网站优化包含的工作内容，如果详细地介绍单独一本书都是介绍不完的，在这里重点介绍一下网页的外围优化，内部细节优化以及链接优化策略，读者的网站如果想做好 SEM 营销可以自己按如下介绍的内容对已经做好的网站做一下梳理。

3.5.1 网页外围优化

外围的优化主要是指基于 URl（链接）的优化，URL 是统一资源定位，即每个网页的网址、路径。网站文件的目录结构直接体现于 URL。清晰简短的目录结构和规范的命名不仅有利于用户体验和网址传播，更是搜索引擎友好的体现。

1．目录层次优化

小型网站一般只有一层子目录如 http://www.hbculture.com/dir/page.htm，其中 http://www.hbculture.com 是域名，dir 是一级目录名，page 是文件名。对搜索引擎而言，这种单一的目录结构最为理想，即扁平结构（Flat）。而对规模大的网站，需要二到三层子目录：http://www.hbculture.com/dir/dir1/dir2/page.htm 搜索引擎还是会去抓取二到三层子目录下的文件，但最好不要超过三层，如果超过四层，搜索引擎就很难去搜索它了。当然如果有以下的情况即使深入第四层甚至更深层次的页面，也同样能被搜索到：

（1）如果该页提供了重要内容，有大量来自其他网站的外部链接（Inbound Links）。

（2）如果在首页上增加一个该页的链接，可以通过首页直接到达，搜索还是可以轻易地找到它。

（3）如果有其他网站在顶级页面上链接了该页，其效果就好似你在自己的首页上做了该链接。此外，图形、脚本、CGI-BIN 和 CSS 样式表则各自建立专门的目录收入其中，一般不放在根目录下。

2．目录和文件命名优化

根据关键字无所不在的原则，可以在目录名称和文件名称中使用到关键

词。但如果是关键词组，则需要用分隔符分开。常用连字符“-”和下划线“_”进行分隔，URL 中还经常出现空格码“%20”。如果以“环博制造”做文件名，可能出现以下三种分隔形式：

made-in-huanbo.htm
made_in_ huanbo.htm
made%20in%20 huanbo.htm

但事实上，至少在目前 Google 并不认同“_”为分隔符。对 Google 来说，made-in-huanbo 和 made%20in%20 huanbo 都等于 made in huanbo，但 made_in_huanbo 就被读成了 madein huanbo，连在一起之后，关键词就失去了意义。因此，目录和文件名称如果有关键词组，要用连字符“-”而不是下划线“_”进行分隔。

URL 应该越短越好。有人为了单纯增加关键字而额外建多一个带有关键字的子目录，改变目录结构。由于 URL 中含有关键字本身对排名提高帮助并不大，因而这种做法多此一举，也是搜索引擎反感的。

3．绝对 URL 和相对 URL

绝对 URL 即网页路径使用包含顶级域名在内的完整的 URL。如：www.hbculture.com/page/index.html 是一个绝对路径，其中/page/index.html 则为相对路径，由浏览器自动在该链接前加上 http://www.hbculture.com/。总体上 Google 在排名时并不在意 URL 使用的是相对路径还是绝对路径。

动态 URL 目前很多网站都有数据库驱动生成的 URL，即动态 URL，往往表现为在 URL 中出现“?”“=”“%”，以及“&”“$”等字符。动态 URL 极不利于搜索引擎抓取网页，严重影响网站排名，通常是通过技术解决方案将动态 URL 转化成静态的 URL 形式，如：

将 http://www.hbculture.com/news.php?id=1&type=3

转化为 http://www.hbculture.com/news/1/3/

4．导航结构优化

一个好的网站导航是对引导用户访问网站的栏目、菜单、在线帮助、布局结构等形式的统称。其主要功能在于引导用户方便地访问网站内容，是评估网站专业度、可用度的重要指标。概括地讲，网站在导航方面应注意以下几点：

（1）主导航导向清晰。通常主导航为一级目录，通过它们，用户和蜘蛛程序都可以层层深入访问到网站所有重要内容。因此主栏目必须在网站首页第一屏的醒目位置体现，并最好采用文本链接的方式而不是使用图片链接。

（2）展开式导向路径。所谓“展开式导向”是比喻用户通过主导航到目标网页的访问过程中的路径提示，使用户了解所处网站中的位置而不至于迷失“方向”，并方便回到上级页面和起点。路径中的每个栏目最好添加链接。如下：

环博文化：首页>最新新闻>最新报道

即使没有详细的路径来源，也至少应该在每个子页面提示回首页的链接，包括页面的 Logo 作链接。

（3）重要内容要突出。除了主栏目，还应该将次级目录中的重要内容以链接的方式在首页或其他子页中多次呈现，以突出重点。搜索引擎会对这种一站内多次出现的链接给予充分重视，对网页级别（PageRank）提高有很大帮助，这也是每个网站首页的网页级别一般高于其他页面级别的重要因素，因为每个子页都对首页进行了链接。

（4）使用网站地图。网站地图是辅助导航的手段，最初是为用户设计，以方便用户快捷到达目标页。良好的网站地图设计常常以网站拓扑结构体现复杂的目录关系，具有静态、直观、扁平、简单的特点。多采用文本链接，不用或少用修饰性图片，以加快页面加载速度。以上特点符合搜索引擎友好的要求，因此网站地图在 SEO 中也有重要的意义。在网站地图中进行文本链接，可在一定程度上弥补蜘蛛程序无法识别图片和动态网页造成的不足。网站地图也要突出重点，尽量给出主干性内容及链接，而不是所有细枝末节。一页内不适宜放太多链接。

5．图像优化

正常情况下搜索引擎只识读文本内容，对图像是不可见的。同时，图像文件直接延缓页面加载时间，如果超过 20 秒网站还不能加载打开页面，用户和搜索引擎极有可能离开你的网站。因此，除非你的网站内容是图片为主，比如游戏站点或者图片至关重要，否则尽量避免使用大图片，更不要采用纯图像制作网页。网站图片优化的核心有两点：增加搜索引擎可见的文本描述，以及在保持图像质量的情况下尽量压缩图像的文件大小。

每个图像<IMG>标签中都有 Alt 属性，搜索引擎会读取该属性以了解图像的信息。因此，最好在所有插图的 Alt 属性中都有文字描述，并带上该页关键字在其中。文本说明，如图 3-24 所示的图像属性面板中“替换”后面的文本框输入的文本即为 Alt 属性。

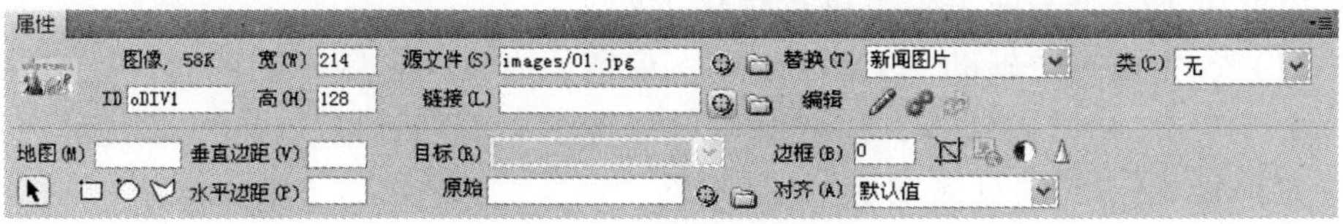

图 3-24　图片属性面板

除了 Alt 属性文字，还可以考虑以下方法直接优化图像，使之被搜索到：

（1）在图片上方或下方加上包含关键词的描述文本。

（2）在代码中增加一个包含关键词段的 heading 标题标签，然后在图片下方增加文字描述。

（3）在图片下方或旁边增加如“更多关键字”链接，包含关键词。

（4）创建一些既吸引用户又吸引搜索引擎的文本内页，先把流量吸引到这些页面，再提供文本链接指向你的图片页面。

（5）尽可能把图片处理成 GIF 网页交互模式，这样能把图片缩小。

总体上，网页应尽量减少装饰性图片以及大图片。而 Alt 属性中的文字对搜索引擎来说，其重要性比正文内容的文字要低。

6. Gif 和 JPGE 图像优化

Alt 属性和文本说明都只是对图像之外的文本环境进行优化，下面简单谈谈对图片本身的优化处理。对图片文件优化的目的是在尽量不影响图像画面效果的情况下，将其文件大小降到最低，以加快页面整体下载速度。

网页图片格式主要有 GIF 和 JPGE 两种形式。一般来讲，GIF 适用于线图和企业标志；JPEG 适宜照片元素的格式。主要通过减少 GIF 颜色数量、缩小图片尺寸和降低分辨率来缩小文件，也可以采用层叠样式表达到优化的目的。PhotoShop 的版本越高越适用于网络图形。此外，将大图片切割成若干小图片于不同的表格区间内进行拼接，也可以相对加快下载时间。

7. Flash 优化

目前很多企业网站为了追求页面的美观，通常都使用 Flash 作为网站的首页，有的甚至整站都是使用 Flash 开发而成的，如早期我们维护的某品牌 Flash 网站，图 3-25 所示。

图 3-25　Flash 网站

由于搜索引擎并不重视 Flash 文档，在对纯 Flash 页面进行优化时，我们可以从以下三个方面来着手进行优化工作。

（1）首先做一个辅助 HTML 版本。保留原有 Flash 版本的同时，还可以设计一个 HTML 格式的版本，这样既可以保持动态美观效果，也可以让搜索引擎通过 HTML 版本的网页来发现网站。

（2）其次将 Flash 内嵌 HTML 文件。还可以通过改变网页结构进行弥补，即不要将整个网页都设计成 Flash 动画，而是将 Flash 内容嵌入到 HTML 文件中，这样对于用户浏览并不会削弱视觉效果，搜索引擎也可以从 HTML 代码中发现一些必要的信息，尤其是进入内容页面的链接。即使首页全部动用了 Flash，也应该将进入内页的关键性按钮，链接置于 Flash 文件之外，以独立纯文本链接的方式呈现。

（3）最后进行付费登录搜索引擎。

如果 Flash 网站搜索结果排名效果不太理想，可以通过付费登录或做搜索引擎关键词广告，同样被用户搜索到。

企业网站在推广的时候应尽量少用 Flash，站点间进行广告交换时也要避免采用 Flash 广告。

8．程序优化

代码设置不妥不仅会延长网页加载时间，也严重影响蜘蛛程序对网页内容的抓取。通过对网页代码进行清减，去掉臃肿杂乱的代码，减小网页文件大小，能够加快网页加载速度，让蜘蛛快速索引到重要内容。正常情况下一个页面的文件大小在 15K 左右，最好不要超过 50K。网页减肥重点涉及以下要点。

（1）CSS 样式优化。网页制作应通过 CSS（层叠样式表单）来统一定制字体风格，以使代码标准化，避免大量的字体和格式化标签如<h1></h1>、<font size=12 color=#000000> </font>充斥页面。通过 CSS 可以控制任何 HTML 标签的风格。例如<td>，<p>，<body>，<table>，<tr>，<th>等。只要在 HTML 的<head>区内的<style type="text/css">和</style>之间指定对应标签的风格如字体，颜色，大小即可，例如图 3-26 所示的优化。

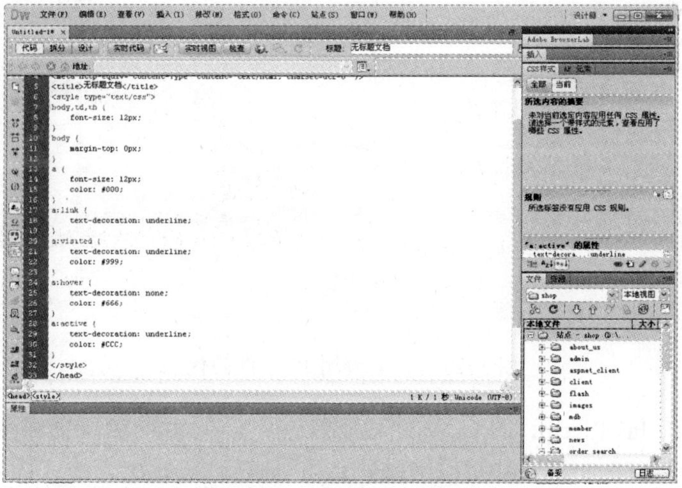

图 3-26　CSS 样式优化

仅通过以上设置，就把文字的字体、字号、颜色、背景色等统一起来，不用对每段文字单独进行格式定义，从而减少大量重复性标签。注意把所有 CSS 文件单独存放在命名为 CSS 的外部文件中。通过设置 CSS 样式，也可以提升导航文本的美观度，达到与图片导航同样优美观的效果，这点尤其提醒网页设计师注意，没有必要将导航条用图片呈现。

（2）JavaScript 等嵌入脚本优化。正常情况下，网页尽量以<Html>作为代码的开始端。但采用 JavaScript 技术的网页往往在页面一开始就堆积大量 Java 代码，以至 META 及关键字迟迟不能出现，被推至页面底部，对搜索引擎很不友好。有两种方法可以使之得以改善：

1）将脚本移至页面底部。大部分的 Java 代码都可以移到页面结束标签之上，而不影响网站功能。这样一开始就能突出关键词，并加快页面加载时间。

2）将 Java 脚本置入一个.js 扩展名的文件。

如图 3-27 所示实例中首页调用 JS 文件的代码。

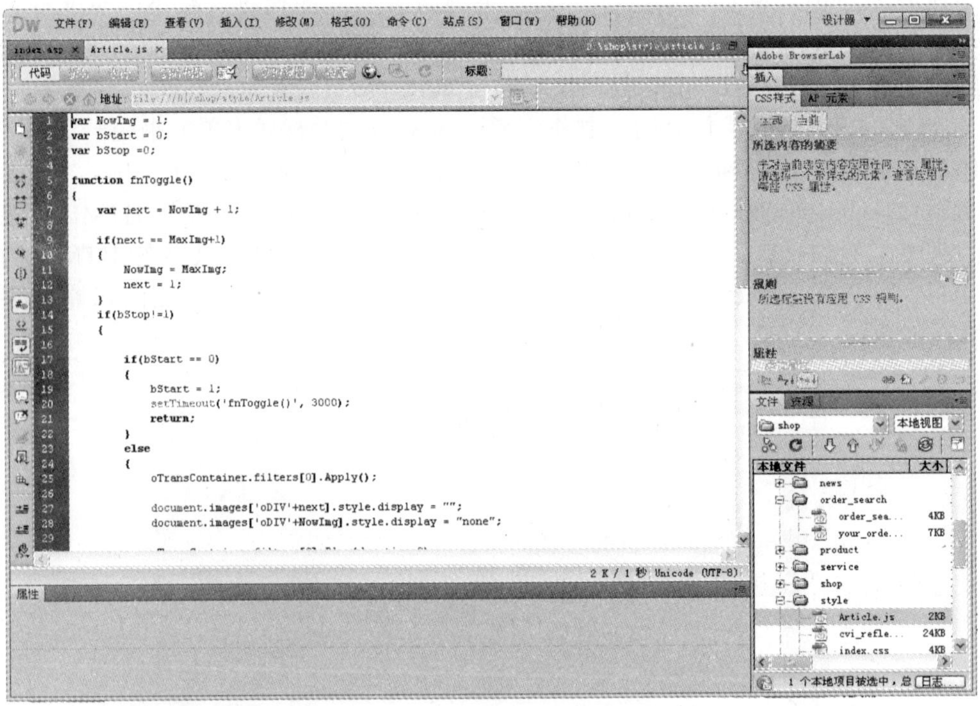

图 3-27　首页调用 JS 文件的代码

包含你的 JavaScript 的.js 文件通常在网站访问者的浏览器中被缓存下来，使得下次访问速度加快，也使得网站修改和维护起来更加方便（图 3-28）。

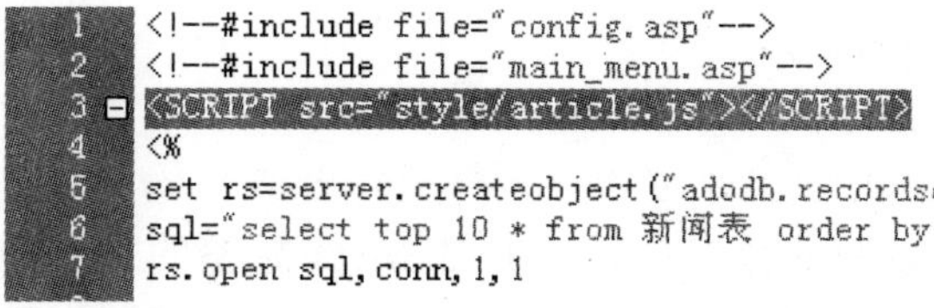

图 3-28　首页嵌入的代码

例：

一段 Java 代码正常情况下显示如下：

```
<script language=JavaScript>
<!--
```

此处是 JavaScript 代码，拷贝到一个.js 文件

```
//-->
</script>
```

忽略开始及结束标签，将中间的代码单独保存为扩展名为.js 的文件，如文件名为“mycode.js”的一个文件，然后将此文件上传到服务器上与该页同样的目录下。最后将上文列举的完整的 JavaScript 置换为简单的一行：<script language=JavaScript src=mycode.js></script>，一个“mycode.js”文件就将大段冗长复杂的 Java 代码置换。

3.5.2　内部细节优化

对搜索引擎最友好的网页是静态网页，但大部分内容丰富或互动型网站都不可避免采用相关技术语言来实现内容管理和交互功能。SEO 所强调的技术支持，主要是对特定代码的优化和对动态网页进行静态处理的措施。

1．Title 和 Meta 标签优化

以.html 或.htm 为扩展名的 HTML 文档称为静态网页。Meta 称为元标志，用于网页的<head>与</head>中。Meta 标签的用处很多，目前几乎所有的搜索引擎机器人都通过自动查找 Meta 值来给网页分类，是借此判断网页内容的基础。其中最重要的是 description（网站描述）和 keywords（网站关键词）。另外一个基本的属性是 Title 标签，提示搜索引擎关于本页的主题。Meta 和 Title 的形式在 HTML 语言中体现为：

```
<head>
<title>title 标题</title>
<meta name="keywords" >
```

```
<meta name="description" >
......
</head>
```

尽管 Meta 本身不足以解决排名问题，但对 Meta 标签的书写仍然是搜索引擎优化的基础工作。清晰准确的 Meta 文字与正文内容的关键词相呼应，是排名加分的重要条件之一。

标题（Title）：

网页优化可以说是从 Title 开始的。在搜索结果中，每个抓取内容的第一行显示的文字就是该页的 Title，同样在浏览器中打开一个页面，地址栏上方显示的也是该页的 Title。因此，Title 可谓是一个页面的核心，在优化的时候充分考虑到 Title 的优化功能，写成动态的效果，直接通过修改网站的品牌名称，即可以随之进行变化，如图 3-29 所示的标题动态程序。

```
<html>
<head>
<title><%= rs_logo("网名")%></title>
<meta http-equiv="Content-Type" content="text/html; charset=gb2312">
<link href="style/index.css" rel="stylesheet" type="text/css">
<script language="JavaScript" type="text/JavaScript">
```

图 3-29　优化后的标题动态程序

对 Title 的书写要注意以下问题：

（1）Title 内容应简短精练，高度概括，含有关键词，而不是只有一个公司名。但关键词不宜过多，不要超过三个词组。企业网站的 Title 通常以公司名+关键词为内容。

（2）前几个词对搜索引擎最重要，因此关键词位置尽量靠前。

（3）最好将 Title 组织成符合语法结构和阅读习惯的短句或短语，避免无意义的词组罗列式。

关键词（Keywords）：

Keywords 提示搜索引擎：本网站内容围绕这些词汇展开。因此 Keywords 书写的关键是每个词都能在内容中找到相应的匹配才有利于排名。Meta 中的关键词书写技巧见前文的“关键字策略”。

描述（Description）：

描述部分用简短的句子告诉搜索引擎和访问者关于本网页的主要内容。用该网站的核心关键词搜索后得到的搜索结果中，描述往往显示为标题后的几行描述文字。Description 一般被认为重要性在 Title 和 Keywords 之后。描述的书写要注意以下问题：

（1）描述中出现关键词，确保与正文内容相关。

（2）遵循简短原则，字符数含空格在内不要超过 200 个字符。

2．动态网页优化

动态网站是指网站内容的更新和维护是通过一个带有数据库后台的软件，即内容管理系统（CMS）完成。一般采用 ASP、PHP、Cold Fusion、CGI 等程序动态生成页面。动态页面在网络空间中实际并不存在，它们的大部分内容通常来自于网站相连的数据库，只有接到用户的请求，在变量区中输入一个值以后才会生成。动态网页扩展名显示为.asp、.php、cfm 或.cgi，而不是静态网页的.html 或者.htm。其 URL 中通常出现"?""=""%"，以及"&""$"等符号。网站使用动态技术的好处，除了增加网站交互功能，还具有容易维护和更新的优点，因此为许多大中型网站采用。但大多数搜索引擎的蜘蛛程序都无法解读符号"?"后的字符。这就意味着动态网页很难被搜索引擎检索到，因而被用户找到的机会也大为降低。因此，建设网站之前首先要端正思想，即能够采用静态表现的网页尽量不要用动态实现，重要的网页用静态表现。同时使用技术将动态网页转化成静态网页形式，使 URL 中不再包含"?""="等类似的符号。也可以通过对网站进行一些改动，间接增加动态网页的搜索引擎可见度。

针对不同程序开发的动态网页有着相应的解决方案。

（1）CGI/Perl 技术。如果你在网站中使用的是 CGI 或者 Perl，可用一个脚本拾取环境变量前的所有字符，再将 URL 中剩余的字符赋值给一个变量。这样，你就可以在 URL 中使用该变量了。

不过，对于那些内置了部分 SSI（Server-Side Include：服务器端嵌入）内容的网页，主要的搜索引擎都能够提供索引支持。那些以.shtml 为后缀名的网页也被解析成 SSI 文件，相当于通常的.html 文件。但如果这些网页在其 URL 中使用的是 cgi-bin 路径，则仍有可能不被搜索引擎索引。

（2）ASP 技术。ASP（Active Server Pages: Web 服务器端动态网页开发技术）被用于基于微软的网络服务器中。使用 ASP 开发的网页，一般后缀名为.asp。只要避免在 URL 中使用符号"?"，大多数搜索引擎都能够支持用 ASP 开发的动态网页。

（3）Cold Fusion 技术。使用 Cold Fusion 就需要在服务器端重新对其进行配置，使其能够将一个环境变量中的符号"?"用符号"/"代替，并将替换后的数值传给 URL。这样一来，最后到达浏览器端的就是一个静态的 URL 页。当搜索引擎对该转换后的文件进行检索时，它不会遭遇"?"，因而可继续对整个动态页的索引，从而使你的动态网页对搜索引擎仍然具有可读性。

（4）Apache 服务器。Apache 是最流行的 HTTP 服务器软件之一。它有一个叫做 mod_rewrite 的重写模块，即 URL 重写转向功能。该模块能够使你将包含环境变量的 URL 转换为能够为搜索引擎支持的 URL 类型。对于那些发布后无需多少更新的网页内容如新闻，可采用该重写转向功能。

可以通过对网站做一些修改，尽可能增加动态网页的搜索引擎可见度。如将动态网页编入静态主页或网站地图的一个链接中，以静态目录的方式呈现该动页面。或者为动态页面建立一个专门的静态入口页面，链接到动态页面，然后将静态入口页面递交给搜索引擎。

将一些重要的、内容相对固定的页面制作为静态网页，如包含有丰富关键词的网站介绍、用户帮助，以及含有重要页面链接的网站地图等。网站首页尽量全部采用静态形式，并将重要动态内容以文本链接方式全部呈现，虽然增加了维护工作量，但从 SEO 的角度看是值得的。

3.5.3 站内链接优化策略

其实站内链接优化这样的文章在网上很多，而且大体都相同，因为我们做网站优化 SEO 的主要是去迎合搜索引擎的习惯来进行优化的，所以对于站内链接这块可控的因素，大体上做得都差不多，这里总结经验如下：

1. 给网站建立地图

这里主要介绍下建立地图的思路，其实地图的作用主要是提高搜索引擎工作效率，让网站的每个页面都呈现在搜索引擎面前，这样抓取的几率也大，对于网站地图大概格式有 HTML、XML、TXT 等，建议做 HTML 格式的更符合如百度这样的大搜索引擎的一些习惯。

2. 导航优化

导航做的时候要注意尽可能别用 Flash、图片、JS 等，因为这些目前搜索引擎是抓取不到的，不过如果非要用图片做的话可以加入<alt>标签，导航其实可以分为很多种，主导航、副导航（除了主导航外的其他导航统一为副的）、路径导航等，如图 3-30 所示。

图 3-30 主导航和路径导航

图 3-30 展示的虽然只是一个 TAG，但因为除主导航外的都可以叫副导

航，所以这里也可以称为副导航，只要具备导航的功能就可以。

3．站内锚文本

即包含超链接的文字，锚文本可以传递权重，提高用户体验。

4．相关文章

比如上一篇、下一篇或者相关文章亦或者最近发表等，这里其实也是增加了用户体验和曝光率，提高抓取率。

5．点击次数

这个意思就是网站最底层的文章从首页点进来的点击次数，最好不要超过 3 次，一般的 3 次就是非常好的了，对于大型网站肯定超过 3 次，这里主要针对一般的网站，所以网站在正式推出之前就需要在结构上面设计好，免得后期进行改动。

6．权重合理分配

一般的来说我们是给首页赋予最高的权重，栏目次之，最后是内容页，很多网站只是给了首页外链或者内链，而内容页或者栏目页根本不管它，这样是一个很大的误区，其实都要兼顾，这样网站才能良性发展。

7．其他

站内链接需要注意的东西还有很多，可以多去一些大型网站、做了整体 SEO 的知名网站、一些排名好的网站，去观察这个网站的站内链接是如何做的，善于观察和发现才是我们前进的好兆头。

第 4 章　引导时尚，博眼看天下：博客和微博营销

2005～2007 年是博客最为鼎盛流行的时期，当时的 “读博客抢博洛尼沙发”是经典案例：2007 年 6 月 13 日，标题为“读蔡明博客，抢总价值 40 万元博洛尼真沙发”的消息出现在新浪网首页，这条消息在网络上不胫而走，仅用了不到一个月时间，蔡明博客的点击量就猛增到了 100 万之多，许多原本对博洛尼一无所知的人，也通过这个活动记住了博洛尼。

正所谓“引导时尚，博眼看天下”，在企业营销推广考虑博客和微博的时候，笔者建议两个都建立，核心是做好博文的营销。本章主要学习如下的知识点：

- 掌握博客营销的基础知识
- 掌握微博营销的基础知识
- 如何打造高质量的博客
- 推广企业博客的方法
- 全程实例 JadeWen 品牌博客和微博策划与操作

4.1 全面诠释博文营销

博客在 2002 年被引入到我国，在随后的几年时间里便出现爆发式的增长。据 CNNIC 的统计，在中国几亿网民中，拥有博客和微博的网民比例达到一半以上。在用户规模增长的同时，活跃度有所提高。博客数量的增长带来了用户聚集的规模效应。博客频道在各类网站中成为标准配置。博客的使用量和更新率远远高于 BBS 和其他类型社区网络。如此庞大的使用人群再加上博客自身巨大的商业价值使得敏感的营销人士发现了一种新的营销形式——博客（微博）营销。

4.1.1 博客和微博知多少

博客（Blog）兴起于上世纪末的美国，作为一种新兴的网络媒体存在形式，在互联网飞速发展，各种网络媒体服务层出不穷的今天，博客的出现正好符合互联网自主化，个人化的发展趋势。如今博客在全球范围内已经成为热门

词汇之一，不仅博客的数量快速增长，浏览博客网站内容的互联网用户数量也在急剧增加。企业博客和博客营销的概念及其应用在全球范围内开始兴起，成为网络营销的一个崭新领域。

目前博客营销的概念并没有一个统一严格的定义。“博客”一词是从英文单词 Blog 音译而来的，它是一种公开的网络日记，在博客上人们基本上可以不受限制地发表个人的思想和观点，也可以看到别人发布的各种信息，因此博客实际上是一种在互联网上进行思想交流与信息共享的平台。一般来说，博客营销就是指企业利用博客这种网络媒体平台进行营销，本文如未特别说明都是指后者。

时下微博这个概念也非常的火，微博即微博客（MicroBlog）的简称，是一个基于用户关系的信息分享、传播以及获取平台，用户可以通过 WEB、WAP 以及各种客户端组件个人社区，以 140 字左右的文字更新信息，并实现即时分享。可以这么说博客和微博的主要区别就在于发布文章内容的多少，显然个人宣传适用于微博，企业适用于博客，因为个人的信息量相对有限，而企业的文化内容通常都是包含大量的图片和文字的，微博营销可以说是博客营销的一小分支，做好博客营销再做好微博营销就易如反掌了。

博客营销的基本要素是口碑营销，大部分人对口碑营销（Word of Mouth Marketing）的观念都不会感到陌生。口碑，随着客户的满意度会慢慢地在市场中传开来。做过企业的人都知道，产品营销比产品设计或制造难多了。在美国如果花一块钱生产，有可能须要 2～7 块钱来营销你的产品。就目前的网络环境而言，博客并不适合用来做短线营销，至少效果不会比传统的“官方网站”好多少。原因很简单，博客营销的重点在于透过标题列表输出（RSS）、响应（Comment）、引用（Trackback）三项基本技术，让网友自愿为营销者建立网络，以吸引大量的网友并且获得这些网友的认同，进而达成营销的效果。即使营销者使用博客媒体，但如果没有使用这些技术来进行串联，也没有足够的时间让目标顾客之间建立认同关系，则充其量只能叫做“公告栏”网页。

所谓串联，就是许多博客在同一时段以同一主题写作文章，或是张贴通往同一网站的贴纸。串联是免费广告的最高境界，能让许多博客主人心甘情愿花自己的时间，在自己的网站上免费张贴你的广告贴纸，将顾客带到营销网站上，这是一件非常不容易的事情。

目前在国内网络上的最成功的博客营销串联案例，多半出现在非营利活动上。例如：南方雪灾、汶川灾难救援、网络个案救助等。

虽说这些不算是商业营销，不过如果稍加研究一下，应该可以看出网络营销的特色。如果想了解博客的优势所在，就要掌握营销的特性，并且要用心经营，长期坚持，这样不管是企业还是个人都可以创造出庞大的商机。

4.1.2 博客的优势和模式

作为一种新的媒体现象，博客的影响力正在逐步超越传统媒体；作为专业领域的知识传播模式，博客将成为该领域最具影响力的模式之一；作为一种社会交流工具，博客将超越 E-mail、BBS、OICQ，成为人们之间更重要的沟通和交流方式。随着中国网络应用的发展，博客营销将逐渐进入崛起期，将有更多人了解博客，使用博客。企业正在使用博客来进行对内、对外交流沟通，达到增进客户关系，改善商业活动的效果。所以博客的优势是显而易见的。

（1）首先，博客的低成本运作符合企业开源节流的目标。目前国内外的博客绝大部分都是免费服务的，如 sina 博客、blogcn.com、yourblog.org 等都是免费提供服务的，包括提供域名、空间等。所需的只是维护的人力成本。

（2）博客的操作简单，无需专业的网络知识，按照提示和帮助就能进行操作。

（3）增加企业信息流通和品牌传达。目前搜索引擎都对博客内容有良好的收录和检索能力，利用博客可以有效地增加企业信息传播量和机会。

（4）通过博客的专业内容，可以提升企业的美誉度和专业形象。

（5）增强企业知识积累，提升企业品牌形象。通过源源不断的内容的添加，会积累大量专业文章和内容，极大地提升企业知识累积和专业研究，从而从某种途径上避免被竞争者超越。众所周知，建立权威门户网站可以吸引大量的特定访问群，但成本非常高，而且没有专业的网络传播专家进行指导，企业要实现该目标很困难。但博客具有某些门户网站的特征，如它也是具备自动增长的内容管理系统，可以方便地添加和收集内容。

显然，如果不开设博客，就会失去原本可能获得的顾客和既有顾客，失去能发挥的影响力，也失去可以重新给公司定位的顾客关系。博客有一个优点：不管你是否实际拥有一个博客，它都会对你的事业有帮助。即使在别人的博客上，你还是可以倾听顾客的意见，参与交流。显然，拥有自己的博客可以获得更多的好处。例如：顾客可以直接与你沟通，你可以在自己的博客上营造优质客户体验，让博客上的发言与公司产生关联。每个企业都有自己的选择：可以选择忽视博客，也可以积极投入其中。博客不会像一般网站那样容易消逝，过不了多久，顾客就会认为每家公司都拥有博客是很自然的。企业若不参与并投入其中，就只能被顾客忽略，同市场脱节。

随着博客频道的发展，一些名人名嘴等的博客的点击率远远地超出了人们的想象，甚至达到一个月点击率突破百万，更是远远超出了一些期刊平面媒体的关注率，这从一个侧面显示出了互联网这一新型媒体的优势。

在互联网行业点率就意味着注意力经济的广告市场空间。因此，借助博客的营销行为也由此而产生。博客种类非常多，所以方法也不尽相同。但是博客营销的基本模式只有两种模式：

一是借助博客内容提升自身博客页面的广告关注率并赢得广告利润，而且现在也有网站为吸引并留住高点击率的大腕级博客，也和点这些博客的网民在博客网页面广告上达成某种共识。

二是把博客本身作为传播的产品。如一些为提升知名度的网民以及企业为其品牌在一些知名度大的门户网站如新浪、搜狐、雅虎等，开辟博客专栏等，通过内容的不断更新以达到点击率所带来关注度的提升。

从操作方式来看，借助博客营销主要有三种基本方式：

（1）利用第三方博客平台的博客文章发布功能开展的网络营销活动。

（2）企业网站自建博客频道，鼓励公司内部有写作能力的人员发布博客文章以吸引更多的潜在用户。

（3）有能力运营维护独立博客网站的个人，可以通过个人博客网站及其推广，达到博客营销的目的。

其中利用第三方博客平台的博客营销可以归纳为五个基本步骤：

（1）找到符合你们公司的企业博客并建立企业博客。

（2）制定博客营销计划。

（3）坚持博客写作，不断更新博文。

（4）综合利用博客资源与其他营销资源。

（5）对博客营销的效果进行评估。

这里所列出的博客营销操作步骤主要是按照博客从建立到操作的基本步骤来总结，企业在定制自己博客并进行营销时完全可以按自己的思路来定制。

4.1.3 微博的优势和原则

微博和博客有相同的用户订阅模式，这决定了微博营销和博客营销具有很大的相似性。其主要的不同是：

（1）微博的短小精悍降低了用户表达的门槛，用户更加愿意创造内容，更加愿意参与评论和转发。

（2）某条帖子的评论同样可以被转发。

这两点使得微博比博客更有利于增加人际互动，同时也扩大了信息的传播面，加快了信息的传播速度，大幅度降低了交互沟通的时间成本。

包括微博在内的 SNS 产品，让互联网更加同构于现实社会，网络上的交流互动更加类似于现实中的人与人之间的交流互动，网络上的信息传播模式更加类同现实中的人际传播模式——在现实人际交往中，可以不接触某个人不听他的说话，或者可以评论转述某个人的话给其他人，在微博上你也可以低成本的做到这些。因此，微博营销更接近于现实中的人际传播而与电视、广播、网络门户新闻、BBS 分道扬镳。因而，微博营销所遵循的原则、“规律”也与现实中的人际传播有很大的类似。

传统行业的市场销售人员常说：“做生意就是交朋友。”这句话放到微博营销中同样有效，甚至可以称为微博营销。道理很简单：人际传播的过程就是交朋友的过程，你的朋友越多，你作为信息源发出的信息传播就越广，越有效。任何在现实中多交朋友，交好朋友的“秘诀”：真诚守信，开朗，具有幽默感，多分享快乐少诉苦，容忍朋友的缺点和错误，有鲜明的价值观，有个性魅力……等都可以用在微博上（图 4-1）。

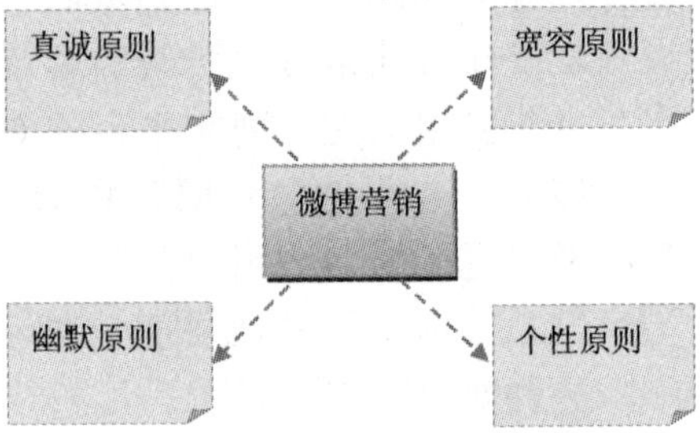

图 4-1　微博营销的原则

无论是公司名义的账户还是个人账户，在微博上的所有行为都塑造着这个公司的品牌形象，塑造着你这个人的形象，从这个意义上讲，一个微博账号不仅是一个冷冰冰的账号而已，它就是你的公司，你这个人。

1. 真诚原则

真诚不仅是微博营销的基本原则，其实也是做任何事，做任何互动交流的基本原则。一提到营销，人们往往想到夸张、虚饰、忽悠、不择手段。但是，虚假可能获得一时的小利，却不能获得人们长期信任，你可以忽悠一个月，两个月，但是你不能忽悠一年，两年，五年。微博营销绝对是一个以年计算的长期行为。微博上的交朋友和现实中交朋友一样，好的声誉就是财富。而积累良好的声誉需要时间，而没有真诚的互动就不可能有良好的声誉。

与电视、门户网站的传统广告相比，受众的负面情绪在微博上更容易得到表达和传播。所以真诚原则在微博营销上需要比其他传统营销有更高的要求。微博营销的从业人员首先要消灭传统营销中普遍存在的侥幸、忽悠的职业习性，以真诚的态度对待听众。

2. 幽默原则

在现实中，我们可以发现，人们更愿意和乐观开朗的人交朋友。微博上的互动交往也不例外。除了“嫉妒”你的乐观开朗外，没有人会讨厌你的幽默感，没有人会讨厌你与他分享快乐。

幽默原则要求微博营销从业人员本身的性格是乐观开朗的，他（她）应该有足够的热情与“陌生人”交往，与“陌生人”分享自己的快乐和生活体验。在国内的新浪微博、腾讯微博上，幽默的段子、恶搞的图片、滑稽的视频总是获得大众的青睐——男女老少皆宜。适度地与你的朋友分享这些好玩的东西有百利而无一害。

3．宽容原则

宽容意味着大气和绅士风度，而苛刻意味着小气和“独裁”，没有多少人会喜欢苛刻性格的人。当然，宽容不意味着没有价值观，不意味着凡事做“和事佬”，相反，宽容应该有鲜明的价值观，并且坚持这种价值观，不随波逐流，左右摇摆。摇摆、随波逐流与真诚原则相抵触，势必对品牌形象带来严重的损害。

但是要记住微博营销的目的，如果做的是纯粹商业上的营销，就要尽量避免涉及与商业无关的价值观争论。当然，微博营销同样可以涉及政治营销，如奥巴马总统选举的微博动员，又如许多媒体的微博价值观营销。

宽容原则要求微博营销从业人员在微博上广交朋友，无论朋友的政治取向、道德观、性格特征是否与自己一致。在话题选择上，应尽量避免涉及政治、族群关系、女权主义等敏感话题。

4．个性原则

在微博上做推广的企业和个人很多，微博营销因此也竞争激烈，千篇一律的营销手段将使得受众产生审美疲劳，只有那些具有个性魅力的微博账号（其实是账号后面的微博营销者）才能脱颖而出。如同现实生活中一样，个人“品牌”最有价值的核心部分是个性魅力。个性包括许多元素，前文所说的乐观、幽默、宽容都是个性魅力的维度，除此之外，敢作敢为、坦率、有爱心、执著、好奇心、创造性、智慧、善解人意等都是个性魅力的具体维度。我们不可能要求微博营销从业人员都具有这些魅力元素，事实上这是不可能的。一个总的原则是：选择与你的企业品牌形象相符的微博营销人员。如果企业品牌形象是创造力强，那你的微博营销人员最好就是那些极具创新思维的人；如果你的企业品牌是体贴呵护（如女性用品企业），那么就应选择那些善解人意的人来做微博营销。

微博营销本质上是人际营销，现实中交朋友的原则都可以用在微博营销上，上面所说只是几个通用的重要原则，不同的企业应该有不同的侧重点，灵活取舍。

4.2　打造高质量的博文

写博客的文章首先要有一个明确的博客战略与方针，要尽情表现自我，真诚和开放，同时还要有幽默感，要注意千万别把博客当广告，它绝对不是广告。务必要认真地听取反馈意见，并对合理意见予以答复，无论是内部的还是外部的。当然，最重要的是，博文一定要自己写，真实性头等重要，并要坚持更新，不断给网友们新知识，使他们觉得看你的博文有价值。

4.2.1 优质的博文阵地

企业的一些朋友经常问我的在哪里创建博客？创建博客后博文应该怎么写？博客的栏目应该怎么分类？博客应该怎么推广？等问题。我想说的是建立一个独立博客非常的容易，但是想建立一个高质量的独立博客却不是那么容易的，独立博客万万千千，真正做成功的比较少，但是如果注意一下如下几方面，你的博客就可以向成功的优质博客走进一大步。

1. 博客安家的选择

这是创建博客的第一步，很多人都会考虑我在哪里创建博客最合适呢？其实我们可以反过来思考，创建博客当然是希望关注度大，会员量基数大的大型网站，因为创建了独立博客以后不管是通过关键词搜索还是博客本身的会员量通过一定手段的推广都是可以直接转化成自己博客的最有效访问，有这个思路基础就变得很简单了，只要我们通过百度搜索关键词“博客”就可以一目了然，如图 4-2 所示。

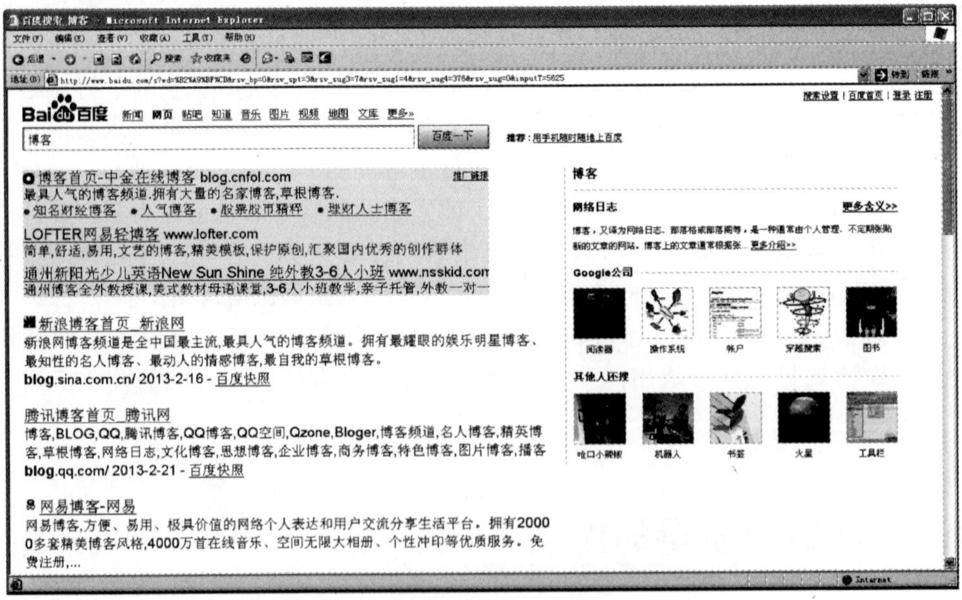

图 4-2　搜索“博客”的结果

一般人们会选择在“新浪”“腾讯”“网易”三大网站上建立自己的博客，如果有精力的话，还可以在其他一些知名的博客网站上创建自己的博客。创建的方法非常简单和在一个普通网站注册一个会员的操作流程基本差不多，这里就不做具体的介绍，新浪开通新博客的页面如图 4-3 所示。

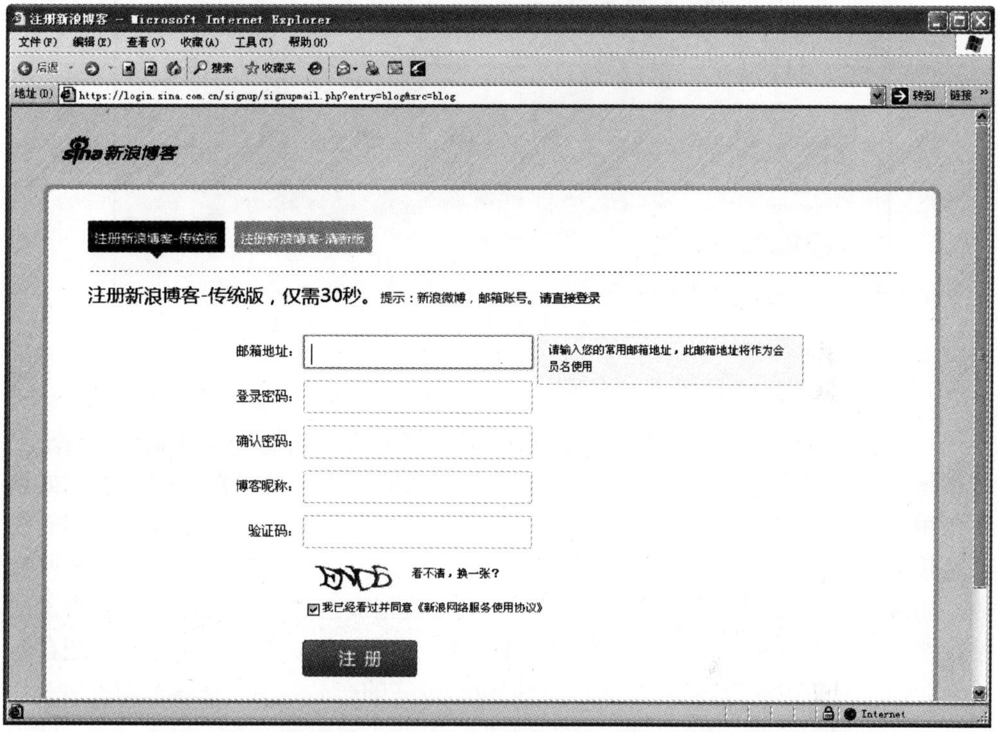

图 4-3　新浪博客注册页面

2．突出的博客主题

博客创建后都要有自己的定位，不管是想宣传个人的博客，还是专注于某个行业的企业博客，主题一定要突出，不然访客来到你的博客看了半天不知道博客主是做什么的，那么创建博客就失去了它的意义。因此创建博客时你的博客是干什么的，能给访客带来什么？这些都是必须要考虑的，如春节期间新浪网站推出的“南方多地遭遇大雪天气”博客专题，很多博主就关注这样的主题发表自己的看法和自己所在区域的一些照片，这样就直接给自己的博客带来流量，如图 4-4 所示。独立博客只要在行业内作出一点成绩，不管是个人品牌推广还是人脉交流方面都是有好处的。

图 4-4　发表热点主题博文

3．好记显眼的博客域名和名字

博客的域名和名字在创建博客的时候也非常重要，其他博友可能有些需求会直接搜索关键字来找到关注的博客。这里要注意的一点就是“博客昵称”比如博客是用于宣传明星或者有一定知名度的人都最好用自己的名字，这样方便你的粉丝直接能通过搜索你的名字能搜索到你的博客，如笔者一直致力于 IT 互联网行业，出版过一些专著也有大量读者粉丝，因此就直接把“博客名称”命名为“网络营销”，“个人昵称”以自己的真实名字命名，如图 4-5 所示。企业可以把自己的企业名字直接用在博客名上，也可以把核心推广的产品名用于博客名。

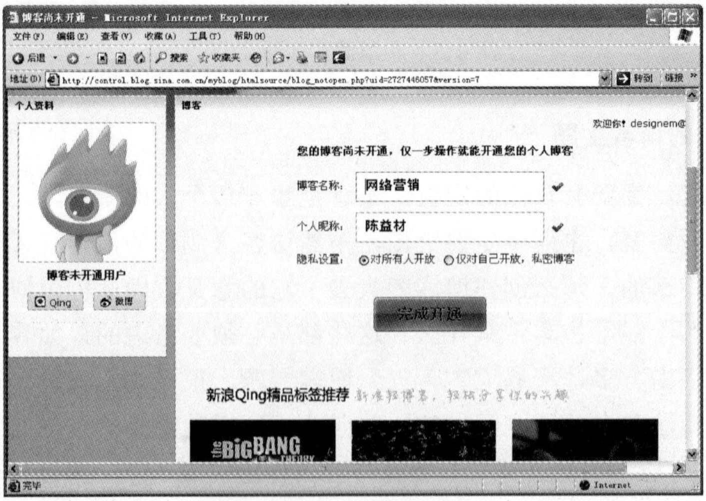

图 4-5　命名博客名称

4．高质量的原创内容

互联网上的信息量可以用海量来形容，需要找什么信息，往往搜索一下，就能找到自己所需要的东西，但找到的一些东西往往并不是完整的，又得重新去找，所以对于开博客的人而言就需要花精力去创作高质量的原创文章，好的文章才能吸引访客的留意，人家下次才愿意来，只有帮助了别人才能帮助自己。博客的文章不像写一本书那么严谨，往往在文章中加点特别生动有趣，有个性的词语，会让看文章的人感觉特别有意思，比如“坑爹”“亲”等时尚好玩的互联网用词。

5．坚持不断发表新文章

坚持不断地发表新文章是一个非常重要的因素，想一步登天是不可能的，从无到有也是有一个过程的，而目标群体也是需要来聚合的，不可能全国所有的人都知道你，而需要长期积累用户，只有不断积累，不断努力，博客才能给别人带来更多的有用的东西，人家才愿意长期驻扎下来，并让其他的博友都来捧场。

6．要有规律地更新文章

文章的更新频率也很重要，每天更新的话可能会有感官疲劳，而且说实话，每天都写原创的一些高质量文章，真的也分享不了多久就弹尽粮绝了，而两天或者三天一篇文章更新，刚好满足需求，这样能给博客带来忠实的访客。自己要有规律，访客才会有规律地来我们这里。

7．建立良好的口碑

这一点简单地说就是要树立服务意识，不要认为博客文章发表后就了事，如果写的一篇文章有指导性，很多博友是会与你互动的，留言也好或者是直接电话联系你也好，你要不厌其烦地做好解说工作，能帮到别人，别人就会感恩于你。俗话说金窝银窝不如自己的狗窝，金奖银奖不如用户的夸奖，金杯银杯不如用户的口碑，有了好口碑还怕没人知道你的博客。

营销指导：

与业内人士进行切磋与交流，是博客文章选题和写作的较好方法。另外，关注外部资源，某一领域个人观点的连续反映、用另一种方式展现企业新闻和公关、产品知识、用户关心的问题、公司文化传播等都可以成为企业博客文章的内容题材。博客文章的形式可以不拘形式，也无需长篇大论。对于博客文章，不必担心自己的观点不成熟、结论不严谨，即使是不成熟的想法也可以提前释放。对个人博客专栏维护主要包括下列方面：经常更新自己的博客专栏，尽可能发表有专业水准的个人原创文章；经常关注读者评论，与读者进行必要的交流；及时处理可能会对博客运营造成危害的评论等。

4.2.2 企业博文的撰写

如果说个人的博客可以随意写一些博文，但企业网站建立博客时要注意分寸，因为它代表的是一个企业的形象问题，企业博客营销理念有必要与企业网站内容策略相结合。一般来说，企业网站的内容是相对严肃的企业简介和产品信息介绍等，而博客文章内容题材和形式多样，因而更容易受到用户的欢迎。这里对企业的博客在撰写时要注意的问题做如下的指导：

1．避免商业味太浓

鉴于博客的性质，如果企业博客上发布的是企业供求信息这类内容，读者不但不会去阅读反而会非常的反感，因此发布信息最佳的方案就是发布企业的基础信息和企业文化，优先考虑发布产品相关的软文，具有一定的指导性消费。

2．避免博文没有内容

博客如果没有太多内容，东抄西拼，这样的博客根本就不会有价值，不太会吸引访问者，甚至会严重影响企业品牌和形象。正确的做法应该是进行精心的编辑，将优秀的内容、行业新闻信息、行业发展动态、行业最新研究动向、企业研究课题成果等同行关心的内容进行分类和组合，使企业博客成为一个优秀的信息平台。这样就会不断吸引同行或想了解相关信息的人来访问，并不断扩大影响力，从而达到传播的效果。

3．避免将博客当成排名手段

有很多企业博客基本没有什么内容，但放了大量的热点键接标题，加上无意义的链接，想以此达到提高排名的效果，这样太功利的做法从长远看，也是没有太大意义的，甚至会带来很大的危害。

4．认为博客可以免费推广

企业如果在这方面开展得比较成功，可以考虑使用独立服务器，建立自己的博客系统，向员工、客户和其他外来者开放申请。众所周知，免费的服务，服务方是不承担任何责任的，所以服务也是没有保障的，如果中断服务，企业通过博客积累的大量资源将可能毁于一旦。如果使用自己的系统，则可专人管理，定时备份，可保障网站的稳定性和可靠性。而且开放的结果是更多同行、客户来申请和建立自己的博客，让更多的人加入到你的企业博客宣传队伍中来，更大层面的扩大企业影响力。

4.2.3　企业博客推广策略

对网络营销来说，博客是一个很好的媒介体，密切关注博客的发展应用并且做必要的博客营销探索对企业经营是有益的。企业博客营销是一种中长期的行为，只有长期坚持，才能达到一定的效果。在企业中应用博客营销就必须对博客营销的效果进行必要的跟踪评价，通过观察找出博客营销的不足并结合实际情况不断完善博客营销计划，将个人的知识、思想与企业营销目标和策略相结合，发挥博客营销在企业应用中的作用，并使其的作用得到最大的体现。下面介绍博客的推广方法和营销策略。

1. 博客推广 SWOT 分析

在考虑博客营销的营销策略和制定具体的推广方法之前，我们首先按传统营销的 SWOT 分析法，即从优势、劣势、机会和威胁四个方面进行系统的分析，提出要点以方便制定行之有效的策略和方法。

前面已经介绍了博客营销的优势，对企业而言，博客营销的优势更加的明显，可归纳为如下几条：

（1）可长期深度挖掘潜在用户，可适当增加搜索引擎的搜索结果，大大增加网站的访问量。

（2）在积累大量粉丝之后，可以方便地对读者行为进行调查研究，提供了一条便利的市场调研通道。

（3）可减少广告费用的投入，这一点也是显而易见的。

（4）保持传统营销手段所包括的客户，间接降低获得新客户的成本。

（5）提高核心竞争力，扩大推广范围，减小被竞争者超越的潜在损失。

（6）博客文章比其他形式的媒体更具可信性和指导性。

（7）为企业提供了一条建立公关形象、解决公关问题的有力通道。

（8）操作简单，可以丰富企业网站，凝聚人气，吸引更多的人点击关注。

任何营销手段都有劣势的一面，博客营销主要体现在如下三个方面：

（1）博客营销的负面消息传播迅速，口碑传播的力量非常大，一旦有负面消息，往往被夸大，而不好控制。

（2）企业的文化有限，限制了博客主难以有持续的创造力和写作热情，从而很难发挥长久的价值。

（3）将会冲击传统渠道，竞争自己的顾客群体。所以公司应培养专业的博客作者为企业写作，在第一时间截断负面消息的传播，避免给企业带来损失。

博客营销给企业带来的机会不止是最终的促成有效客户，更大层面的是给企业带来针对消费的有利信息。博客营销的可行性分析如下：

（1）有针对性地接触到和了解目标消费者及其消费行为。

（2）可以使公司的企业文化发扬光大，增强公司的竞争力。博客的信息量大，表现形式灵活，可信度更高，可以用“中立”的观点来对自己的企业和产品进行推广。

（3）企业借助博客监测可能引发公关危机的信息，从而及时解决这些信息。

尽管上述的可行性分析表现了博客营销的诸多可行性，但是，这种营销模式也不总是完美的。相对于博客营销带来的优势和机会，企业博客营销也会带来一定的威胁，企业要做的就是做好防范。

（1）容易泄露公司的信息、资料和其他一些机密性的东西，容易使那些对公司不满的消费者聚集在一起对公司进行集体讨伐，特别是怕被竞争对手利用。

（2）博客是一个相对知识身份较高的人群，当他们感觉自己受到歧视时，他们的破坏力才会真正展现出“ 病毒传播”的可怕威力。一旦出现负面影响，容易导致“恶性循环”。

（3）博客发展到现在没有很好的法律、法规的约束。企业必须要求博客作者有一定的规范性，培养他们明确什么该写什么不该写，以及当遇到集体讨伐公司事件时的处理能力，将公司利益的损失降至最低。

2. 博客的营销策略

通过以上 SWOT 的分析可以看出，企业要做好博客营销，必须综合企业内外部环境，积极采取有效的营销策略，以便更好地发挥博客营销的营销力。

（1）企业内部资源的充分利用。博客营销开辟企业与客户的双向交流空间，企业博客营销能有效提高顾客对公司产品的意识，塑造一个让顾客可以持续和公司对话的空间。将博客文章内容与企业网站的内容策略和其他媒体资源相结合，使博客营销的资源可以发挥更多的作用。因此对于博客内容资源的合理利用也就成为博客营销不可缺少的工作内容。

（2）专注于自己所属的行业营销。企业根据产品目标定位设置博客类型。不同行业可以根据自己的产品区域特性来设置博客的类型，这要看自己的目标定位。博客营销者应该更专注于自己所属的业界，专注于你的企业的产品，专注于产品能够给顾客带来什么价值，引起顾客对产品的兴趣。企业应用博客营销必须选择相适应的博客环境并坚持博客写作，才能达到博客营销的目的。

（3）在博客适当举行一些促销活动。企业设置一个博客，真正的问题在于经过一段时间的体验，博客内容的设置是不是对企业的形象、曝光率、产品，或者对外交流起到强化或者帮助作用。必须长期的、有规律的写作一些有价值的文章才能调动客户对产品的兴趣。企业可以通过在博客上开展一些让利活动来保留老客户、吸引新客户，这会大大提升客户对产品的兴趣，既能不造成老客户的流失，更能吸引新客户的加入。

（4）培养专业的博客写手。企业须培养专业的博客写手。企业博客一般包括企业家、企业员工、企业聘用的写手、消费者。博客写手的一言一语都代表着公司，所以企业必须要求博客写手具有一定的规范性，培养他们明确什么该写什么不该写以及处理负面信息的能力。企业有员工、软件开发人员、律师、会计师、营销专家等，都具有某一方面专业性的知识，企业可要求他们只写与自己专业有关的知识。

3．博客的推广方法

企业网站的营销推广的过程中，博客推广也是包含在其中的，即使没有企业博客，也会创建几个第三方博客来为我们的推广发布一些文章资讯或者技巧方法方面的内容，旨在让更多人了解并推广好自己的网站或者企业。博客相对于网站，博客的推广还算比较简单。

下面总结一下笔者在给客户使用的博客推广方法（图 4-6）：

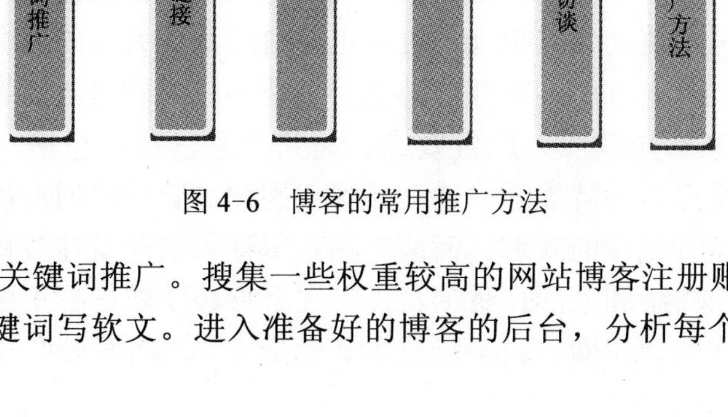

图 4-6　博客的常用推广方法

（1）SEO 关键词推广。搜集一些权重较高的网站博客注册账号，然后通过分析出来的关键词写软文。进入准备好的博客的后台，分析每个博客的特性，了解哪些地方时可以添加友情链接，哪些地方可以加入一些相关企业或产品的博客群/圈，从而提高我们的知名度。另外，给博客选择模板、设置首页布局、文章的类别以及给博客添加头像等，都可以让人看出博客主是在认真打理这个博客。

（2）设置有效链接。博客无需每天大量地投放软文。养博客在于一个养字，每天更新一篇文章，每篇文章关键词做三个左右的锚文本链接就可以了，除了锚文本链接还要有直接的 URL 地址，这是为防止有些博客会把锚文本的链接给去掉。下边说一下锚文本和友情链接。

锚文本：外链，对于一些关键词的锚文本可以链接官方网站的 URL 地址；内链，对于一些关键词的锚文本我们可以链接之前发布的相关内容博文地址，使得整个博客形成一张巨大的“网”，让“蜘蛛”（程序）更好地爬行。

友情链接：博客和官网的友情链接。选择好关键词，一般在博客的首页都有可以做友情链接的地方；博客和博客之间的友情链接。

（3）博客互访。博客互访推广是博客最核心的推广手法，互访很像和其他博友聊天，它对于新博客能起到立竿见影的效果，比如新博客只有一篇文章，就开始评论交流，博客留言评论尽力回复，用不了多久就能收到效果。但如果要和其他博客建立长久关系还需要长期互访、交流才能到达目的。

（4）软文推广。软文推广是一劳永逸的好办法，省时省力，所以写得不错的博客，可以适当做些软文推广，这也是广大 SEO 营销专家最喜欢的方法，同样也造就了一批软文推广站。在软文推广中具体的软文写法可以利用事件营销在博客中传播，事件营销指企业通过策划、组织和利用具有名人效应、新闻价值以及社会影响的人物或事件，吸引媒体、社会团体和消费者的兴趣与关注，以求提升企业或产品的知名度、美誉度，树立良好品牌形象，并最终促成产品或服务销售目的的手段和方式。 企业主钟情事件营销的原因在于一方面企业通过制造具有新闻价值的热点事件，可以迅速引起社会大众的瞩目，达到快速宣传品牌的目的，另一方面，事件营销是一个空间广阔的树立品牌的平台，借助事件营销可以集新闻效应、广告效应、公共关系、形象传播、客户关系于一体，为新产品推介、品牌展示，建立品牌识别和品牌定位创造机会。因此，事件营销越来越受到企业的欢迎。而博客则是事件营销的最佳载体，这是因为博客传播兼具大众传播和人际传播的特点，在事件传播的过程中极易形成二次传播。在博客形成的舆论圈中，不仅博主和受众之间进行传播，受众和受众之间同样存在有效的传播，这样就形成了大众传播和口碑传播的有机结合，从而将事件营销的新闻效应发挥到最大程度。

（5）参加各种访谈。当企业自身达到一定的影响力后，一般的访谈节目都会邀请你，这个也是自身品牌的推广，如果视频类访谈节目不容易上，有机会的话也可以大量主动联系一些行业的杂志，提供个人的创业访谈也是一种不错的方法。

（6）其他的推广方法。其他推广方法非常多，比如 QQ 群（在别人不反感的前提下），又比如制作博客主题然后分享，这里的方法还有许多，每个人的想法不同，思路也不同，大家尽情地去发挥吧。

上面这些经营博客的方法，都是很简单、容易操作的，这么做的目的，是为我们增加外链，增加网站权重，提高网站 PR 值，另外还可以给网站带来相应流量，这就是做好博客推广的目标和目的了。能够获得这些结果，就说明博客推广做成功了。

4.3 引导时尚，博眼看婚纱：JadeWen 品牌博客营销

可以说 JadeWen 品牌是笔者第一个接触使用博客和微博营销获得成功的品牌，其创始人小文女士通过几年的努力，将她的婚纱品牌打造成国内较知名的品牌，时下很多国内一线的明星在结婚的时候都是慕名邀请她个人设计，并购买她的产品。我有幸从一开始就得到她的信任并受她的委托，共同精心策划并设计实施了 JadeWen 的官方网站、博客和微博，本小节以对该实例的剖析来看一下博客和微博营销所带来的市场效益。

4.3.1 品牌博客的创建

小文女士在服装学院学服装设计的时候其志向就是将来要打造一个属于自己的服装品牌。我也是在创业的过程中认识她的。2008 年她主动找我，咨询她的品牌官网建立的问题。在充分了解她的一些产品设计理念，以及她的目标客户群后，我发现她所设计的婚纱和礼服都是高档的产品，目标客户群直接锁定的是高端的消费群体。这和现阶段互联网上浏览者的目标客户群大部分是中青阶层，收入较一般的网民有些不同。在聊天的过程中，她几次提到她的婚纱经常被一些大牌的明星选中，和“新娘杂志”也有深入的合作，如图 4-7 所示为在杂志上使用的 JadeWen 品牌婚纱。

图 4-7　产品的明星效应

我一下子想到了当时的大部分明星博客，为什么不尝试着创办一个针对婚纱宣传和指导的博客呢？建立博客后，她完全可以把她的作品及设计理念在博客中与大家共享，起到引导消费的作用。

（1）在确定选择主要的营销思路之后，第一步就是选择在哪里建立博客。当时博客在国内的发展也已有些年头，有很多的博客网站可供选择，由于新浪网站侧重于新闻娱乐，其博客频道建立的也比较早，因此选择了在新浪网上安家落户。

（2）在注册的时候要注册什么博客存在着不同的意见，小文希望用 JadeWen 这个品牌做博客名，这样方便品牌积累和品牌的推广。我的意见是以“服装设计师 Jade”为博客名，提出的思路是当时 JadeWen 在国内的知名度还不是那么高，在搜索关键词的时候很少有人会去搜索品牌名，建议初期几年用“服装设计师”这几个关键字，这样也能把她捧为真正的“服装设计明星”，而她自己就用她的英文名字 Jade 在博客中显示为博主的名字。小文的形象不错，我建议她放上她自己的形象。这样博客就基本有了一个定位，即主要以宣传和包装她自己来做这个博客，这也方便她与所有的客户直接沟通。

（3）建立博客后并没有对网页的模板做太多的改动，只是网页的导航背景 Banner 选择了一张不错的图片，如图 4-8 所示。

图 4-8　博客的导航背景图片设计

之所以选择深色的图片效果，主要是因为产品婚纱都是白色的，选择暗色调的图片做背景能够衬出产品婚纱的效果。

（4）博客创建后，在里面设计什么样的导航就成为第 2 个需重点考虑的问题。如果像其他博客一样只是简单地发表一些博客文章那就没有特色了，针对新娘在采购婚纱时所要考虑的一些问题，以及自身品牌在行业的影响力，特别将博文作如下二次分类：

明星礼服：发布所有明星试装或者使用 JadeWen 品牌的效果图，这也算是明星效应。

穿衣学堂：指导新娘如何穿漂亮的婚纱以及打扮等专业知识。

杂志拍摄：发布杂志所拍摄产品的效果图片，用于宣传产品，同时显示产品的质量。

流行趋势：撰写一些设计师在设计产品时的一些心得，对行业有一定的指导性。

活动现场：举办婚纱和设计师参加各式活动的现场报道。

杂　　谈：报道一下设计师参加各式活动后的一些想法。

杂志采访：发布所有杂志对 JadeWen 品牌的报道文章，提高品牌含金量。

妆容大片：撰写新娘的一些化妆技巧，这能加大博客的访问量。

设计发布后定期加一些文章即可以完成博客的设计，博文目录的页面效果如图 4-9 所示。

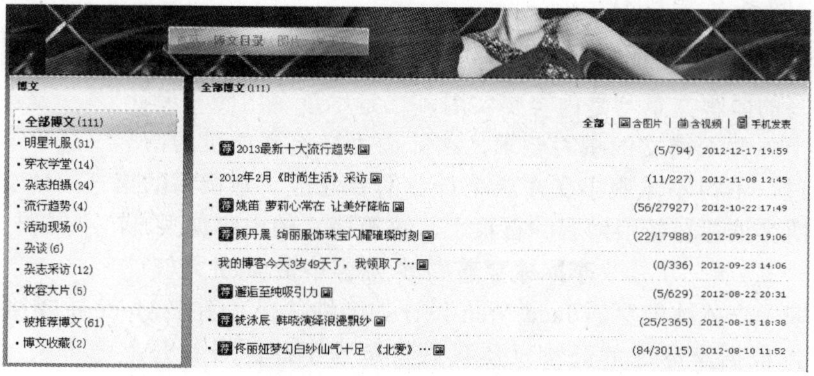

图 4-9　博客目录页面效果

（5）单有这样的博客页面设计在首页看上去还是很单薄的，在博文首页推荐中，我建议在首页的左侧导航加入一些特色的频道，能够显示出 JadeWen 的品牌的知名度，所以加入了快速导航栏“明星婚礼”和“他们都穿 JadeWen”两个快速导航栏，一下子就把首页的效果突出出来，真正做到明星荟萃，如图 4-10 所示。

图 4-10　加入特色栏目的首页效果

通过上面几个步骤的简单策划，博客整个栏目的框架已经完成，读者也许会发现原来博客设计的时候和一般的网站建设是有很多不同的，特别是在栏目的策划上，在设计时一定要围绕着目标市场的需求出发，这样设计出来的博客栏目才真正有意义。

4.3.2　博客文章的撰写

在博客文章内容的撰写方面，记得当初就和小文沟通过文章的体例要求，要求撰写的博客文章一是内容要实用，二是尽量多用图“说话”，三是不要超过两页以上。关于博文的撰写要求，在前面“打造高质量的博客”这一节已经深入探讨过。不得不佩服小文在这个行业的专业性，她撰写的第一篇博文就一直被新浪博客推荐在新浪博客的首页上。这篇博文的内容如下。

李冰冰穿着婚纱 雍容华贵 高贵大气

很荣幸李冰冰能穿着 Jade Wen 设计的婚纱并在《新娘 Modern Bride》杂志上刊登，根据李冰冰的高雅气质我们特意为李冰冰设计几款奢华大气的婚纱（图 4-11～图 4-16）。

图 4-11　宫廷式大拖尾婚纱

图 4-11 所示为一款非常华丽的宫廷式大拖尾婚纱，最适合教堂和酒店的盛大婚礼，香槟色婚纱采用金色刺绣蕾丝和手工钉珠，并配以施华洛世奇水晶做装饰，更增华美质感。这种款型适合任何一种体型的新娘，就算是皮肤略黑的新娘穿起来也会非常华丽。短袖的设计可掩盖胳膊粗壮和提升衣服的正式程度。不喜欢袖子的新娘可定做无肩带领的抹胸设计。我最得意的是背后的蝴蝶结设计，一则可以凸显新娘腰身，另外也暗合今年的流行趋势。

图 4-12　蕾丝透明袖的婚纱

图 4-13　船形领设计蕾丝贴花

图 4-12 和图 4-13 所示的这款蕾丝透明袖的婚纱是高腰线的设计，复古的花形蕾丝配上轻柔飘逸的雪纺和亮缎设计，最适合室外的草坪婚礼，我比较喜欢这款衣服的船形领设计，显露出李冰冰美丽锁骨和脖子。我们还给她配上小巧的精致头冠与精美的复古蕾丝相配更显优雅高贵。这款高腰线的设计特别适合个子不高的新娘，有拉长身材的效果。

图 4-14　大大的裙摆充满宫廷味道

如图 4-14 所示，大大的裙摆充满宫廷味道，公主式婚纱最适合酒店的婚礼。蕾丝刺绣的花边如浪花般闪闪动人。我最喜欢婚纱后面的玫瑰花和层层的香槟宽条由小到大的设计，给整件婚纱增加华丽和高贵感。时尚的无肩带抹胸设计，再配上缎面蕾丝露指手套体现出李冰冰传统美丽间流露出的一丝摩登气味。无论您是高、矮、胖、瘦这款公主线款式婚纱都很适合。

图 4-15 所示的这款婚纱也是公主型婚纱，很适合酒店及室外婚礼。华丽的斜纹厚缎上秀着精美的花朵。特别是领口精致的层叠交叉设计，给婚纱增加了高雅和精致。并给李冰冰配上大小不同的珍珠项链和小玫瑰花型头冠与珍珠白色的婚纱和玫瑰花手套相呼应，更显出她优雅高贵的气质。

图 4-15　领口有精致的层叠交叉设计

图 4-16　作为《新娘》杂志封面

在最后我建议她还是要把自己的个人简介加到上面去，因为像这样专业的技术文章被转载的可能性很大，每被转载一次就多一次宣传的机会，同时在所有的图片上一定要加入品牌的 Logo，以防被人盗用。博文最后，加入如下的介绍：

设计师文雯：婚纱设计师文雯，北京服装学院服装设计专业毕业，2002 年创建 Jade Wen 翡翠嫁衣，用极富创意的设计灵感和纯手工使 Jade Wen 翡翠嫁衣成为众多婚庆杂志拍大片时的首选（图 4-17）。

图 4-17　设计师的工作照片

在博客文章发布后除了自身博客的访问点击之外，如果文章好是经常会被各大网站转载的。如上述文章在经过一段时间的自动转载，用百度搜索一下发布文章的标题，马上可以看到该文章已经被有效真实转载了 5940 次，如图 4-18 所示。这意味着有近 6000 家的博客或者网站替你宣传了，由此可见博客营销中博客文章写得好才是王道。

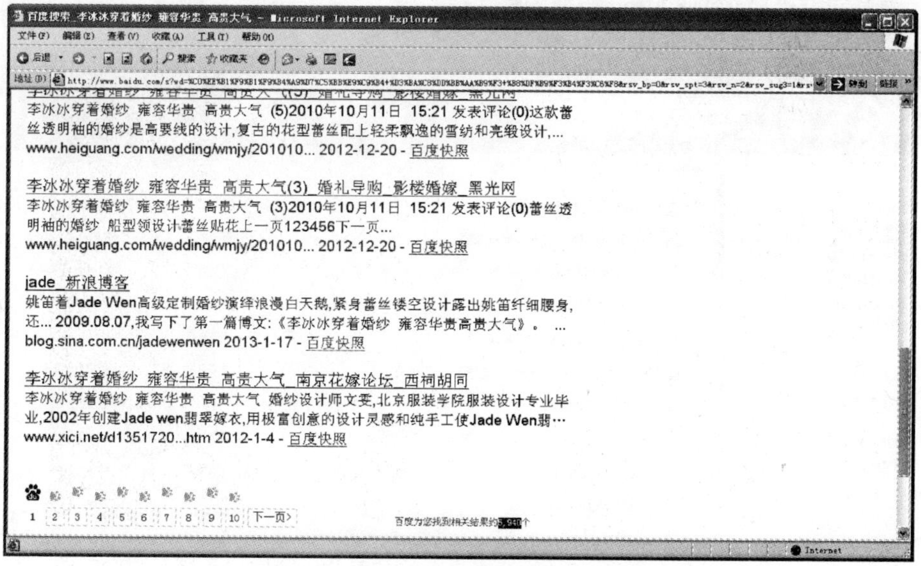

图 4-18　百度博文标题跟踪效果

JadeWen 的博客从创建到现一共写了 111 篇博文，其中被新浪推荐到首页或者其他频道首页的有 61 篇之多。如图 4-19 所示，前面有一个“荐”字的就是被推荐的文章，大大提高了博客的访问量，是该博客获得成功的最大推手。

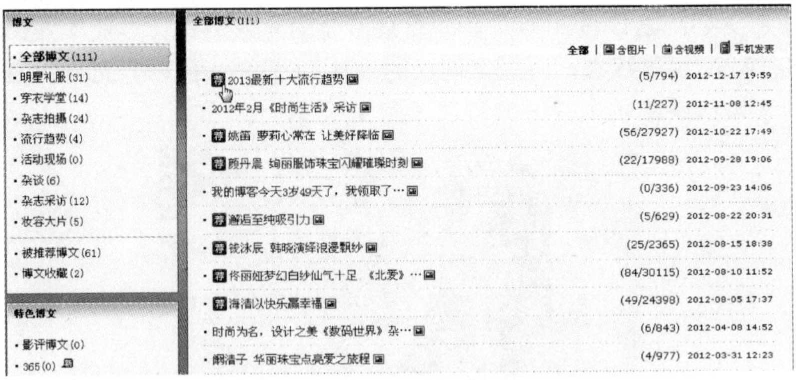

图 4-19　大部分文章被推荐置顶

在管理的时候，单击“被推荐博文”链接就可以打开被推荐的详细页面，里面包括被推荐的时间以及被推荐到的相应频道位置，方便博客主进行跟踪分析，如图 4-20 所示。

图 4-20　新浪网显示被推荐的位置

由博客文章内容的实际应用，可以看到博客营销的成功之道在于文章是否是原创的，而且是否对该行业有市场指导性。

4.3.3 博客营销的效果

一个成功的博客营销案例，是需要及时跟进和分析案例的实际效果的，通过分析找出设计营销方案的不足，及时调整营销策略，这样才能让营销效果达到最佳。小文博客发布后，还定期分析总结不足之处。

通过用户数据整理和分析，可以看到如下不足：更新频率不是很频繁，如能固定每周更新两篇，效果还会更理想。

JadeWen 所创建的博客效果比预期中的要好，小文也定期写博客，但也可能是她还要打理公司的业务，更新的频率并不是那么高（平均一个月三篇到四篇），也就是平均每周自己撰写一篇文章。从 2010 年和 2011 年的发布归档统计可以看到每月发布的实际篇数，如图 4-21 所示。

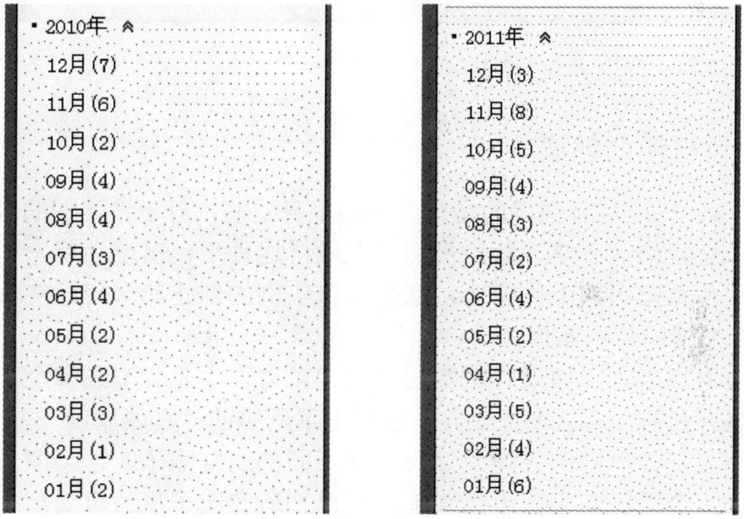

图 4-21　每月平均发布的博客统计

这样付出的结果是什么，可以从她的博客直接看到她的博客访问量，博客访问：557555 人次，如图 4-22 所示。

如果从一个博客的访问量来说，她的博客访问量并不是很多，但从婚纱行业的博客来看，她的博客访量已经是不错的了。我也经常和她沟通，有一个可喜的结果就是大部分最终从她那里定购婚纱的客人，都是从博客了解到她的信息的。所以说小文的博客还是达到了预期的效果。

图 4-22 博客的访问量显示

4.3.4 个性微博的创建

由于 JadeWen 品牌强调的是个性化的量身定制，对于设计师的水平要求是很高的。微博营销后于博客营销出现，在微博这种平台出现之后，笔者辅助小文建立了宣传她自己的个人微博，这里以该实例的创建和如何最终获得影响力来叙述个性微博的营销操作。

对个人用户而言，如果有足够的时间和精力，注册一个或多个“马甲”微博账号也是有利的——这个操作并不违背上章所讲的“真诚原则”。一个人有多方面的兴趣爱好，不同的兴趣爱好会结交不同的朋友圈子，这个圈子的朋友可能对你另外一个圈子的事情不感兴趣，所以把所有圈子里的事情放在同一个账号下发布将对你的粉丝产生干扰，产生垃圾信息的大问题。注册不同的账号可以解决这个问题，类似一个 QQ 账号下建多个 QQ 群，不同类别的信息发送到不同的群里。可以向你的好友公开你的马甲账号，也可以不公开。有时保持点神秘感也是蛮有趣的一件事情，有些事情你想记录下来而不愿让别人看到，或是怕打扰别人，注册一个私密性账号是一个不错的选择。

同样，如果企业比较大，部门比较多，不妨以部门为名多注册几个实名认证的微博账号。理由是有些“观众”也许只关注你企业的某个方面，某类产品的信息。企业用户的多个账号都应该是实名认证的，而个人账号就无所谓了。

对企业用户而言，另外一个重点是鼓励企业的员工在微博上开设账号，其好处也是显而易见的，你的员工的粉丝至少有相当的比例可以“转化为”企业的粉丝——前提是企业有足够的信心让员工不老是抱怨自己的公司部门。

小文在新浪的博客宣传起到很大的作用，所以她自己同样在新浪微博建立了“新浪认证”，以她个人名字和品牌名字组合成的微博名“文雯 JadeWen”如图 4-23 所示。

图 4-23　注册了认证微博

注册了微博账号，在微博上寻找陌生的“好友”之前，有几件事要做。

（1）描述自己：JadeWen 高级定制，婚纱礼服设计师，多家时尚媒体杂志特邀顾问，时尚专栏作家。

这里要用简练的语言、通用的标签描述自己的行业、兴趣爱好、产品类型、产品名称。新浪微博在这方面提供了良好的支持，允许用户通过标签来搜索到感兴趣账号。

（2）联系以前的好友。通过 E-mail、即时通信工具通知以前的联系人自己的账号。如果以前的好友中已经有人在微博上建立了账号，应尽快和他们联系，关注他们。大部分微博平台都提供这样的支持。

（3）创作几个有创意的帖子。第一个帖子可能是打招呼的，随下来的几个帖应该具有新意，因为大部分陌生人就冲着你的这寥寥数帖来判断是否应该关注你。在开始时能有一个轻量级的活动将会很不错（图 4-24）。

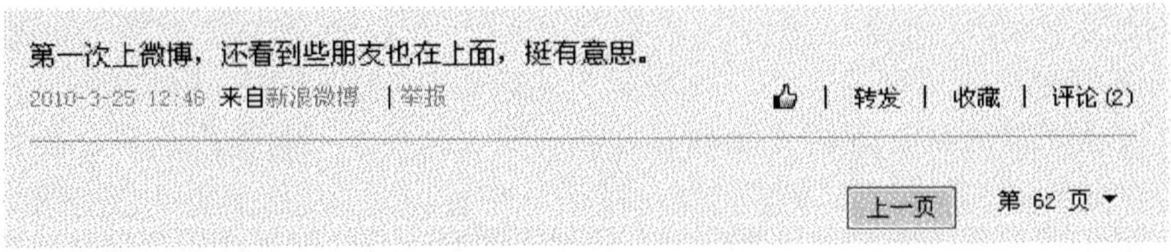

图 4-24 发布的第一个感想

（4）请求好友转发。微博还是一个新鲜事物，一般情况下，以前的好友在微博上见到你会有些惊喜的感觉，所以愿意关注你并把你介绍给他（她）的粉丝。这和现实中的交往类似。

（5）去寻找陌生人中的潜在好友。寻找好友，就是寻找“志同道合之”人。陌生人愿意关注你一般基于以下几个方面的理由（分别以个人账户和企业账户来叙述）：

个人账户：

1）他（她）可能基于以下几点（不限于这几点）关注你（成为你的粉丝）。

2）你们有共同的兴趣爱好，有共同的话题可谈。

3）你能为他（她）带来一些有趣、实用的信息，前者如幽默段子，情感格言等内容，后者如某个领域的新闻事件等内容。

4）你有个性魅力，他（她）关注你的生活动态。

5）异性相吸，寻找浪漫的可能。

企业账户：

对企业来说，只要企业生产的产品能满足一部分人的需求，你就一定能在微博上找到真正的“粉丝”——确实对你的产品感兴趣的微博用户。关注企业账户的人可能基于以下几点动机（不限于以下几点）：

1）是你的产品的忠实用户，希望了解产品的最新动态信息。

2）企业产品的用户希望在微博上迅捷地与产品客服直接交流，提出自己对产品的建议或投诉。

3）获取产品的促销、打折等信息。促销、打折信息对女性尤其具有诱惑力。

4）关注企业所在行业的新闻，媒体行业的从业者、行业评论的作者们大多有这个需求。

5）竞争对手也会访问你的微博。

基于上面几点的关注是真诚的关注，而有些关注则是策略性的关注，有些人关注你是为了“交换”你关注他（她），更甚的是一旦你关注他（她）后，他就取消关注你。出现这种策略性的关注主要是出于对微博营销力的一个误解：以为粉丝越多，营销的传播力度也就越大。其实，假关注对增强微博传播的影响力几乎没有什么帮助。

对企业账户而言，微博营销的初期某些策略性的关注是必要的。因为单向关注总归是一种话语权的不平等（你说话我听，而我说话你听不到），这样即使有些微博用户对你的产品感兴趣也会因为这种不平等的感觉而取消对你的关注。而一旦到了他（她）感觉你的信息对自己真正有用的时候，这种不平等的感觉就会降低，他就不会太在乎你是否关注他（她）。

4.3.5　微博如何获得粉丝

衡量微博营销是否成功很重要的一个指标是粉丝数。有效的微博营销需要付出多方面的努力，每个环节的失败都会给微博营销带来负面影响，而粉丝数是一个综合指标，粉丝数越多意味着微博营销总体上做得不错。下面介绍一下获得粉丝的策略和方法。

1．微博功能定位明确

企业和个人可以注册多个微博账号，每个账号各司其职。一个微博账号可能承担相对单一的功能，也可以承担多个功能。例如，如果你的企业比较大，那么在一个专司公共关系的微博账号外，建立多个部门微博账号是可取的。如果你的企业的产品比较单一，那么整个企业建一个微博账号就可以了。一般来说，一个微博账号可以承担了新产品信息发布，品牌活动推广，事件营销，产品客服，接受产品用户建议与反馈，危机公关等多项功能角色。合并还是分拆这些功能角色视具体情况而定。

2．用户参与微博的理由

如果企业的产品本身已经有了大量的用户群，那么在微博上获取他们的关注是相对容易的。但是如果企业并不具有品牌影响力，那么在微博上获得“陌生人”的关注就需要付出更大的努力。

因此我们首先要理解微博用户的社会心理需求。虽然没有具体的数据统计，但是我们可以从新浪“微博广场”的热门话题了解到大部分普通微博用户（非微博营销用户）参与微博的六大理由：

（1）获取、传播时事体育等新闻信息。

（2）获取娱乐信息，参与“制造”娱乐事件。

（3）人生感悟，情绪表达。

（4）政治信息及价值观表达。

（5）关注自己感兴趣的人的动态信息。

（6）关注商业、产品等实用信息。

以上理由的排序大致是普通微博用户参与微博的“动机强度”的排序。深入地了解这些心理，是让普通用户成为你的粉丝的前提。

3．创造有价值的博文

有价值的内容就是对微博用户“有用”的内容，能够激发微博用户的阅读、参与互动交流的热情。发表博文时需要平衡产品推广信息与有趣的“娱乐信息”的比例，可以先从以下三个方面做些调整。

（1）发布本行业的有趣的新闻、轶事。可以客观地叙述一些行业公开的发展报道，统计报表甚至“内幕”，可以有选择性地提供一些有关公司的独家新闻——真正关注你的产品的微博用户会对这 些独家新闻非常感兴趣。当然，重点要突出新闻性、趣味性。如小文发布的两篇趣味微博，全部是以图片展示为主，如图 4-25 所示。

图 4-25　有趣的微博报道

（2）发布创业口述史。大多数普通人对创业者总怀有一种好奇，甚至尊敬的心态。企业微博可以有步骤、有计划地叙述自己品牌的创业历程，公司创始人的一些公开或独家的新闻—— 类似一部企业口述史，电视连续纪录片。如小文发布的报纸对她的报道，通过第三方公信的报道了自己的创业史，如图 4-26 所示。

信报采访

收起 | 查看大图 | 向左转 | 向右转

十年沉淀婚纱梦

婚纱设计师文雯说，10 年前，她的一个好朋友要结婚，于是就陪同她一起选购婚纱，但那个年代别说一件好看的婚纱了，就连像样的婚纱店都寥寥无几。于是服装设计科班出身的她便开始筹备自己的婚纱设计梦。很快创建了自己的 Jade Wen 翡翠嫁衣，个性创意加上纯手工工艺使 Jade Wen 嫁衣为无数时尚杂志和明星所青睐。

踏破铁鞋无觅处

刚刚开始从事婚纱礼服行业时，为了买到品质更好的面料，她跑遍北京上海广东，去各个工厂去看面料制作等，找各种面料的代理商，曾经因为去工厂和见面料商太多而跑坏了一双皮鞋。

顾客青睐的婚纱

“辛苦的前期工作没有白费，工作室刚开始没多久就受到很多客户的青睐，同时也被刊登在各种报刊上。这是对我辛苦后的最好回报和最大的鼓励。”她欣慰地说道。“记得有一次一个客户从美国跟我预约时间来北京定制婚纱，她因为刚下飞机，就来我工作室，那时已经很晚了，我还清楚记得她跟我约的是下午 5 点到我工作室，由于她要定做的衣服比较多，也因为她倒时差所以忘记了时间，我们一直谈到半夜快两点，她的婚纱、礼服、伴娘服、花童服等等，最后都按时完工，她也非常满意。”

图 4-26　发表自己的创业史

（3）发布与本行业的相关产品信息。搜集一些与产品相关的有趣的创意，有幽默感的文字、视频、图片广告，这些创意和广告不一定都是你自己的品牌，可以是本行业公认的著名品牌，这些信息可以大胆地发布。如图 4-27 所示。

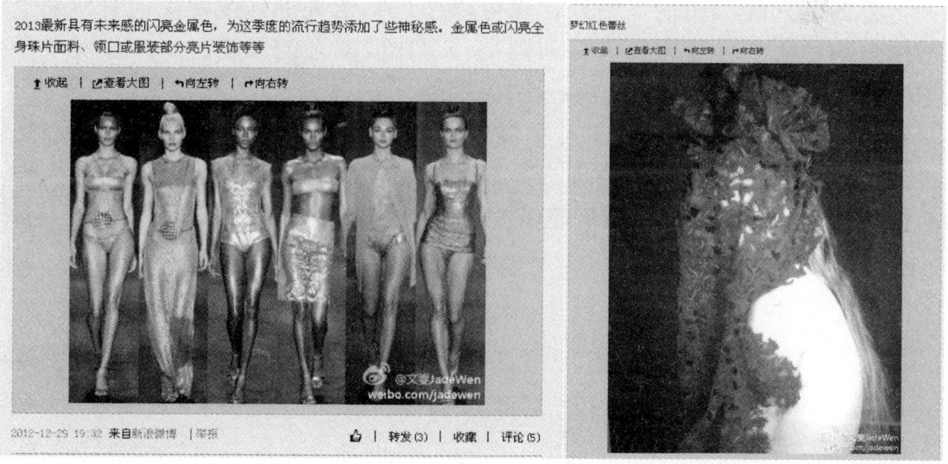

图 4-27　发布产品相关的信息

4. 创意互动微博营销

上面说的是微博内容方面的撰写，还有比较彻底的解决方案是创意式地发表一些互动营销，在微博上搞活动真正符合微博拟人化互动的本质特征。下面列举了一些常见的微博互动活动的形态。

（1）微博招聘。微博招聘有四大优势：一是节约了相互了解的成本——可以通过对方发的微博帖子了解对方；二是可以直接在微博上进行初次“面试”；三是，可以发挥人际传播的效应，有利于微博用户推荐合适人选；四是，低成本的品牌传播。

（2）产品试用。可以在微博上发起低成本的产品试用活动，活动结束后，鼓励试用者发布产品体验帖子。

（3）促销互动游戏。尽量多做与产品相关的互动性游戏，如秒杀促销、抽奖等游戏，吸引微博用户参与。

（4）奖励发言。微博是一个真正的口碑营销的好场所。直接在微博上发私信，鼓励已经使用或试用产品的微博用户发表他们的使用体验。并对这些用户给予一定的奖励。

（5）公益慈善活动。有条件的的话，可以自己发起慈善活动，否则，积极参与微博其他用户发起的慈善活动。对小企业来说，参与某些“微支付”的慈善活动，并不需要付出很大的物质成本，却可以收获很大的关注人气。

总之，微博营销的核心是与感兴趣的人交流互动，并在互动中传播自己的品牌。主动寻找那些对你真正感兴趣的人是交流互动的第一步。现在国内的大多数微博平台都提供了自我描述标签的功能，你可以通过自我描述标签搜索到对某一方面感兴趣的用户，另外，也可以通过帖子关键词搜索找到参与某个话题的用户。至于如何使用好关键词则是一个比较复杂的问题，一些微博平台如新浪微博提供了推荐好友的功能，不妨试试。

需要指出的是，寻找好友贯穿微博营销的整个过程，在随后的交流互动里，有些人会进来，有些人会出去。只要微博能给别人带来价值，不犯大错，随着你的微博内容的传播，越来越多的人会成为你的粉丝。

第 5 章　移动新生活，营销新平台：概念营销

“移动新生活，营销新平台”这是本章实例的营销概念主题，通过实例的操作展示，读者可以掌握概念营销的基本策划方法和运营的思路，本章的知识点：

- 概念营销的定义
- 概念营销的特点
- 概念营销的运作方法
- 全程实例手机旺铺概念的策划与运营
- 了解概念营销市场转化的常用方法

5.1 洞悉概念营销的内涵

概念营销在传统的营销领域中经常被使用到，表现得最淋漓尽致的是房地产的概念营销，几乎每个地产楼盘都要定义一个营销概念，概念的定义其实就是引导读者去解读产品的核心定位，了解产品的核心卖点，最后达到营销的目标。在互联网行业由于在营销通过中经常要涉及技术领域，充分利用好技术概念营销也可以达到另辟蹊径的营销通道，本小节就从理解概念营销的内涵做起。

5.1.1 概念化营销基础知识

最早提出概念化营销的是《定位》的作者里斯和特劳特。雪碧饮料上市初期销量并不好，里斯和特劳特给出一个概念化营销方案：“雪碧——非可乐饮料的首选。”提出“非可乐饮料”的概念后，雪碧迅速融入市场，很轻松地打开了市场。据《辞源》，概念是“就种种观念概括其类似的而形成一共同的观念”。在概念营销中，概念既可以是对属性的概括，也可以是对观念的概括。企业根据产品价格、功能等方面特征提出的产品概念一般是属性的概括；根据社会潮流、时尚观念所创造的概念一般为观念的概括。

所谓概念营销，就是指企业根据社会、文化及其发展趋势和消费者的心理需求，创造符合消费需求的、具有核心价值理念的轴心概念，并通过推出这一概念向消费者传播商品品牌，包含功能取向、价值理念、文化内涵、科技知识、时尚观念等，以引起消费者心理共鸣并产生购买行为的一种差异化营销方法。

作为一种创新的营销方式，概念营销是 USP 广告法则的巧妙运用，即用有特色的产品与服务赢得市场。然而，概念并不能凭空捏造，通常概念在尚未提出之前，人们便有了相关的潜在或显在需求。从本质上说，概念营销是一种整合营销策略，它是在对市场需求进行科学预测的基础上，通过为产品注入一个轴心概念，在顾客心目中树立起本产品区别于同类产品的突出利益点，促使顾客接纳这个概念，进而产生购买。

互联网营销的概念化模式，实际上是将抽象难懂的技术概念化，给营销平台做个定位，然后通过调研细分市场的需求后，提出一个技术定义的新概念，围绕这个概念，通过各种营销手段强化概念，在读者头脑里形成一种购买欲望。

5.1.2 概念营销产生的背景

任何一种营销手段的产生离不开产品和时代背景的变迁，并且和注意力关注的不断演变息息相关。为了不断推动市场营销理念的创新，影响营销理念的关键要素发生了变化，最终就促成了概念营销。

互联网概念营销产生可以基于如下几个核心背景。

1. 信息爆炸引发注意力经济

随着互联网和信息通信技术的深入推广与应用，信息爆炸的时代来临。首先应该意识到由于每个人的注意力有限，因此互联网信息是一种稀缺资源。在信息爆炸的社会里，有限的注意力与无限的信息构成了一对矛盾。这就使得企业力求提升消费者对自身及其产品的注意程度。从某种意义上讲，互联网概念营销就是通过塑造核心技术概念来吸引眼球，是一种典型的注意力经济。从技术发展的大方向来看互联网经历了好几个概念化营销阶段，如当初的门户型网站、搜索引擎、博客、微博等，稍微注意一下每年的 IT 行业你会发现，IT 行业几乎每年都要有个新的概念来引导市场的发展。

2. 个性需求引发个性化营销

消费者的需求变化对营销理念有着重大影响。目前，互联网行业的消费者已不再满足雷同的产品，网民更需要个性化的产品。这在高端产品中表现得更为明显，个性需求的时代已经来临。个性需求引发了个性化营销，而如何实施个性化营销？概念营销是一种重要选择方式，通过概念营销可以把消费者的这种个性需求加以彰显。

3．产品同质引发差异化营销

目前的市场已经形成了“买方市场”。在“买方市场”条件下，卖方如何在产品同质的情况下占领市场？这就需要进行差异化营销，构造同质产品的不同点，展开概念营销，以此作为卖点来迎合消费者的买点。概念营销是在产品同质条件下的一柄利器，通过塑造概念为产品的有形同质构造无形差异，进而赢得消费者，赢得市场竞争。

4．竞争升级引发营销理念创新

从某种意义上来说，概念营销是市场竞争升级的必然产物。由“卖方市场”转向“买方市场”，市场竞争的层次也在不断提升。伴随着竞争激烈程度的增加，低层次的营销方式已无法赢得市场，概念营销理念也就应运而生。

5.1.3　概念营销的鲜明特点

概念营销有自己鲜明特点，主要表现在如下几个方面：

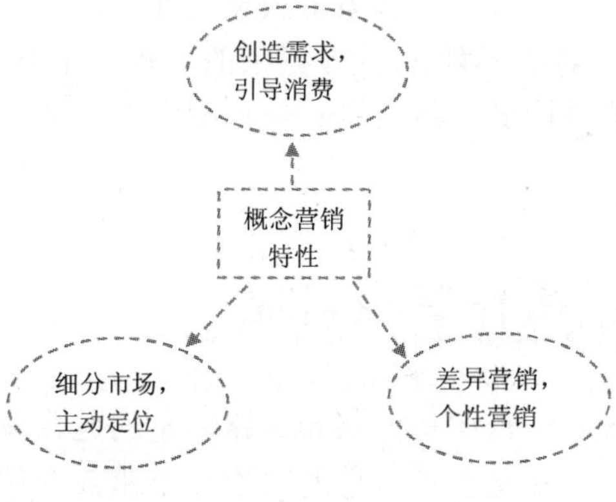

图 5-1　概念营销的三大特点

1．创造需求，引导消费

概念点必须新颖、独特、能够引起消费者的兴趣。产品的概念点，要好记忆、易传播。并且能代表产品发展趋势，或代表新的一种生活方式（消费观念）。产品概念不是技术意义上的概念，而是消费意义上的概念。如果消费者的潜在需求没有被挖掘出来的话，是无法形成现实购买力的。概念营销的一大特征就是通过推出某一特定概念，展现产品的核心价值，从而把消费者的潜在需求引导出来，甚至达到创造需求的境界。

2．细分市场，主动定位

支持产品概念成立的是一个系统，包括企业有实力开发具备此技术的产品，该技术能够给消费者带来某种利益，这种利益得到了证实认可，并且竞争对手不能提供。行业不同该支持系统的重点亦不相同。但整个支持系列必须成立，一个环节被竞争对手攻破，则整个概念产品的推广有失败的可能。概念营销遵循 STP 理论，但是它又有所突破，即在市场细分，锁定目标顾客之后，采取的是主动定位的姿态，有时定位甚至先于细分市场。这是因为概念营销所要推出的概念在还没有推出前，谁也不知道，目标顾客也不一定就是非常清晰的。只有当企业提炼出概念以后，突破了产品的同质，引起了顾客的认同感，产品的市场空间和目标顾客才完全明晰。

3．差异营销，个性营销

概念营销的另一大特征是差异营销和个性营销，这两种营销理念互有相通。概念营销既是差异营销，因为概念几乎是唯一的，无法复制的；概念营销又是个性营销，在一定程度上它是为了满足个性需求而产生的。利益点必须是消费者所关心的，而对手不能或较难提供的。提出的概念就如同一个记忆符号，该记忆符号必须易接受、易记忆、易传播，并且最好是能够将概念与企业（品牌）锁定在一起。

5.2 概念营销操作有章可循

如何进行概念营销，有很多方法和思路，它的运作离不开人的创意，也是无从复制的，但是方法却是有章可循的，本小节重点介绍概念营销的运作基本方法，概念营销的四个阶段，运作的投放方式以及运作的注意事项。

5.2.1 营销运作的思路

概念营销的运作方法思路还是比较简单的，主要的操作方法就是首先分析自己的核心竞争力，优先选择差异化竞争力，然后根据市场的定位把核心竞争力转化为概念再进行营销推广，在选择的时候主要从如下五种方向来挂钩。

1．与社会经济的发展潮流相顺应，选择自己的“与众不同”

顺应社会经济的发展潮流对概念营销来说非常重要，有时可以通过概念营销引导潮流。社会经济发展潮流包括消费者对社会时尚的追求和社会发展观念的变化等。如目前社会发展观念倡导环保和节能，若在概念营销上如能把握住这一点必将事半功倍。概念营销立足于消费者的需求，通过调查研究，分析出目标消费者最需要的产品或服务，以此来进行产品定位。概念营销通过挖掘出独特的、唯一的概念使自身品牌与其他品牌区别开来，这使消费者对该品牌有很高的价值判断，能够促进品牌忠诚度的提高。

概念营销强调顺应消费者需求变化趋势，推出新的消费概念，借助大众宣传媒介的大力宣传推广，使消费者最终接受这种消费概念，成为品牌的忠诚客户。自于消费者隐秘的、未被满足的需求的深入发掘，使消费者持续地购买以满足需求，而需求的满足是达成品牌忠诚的关键。

如果消费者的潜在需求没有被挖掘出来的话，是无法形成现实购买力的。概念营销的一大特征就是通过推出某一特定概念，展现产品的核心价值，从而把消费者的潜在需求引导出来，甚至达到创造需求的境界。通过这个需求的创造，概念营销使企业在市场上占据了一个有利的位置，一个更能吸引消费者购买的位置，大大提高了品牌的认知度，提高消费者对品牌的忠诚度。

2．与高新技术相挂钩，选择自己的技术优势

高新技术往往能够吸引大众目光，如果在概念营销中把概念适当往高新技术上靠，能够提高产品层次，促使现实购买。例如，企业利用新型材料发明了一种夜间“发光开关”，产品三次冲击上海市场均告失败。后来进行概念营销，推出“夜视开关”概念，一下子打开了销路。其实“夜视开关”与“发光开关”在产品层面毫无差异，但是在概念层面却大不一样。“发光开关”只是一种普通的称谓，而“夜视开关”却成功地将小小的开关与高新技术挂钩。

3．关注当前社会热点，与重大新闻事件联系起来

重大新闻事件往往能够吸引消费者的眼球。通过将产品的核心价值与重大新闻事件联系起来在概念营销经常使用，有时甚至为了概念营销的需要而制造新闻事件。需要注意的是概念营销中的概念与新闻事件要有一定的联系，不能牵强附会，而且新闻事件要有轰动效应，而不能盲目地把产品的核心价值与重大新闻事件联系起来。

4．客户就是上帝，与目标顾客的切身利益相契合

将产品的核心价值与目标顾客的切身利益相契合，在概念营销中也常常运

及与其他产品的差异，通常只开发一小部分产品。随着概念的导入成功，通常会有大批的跟随者，或者随着时间的推移，该概念已进入成熟期，在此种情况下可以考虑将该产品作为一个技术符号附加在其他产品上。延长概念产品线，扩大概念产品的整体销售上量，利用概念为企业带来更大的效益。

在概念产品的推广进程中不可轻易将“概念”滥用。如果一个“概念”尚未被广大的消费者所认识、所接受，将其作为技术符号使用，尤其是向低价位的延伸只能是折杀该概念的价值。最终促使自己的概念产品早日衰退，甚至没为企业赚取利润时就夭折了。

5.2.3 运作注意事项

概念营销是一种创新的营销理念，它具有一定的适用性。在实际运作中，还须注意以下四点：

1．须以市场调研为基础

市场调研是营销的基础和前提，只有通过调研才能最大限度地了解市场、降低营销风险。概念营销必须以市场调研为基础。如果概念的运作没有需求为基础的话，消费者一般是难以接受的，即使能够接受概念，也不一定会产生现实购买力。

2．需要产品质量的跟进

在概念营销中，产品是概念的载体。换句话说，产品本身要能够体现这一概念，否则消费者即使被概念所吸引，由于对产品的不满意，也会造成购买力下降。因此，在概念营销中，需要产品质量的跟进，要确保产品本身的使用价值；要确保产品能够满足消费者的需求；要确保产品的内在质量；要确保产品能够体现概念。

3．需要营销渠道的整合

从概念营销到现实购买力，中间还隔着营销渠道，因此需要进行营销渠道的整合，从而确保最终购买。比如，在概念层次取得了成功，吸引了消费者，但是没有进行终端的整合，导致顾客在购买中虽认同概念，但选择了其他品牌的产品，概念没有促成最终购买。这就需要对终端销售人员进行综合培训，并建立激励机制，保障概念营销的效果。

4．实现产品价值最大化

概念营销的目标是实现产品价值最大化。因此，须进行成本收益分析和风险报酬分析，科学合理地做出是否进行概念营销的决策。此外，还要从整个企业层面来看概念营销，在打造某一概念的同时，也可以带动本企业的其他产品。有时为了竞争的需要，在概念营销中应为跟随者制造进入壁垒，最大限度地实现价值最大化。

5.3 移动新生活，营销新平台：手机旺铺概念营销

2008 年通过朋友的介绍，我认识了一个专业从事基于 WAP（手机）网站开发的技术团队，技术带头人是科大毕业的李俊捷，当时他正带团队寻找资金运作他的“手机旺铺”项目，通过对项目技术了解我感觉到这个项目有他的技术前瞻性，而且手机互联网的概念和技术在 2008 年处于萌芽阶段，如果现今来看当时的项目定位和前景都是对的。因此我从项目的策划和营销定位都全程参与，通过努力获得五百万的个人风险投资，并通过概念营销成功从市场拿回基本投资，虽然在后面因为各种原因这个项目没能坚持下来，但还是获得较大成功的。本节就从项目的商业计划书着手，从概念定位，市场盈利分析、项目的包装等实际项目运作全程展示概念营销的可行性。

5.3.1 手机旺铺项目简介

手机旺铺（手机旺铺）：目标是打造中国领先的无线增值服务提供商和领先的无线互联网电子商务门户网站，成为中国 3G 移动电子商务第一品牌。北京掌易通电子商务有限公司通过创新的 B-3M 模式整合了电子商务、加盟连锁、体验营销、经纪人代理四种概念营销模式。为商家和企业搭建了全新的营销平台，为消费者打开了增值消费之门，为商家、企业以及消费者在移动互联网领域搭建了一座桥梁。向商家提供手机移动商铺、手机移动实名、手机精准营销、手机视频广告，并向企业客户提供移动办公自动化解决方案，同时提供技术咨询、营销服务、信息增值服务、产业发展与资源整合为一体的企业全方位服务。

其中的 B-3M 是指：

B-Mobile：商家——移动商街

商家可以通过掌易通手机移动商街平台进行重新排名，通过精准营销达到利益最大化。

B-Member：商家——手机注册会员

商家可以通过掌易通平台直达庞大的掌易通手机注册会员终端体系。

B-Manager：商家——掌易通经纪人

商家可以通过掌易通经纪人系统达成超额的产品销售和商业服务。

1．项目目标

近期目标（1 年）：吸引 30 万企业商户入驻以及 200 万注册会员的移动电子商务社区。

长期目标（3 年）：手机旺铺成为中国移动电子商务 3G 第一品牌。

2．移动商务市场容量

随着用户认识的逐渐提高，移动商务的商机开始逐步显现。调查数据显示，2004 年中国企业移动商务应用市场规模为 78.2 亿元人民币。2006 年中国移动商务应用市场规模超过 119 亿元，2009 年中国移动商务应用市场规模预计将达到 300.5 亿元人民币，年复合增长率高达 30.9%。而根据 Forrester 和 IBM 的调查分析数据显示，截至 2005 年底，全球企业移动数据市场规模已超过 2000 亿美元，其中亚太区市场规模达到 560 亿美元。根据我们的预测，中国将在数年以后成为全球移动商务最大的市场。

2008 年，中国 3G 市场用户数将突破 8900 万，市场规模达到 510 亿元，用户预测如图 5-3 所示，3G 市场容量预测如图 5-4 所示。

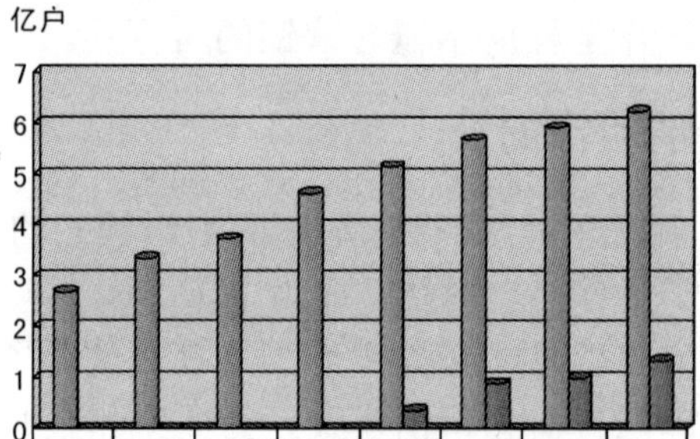

	2003	2004	2005	2006	2007	2008	2009	2010
总移动用户数	2.69	3.34	3.73	4.61	5.15	5.66	5.9	6.21
3G用户数	0	0	0	0	0.37	0.89	1.01	1.33

图 5-3　中国 3G 用户数预测

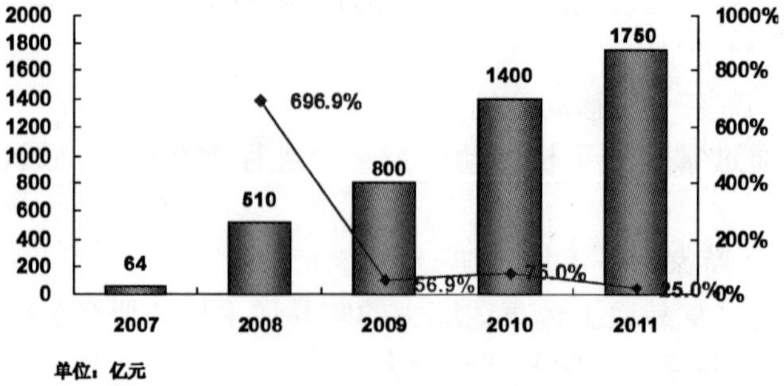

图 5-4　中国 3G 市场容量预测

3．移动商务的发展高峰即将到来

移动运营商和通信设备制造商将围绕着移动互联网进行大肆宣传，因为它们已经在数据通信设备和运营许可证上投入巨额资金。这些公司将倾尽全力唤醒用户的意识，并且使他们接纳这一通信方式。

从市场和业务总规模看，2006 年中国移动商务市场规模达到了 1000 亿元，比 2005 年增长 31.6%; 2007 年中国移动增值市场规模达到 1200 亿元，未来三年中国移动增值市场规模将继续增长，2008 中国移动增值市场又迎来一个新的发展高潮，此后便趋于稳定，预计到 2010 年中国移动增值市场规模将超过 2000 亿元，达到 2080 亿元。

3G 的发展使移动增值业务进入了一个新的时期，出现了以生活娱乐为主要内容，结合其他行业服务特点的新型业务。在 3G 发展的初期，大部分新业务将通过现有的技术在内容上进行创新，然后再将多种现有技术进行有机结合。

5.3.2　市场竞争分析

在未来 3G 平台环境下，各类细分增值服务在资费、移动终端、服务技术、服务质量上将出现巨大飞跃，一些新的移动服务领域类型即将成为 3G 时代的热点业务类型。手机旺铺是以手机为载体的大型 3G 综合应用平台，它整合的移动增值应用众多，盈利模式多样，因此在多个业务领域都会有同类型厂商参与竞争。

（1）电子商务领域:

电子商务以 B2B 和 B2C 业务类型为主，服务类型较多，覆盖范围广泛。

代表厂商：阿里巴巴、淘宝。

（2）搜索领域:

用户在移动通信网络中，通过移动终端，利用 SMS、WAP、IVR 等多种特定搜索方式获取所需信息的搜索行为。

代表厂商：百度、Google。

（3）门户网站类:

门户业务众多，盈利模式以广告、新闻为主。

代表厂商：新浪、Tom。

（4）专业门户类:

提供纵深的专业服务为主，在某一个业务领域内具有一定的品牌影响力。

代表厂商：大众点评、饭桶网。

（5）SP 类：

代表厂商：空中网。

手机旺铺竞争策略分析。

1. 电子商务领域竞争策略分析

对方优势：

（1）起步较早，模式比较成熟，完整、成熟的互联网电子商务运营模式庞大的客户资源积累，市场规模较大。电子商务以互联网为载体，经过十多年的发展，在整体法规法律、完整的支付手段、成熟的信用体系方面都发展的比较完善。

（2）业务模式比较完善，市场开拓强劲。具有网上购物、网上支付、网络广告、网上搜索、网上银行等多种业务类型，模式发展完善，对新市场的开拓非常适合

（3）具有庞大的客户资源和多领域经验。

（4）具有强大的品牌影响力。

对方弱势：

依然依靠互联网模式来发展手机业务，是从属性定位。手机旺铺具有的现有移动互联网商务模式是独立的业务，是主导地位。

手机旺铺的竞争策略：

（1）手机旺铺成长期阶段：手机旺铺成长阶段的行业覆盖和客户群体的覆盖以行业手机用户为主，短期不会形成强势对立，前期暂时避免交易。

（2）手机旺铺发展期阶段：手机旺铺发展阶段，强调以城市为单位的本地化服务和本地化运营，这是从属于互联网的电子商务所不具备的。

2. 搜索领域竞争策略分析

该领域优势：

（1）搜索技术成熟：以 Google 和百度为主的搜索领域，成熟的搜索技术具有强大的优势。

（2）成熟商业与强大的盈利模式：互联网的竞价排名已经具有很大的盈利能力，而且得到了广泛的认可和认知度，并且得到了极大的应用，新领域推广容易。

（3）庞大的客户资源积累：互联网搜索最庞大的客户群体和最成熟的用户。

（4）有强大的品牌市场：强大的品牌市场是 Google 和百度搜索最不可动摇的优势。

手机旺铺的竞争策略：

（1）重点推广手机旺铺手机搜索的垂直化、个性化服务。手机旺铺为用户提供垂直搜索，提供行业内有深度的搜索服务。

（2）突出手机旺铺的数据内容搜索服务。手机旺铺所拥有的庞大行业数据库，可以保证为用户提供行业内数据搜索服务。

（3）突出手机旺铺的营销搜索数据服务。手机旺铺为用户提供有针对性的营销数据服务，手机旺铺的目标客户群体是以企业客户为主，恰恰符合用户的利益。

3．新浪为主的门户网竞争策略分析

对方优势：

（1）成熟的门户运营经验。

（2）拥有成熟的盈利模式和盈利点。

（3）新浪拥有短信、彩信、彩铃、IVR、WAP、游戏、手机游戏等多个平台。

（4）拥有庞大客户群和品牌知名度，新浪拥有超过一亿的注册用户。

手机旺铺的竞争策略：

主策略采取合作方式，实现双赢。

（1）多种模式合作：如邮箱、论坛、社区、游戏等多领域的合作。

（2）利用门户网站的知名度进行联盟推广。

4．行业专业网站竞争策略分析

对方优势：

（1）具有行业内的运营经验。

（2）具有某一个行业内的品牌优势。

对方弱势：

受行业限制，形成的竞争力有限。

手机旺铺的竞争策略：

（1）部分业务合作：在部分行业内进行业务合作，利用对方知名度进行宣传。

（2）突出手机旺铺多领域优势。

5．转型的 SP 网站竞争策略分析

对方优势：

（1）强大的资金打造手机门户。

（2）具有一定的资源积累。

对方弱势：

竞争目标主要为新浪、Tom 等门户网站。

手机旺铺的竞争策略：

（1）部分业务合作：在部分行业内进行业务合作，利用对方知名度进行宣传。

（2）重点突出手机旺铺多领域优势。

5.3.3 手机旺铺产品

这一小节主要是对手机旺铺概念的展开，落实到操作平台上转化成可销售的实际产品。

1．手机旺铺概念

手机旺铺是 3G 移动通信应用的专业门户，是面向 B2B 和 B2C 提供服务的一个全新的、全功能的大型综合移动商务平台，是直接面向全国 5.65 亿手机用户的企业窗口。

它是基于移动互联网，聚集消费者与商家的虚拟商业中心，是数千万使用手机的注册会员与上百万提供服务的商家的汇聚之地。

在手机旺铺，会员通过手机获得及时有用的消费和生活服务信息，比较、选择和消费，了解商家并参与互动，享受实惠与折扣。入驻的商家通过手机旺铺进行商机推广和信息展示，为会员提供商业服务，促进商家销售增长。

（1）大型 3G 移动商务综合平台，模式等同于阿里巴巴与百度的综合统一。

（2）拥有最优秀的双引擎搜索方式，方便客户迅速找到企业。

（3）真正的手机搜索与展示功能结合，是企业展示、发布信息的优选窗口。

2．手机旺铺关键价值

手机旺铺的价值主要体现在对商家、消费者以及代理商三个层面，也只有对这三方都有价值的产品才能真正撬动市场的运营。

对商家的价值

手机旺铺为商家提供了一个低成本拥有和快速使用的新型营销平台。通过巨大的商街会员访问群体，树立并推广商家品牌形象，拓展商家的商业地理范围，“只要有手机的人都有可能成为你的客户”。

手机旺铺帮助商家：

（1）收集目标客户资料功能，把握商机。

（2）重整行业资源，重排企业座次的机遇，企业通过手机旺铺可以成为本行业的真正领跑者。

（3）汇集行业资讯，是企业搜索信息的最优方式。

（4）企业用户可随时随地访问企业。手机旺铺使用户只需通过手机，就可实时了解企业最新产品、服务、市场、促销等动态信息；并可方便地留言、建议或投诉；下载短信折扣卷、多媒体介绍等。

（5）精准营销，高效互动。手机旺铺使用户通过手机可随时随地购买企业产品或服务，随时随地参与企业的营销活动。企业对客户精准的细分和定位，让企业的销售与营销高成效、可评估，让企业客户更方便、更满意。

（6）一切客户尽在掌握，占据超大规模的客户群体。手机旺铺让企业的潜在客户、老客户一切尽在掌握。客户或消费者通过手机访问企业手机旺铺，自然地留下手机号码、访问内容、访问时间等“蛛丝马迹”，通过对此信息进行跟踪与分析，即可了解客户或消费者的年龄、性别、促销偏好、消费偏好等信息，真正做到对客户一切尽在掌握。

对消费者的价值

（1）消费者可随时随地获取资讯信息。手机旺铺使消费者只需通过手机，就可实时了解企业最新产品、服务、市场、促销等动态信息；并可方便地留言、建议或投诉；下载短信折扣卷、多媒体介绍等。

（2）手机旺铺真正使消费者与企业高效互动。消费者通过手机旺铺掌握商家的信用与受关注程度，真正实现高效互动。

（3）消费者通过手机在手机旺铺与商家互动，获得商家的优惠。向商家预约服务，通过互动获得商家的奖品，并可直接向商家订购商品，省去中间环节，享受实在利益。

（4）汇集行业资讯，是消费者搜索信息的便捷方式。

对代理商的价值

（1）把握商机，加入中国最有活力的移动商圈。手机应用的移动商务市场是全球成长速度最快的电子商务市场，即将成为互联网之外的下一个金矿。

（2）手机旺铺是持续盈利的商业模式。手机旺铺是一个综合的移动电子商务服务平台，开发一个客户，可以年年有收入，月月有进账，合作伙伴可以从多项项目上获益。

（3）手机旺铺销售简单，利于规模化推广。手机旺铺从企业移动营销入手，销售过程简单，销售模式可快速推广。

（4）交付方便，无后顾之忧。手机旺铺属于在线服务，不需要硬件投入也无需软件安装、配置和维护。合作伙伴无技术门槛，也无传统的软件售后服务成本高昂之忧。

3．手机旺铺功能结构

对于手机旺铺概念的理解并不是很难，但落实到与营销策划和市场人员沟通的时候发现非常的难，因为这是一个全新的事物，平台也没开发完全，为了把产品尽可能简单化的告诉任何一个人，技术部下了一番功夫，将所有的技术语言翻译成了图表的格式，我也安排设计部把官网先设计了第一版，如图 5-5 所示。

图 5-5 项目的官网

产品的核心其实就在于 WAP 同步平台，手机框架里的内容，WAP 平台核心的架构展示如图 5-6 所示。

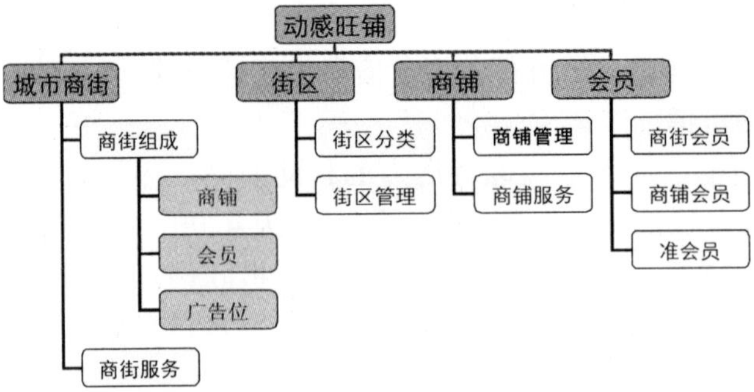

图 5-6 产品的核心架构

城市商街的架构如图 5-7 所示。

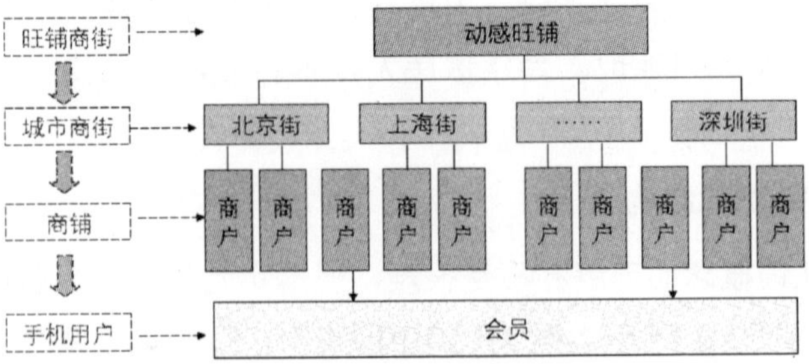

图 5-7 商街的架构示意图

总部管理后台结构如图 5-8 所示。

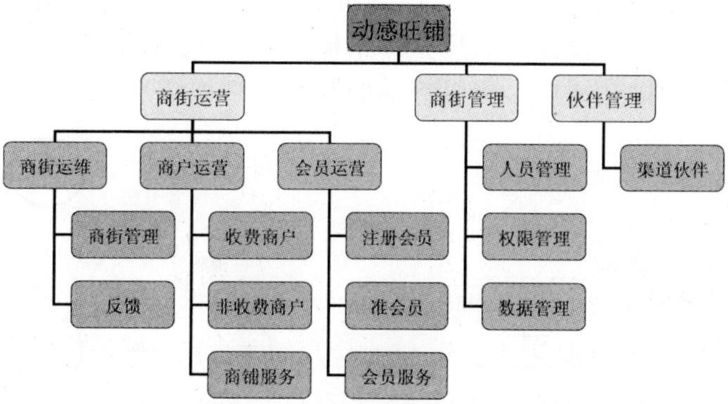

图 5-8　总部管理后台架构

商户运营模块结构如图 5-9 所示。

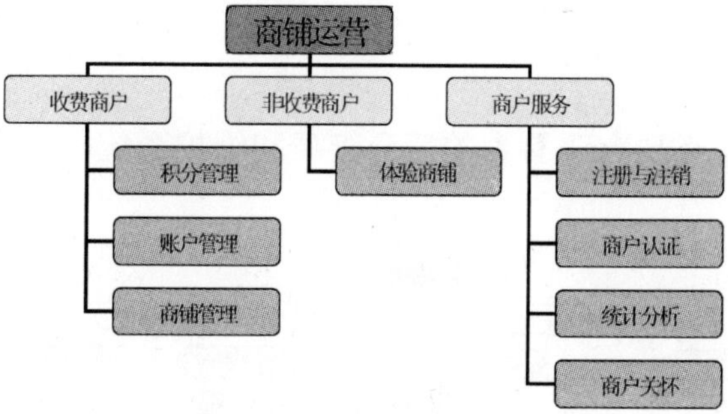

图 5-9　商户运营模块结构图

商街管理的结构如图 5-10 所示。

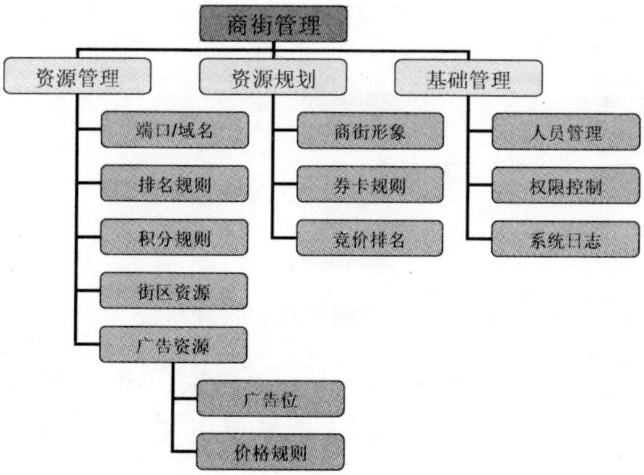

图 5-10　商街管理的结构图

商户是手机旺铺主要核心的客户，如何开发出一套完善的系统，能够充分满足商户的需求是手机旺铺的技术核心所在，技术团队对商户的功能这块也下了很大的工夫去策划与设计，商户整体结构如图 5-11 所示。

商户进驻到手机旺铺后，可以包括的基本属性如图 5-12 所示。

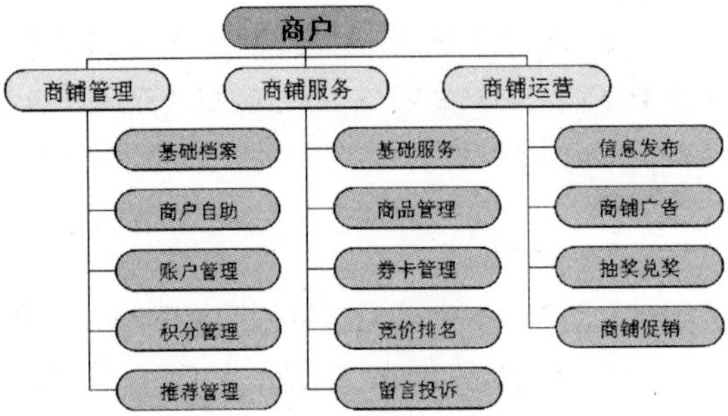

图 5-11　商户的整体结构图

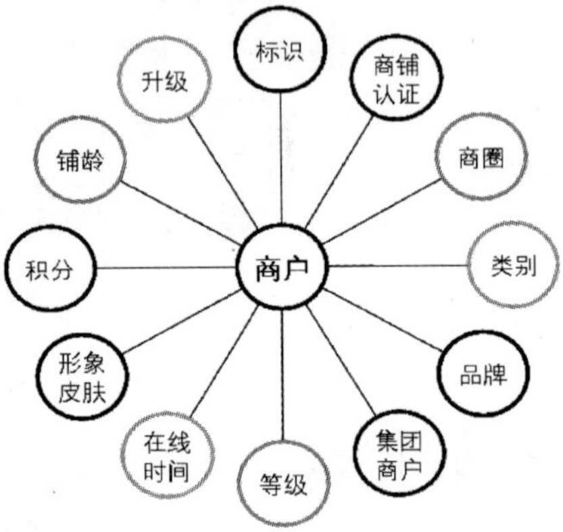

图 5-12　商户的基本属性

一个好的系统还要有强有力的后台管理和维护系统，商户后台管理结构如图 5-13 所示。

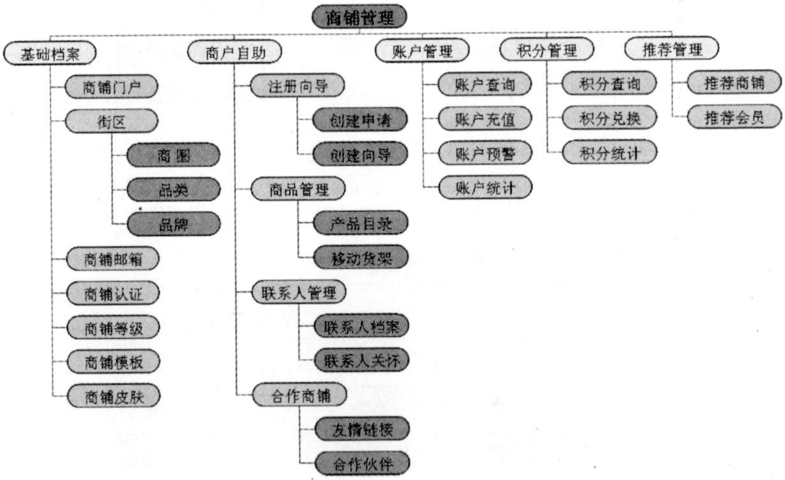

图 5-13　商铺的后台管理系统

给商铺所提供的具体商业服务如图 5-14 所示。可以设置关键词方便读者搜索，可以发布并管理商品，可以发布优惠券供下载，可以有竞价排名服务，同时还可以及时留言投诉。

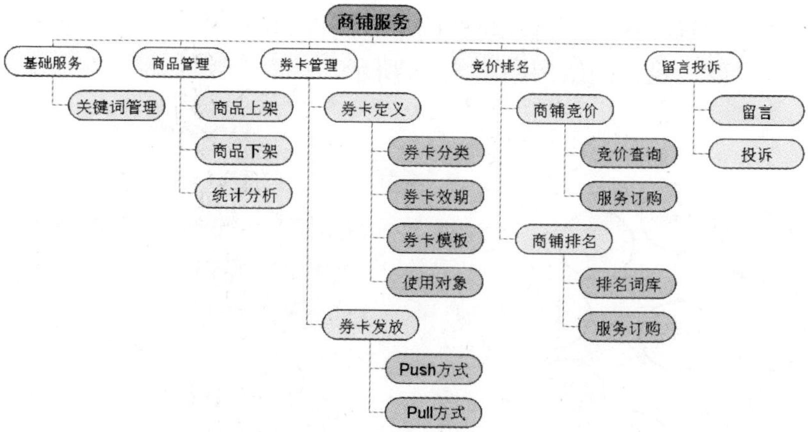

图 5-14　商铺的服务功能

商铺在发布信息后，是需要指导具体的运营方法的，这里也做出了具体的运营操作方法如图 5-15 所示。

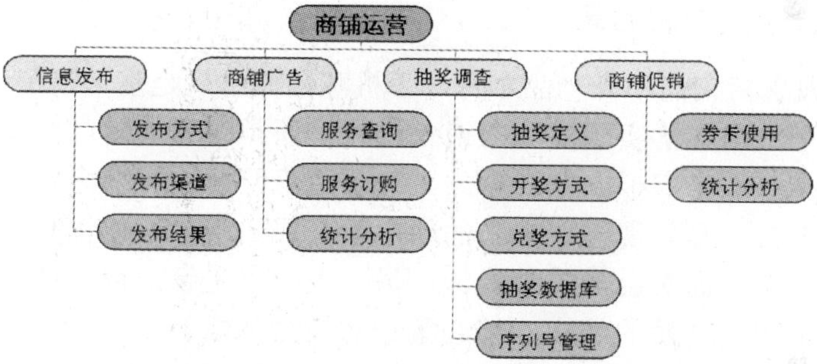

图 5-15　商铺的运营指导方法

会员是手机旺铺的最后消费者，如何设计会员系统与商家系统对接，符合会员自身消费的需求，同时符合商铺的需求，也是需要经心的设计，程序对会员的后台整体结构也做了详细的设计如图 5-16 所示。

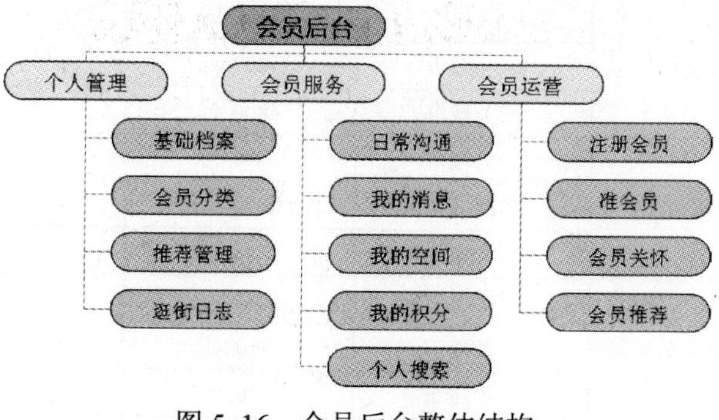

图 5-16　会员后台整体结构

会员访问手机旺铺后，可以包括的基本属性如图 5-17 所示。对于会员的后台管理也很重要，设计的结构如图 5-18 所示。

图 5-17　会员的基本属性

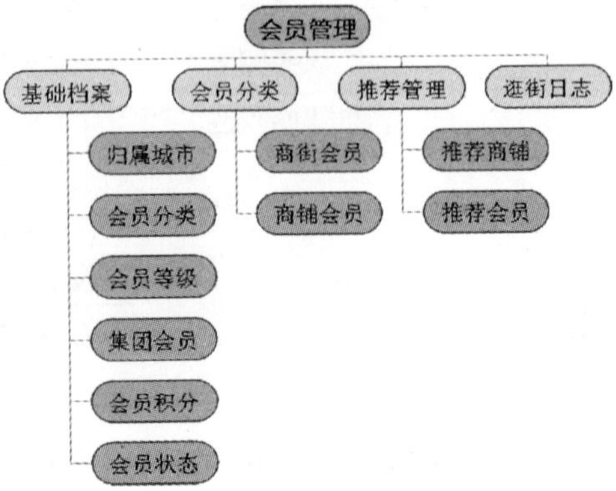

图 5-18　会员管理的后台

4．手机旺铺的产品目录

所有的概念营销离不开产品本身，手机旺铺概念只是基于整个 WAP 平台技术概念的一个总结，落实到实际的销售过程中还是得有实际产品的支持，不管是落地的产品，还是虚拟的广告产品。对于手机旺铺这样概念定位是基于一个全新的营销平台，是体现一种未来的新生活方式，所以可以销售的产品就只有两大类，一大类是面对会员的消费卡，另一大类就是针对商家的广告费用，通过对上述技术团队开发的结构，精心策划的最后产品目录和价格方案如表 5-1 所示。

表 5-1　基本产品服务目标价位表

产品编号	服务目录		价格	交付介质	起售
1	掌易通卡		50 元/张	物理卡	50 张
2	顶级实名词	一类城市	6000 元	电子	年
3		二类城市	5000 元	电子	年
4		三类城市	4800 元	电子	年
5	一类实名词	一类城市	3600 元	电子	年
6		二类城市	2880 元	电子	年
7		三类城市	2160 元	电子	年
8	二类实名词	一类城市	1200 元	电子	年
9		二类城市	960 元	电子	年
10		三类城市	720 元	电子	年

（续）

产品编号	服务目录		价格	交付介质	起售
11	三类实名词	一类城市	500 元	电子	年
12		二类城市	500 元	电子	年
13		三类城市	300 元	电子	年
14	精准营销	SMS	0.1 元/条	电子	2000 条起
15		MMS	0.3 元/条	电子	2000 条起
16		制作费	100 元		2000 条起
17		彩信制作费	200 元		2000 条起
18		彩信设计费	300 元		2000 条起
19		手机视频广告	3 万元		
20	文字广告（字数由总部定）	城市商街首页	200 元	电子	买 2 周送 2 周
21		街区首页	120 元	电子	买 2 周送 2 周
22		全国街首页	300 元	电子	买 2 周送 2 周
23	图片广告（尺寸总部定）	城市商街首页	500 元	电子	买 2 周送 2 周
24		街区首页	300 元	电子	买 2 周送 2 周
25		全国首页	1500 元	电子	买 2 周送 2 周
26	首页格子		10 万元	电子	
27	营销工具		50 元		
28	企业移动解决方案		200 万元		

5.3.4　市场运营模式

好的产品需要有精心策划的市场运营模式，本项目的市场代理采用了五级经纪代理模式，即手机旺铺设置省级、地市级、县级、街区、经纪人五级代理制度。通过推动五级代理，将手机旺铺快速展开，打开市场。产品销售的运营体系和关系如图 5-19 所示。

“经纪人”的任务：

可升级为街区代理、县级代理、市级代理，并可招收以上代理。前期推介 B-3M 体系，销售“易通卡”“手机旺铺”“黄金广告位”“实名”。

“街区代理”的任务：

创建自己的街区，打造街区经纪人体系，对街区下的经纪人进行统一管理，实现商铺的信息采集和管理工作。

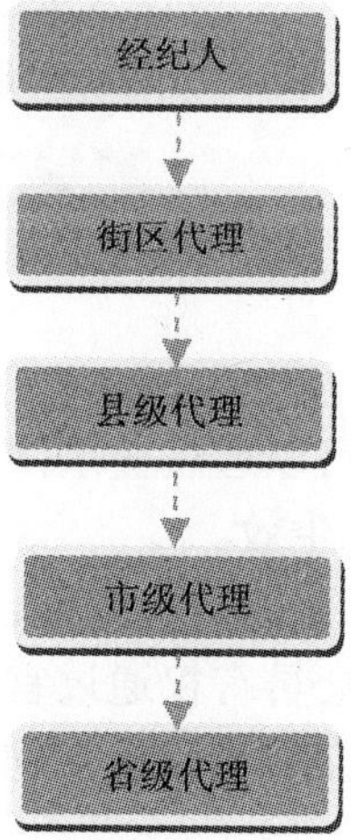

图 5-19　产品销售的运营体系和关系

“县级代理”的任务：

创建自己的县级街区，打造县级经纪人体系，对街区下的经纪人进行统一管理，实现商铺的信息采集和管理工作。

“市级代理”的任务：

创建自己的市级街区，打造市级经纪人体系，对街区下的经纪人进行统一管理，实现商铺的信息采集和管理工作。

“省级代理”由公司建立分公司直营。

1. 会员的权益

会员是手机旺铺的基础，项目对会员的权益做了如下的规划：

（1）如何成为注册会员：

1）需用 50 元购买一张注册会员卡，持卡人用手机登录网站注册会员后生效，设计的会员卡如图 5-20 所示。

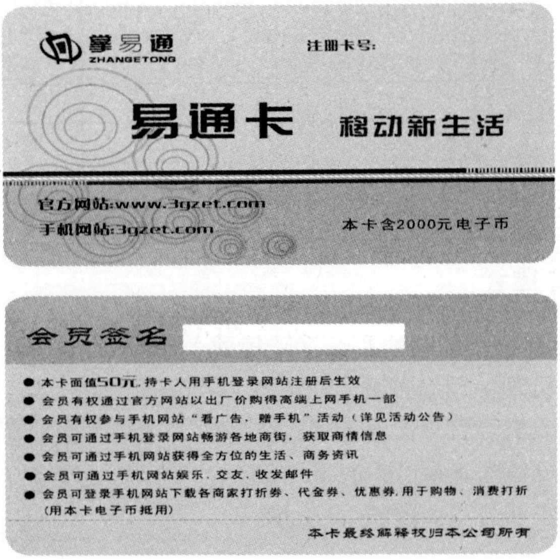

图 5-20　会员使用的会员卡

2）可以通过登录网站注册图表，登陆手机 WAP 网站注册图表、短信注册图表进行生效。

（2）注册会员权益：

1）会员有权通过官方网站以出厂价购得高端上网手机一部。

2）会员在活动期间有权参与手机网站“看广告，赠手机”活动（详见活动公告）。

3）会员可通过手机登录网站畅游各商街，获得商情信息。

4）会员可通过手机网站获得全方位的生活、商务资讯。

5）会员可通过手机网站娱乐、交友、收发邮件。

6）会员可登录手机网站下载各商家打折券、代理券、优惠券、用于购物、消费打折（用卡内的电子币抵用）。

（3）注册会员优惠期活动：

为充分体现掌易通注册会员权益，彰显掌易通注册会员价值，值此辞旧迎新之际，特推出“看广告，送手机”100 万元之大赠送活动。

活动时间：2009 年元月 1 日~2009 年 4 月 30 日（活动时间延长或内容变更另行通知）。

1）注册会员以出厂价 600 元向掌易通总部申购一台市场价值 1580 元的高级上网手机，即可参加此次活动。

2）注册会员通过手机网站或官方网站输入会员卡号及密码、身份证号及姓名、注册手机号及本人工商银行、建设银行或农业银行卡号，开始参与点击观看广告。

3）注册会员每天用注册手机号登陆 3gzet.com 手机网站有效点击观看广告达 21 次以上（当日点击观看不能重复）即可获得掌易通总部返还现金，具体规则如下：

第一条：注册会员自点击观看广告之日起，持续 120 天为一个活动周期，活动参加时间截止到 4 月 30 日。

第二条：点满 30 天为一个月，第一个月返还现金 300 元，第二个月返还现金 100 元，第三个月返还现金 100 元，第四个月返现金 100 元，所返还现金均为合格后次月返还。

第三条：合格条件为每日点击观看 21 次以上。自参加活动开始，如一天未点击观看，或未点击观看够 21 次，即视为不合格失去返还现金资格。

2．商务经纪人

掌易通经纪人是移动商街上会员商铺和总部的链接者，是注册会员（手机用户）和移动商街的链接者，是会员商铺广告业务投放的服务者。掌易通经纪人还可以通过掌易通移动商街平台为广大的消费者提供便捷、多样、优质的服务。

（1）成为经纪人的条件：

1）参加专业的移动电子商务经理人培训。

2）缴纳移动电子商务经理人报名、教材、培训、认证费用。

3）考取由电子商务协会颁发的移动电子商务经理人资格证。

（2）掌易通经纪人享有的权益：

1）获得开展掌易通移动商街相关商务活动的授权。

2）获得推广注册会员的权利。

3）协助公司推广各级代理；商务经纪人协助公司招收街区代理或市级代理，可获得销售额一次性互动分销奖 10%。

4）协助公司开展电子商务协会在全国举办移动电子商务经理人培训和招生。

5）通过上述商务活动获取佣金，终身享有所招收直接推荐的市级代理的总业绩 1%的提成。

6）推荐五个街区代理可申请成为街区代理，或自签约之日起在一月内补交 5400 元培训费并获得商务经济师资格证后可申请成为街区代理。

3. 街区代理

街区代理主要负责招聘经纪人和针对所管辖街区招广告代理商，在会员积极参与经纪人代理多的情况下产生街区代理。

（1）街区代理获取资格：

1）参加为期三天的商务经济师培训。

2）提供商务经济师资格证或营业执照副本复印件。

（2）街区代理享有权益：

1）获掌易通街区代理经营权。

2）注册会员 VIP 卡 200 张（价值 10000 元）。

3）获得由商务部培训中心颁发的价值 7200 元的商务经济师资格证。

4）获得公司价值 960 元的实名词广告三节。（年底之前公司赠送 10 个免费 VIP 街区代理资格）。

5）当上条中 200 张 VIP 卡在手机或网上下载消费时，街区代理可获得同比例积分。

6）街区代理协助公司招收街区代理或市级代理，可获得销售额一次性互动分销奖 12%。

7）终身享有所招收直接推荐的市级代理的总业绩 1%的提成。

8）推荐五个市级代理或五十个街区代理，可以享有市级代理第四条、第五条及第六条的权益。

4. 市级代理

市级代理主要实现对划分的市级区域下属街区代理行使管理，可以招聘所属区域的经纪人，招收商铺商家。

（1）市级代理获取资格：

1）参加为期三天的商务经济师培训。

2）交培训费人民币 7200 元及城市独家代理费 92800 元。

3）提供营业执照副本复印件并签协议。

（2）市级代理享有权益：

1）获掌易通市级代理独家经营权，享有该城市的区域保护。

2）获得注册会员 VIP 卡 2000 张（价值 100000 元）。

3）获得由商务部培训中心颁发的价值 7200 元的商务经济师资格证。

4）获得公司价值 10 万元的商街一条及店铺 50 家。

5）获得与该市市政府合作开发政府移动商务办公项目的授权。

6）获得把该市市政府招商引资及农业项目与掌易通相关单位进行对接的权益。

7）总部大力支持并协助市级代理在该市开两次大型招商会；（年底之前公司再赠送两个街区代理资格）。

8）当上条中 2000 张 VIP 卡在手机或网上消费时，市级代理可获得同比例积分。

9）市级代理协助公司招收街区代理或市级代理，可获得销售额一次性互动分销奖 15%。

10）终身享有所招收直接推荐的市级代理的总业绩 1%的提成。

11）帮助公司招收经纪人，可获得销售额一次性互动分销奖 40%。

12）帮助公司招收商家，可获得销售额一次性互动分销奖 45%。

在确定市场的运营模式之后，还需要规划整个项目的市场容量，在规划市场格局时不能拍脑袋写数据，而要根据实际的环境来规划，手机旺铺按照行政区域规划整个市场，所以代理的规模还是很好规划的，如表 5-2 所示。

表 5-2　市场的格局计划

	代理类型	规　模
1	省级直营	30 个
2	地市级代理	500 个
3	县级代理	2000 个
4	街区代理	20000 个
5	经纪人	100000 个

5.3.5 启动资金预算

根据从 2008 年 12 月开始至今，手机旺铺试运营期间市场反映及效果评估，可以得出以下的结论：以 6 个月时间为第一个启动运营周期，市场完全可以顺利启动，进入良性运营。

以下是启动期资金投入预算：

（1）办公场地租金 36 万元（500 平方米，月租金 6 万元）。

（2）办公场地押金 12 万元（一般押两个月）。

（3）装修费用 8 万元。

（4）办公用品、家具采购 15 万元（含电脑、投影仪等）。

（5）企划宣传费用 5 万元（含印刷、制卡费用）。

（6）技术平台搭建 10～20 万元（包括官方网站、手机平台和两台服务器托管费用）。

（7）员工工资 120 万元（月工资 20 万元）。

（8）周转资金 12 万元（促销用品）。

（9）启动会议费用 12 万元。

（10）预备资金 60 万元。

合计：300 万元。

5.3.6 风险控制与规避

手机旺铺是以手机为载体的电子商务应用，它是以手机为主的手机移动增值服务，是理念创新、技术创新、服务创新的新型产物，它的出现意味着新的市场的出现，但其发展更多地受不同因素的制约。

1．项目规划风险与防范

项目的前期规划（包括需求调研、需求分析、系统规划与设计等）实际上是一个项目的求生阶段。防范规划风险应遵从以下原则：

大处着眼，小处着手的原则：

规划时要站得高，眼界要宽，着眼点要远大，有一定的前瞻性，这样做规划才能有发展。具体实施时一定是有步骤、分阶段，一件事一件事地去做，事事落到实处。

以需求为中心的原则：

充分了解并理解需求，站在用户（使用者）的角度考虑问题。规划要满足商铺和手机用户的需求。

2．技术风险与防范

未来可能出现的技术风险：

（1）高并发量的用户访问将带来的服务器和平台性能压力。

（2）在线支付带来的安全问题。

防范对策：

（1）我们采用高效率、高性能、高安全性并跨平台特性的语言技术，java 和 C 语言，从程序流程处理上做到最优化。并结合 java 第三方的缓存插件 OSCache，高效缓存一些访问频繁的数据，从而减少数据库压力。最后还会用到大型集群技术，将网络流量分担到多个服务器，起到负载均衡效果。

（2）采用目前最先进最流行的 PKI 体系结构，采用证书管理公钥，通过把客户的公钥和其他标识信息（如名称、E-mail、身份证号等）捆绑在一起，在互联网上验证身份，并将公钥密码和对称密码结合起来，实现密钥的自动管理，保证了手机旺铺网上数据的机密性、完整性、有效性。

3．运营商风险与转移

目前国内市场的运营商既是游戏规则的制定者，同时又是游戏的参与者，如何和运营商处理好关系一直是无线增值服务提供商最关注的问题。来自运营商的风险对手机旺铺的发展来说是相对较小的，手机旺铺的发展不会受运营商的过多制约。

风险规避：

（1）发展前期主要是借助运营商的平台来发展业务，不会受制约。

（2）发展后期和运营商的合作，需要根据手机旺铺的发展情况做不同决定。

风险转移：

后期可采取和运营商部分业务合作和利润分成的模式合作。

4．市场风险与控制

国内的手机移动增值服务是一个需要培育的市场，用户的使用习惯的改变，手机旺铺的推广和普及肯定等都需要一定周期，但随着 3G 技术的普及，移动商务这个潜力巨大的市场正在迅速被瓜分，因此如何尽快抢占移动商务市场最有利的地势，就成为手机旺铺前期推广重点关注的问题。

（1）利好消息。2008 年 5 月 23 日，国家三部委下达通告，宣布电信业重组，并称重组完成即发放 3 张 3G 牌照。电信业资深专家宋俊德教授称电信部门重组其实在一年前就已经悄悄在进行，并称 3G 正式上线在即。

图 5-21　公司简介的设计效果

2．会员注册

（1）如何成为注册会员：

1）购买一张易通卡，持卡人用手机登录网站注册后生效。

2）通过登录网站注册、登录手机 WAP 网站注册、短信注册图表。如图 5-22 所示。

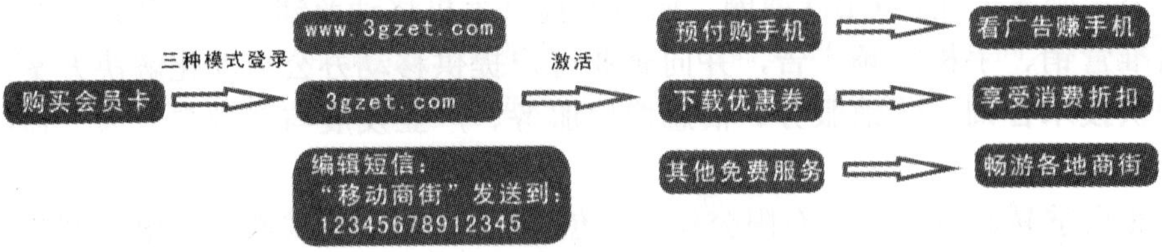

图 5-22　会员注册使用流程

（2）注册会员权益：

1）会员有权通过官方网站以出厂价购得高端上网手机一部。

2）会员在活动期间内有权参与手机网站“看广告，赠手机”活动（详见活动公告）。

3）会员可通过手机登录网站畅游各商街，获得商情信息。

4）会员可通过手机网站获得全方位的生活、商务资讯。

5）会员可通过手机网站娱乐、交友、收发邮件。

6）会员可登录手机网站下载各商家打折券、代理券、优惠券、用于购物、消费打折（用卡内的电子币抵用）。

设计的会员注册挂板如图 5-23 所示。

图 5-23　会员注册的设计效果

3．经纪人

软件时代，财务软件成就了无数的百万富翁！

互联网时代，竞价排名成就了无数的千万富翁！

移动互联时代，又是什么即将成就无数的亿万富翁？

（1）掌易通经纪人：

掌易通经纪人是移动商街上商铺会员和总部的链接者，是注册会员（手机用户）和移动商街的链接者，是商铺会员广告业务投放的服务者。掌易通经纪人还可以通过掌易通移动商街平台为广大的消费者提供便捷、多样、优质的服务。

（2）成为经纪人的条件：

1）参加专业的移动电子商务经理人培训。

2）缴纳电子商务经理人培训费。

3）考取由电子商务协会颁发的移动电子商务经理人资格证。

（3）掌易通经纪人享有权益：

1）获得开展掌易通移动商街相关商务活动的授权。

2）获得推广注册会员的权利。

3）协助公司推广各级代理。

4）协助公司开展电子商务协会在全国举办移动电子商务经理人培训和招生。

（5）通过上述商务活动获取佣金。

设计的经纪人挂板效果如图 5-24 所示。

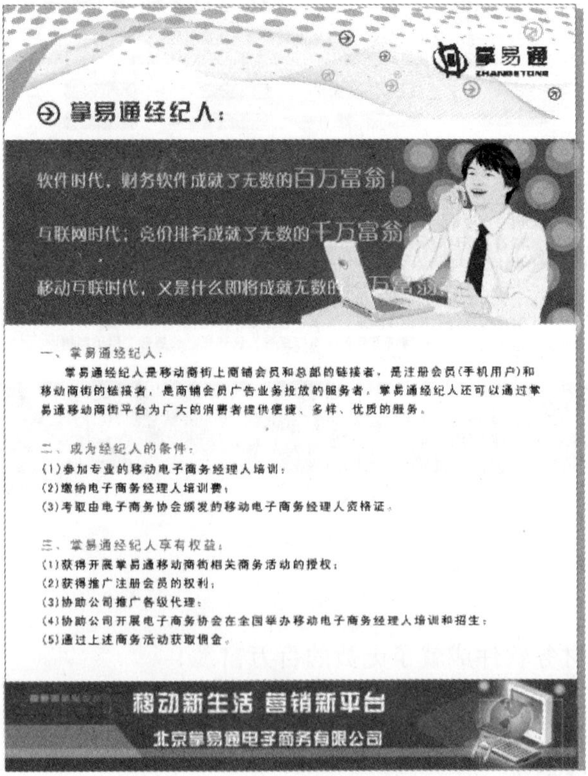

图 5-24　经纪人挂板的设计效果

4．合作代理

6500 万注册会员
1960 万商铺会员
15 万移动商务经纪人
2 万街区代理
500 家市级代理
30 家省级代理
您将坐享哪把财富交椅?

（1）掌易通代理概念：

授权代理人在代理范围内代表掌易通进行掌易通移动商街相关商务活动。代理人在掌易通授权范围内所进行的相关商业活动，直接对掌易通发生效力，即代理双方属于一种委托和被委托的关系。代理商在代理业务中，只是代表委托人推广客户，招揽订单，签订合同，处理掌易通的移动商务活动并从中赚取代理佣金。代理双方通过签订代理协议建立起代理关系后，代理商有积极推广掌易通移动商街商务活动的义务。

（2）如何成为代理：

1）参加专业的移动电子商务高级经理人培训并获得证书。
2）缴纳移动电子商务高级经理人培训费。
3）具有一定的市场开发能力。
4）提供营业执照副本复印件。
5）与公司签订代理合同，获得公司的代理授权。

（3）代理加盟流程：

代理的加盟流程如图 5-25 所示。

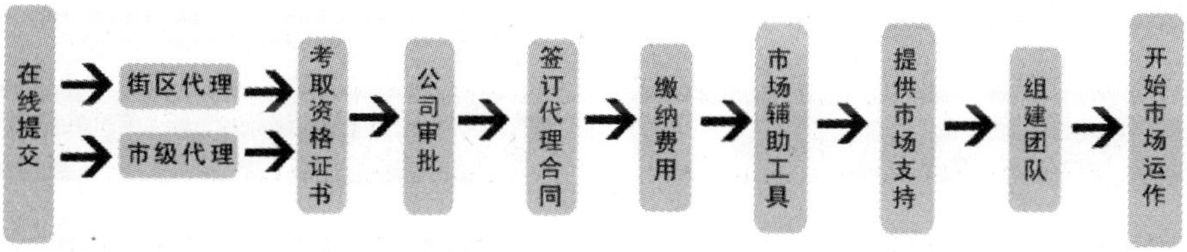

图 5-25　代理的加盟流程

（4）市级代理享有权益：

1）获得掌易通移动商街相关业务经营权。
2）获得手机商铺实名区域经营权。
3）获得手机商街排名区域经营权。

4）获得手机精准营销区域经营权。

5）获得手机视频广告业务的区域经营权。

6）所获得区域经营权业务收益按公司规定佣金标准发放。

7）获得该区域移动办公自动化项目推广权。

8）总部大力支持并协助市级代理在该市开两次大型招商会。

（5）代理的经营范围：

1）帮助公司开拓商家。

2）帮助公司建立注册会员体系。

3）协助公司推广各级代理。

4）与公司共同举办各种类型招商会，对公司的各项产品依法进行经营。

5）协助公司开展移动电子商务协会举办电子商务经理人培训和考试。

设计的合作代理挂板效果如图 5-26、图 5-27 所示。

图 5-26　合作代理的第一块板

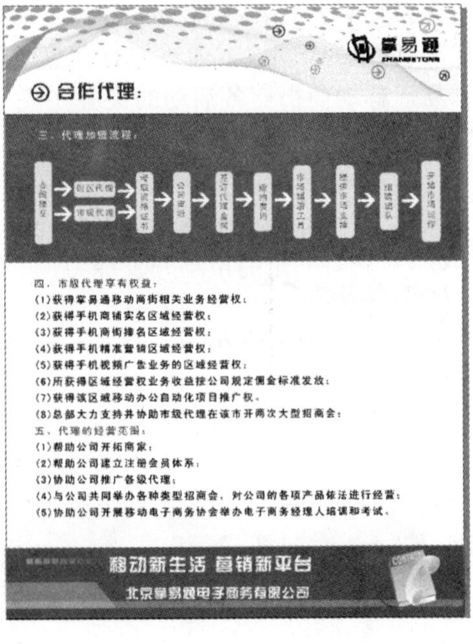

图 5-27　合作代理的第二块板

5. 产品介绍

手机商街实名
手机商街排名
手机精准营销

手机视频广告

掌上商街是什么？

掌上商街是真正的 3G 移动通信的专业应用，是面向企业和企业、企业对个人提供服务的，全新的、多功能的大型综合移动商务平台，直接面向全国 6.47 亿手机用户的专业门户，是为手机注册用户提供及时的生活信息和消费服务的专业移动电子商务平台。它是基于移动互联网，聚集消费者与商家的移动商业中心，是亿万使用手机注册会员与上千万提供服务的商家的汇聚之地。

（1）移动商街具有如下特点：

1）大型 3G 移动商务综合平台，模式等同于淘宝与百度的综合统一。

2）拥有最优秀的双引擎搜索方式，方便客户迅速找到商家。

3）真正的手机搜索与展示功能结合，是商家展示、发布信息的优选窗口。

（2）掌上商街为商户和会员提供哪些服务？

移动商街为商户和会员将提供信息类、互动类、交易类三大服务，通过各类服务帮助商家抢占先机，进行精准营销。主要服务内容有：

1）商铺实名服务：

商铺实名是为手机用户快捷访问移动互联网而建立“关键词”寻址技术。手机用户通过“商铺实名”直达注册该关键词商家的网站。商户可以把行业名称、公司名称、商标、产品名称等注册为“商铺实名”，独占资源。

2）竞价排名服务：

店铺可通过购买移动商街排名词参与店铺的竞价排名。排名词指具有一定通用性和行业性的热门词汇，商铺通过购买排名位，可以增加被手机用户浏览的机会。商铺人员可以查询排名词，对未订购的排名位可以进行订购。

3）精准营销服务：

商铺利用移动商街进行精准营销，和商铺会员进行各种互动交流：

① 发布商家信息，进行商家形象宣传；

② 商铺发布文字图片广告；

③ 发布促销信息，支持多种发布方式；

④ 接受客户投诉和建议；

⑤ 发放优惠券；

⑥ 进行促销活动。

4）智能短消息服务：

移动商街为商家提供多种短消息服务：

① 智能回复：根据来访短信自动将设置好的信息回复到来访者手机；

② 多级栏目设置：可设置几级子栏目，用于区分不同属性的内容；

③ 来访统计：记录给您商铺的发短信的全部客户手机号码；

④ 精准营销：对目标客户发送您所确定的文字信息和手机流媒体广告；

⑤ 短信互动：短信发送“商铺实名”与注册该关键词的企业进行信息互动，多用于产品促销等活动。

设计的产品介绍挂板效果如图 5-28、图 5-29 所示。

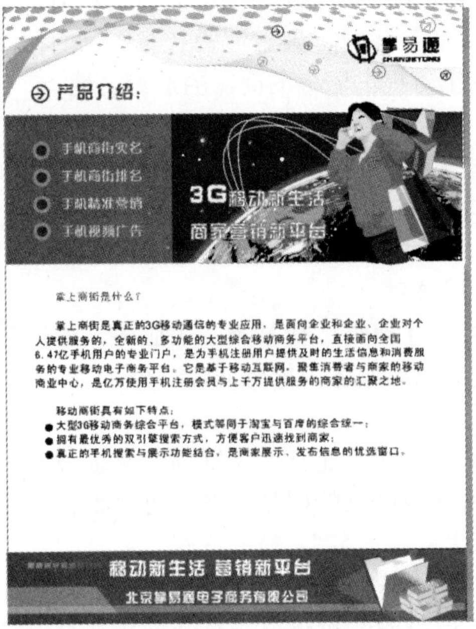

图 5-28　产品介绍的第一块板

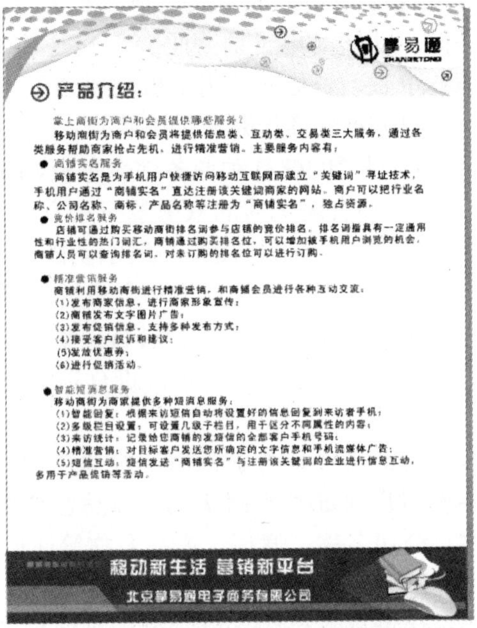

图 5-29　产品介绍的第二块板

6．概念介绍

项目的核心概念落实到市场分为“B-3M”和“商家精准营销”两个概念，总结出来的概念说明如下：

商家精准营销:

掌上商街为商家提供了一个低成本拥有和快速使用的新型营销平台。通过巨大的注册会员访问群体，树立并推广商家品牌形象，拓展商家的商业地理范围，“只要有手机的人都有可能成为你的客户”。

（1）商家低成本促销：

1）节约 DM 制作成本。

2）节约人力发放成本。

3）开辟精准发放通道。

4）避免违规广告投放。

（2）商家可以根据客户需求进行精准营销，调整营销策略：

1）及时了解客户需求。

2）精准推销公司产品。

3）及时商家客户互动。

4）扩大锁定客户资源。

B-3M 概念：

引领商业模式新潮流

B－Mobile：商家—手机

商家可以通过掌易通手机移动商街平台进行重新排名，通过精准营销达到利益最大化。

B－Member：商家一手机会员

商家可以通过掌易通平台直达庞大的掌易通会员终端体系。

B－Manager：商家一手机经纪人

商家可以通过掌易通经纪人系统达成超额的产品销售和商业服务。

设计的概念说明效果如图 5-30 和图 5-31 所示。

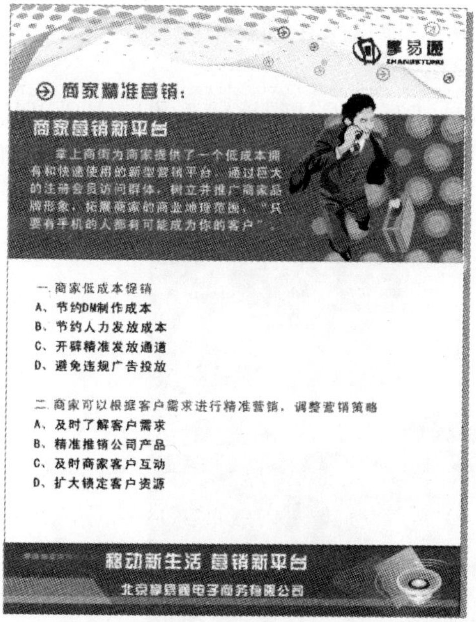

图 5-30　产品介绍的第一块板

图 5-31　产品介绍的第二块板

7．动漫故事转化

为了让会员和旺铺老板能够快速掌握公司项目的真实意义，特别针对会员设计了“阿 Y 的一天”的动漫故事，针对旺铺老板设计了“旺铺老板移动营销新体验”的故事，如图 5-32 所示。

图 5-32 “旺铺老板移动营销新体验”的故事

5.4.2 实地办公包装

公司的产品是虚拟产品，主要都是基于互联网上的手机平台展示，当客户来公司的时候公司的形象反而变得更加重要，项目操作过程中设计了一整套的 VI 系统，在装饰的时候也充分考虑每一个细节。

（1）项目找专业的设计人员设计了 VI，Logo 设计得比较形象，主要以红蓝为主色，公司的门头设计了一个企业形象墙，打上射灯简洁大方，效果如图 5-33 所示。

图 5-33 公司的形象墙

（2）前台的接待背景墙，以项目的定位主题“移动新生活，营销新平台”设计了一个大型的喷绘板，打上灯光后整体效果如图 5-34 所示。

图 5-34　前台背景效果

（3）在平台的信息发布后，定期召开项目平台的研讨会，设计的会议室几乎每天都有人来了解项目，由于项目讲解和演示的需要将会议室布置成多媒体功能的演示厅，如图 5-35 所示。

图 5-35　招商会议室

概念营销的市场落实大都以会议营销的模式来实现，因为只有通过会议营销才能讲解清楚概念的含义，才能让更多的人参与到项目中来，本案例主要通过邀请有投资意向的投资人来参与研讨会，因此如何撰写一封能让人感兴趣的邀请函变得尤为重要。下面就让我们来看一下 2009 年在邯郸市举办的一次招商研讨会的邀请函的写法。

突破市场瓶颈　共度经济寒冬

2009 中国河北邯郸市移动新生活，营销新平台 3G 论坛邀请函

尊敬的__________董事长/总裁/总经理阁下：

您想让企业再经济危机的大环境下降低销售成本，同时销售业绩倍增吗？

您想让企业更加迅速，快捷并低成本地进行运营，渡过经济寒冬吗？

您想让企业在 3G 已经到来的情况下获得更多的客户群吗？

成熟的市场、成熟的运营模式、同质化的产品、同质化的竞争手段，市场怎么做？

会议中企业家们与行业专家就企业如何在品牌推广、企业形象、营销活动、客户沟通、内部管理等方面可以进行深入探讨。同时，专家们也围绕“移动互联网互动营销对中小企业的重要价值”“移动互联网掌上商街的应用”“移动实名词的投资价值”等企业非常关注的话题展开了大量的讨论，并通过相关企业的实际应用案例，共同探讨 3G 大环境下，企业能在移动互联网上找到的核心应用。理念变成资本，资源变成产业，企业该如何结合自身特点，借助移动营销走向创新发展之路。财富盛会，邀请您共同见证！

会议内容：

——怎样通过企业移动信息化改善中国民营企业目前存在的问题，适应市场发展需要，渡过目前全球经济危机的寒冬。

——探讨在 3G 时代下，中国民营企业面临的机遇与挑战。

——企业可以使自己在市场中已有的“品牌”“产品”服务项目利用 3G 网络在中国几亿人群中传播，让更多的用户“随时、随地、随身”地了解企业的产品及服务项目，创造最快的买卖合作！

主办单位：北京掌易通电子商务有限公司
承办单位：北京掌易通电子商务有限公司河北省邯郸市分公司
参会对象：企（事）业法人、董事长、 总经理（**仅限一人**）
会议时间：2009 年 4 月 18 日（周六）13：30 签到 14：00 准时开始
会议地点：河北省邯郸市，某某酒店……

参 会 回 执

会务联系人经纪人：　　　　　　　　电　话：　　　　　　　　　所属区域：

公司名称				公司地址	
嘉宾姓名		职　务		手　　机	
车位预留	要☐　　不要☐	车牌号		企业性质	民营[　]股份[　]其他[　]
主营产品					
您企业目前在营销及管理中存在的问题：					

填写好回执加盖公章请回传至:　　　　　　　　（请及时回执，以便确定嘉宾席位）。

温馨提示：因本次会议座位有限，故谢绝非邀请人员参加，如有特殊事宜须与人员联系确认，谢谢合作！

精心策划的以概念营销为主的项目经过立体式的市场开发和拓展效果非常显著——不到一年的时间，掌易通已经把红旗插到中国大江南北的数十家大中型城市。

第 6 章　工欲善其事，必先利其器：电子杂志营销

正所谓“工欲善其事，必先利其器”，那么如何从设计层面和使用动画技术，让自己的网站脱颖而出呢？本章将以全新的设计理念制作一个“玉坛国际”电子杂志实例，使用 Flash 电子杂志技术，让制作的网站真正做到技高一筹，领先一路，最后还将介绍电子杂志的推广方法。

通过本章的学习，读者将掌握如下知识点：

- 营销形象展示系统的基础知识
- 电子杂志的营销基础
- 掌握杂志的设计方法
- 电子杂志的营销推广

6.1　营销形象电子化展示

电子杂志归属于电子化形象展示系统，想充分了解电子杂志营销就得从了解整个营销形象展示系统着手。通过了解传统纸质形象展示的优缺点可以充分体现电子化形象展示的优越点，同时，通过掌握电子化形象展示的原则要点可以为掌握电子杂志的设计与制作原则。

6.1.1　形象展示系统

企业形象展示系统是企业向利益相关体宣传、展示自身公众形象的窗口系统。利益相关体一般包括顾客、供应商、员工、股东、社会公众、政府和组织等。事实上，全球商业领域都十分重视企业形象展示，但是在发达国家与发展中国家、成熟企业与创业企业之间做法各有不同。企业形象展示系统之所以称之为系统，在于企业可以将企业介绍、产品介绍、企业文化、社会贡献等诸多内容，尽可能以多种媒体形式，层层渐进地表现出来。

很多人认为企业只有发展到一定阶段才需要考虑企业形象展示的问题。其实这种观点是错误的。企业从成立的那天起就无时无刻不在对利益相关体渗透

社会公众形象：他们建造、装潢并布置厂区、厂房和店面，他们的包装、广告、产品宣传册以及对产品和企业的介绍语言等都是企业宣传与展示的行为。可能不会有哪家企业的销售代表在与客户谈判时说："我们没有任何资料给你参考，你去看看店的商品就知道我们的产品了。"

企业形象展示系统是依靠媒介向利益相关体宣传、展示自身公众形象的。"媒介"是指"使双方（人或事物）发生关系的人或事物"。麦克卢汉对媒介的定义是"媒介是人体的延伸""媒介即万物，万物皆媒介"。

在当前激烈的市场竞争态势下，尽管企业仍然愿意（或者说不得不）通过各种传统媒介进行企业形象展示，但是随着竞争主体的增加及买家优势地位日益突出，不同种类媒介及同种媒介的不同组合所带来的投资回报已经大不相同，常见的如纸质媒介、电视媒体、展会推广以及现在的互联网新媒介。

6.1.2　纸质媒介的利与弊

由于本文介绍的电子杂志有别于传统的纸质杂志，这里先了解一下纸质媒介的优缺点。纸质样本是传统的展示媒介，主要借助于印刷技术，将企业、产品形象与特征用静态的文字和图片反映出来。一般来说，纸质样本（Catalog）具有以下优点：

（1）编制容易，成本低廉。现代印刷技术的普及与发展，使纸质样本的制作周期短、价格低、发行快。

（2）阅读容易，使用面广。纸质样本可制作成不同语种，向不同特定市场的买家发行。由于主要以文字和图片进行表达，适合于大众阅读。

（3）复制容易，便于借鉴。因为属于文字记载性质，故可根据需要随时复制，供买家阅读、复印、携带。

（4）传播容易，不受场所的限制。纸质样本可以在任何场所下供买家参阅，不受条件的限制。

（5）形象具体。纸质样本是"看得见摸得着"的东西，便于买家分类保存并随时查阅。

（6）灵活多样。纸质样本可根据不同的使用对象，制作成不同的形式，反映不同方面的情况。

正因为纸质样本具有以上六大优点，才使得它问世以来，一直沿用至今，并仍然是企业形象展示系统中最重要的媒介之一。

但是，随着纸质样本的流行与普及，也显示出了某些不足之处：

（1）缺乏动感。纸质样本在多媒体技术及网络信息技术面前，显得单调静止，缺乏声情并茂的表现，将有被多媒体宣传品取而代之的趋势。

（2）过于普及，得不到重视。由于纸质样本太流行太普及，似乎有些泛滥成灾，使得买家无法产生“物以稀为贵”的感觉，缺少新鲜感和好奇性。甚至在某些特定情况下还成为买家的负担，因此，纸质样本时常受人冷落，只有当人们需要的时候，才从柜子里翻出来查阅。

（3）信息量有限。纸质样本只能表现企业及产品形象的表象内容，无法生动全面地展示质量保证体系、企业文化、服务与社会责任等内容。在现代高科技宣传品面前，它受到了严峻的挑战。

（4）携带不便。进行形象展示时，企业代表总要带上一包又一包纸质样本，以保证每一个看上去像买家的人都能拿到一份宣传资料。因为数量大，给到异域举办活动的企业代表造成许多不便。

尽管纸质样本存在着上述缺点，但目前仍具有十分重要的作用。因为对多数买家来说，全新供应商情报的获得目前仍然较多依赖于印刷品，在商展上赠送纸质样本仍然是国际贸易领域通行的做法。

6.1.3 形象的电子化展示

首先来看一下当年美国911事件：

北京时间2001年9月11日晚9点前后，两架飞机先后撞击纽约世界贸易中心摩天大楼。北京时间21：43，客机撞击直升机场引起美国五角大楼一次巨大的爆炸，五角大楼部分倒塌。爆炸发生后一小时内，有近一百家国际网站在互联网上发布了美国遭受恐怖主义袭击的新闻，并刊登了图片报导。事件发生后十分钟，各网站相继作出报道，并于当日就推出了专家访谈、实地转播、多媒体报道等多种网络新闻形式，在整个事件过程中，互联网业成为最及时捕捉、最全面报道、最紧密跟踪、最专业分析美国遇袭事件的主流媒体。

在美国遇袭事件中，互联网业成为主流媒体并不是偶然的。互联网因其具有高速的信息传递、图、文、声并茂的多媒体效果、覆盖全球的信息来源、零时差性等特点，越来越广泛而深刻的参与到人们的生活、学习、工作中来。当互联网应用专家提出 E-Business（电子商务）这个概念的时候，还没有什么人能理解互联网为什么能应用于商业？以及能为商业带来什么利益？短短数十年间，从软硬件建设到政治、商业、科技等多方面的运用，互联网确实为我们的工作、生活带来了翻天覆地的变化。企业不必每年请摄影师为产品选光、布景，制作出一流的菲林用于印刷样本，因为有了电子样本（E-Catalog），或者产品在线的电子杂志。企业也不必口干舌燥地跟客商介绍公司，或者打印繁杂的传真用于介绍服务，只需要告诉客商：“请浏览我们的网站”，这一切都是电子化形象展示带来的便利，电子化形象展示能给企业带来的利益主要体现如下：

1．树立企业形象，扩大企业影响

今天，互联网已成为高科技和未来生活的代名词，全世界都在使用互联网。网站、产品在线的电子杂志和电子样本集图片、文字、声音于一身，每年365 天，每天 24 小时全天候展示企业风采，接待着来自世界各地、五湖四海的客商，是树立和体现企业形象的很好方式，能充分显示企业的实力，树立现代化企业的新形象。

2．了解行业发展趋势，提升竞争手段

信息化技术的强大沉淀和检索功能已被证明是获取有效信息的最佳方式，同时数据库智能化的分析和统计能力，也让企业家通过客观数据掌握最真实的行业发展趋势；企业利用自身的信息化平台，比如企业网站可以在自己的网站上收集信息，发布信息，并进行实时的信息交流，这样企业网站就成为一个对外宣传的窗口，客户可通过企业网站直观地了解企业，这样的交流，既快速简便、可靠价廉，又在同行业中使企业多了一种竞争的手段，从而使得公司业务更加蒸蒸日上。

3．有效开拓市场

越来越多的人喜欢在互联网上寻找他们感兴趣的信息。这些人中肯定有相当一部分是企业公司的潜在客户，但如果他们不能在互联网上看到企业的网站，那么我们的企业就将会失去这些客户。现在，互联网已和电视、电台、报纸一样，成为企业开拓市场的重要工具。甚至在不远的将来，互联网在这方面的作用将会超过另外三者，因为信息技术的应用使目标潜在客户查找信息、浏览商品更容易、更快捷、信息量更大。

4．降低企业成本

在传统的公司运作模式中，在某些方面往往要付出大量的费用，如差旅费、长途电话，长途传真、广告费等。企业公司上网后，这些开支将会大幅度减省。利用网站，把公司的业务做到互联网上，公司管理在很多方面也可以通过网上实现。电子样本 24 小时全天候地为全世界目标客户提供广告宣传，而这种光盘的前期投入，也不及在报纸上做一次广告，更不及一分钟电视广告，但网站、产品在线目录、光盘、网站等更具长效性、广域性、内容生动全面性。

5．进行最有针对性图文并茂的宣传

传统企业在经营的过程中，为了面对那些不易于面对的客户，比如国外客户、偏远地区的客户、交通不发达客户，往往要花费大量的交易成本。比如差旅费、邮寄费等，还不能保证效果。但是利用信息化的手段，可以将企业、产品形象做成图、文、声并茂的立体形象，通过网络传输，降低费用送往目标客户的手中。一方面更有效，另一方面更具体、直观。

6．改善客户服务

新客户总是向企业咨询相同的问题。如：我如何能买到它？价钱多少？对我有什么好处？无论是企业网站还是电子样本都能设计成服务客户的最新模式。通常为了节约时间，企业可以把有理解障碍的内容移动到一起，在网站上或光盘上回答客户的问题，如 FAQ（问答）。一方面节约企业重复回答问题的时间，另一方面解决客户理解中的实际困难，还能让他们觉得企业时时为客户着想。而现在的企业电子化形象展示已经更多地涉及了客户服务的内容，例如，CRM（客户关系管理系统）与企业网站的结合：打通客户咨询或投诉的通道，提高客户服务的效率与质量，加强客户服务工作的监管，减少服务工作中的脱节与遗漏，这些都为企业提高客户忠诚度从而带来更高业绩创造了可能。

7．市场调研的有效手段

从流量分析中，企业很快能够了解到客户对产品和服务的反映：客户需要什么？客户喜欢什么？这样使企业有效地把握市场目前的状况。坚持对流量的长期跟踪与分析可以使得企业掌握市场变化的规律与趋势。另外，使用网站自动回复电子邮件也是在线调查方法，好处是在客户心中保持新鲜感，而事实上传统的市场调研方法要花费不小的开支。另一个市场调研方法是通过使用有奖的在线客户表单，调查问卷单和反馈表单。当然如果有奖调查设计得巧妙能即刻得到客户的答复。

8．寻觅人才的便捷途径

寻觅优秀职员加盟是企业成功从事商务的关键部分。企业可以通过网络吸收一些人才直接为企业服务，也可以通过国际互联网来寻找最好的人与企业合作。我们强调电子商务时代企业应当凸现成员与合作的观点，这需要在电子化形象展示系统中营造归属感与认同感。无论是企业内部职工，还是企业外部专业人才，利用你的电子化形象展示系统，或网站或在线目录吸引他们的目光、赢得他们的尊重、获得他们的信赖，使得系统成为优质人才为企业服务或与企业合作的平台。

9．企业管理的科学工具

企业在其经营过程中要与大量的内部、外部机构产生联系，这种联系的繁杂直接决定了企业管理的难度。我们现在知道，利用某些商务功能模块可以实现企业管理的电子化，如财务电子化、行政管理电子化、人事管理电子化、文档管理与传输电子化、销售流程电子化、客户关系管理电子化、供应链管理电子化等众多功能，这些模块的使用极大地提高了企业管理的效率与质量。

6.1.4　展示应注意的原则

企业电子化展示和纸质媒介展示有着不同的地方，在设计电子化展示时要注意商务性、实用性、美观性以及信任感四个原则（图 6-1）。

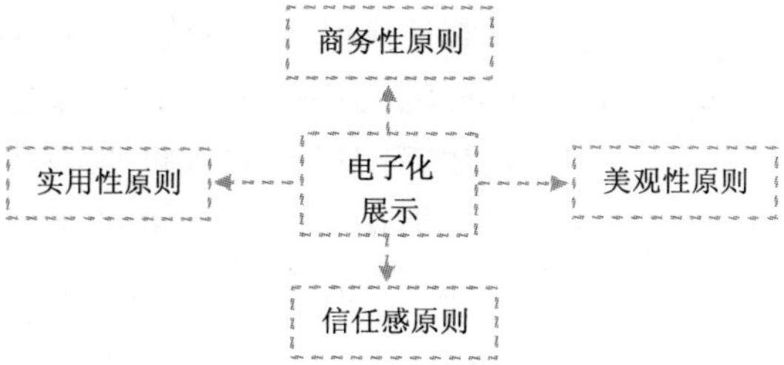

图 6-1　电子化展示四大原则

1．商务性原则

企业电子化形象展示作为国际电子商务实施的第一阶段，应当从其规划、策划与实施开始就紧扣商务性原则，离开这一原则企业电子化形象展示将失去任何意义。所谓商务性原则既是指为商业目的服务性功能，如产品与企业的宣传、介绍；也是指其自身所直接具有的务功能，如在线查询、市场调研等。这些商务功能包括：

（1）公司展示功能。

（2）产品展示功能。

该功能一般指全功能的网上产品数据库系统，可以管理包括产品的介绍、价格、图片等全部产品信息并且支持多用户操作，一个集团企业的每个分公司都可以将自己产品输入数据库，并选择需要在网页上表现的产品列表，而且在使用上完全独立。

该产品数据库系统包括下面的这些功能：

1）产品数据的添加、发布、删除、更新。

2）产品信息模糊查询、精确查询系统。

3）在线产品意见反馈。

4）图片资料的整合管理功能。

5）产品类别的自定义功能。

使用该系统可以构建成一套功能齐全的国际电子商务网站，从产品的发布，产品的查看，到产品的定购都离不开该系统。具备完善产品数据库的电子商务系统可以将企业的销售自动化程度提高到一个很高的水平，即用最少的销售力量完成最多的销售任务。

（3）在线交易询价功能、在线订单功能。该系统结合产品数据库完成用户对产品的询价及咨询，以及产品实际订购的集成化功能模块。它能在线全程跟踪询单、订单流程，自动填写和处理询单、订单，并记录客户往来处理全过程。管理员在后台管理界面可以查看以及处理所有发生的询单及订单，对于询单可以用邮件或留言的形式进行回复，对于订单可以通过邮件或留言进行确定，以便付款发货。

这里我们需要提供符合国际标准的通用询单，之所以是国际标准，便于不同的企业、企业的不同部门都能以相同的格式处理询单信息，避免人工保存引起的处理缓慢与查找不便；之所以是通用询单在于询单没有对某种特定产品的属性进行要求，如化工产品，询问化工产品时有时需要了解化学分子式，而其他的产品可能就不存在化学分子式。

（4）新闻发布功能。

（5）人事招聘功能。

（6）商务论坛功能。

（7）会员注册管理功能。

（8）网站访问统计功能。

（9）网上商城功能、在线支付功能。

（10）分销商管理功能。

（11）行政管理功能。

（12）调查功能。

（13）贸易信息发布功能，当然还有其他更多……

2．实用性原则

在现阶段很少有企业在电子化形象展示中能够实现完全的商务目标。即使能成功实现一定商务目标的企业网站也常常不能为访问者提供充分的互动机会。大多数企业网站给浏览者的印象是员工太忙了，没有办法回复浏览者的问题，换句话说网站把企业与浏览者划分成了两个世界，虽然可以相互望见但却不能深入沟通。所以它们也无法把浏览者变成顾客。我们需要特别强调，相对于建设电子化形象展示系统的成本投入而言，可用性测试的费用是微不足道的，但却直接影响展示效果，所以进行可用性测试是必要的。

电子化形象展示中的可用性原则，包括：

（1）以清晰的层次、合理的结构设计系统架构体系。

（2）让消费者更快地访问到他所需要的信息。

（3）为实现上面两个目标，你可能需要有对所有页面内容进行搜索的搜索引擎。

（4）明确标出导航标志，防止错误或无效链接。

（5）确保所有商务功能正常可用。

（6）在产品或服务的描述中避免使用浮夸性的语言。

（7）避免使用访问者可能不懂的行话或术语。

（8）为方便沟通，设置留言版、讨论版、用于投诉的实时对话工具。确保浏览者可以方便找到不同业务的联系方式及联系人。

（9）让那些在最过时的计算机上使用最旧版本的浏览器通过最低的带宽连接的访问者能够访问网站，即使这意味着需要创建多版本的页面。

（10）为浏览者方便使用，需要提供必要的辅助工具，同时还要注意插件是否可用、常用，例如，网页浏览器安装软件、查看 PDF 文件程序的安装软件、打开压缩文件程序的安装软件等。

（11）音乐或影像是否流畅，音量是否能够关闭，默认音量是否过大。

（12）在设计特征和色彩使用上保持一致。

（13）保证在最小的显示器上也能清晰地看到文字，确保文字语种及编码的正确，确保提供英语版本及一定数量目标浏览者所属语种的版本。

（14）确保系统的硬件质量、效率与稳定性。

3. 美观性原则

任何产品注重外观设计，新颖性、独特性会更吸引消费者的眼球。对于电子化包装设计者来说，不管是视觉造型设计，还是功能实用方面，都要有足够的设计能力，将电子化的包装发挥得淋漓尽致，想让设计具有美观性原则可以从如图 6-2 所示的特性出发。

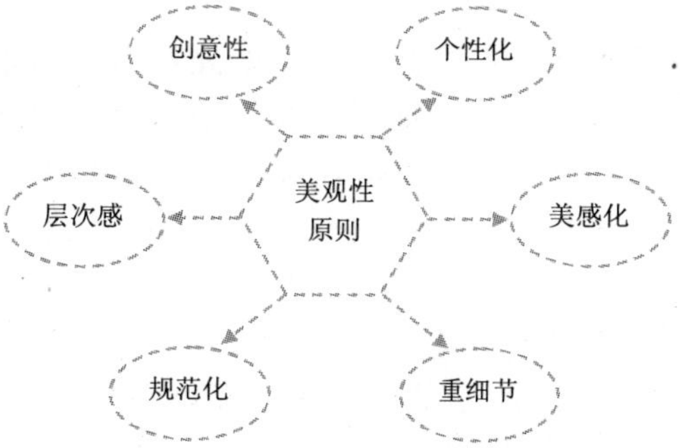

图 6-2　美观性的五大特性

（1）创意性。好的电子化形象展示，必须有好的设计创意。具体来讲，设计思想要与内容相吻合，能体现企业或产品形象中的某一因素，立意新，原创性强，没有“刻意”模仿其他电子化形象展示，设计内涵深刻、清晰、独特，具有很强的现代感。但是创意不是单纯突出那些无意义的网络技术亮点。如鼠标尾随，这是一种当鼠标停留在页面某位置时，在该位置附近出现礼花、三维变化等画面的技术，在艺术性较强或内容较活跃的位置上出现这种技术不失为很好的点缀。如果通篇均出现，甚至在某些可读性、专业性较强的文章页面中也出现的话，会让浏览者觉得头晕眼花，无所适从。

（2）个性化。电子化形象展示的设计可以带有产品或企业的某些文化、历史背景特色，可以有民族化的表达。企业电子化形象展示要体现其特色，设计是关键。因此，重视电子化形象展示的设计，就要请专业设计人员去从事这项工作，但是作为网站的拥有者，必须传递企业产品文化的内涵与外延。

（3）美感化。好的设计，应给人一种美感。无论怎么创新，都要讲究美感。例如，对于光盘这样的大信息资料，要求每个画面都要精心设计，力求画面美观、友好，让人们乐于使用。当然如果是设计企业网站则要注意精美的画面是否会影响下载速度。

（4）规范化。目前，部分企业电子化形象展示设计十分讲究规范，即体现简洁、明快、大方、典雅等特点，而不提倡那种复杂的、花里胡哨的、让人不知所云的“创意”设计，尤其避免前后风格不统一。这种风格不统一包括技术手段不统一，造成页面转换不畅；艺术风格不统一，造成浏览情绪的陡变；文风不统一，引起浏览者的不信任；操作方法不统一，这会直接引起浏览中断；如一些网站在可链接的标题旁加注点缀符号或标题图片，有时符号或图片及标题均可点击，但进入某些页面却只能点击符号或图片，或者只能点击文字，这会引起浏览者的极大反感。

另一点是数据格式的标准化，全球化形势下企业的经营与管理行为应当以全球标准为参照点，如描述一件产品时，不妨先查看业内顶级企业的描述，或了解知名行业协会的规范，以了解如何定义字段、字段对应内容的要素、专业词汇、单位等内容。另外还包括企业介绍、质量保证体系、财务信息公布都存在这方面问题。数据格式与国际标准接轨是确保国际贸易或国际商务行为无国界差异的要点。

（5）重细节。企业电子化形象展示直接反映企业、产品形象，因此，设计者要全面考虑，要“小题大做”，不放过任何一个细节，力求尽善尽美。哪怕一句话、一张插图都要精心设计，细心包装，让浏览者爱不释手。这里我们还要讲到符合 CIS（Corporate Identity System，企业形象识别系统）标准，可能有些企业已经建立了属于自己的 CIS，关键在于规范、统一、形似、神似，而网站电子化作为企业形象展示系统的一个重要组织部分，也应当符合 CIS 标准，无论是色彩的运用、图文的搭配、司标的统一均应与 CIS 对应。而没有建立 CIS 标准的企业也应当根据规范、统一、形似、神似的思想为企业网站设立独特与稳定的风格。

（6）层次感。电子化形象展示要讲究条理和层次，让人容易看明白。切不可主次不分，层次不分，眉毛胡子一把抓，这样很容易造成大量内容一起涌现让人无所适从。同时我们这里要提到著名心理学家 George A.Miller 的研究成果，据其称，一个人每次观察时能够接受的信息量在 7 个比特左右。综合加权后，一个人每次观察能够接受的信息量为 5～9 个比特左右。我们要讲的是导航条与分类栏目的设计，通常网站都会在视觉敏感位置设置导航条或分类栏目，具体在网页的中上部和左上部。他们是网站根据其内容、性质、目的对所有内容进行划分后的类别，例如，某认证机构网站的导航条分为首页、新闻、报考、利益、人才、FAQ、知识七个栏目，分类栏目则分为作者总部、作者论坛、下载报名表格、培养班次查询、考核成绩查询、授权培训机构、关于我们、联系我们八个栏目。如果网站上设置了太多的栏目，超过适合的信息量会使浏览者感到烦躁、忙乱与不适。栏目数量控制在 5～9 个之间既能体现层次划分的清晰，也便于浏览者根据不同主题找到感兴趣的内容。当然，如果栏目一定要超过九个，使若干栏目分组以位置或色块、线条区分也不失为好方法。

4．信任感原则

向浏览者提供企业能够履行的并且前后一致的承诺。网络市场里的人们已经知道，他们从其他人那里获得的信息和支持比从卖方那里获得的更好。像消费者购买彩电前一定会测试机器、查看细节那样，如果企业网站能够提供一些财务信息、预先服务和有效承诺会赢得浏览者的信任。

6.2　有效的电子杂志营销

网站开办后有很多经营者一直致力于产品电子化的包装与制作，产品电子杂志在网站的经营中也应运而生。电子杂志的制作与营销有别于传统杂志的排版设计与广告招商营销，在上一小节我们强调了电子化展示的原则，电子杂志的设计要遵循电子化展的设计原则。同时电子杂志并不是做一个简单的电子化的翻页“杂志”，在经过设计之后，还需要研究其投放的营销通道，这样才能真正起到电子杂志营销的效果。

6.2.1 网络互动杂志

首先让我们一起来了解一下电子杂志的概念。

电子杂志，又称网络杂志、互动杂志。

目前已经进入第三代，以 Flash 为主要载体独立于网站存在。电子杂志是一种非常好的媒体表现形式，它兼具了平面与互联网两者特点，且融入了图像、文字、声音、视频、游戏等相互动态结合来呈现给读者，此外，还有超链接、及时互动等网络元素。是很让人享受的一种阅读方式。电子杂志通常指的是完全以计算机技术、电子通信技术和网络技术为依托而编辑、出版和发行的杂志。它的内容在早期顺理成章地与计算机、通信和网络等相关。

6.2.2 电子杂志的优势

电子杂志不仅可以将图文、影音、flash、小游戏等多种媒体完美结合，丰富信息展现模式，更可以加入联系方式、官网链接实现实时反馈，让信息的单向传递变为企业与读者的双向联系；而且相对于其他营销方式的依赖平台，电子杂志更具有针对特定目标人群精准打击的优势；再加上如今智能手机、平板电脑等移动终端设备的风生水起，可以预见，电子杂志不火都不行。

电子杂志有别于传统的媒介杂志，它的优势有如下几点：

（1）首先电子杂志是使用计算机进行阅读的电子版式杂志，它可以借助计算机惊人的运算速度和海量存储，极大地提高信息量。

（2）其次在计算机特有的查询功能的帮助下，人们可以在信息的海洋中快速地找寻所需内容。

（3）再者电子杂志在内容的表现形式上，是声、图、像并茂，人们不仅可以看到文字、图片，还可以听到各种音效，看到活动的图像。

电子杂志可以使人们体验多种感官的感受。加上电子杂志中极其方便的电子索引、随机注释，更使得电子杂志具有信息时代的特征。但由于受各种条件的限制，电子杂志目前在国内尚处于起步阶段。值得一提的是，电子杂志在各种传媒系统（如电视系统）和计算机网络的出现，已经打破了以往的发行、传播形式，也打破了人们传统的时空观念，它将会更加贴近人们的生活，更加密切人与人之间思想、感情的交流，更好地满足新时代人们对文化生活的更高要求。

6.2.3 杂志的成功应用

那么有多少知名企业在网上使用电子杂志获得更有力的品牌推广呢？下面

简单介绍几个成功的电子杂志应用实例。

（1）《瑞丽•裳》：由瑞丽杂志集团与 ZCOM 电子杂志制作团队联手打造的电子杂志，引领都市女性掌握美丽技巧，提供即学即用的扮靓搭配，为都市年轻女性提供最具影响力的服饰潮流资讯，如图 6-3 所示。

图 6-3　《瑞丽•裳》电子杂志

（2）《瑞丽•妆》：由瑞丽杂志集团与 ZCOM 电子杂志制作团队联手打造的电子杂志，是白领女性高品位时尚专刊引领中国白领女性美丽与生活的指导型实用杂志，展现成就国际派 Office Lady 的优雅外表与丰富内心（图 6-4）。

图 6-4　《瑞丽•妆》电子杂志

（3）《瑞丽•家》：由瑞丽杂志集团与 ZCOM 电子杂志制作团队联手打造的电子杂志，为读者提供创造时尚、舒适、品位家居生活的实用途径，推介国际潮流家居设计，全方位提供家具搭配专业指导，以及家居物品导购方案，如图 6-5 所示。

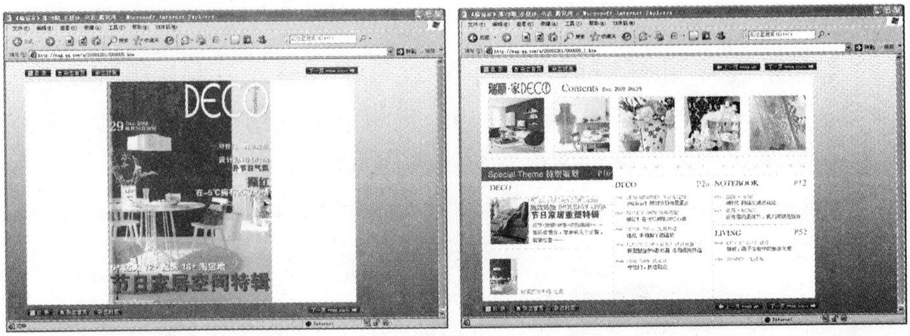

图 6-5 《瑞丽•家》电子杂志

（4）《开啦》：由徐静蕾亲任主编的电子杂志，定位文化时尚，涉及电影电视、新闻时事、音乐、文学、旅游等多个领域，要做成一份好看好玩有趣味性的杂志，成为自由言论和新鲜话语的阵地，如图 6-6 所示。

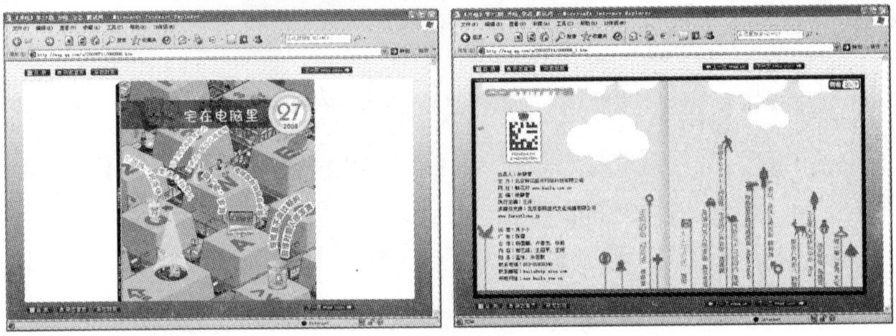

图 6-6 《开啦》电子杂志

（5）《数码前线》：由 CNET 集团旗下《个人电脑》杂志社与 ZCOM 电子杂志制作团队联手打造的电子杂志，为读者提供全球的各种稀奇古怪的新鲜资讯，丰富读者的谈资、开阔读者的眼界，给读者最新的前线介绍让读者跟上数码的浪潮，让数码的生活变成读者生活的主旋律，如图 6-7 所示。

图 6-7 《数码前线》电子杂志

（6）《中国汽车画报》：由《中国汽车画报》与 ZCOM 电子杂志制作团队联手打造的电子杂志，其公正性与独立性已深得汽车制造商的认可，更受到广大汽车消费领域的专家青睐。同时结合中国汽车市场情况，为读者提供专业服务与实用消费指南。借鉴欧洲权威汽车杂志 Auto Motor and Sport 先进办刊理念，《中国汽车画报》亦以独立、公正的专业汽车测试报告及驾驶报告为内容核心，如图 6-8 所示。

图 6-8　《中国汽车画报》电子杂志

6.3　工欲善其事，必先利其器：玉坛国际电子杂志的制作

商家在制作产品电子杂志的时候基本上是委托专业的制作机构来制作，也有些直接使用网上的一些快速合成软件合成电子杂志。对于企业而言想拥有一个自己的电子杂志并不难，本小节就为大家介绍一下电子杂志的实现方法。

6.3.1　轻松制作电子杂志

电子杂志制作软件在经历了多年的发展，目前只剩寥寥数家还能在搜索引擎上检索到。从国内知名软件门户天空软件站搜索电子杂志，排在前面的制作软件有 iebook 超级精灵、PocoMaker 魅客，如图 6-9 所示。

图 6-9 天空软件搜索结果

iebook 超级精灵官方最新版可支持 iphone、ipad、android、windows phone 和 PC 五大平台，一直在更新相关产品，网站的版块分类、设计很大气，具有浓厚的商业性质，其官网如图 6-10 所示。从软件的下载数以及使用超级精灵制作的产品数可以看出，现在电子杂志在互联网应用中的重要地位。

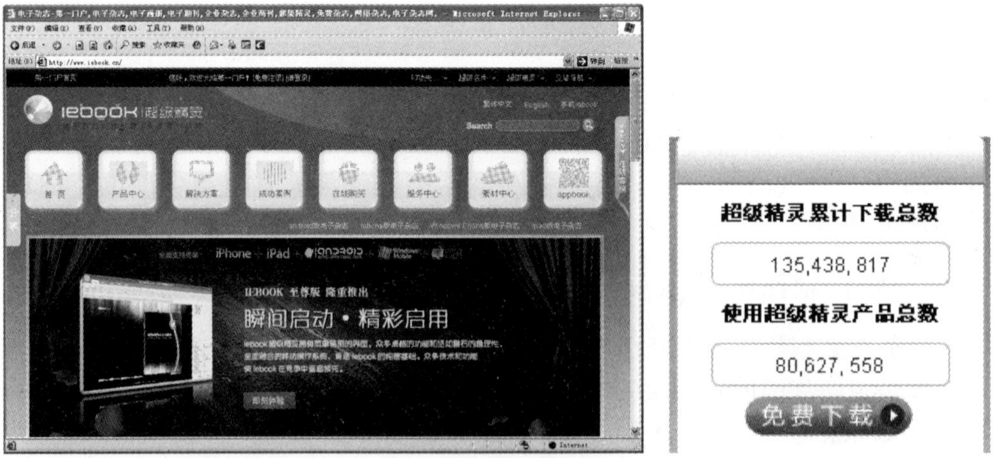

图 6-10 iebook 官网

PocoMaker 魅客则更倾向于打造个人生活图片分享社区，界面娱乐化、风格偏小清新，如图 6-11 所示。

图 6-11　PocoMaker 魅客官网

6.3.2　玉坛国际电子杂志

使用上述的软件企业自己可以快速地建立一个电子杂志，但往往发布后会被绑定插入式广告，在推广的过程中会受比较大的影响。基于此，笔者习惯带团队使用 Flash 软件单独开发一个 Flash 电子杂志，由于是定制型的 Flash 电子杂志制作起来相对比较麻烦，可能还涉及一些动画的开发和程序的编写，但这样开发出来的电子杂志具有完全的版权，发布后让读者更觉得新颖。

1. 玉坛国际项目简介

2009 年笔者带团队参加了玉坛国际项目的策划与包装工作，工作的核心是为“玉坛礼品网”做产品的包装与设计以及官网的设计与实现，设计的最初方案如图 6-12 所示。

由玉坛国际定位“打造高档礼品”的方针出发，项目提出“以玉会友”和“以茶会友”的核心产品概念。对于茶叶产品完全自主定位，对产品进行包装设计，对玉的产品准备利用 Flash 软件开发一个产品的电子杂志。希望通过对产品的包装和推广以期以短、平、快的项目快速回收投资。

图 6-12　策划设计的平台效果

2．产品手册电子杂志

设计技术核心放在了产品电子杂志部分，使用 Flash 的电子杂志功能实现相册翻页的效果，制作的效果如图 6-13 所示。

图 6-13　实例制作的效果

在图 6-13 中使用贴纸、相片等实物作为“创意背景”区域的背景，对于网页的核心内容部分，则使用一块大理石的特效作为背景，然后将网站的栏目用“贴纸”的形式表现出来，再放置了一些照片，这样一个具有层次感，又有创意的网站平面设计效果，就成功地展示在我们的面前了。使用 Flash 开发电子杂志的技术，目前在网络上的应用也比较广泛，开发的方法也有很多种，完成使用 Flash 开发，可以让整个实例的效果更加逼真。

Flash 是现在制作网站动画必不可少的一个软件，对于建立网站的读者来说，不是专业的网站建设者，只要能使用它制作一些最简单的动画效果即可。这里对 Flash 做一个简单的介绍，然后使用这个软件通过简单的操作即可制作电子杂志相册。Flash CS6 是 Flash 软件中较新的版本，其界面较以前版本有了较大的变化，而且更加美观实用，打开 Flash CS6 后，其界面如图 6-14 所示。

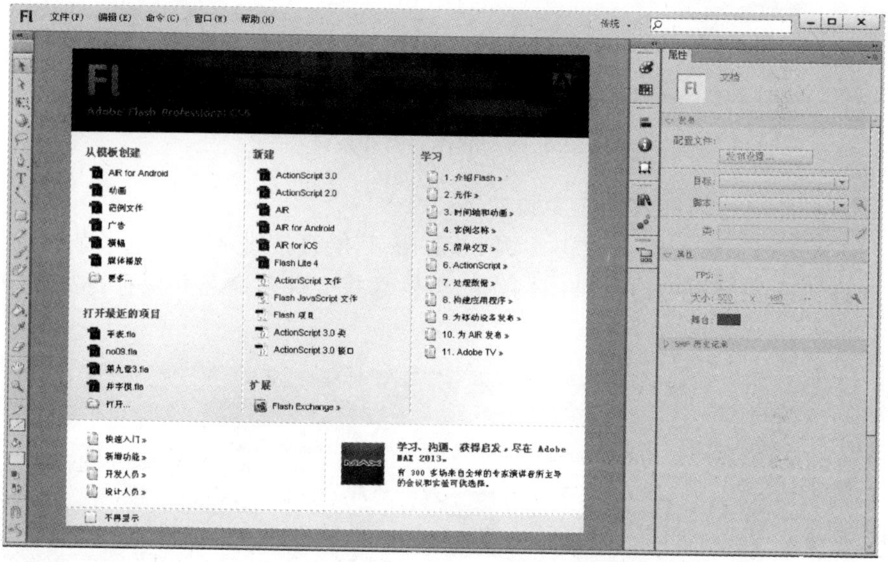

图 6-14　Flash CS6 主界面

Flash CS6 整个界面布置合理，用户能在较少的鼠标移动情况下完成更多的操作。

本实例中一共要制作八个静态的页面效果，包括相册的封面、内容页面和底页面，也就是该实例中的各个网站的 Flash 页面，各页面全部放在 movie 影片中。

在下面的小节中，将本实例要用到的图片和一些文字及其他素材，进行导入并整理归类。实例所需要引用的素材如图 6-15 所示。该实例一共需要导入九张图片（含一张背景素材）。

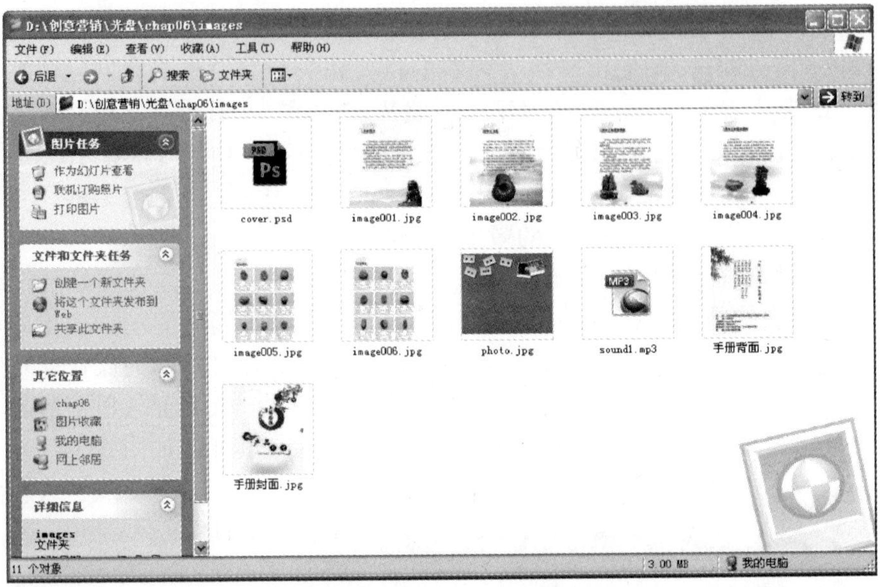

图 6-15　准备的图片素材

杂志页面图片的导入操作步骤如下：

（1）启动 Flash CS6，双击实例 book.fla 就能直接进入制作电子杂志的制作文件，在“库”面板中电子杂志制作的组件都按文件名命名并保存，如图 6-16 所示。

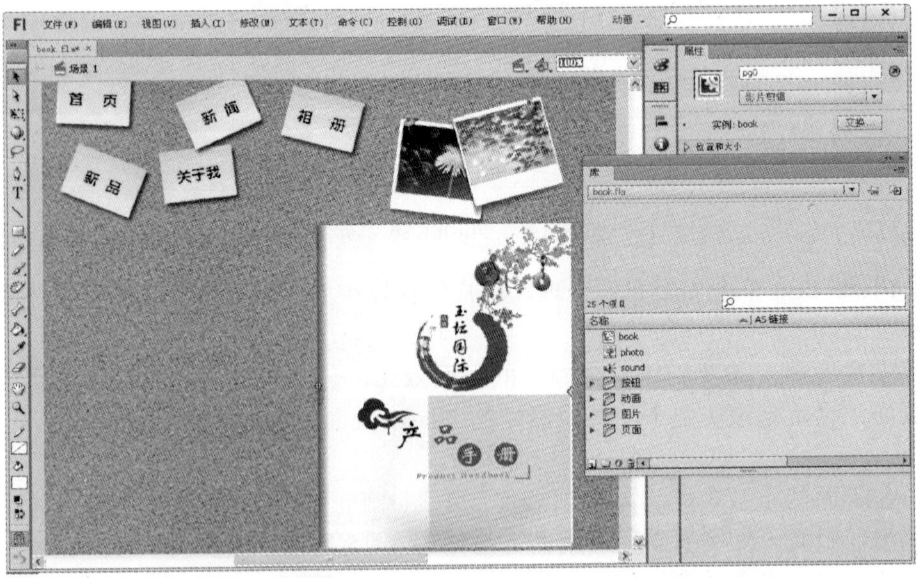

图 6-16　制作的电子杂志原文件

（2）只需要替换“动画”文件夹中的 movie 影片剪辑中各帧的杂志页面即可以替换成全新的电子杂志，进入的 movie 影片剪辑如图 6-17 所示。

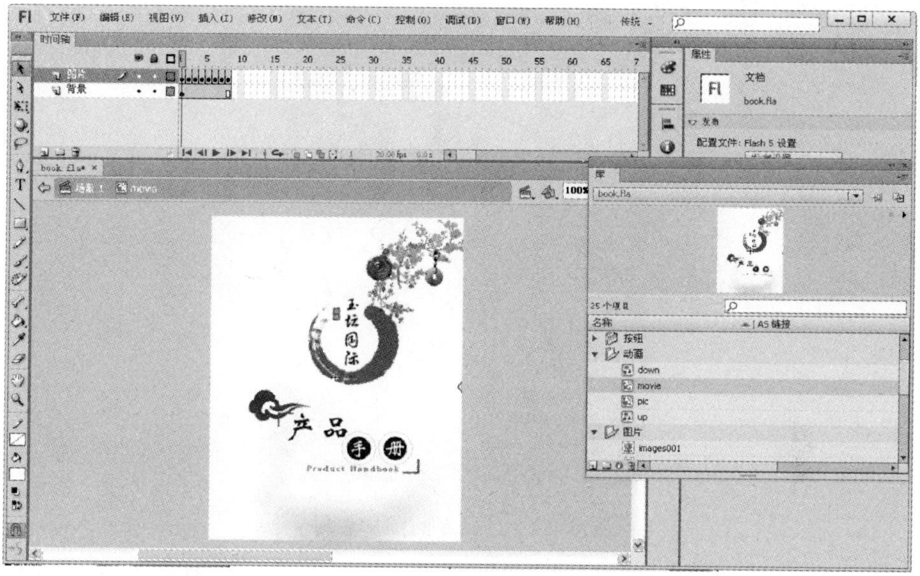

图 6-17　movie 影片剪辑

（3）选择菜单栏中的“窗口”→“库”命令或者按下“Ctrl+L”组合键，打开“库”面板，然后再选择菜单栏中的“文件”→“导入”→“导入到库”命令，打开“导入到库”对话框，找到并选中素材图片，如图 6-18 所示。

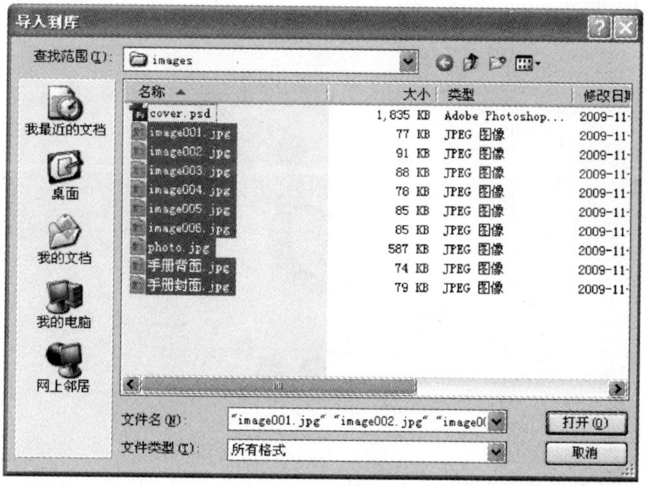

图 6-18　“导入到库”对话框

（4）单击“打开”按钮，把刚才所选择的图片全部导入到“库”面板中，这时从“库”面板中就可以看到刚才所选中的图片了，如图 6-19 所示。

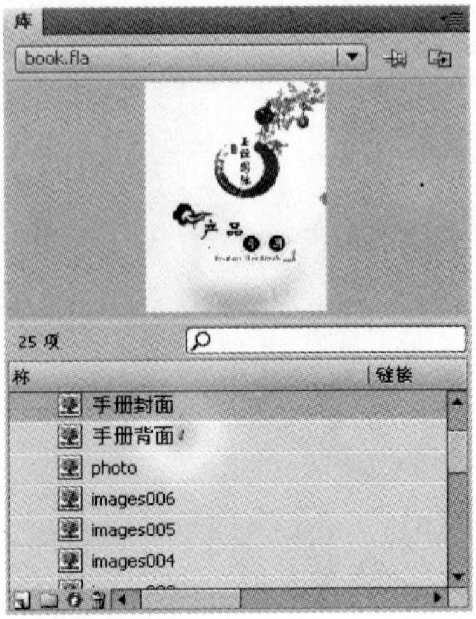

图 6-19　导入库的图片素材

（5）在“库”面板的状态栏上单击“新建文件夹”按钮，新建一个文件夹，并将其命名为“图片”，把刚才导入进来的图片拖到该文件夹下，以便于在库中内容较多时，可以尽快找到它，将其他自动生成的图形元件都删除。

（6）双击“库”面板中的 movie 影片剪辑，在“图片”图层中的第 1 帧上，拖入库面板中“图片”文件夹中的“手册封面”图片，制作出来的第 1 帧效果，如图 6-20 所示。

图 6-20　第 1 帧杂志封面效果图

（7）在“图片”图层中的第 2 帧上，插入图片并调整它的位置，使效果尽量达到最好。制作出来的第 2 帧效果，如图 6-21 所示。

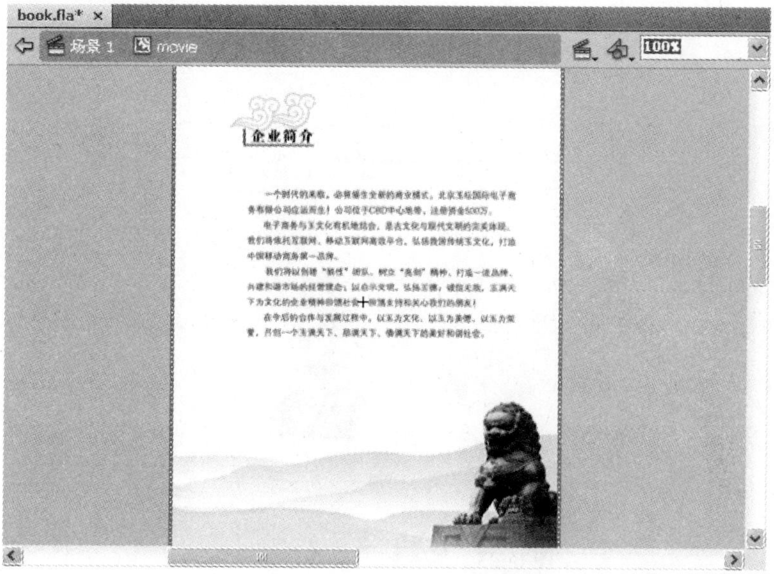

图 6-21　第 2 帧图片的总体效果

（8）其余六帧也是依此方法制作，如图 6-22～图 6-27 所示。

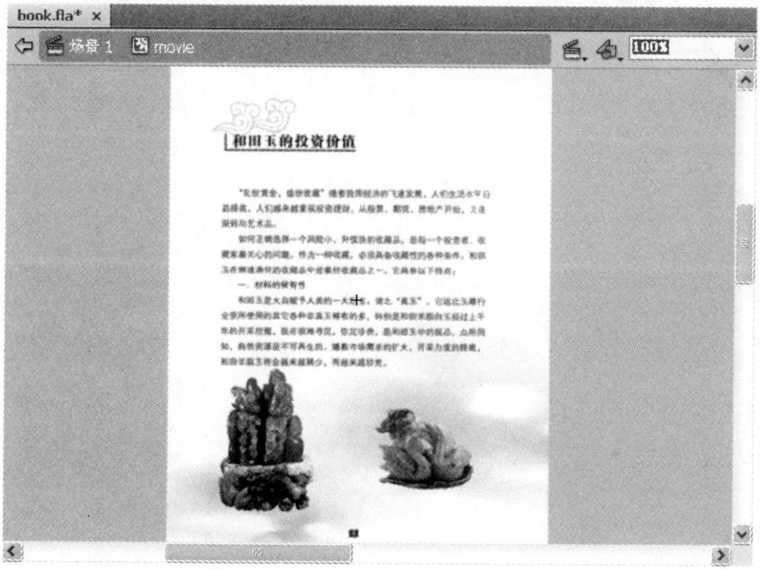

图 6-22　第 3 帧图片的总体效果

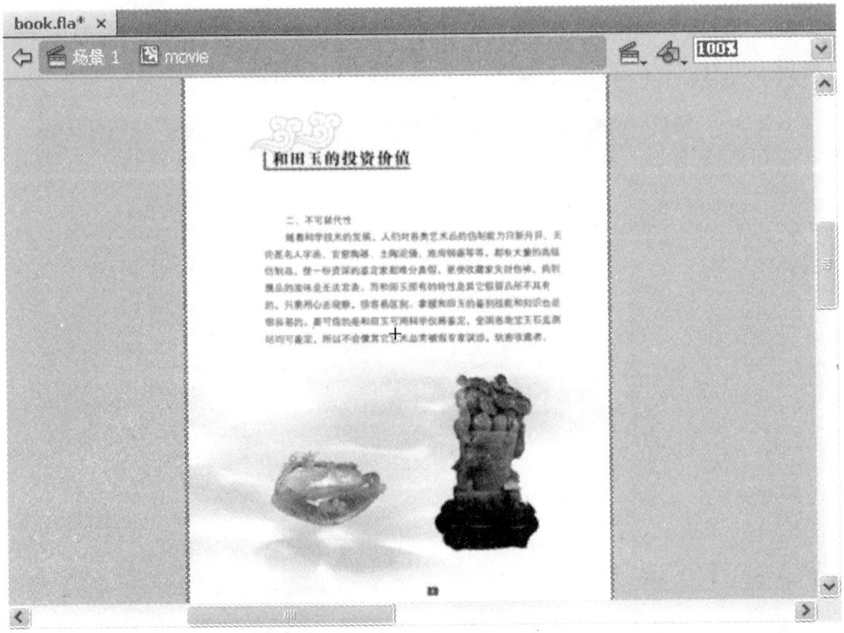

图 6-23　第 4 帧图片的总体效果

图 6-24　第 5 帧图片的总体效果

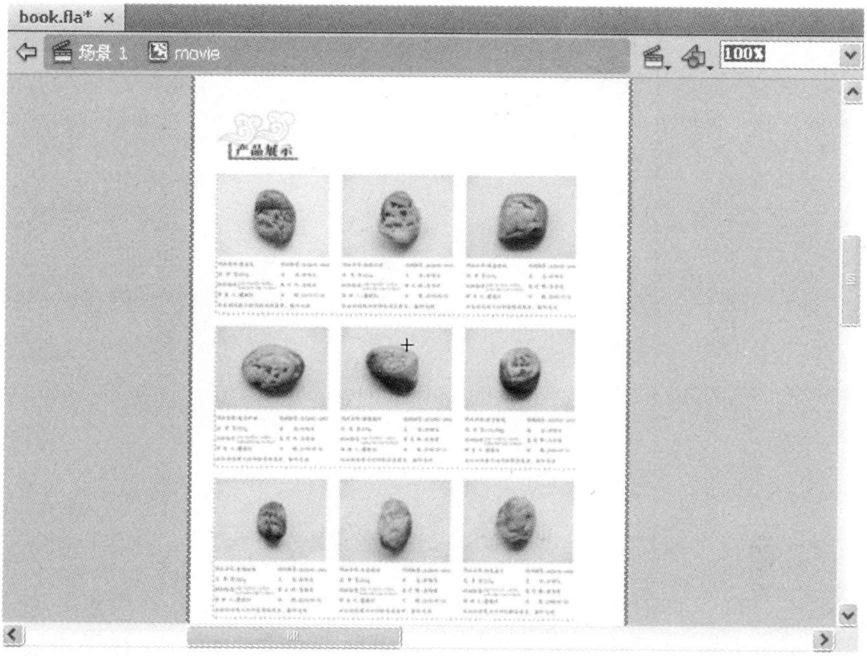

图 6-25　第 6 帧图片的总体效果

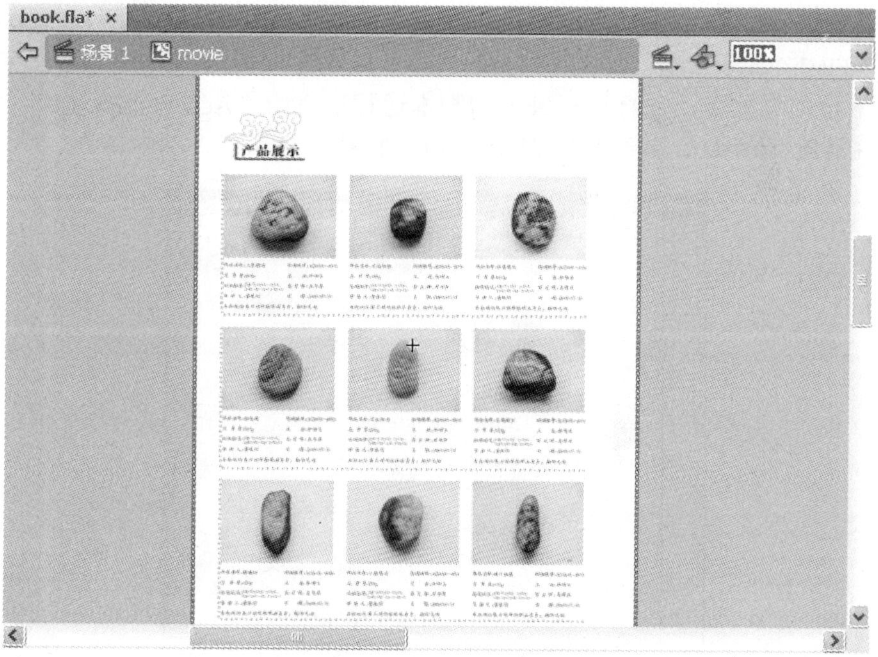

图 6-26　第 7 帧图片的总体效果

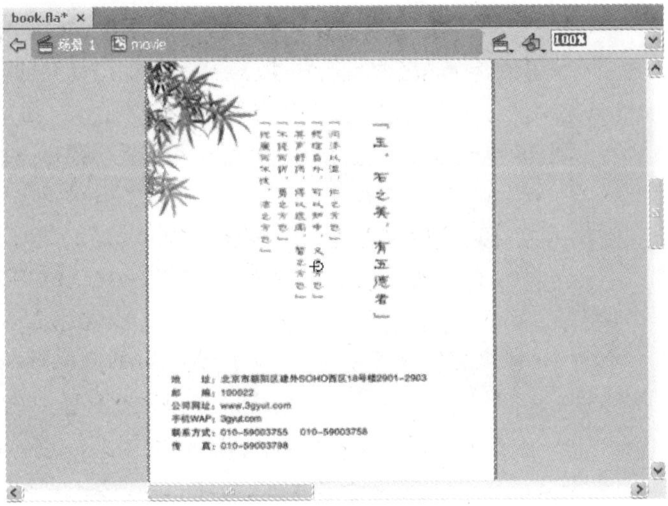

图 6-27　第 8 帧效果图

到这里，每一页的效果都已经制作完成了。当然，读者如果想要实现不同的效果，需要制作自己的电子杂志翻书效果页面内容，可以在这里通过修改各页面来实现。

（9）到这里电子杂志就设计完毕。选择菜单栏中的“文件”→“发布设置”命令，打开“发布设置”对话框，选中“Flash”选项卡，在“目标”下拉列表框中，选择“Flash Player 11.2”，表示用 Flash Player 11.2 版本的播放器进行播放，在“脚本”下拉列表框中，选择运行钟表的脚本运行语言为“ActionScript 1.0”，设置“JPEG 品质”为 100，其他设置保持默认值，如图 6-28 所示。

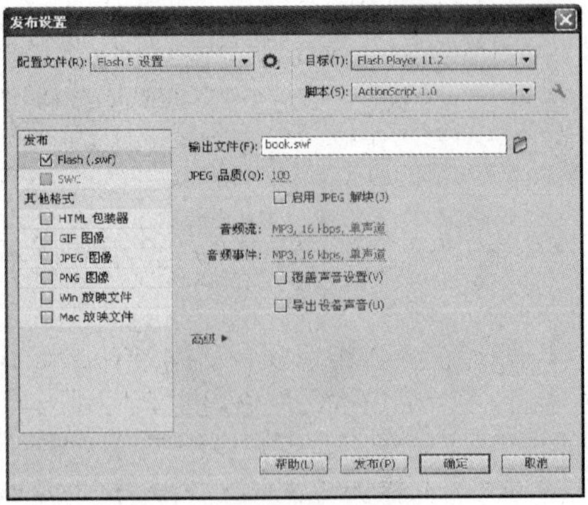

图 6-28　发布设置

6.4 电子杂志的另类推广

电子杂志不利于搜索引擎的搜索，那么应如何去推广电子杂志？电子杂志有两个主要的推广渠道，一个是下载类网站的推广；一个是专门的电子杂志发行平台的推广。对于电子杂志浏览者来说，也基本是通过这两个渠道来获取电子杂志的。电子杂志发行平台刚好建立起读者与杂志制作商沟通的一个平台，喜欢看杂志的人自然而然就会到发行平台上下载杂志。而电子杂志的广告投放属于网络广告投放的一部分，它的表现形式很特别，有精确的用户定位，可以根据用户的阅读习惯和点击量将数据返回给广告商，所以电子杂志受到不少厂家的追捧。特别是那些定位比较时尚的产品，用电子杂志里的广告来表现是非常吸引人的。本小节就从玉坛国际的电子杂志推广方案来看一下电子杂志营销的思路。

6.4.1 建立推广的目标

做电子杂志的营销推广需要制定目标，做到有的放矢，这样也可以方便及时总结和推进，真正起到电子杂志营销的作用。

1. 企业的投放目标

企业的目标比较明确，就是想通过电子杂志的发行带来流量，通过流量的转化变成实际的商业行为，因此企业的目标主要为：

（1）吸引浏览者、使浏览者流连忘返、鼓励浏览者回访。

（2）说服并教会浏览者搜索他所需要的信息。

（3）建立基于互联网络的企业品牌形象与企业文化形象，增强浏览者对企业的正面印象。

（4）力争与所有浏览者建立信任与忠诚的关系。

（5）鼓励并促使客户购买公司所提供的产品或服务。

2. 浏览者的目标

这里之所以建立浏览者的目标，也是从侧面去要求电子杂志的设计效果，通过浏览者的目标效果分析可以不断完善电子杂志的效果。

（1）了解企业所提供的产品或服务。

（2）购买公司所提供的产品或服务。

（3）了解所采购产品（服务）的服务信息。

（4）了解企业的一般信息。

（5）了解企业的管理之道或经营之道。

（6）了解企业人员或部门的联系信息。

通过浏览者目标的确立可以发现电子杂志在设计时需要考虑的一些要素，如一定要留下企业的联系办法，尽可能展示企业的文化，而不能单纯就是产品的翻页展示。

6.4.2 增加发行量策略

企业想制作的电子杂志达到真正广告的效果，关键问题就要是增加杂志的发行量。现实中的杂志，需要纸张印刷，发行量大，成本也要增加。但是电子杂志成本实在是低廉，发行 10 份和 10 万份，成本几乎没什么变化。提高杂志的发行量，需要很多技巧和智慧，这里简单做下介绍。

（1）经营杂志，内容为王。不管是传统杂志还是电子杂志，最关键的还是把内容做好，让读者看了之后能够认可。作为电子杂志，最重要的一个就是互动性，要让用户看到适当的信息，有适当的指引，而且还可以通过互动活动让读者参与进来。应该尽一切努力，来争取“回头客”，其中最基本的招数，就是经常增加新内容。只要有最新的信息，专有的资料，丰富的内容，读者自然会喜欢。

（2）连续性策划选题。另外就是做一些系列性的选题内容让读者在读完这期的同时，还会很期待下一期的内容。每一期都必须要有读者调查和意见反馈，这样可以保证和读者尽可能直接地沟通来提升内容的质量。

（3）给电子杂志做个网站。要知道，网站是电子杂志宣传的门户。建立了网站，可以在上面宣传电子杂志的内容。网站可以介绍杂志的特色、发行量、订户的评论等。可以将杂志里的一部分内容公布在网站上，以便吸引更多的人来阅读。就像上述的实例之所以将电子杂志嵌套在一个类似的网站里面，而不是单独的一本杂志，有官网的企业不访单独建立“电子杂志”频道，让读者及时了解和浏览。

（4）把网站提交到搜索引擎。需要认真设置网站上的 Meta 标签，搜索引擎就是根据 Meta 标签中的设置关键字进行记录和分析网站的性质。这样可以让自动搜索的搜索引擎更好地把网站提供给查询者。也需要向 Yahoo 这样的分类目录提交网站，在上面说明你的电子杂志的类别是“商务”类，还是“旅游”类。上面的几个要素关系到在搜索结果里面的排名，而对网站或网页描述将关系到是否能吸引搜索者的注意，吸引他们的眼球。对于网站的简述一般要控制在二三十个字左右，最长不要超过 50 字，否则多余部分，浏览者是看不到的。

（5）给电子杂志设计一个网络广告。通常的形式有 Banner 横幅广告（也称旗帜广告）和 Logo 标志广告，格式一般是 GIF 格式（动画形式）和 JPG 格式（静态图片形式）两种。广告设计要美观，具有吸引力。制作好了之后，可以放置在自己的网站上，也可以和一些网站交换链接。

（6）建立友情链接。多数网站都有宣传的积极性，也会非常愿意与别的网站建立友情链接，而且一般都在自己的主页设有专门提供友情链接的地方。和其他的网站建立友情链接是网站推广的重要内容，这种互惠互利的协作方式能够达到获得更多的访问量的目的，而且还能起到在搜索引擎排名中增加优势，以及互相推荐、资源互补的作用。

（7）为电子杂志建立专栏。把杂志里的部分内容整理成文章，在别人的网站上建立专栏。这样不但会大大提高电子杂志的知名度，而且也很受浏览者的欢迎，同时也能提高你知名度，可谓一举三得。

6.4.3　发行渠道的规划

玉坛国际的产品是高档礼品，锁定的目标客户团购是大单，散户并不是很重要，拿着电子杂志和宣传单页一家一户的去上门推销，是永远做不大的，更重要的是成效甚微，付出的多收获未必大。那么，渠道就变得非常重要，可以说“得渠道者得天下”！为此项目渠道定位非常之重要。

1．传统渠道：建立销售团队

销售渠道主要有：

（1）将电子杂志刻成光盘外带宣传单页，围绕着“会议”二字转，包括各地各个企业的招商大会、部门会议、地方政府部门的政务会议、展览会议等。扩大一点，可以是世博会、奥运会、博鳌论坛等，都是我们的主战场！会议组的主要负责人就是我们的主攻方向。在制定核心销售渠道时笔者也参与了讨论，如图 6-29 所示。

图 6-29　和公司的管理层探讨销售渠道

（2）围绕着“企业”二字转，企业开招商大会，逢年过节的时候送员工、送客户时，都可以让他们拿玉坛的产品来作为送礼的物品。

（3）围绕着“团体”二字转，如敬老院、医院、各种各样的协会等。

（4）围绕“宾馆、茶楼、饭店、娱乐场所”转，可以有利打通茶和玉的通道。

2．互联网渠道：建立兼职团队

建立兼职团队，兼职人员在互联网上注册会员，只负责信息推广，无底薪15%返利。网站以高档礼品网的形象出现，使用双网双平台模式，即互联网网站平台和移动手机平台。代理推广可用于换购礼品的礼品卡，设计的 3000 元现金卡和换购玉的玉卡如图 6-30 所示。

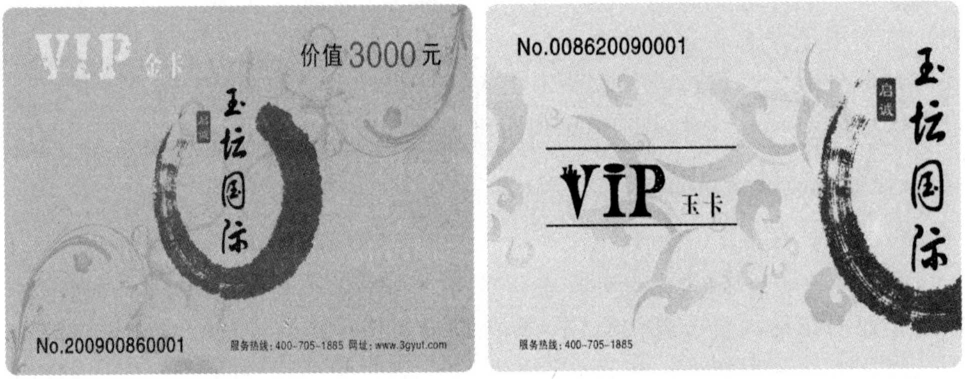

图 6-30 设计的礼品卡

建立兼职团队需要有强有力的奖励制度才可以刺激兼职人员的积极性，因此针对 3000 元的会员卡消费建立了积分奖励制度，具体的制度如下：

会员卡消费积分奖励制度

北京玉满天下电子商务有限公司为答谢各会员对公司项目的支持特举办消费积分奖励制度，本着“诚信、公开，公平”的原则特制定如下分红制度。

一、参与人员

任何购买我公司会员卡一张以上（价值人民币 3000 元）的会员。

二、参与条件

兼职销售一张金卡以上即可以参加分红奖励制度。

三、计划奖励额

全国会员卡所有销售的 20%用于分红提成，其中 17%用于达到推荐一人标准以上的所有会员，3%用于抽奖奖励。

四、奖励细则

（1）所有会员卡按注册的时间进行编排，符合销售一张金卡以上的会员即可参与分红，当月销售 5 张金卡即可参与抽奖游戏；

（2）实行每月一结制度，奖励的公式如下：

$G=M\times N\times 17\% / R$

G 代表：本月您可获得取的奖金；

N 代表：当月所有销售卡数；

M 代表：卡的面值；

R 代理：当月符合分红兼职人员的总数。

（3）所有会员卡奖励累积到 6000 元，即终止参与游戏；

（4）每月可用于抽奖的奖金

$$F=M\times N\times 3\%$$

F 代表：用于奖励的奖金；

抽奖的细则：

A．设置一等奖 1 名，二等奖 2 名，三等奖 3 名，鼓励奖 4 名；

B．一、二、三等奖按 60%、30%、10%分配 F 总额，鼓励奖为会员卡一张；

C．抽奖以一条线排的顺序号每月结账当日在公司的会议室由高管抽号为标准；

D．所有中奖人名单将在公司官网新闻发布。

五、扣费

（1）提现时，系统自动扣除 5%的手续费；

（2）当个人累计收入 1 万以上系统再自动扣 10%的个人所得税。

推广工具和资源包括：

搜索引擎、分类目录、电子邮件、网站链接、在线黄页和分类广告、信息发布、论坛、博客网站、网络实名/通用网址、免费软件、即时信息、网络广告媒体、传统推广渠道等。

在互联网上建立兼职团队的任务主要也由笔者负责，如图 6-31 所示笔者在培训有意向兼职的工作人员。

最终走产、贸、销一体化的道路，把连锁加盟作为玉坛做强做大的发展模式。按照上述的营销思路，玉坛国际从项目开始实施的第一个月起就完成了 50 多万元的市场销售额，但很遗憾的是，该项目因为其他原因最后没能一直顺利地往下发展。

图 6-31　培训兼职团队

第 7 章　铁打的营盘，会说话的制度：网络会员制营销

正所谓“铁打的营盘，会说话的制度”，网络会员制度通常都是建立在一个用于实现会员代理的销售管理系统基础之上，而决定平台会不会快速发展的核心在于会员的代理制度是否合理，即佣金是否足够吸引人的基础上。

通过本章的学习，读者将掌握如下知识点：

- 网络会员制度的营销基础
- 会员制营销流程与要点
- 建立会员服务意识
- 铁打的营盘，会说话的制度：会员制销售管理系统的设计与实现

7.1 共赢的网络会员制营销

随着电子商务的快速发展，为了扩大销售，增加产品在市场的份额，许多企业实施了网络会员制营销，即充分利用互联网，发展消费者为企业的会员，通过给会员价格优惠、服务优惠激发消费者的消费欲望实行网络消费，它充分利用了网络的参与性、交互性、平等性，使得越来越多的人投身其中，让公司和会员共同创造出越来越多的财富，真正做到共赢互利的利益体。本小节就一起来了解一下网络会员制营销的基础知识。

7.1.1 网络会员制营销模式

网络会员制是通过利益关系和电脑程序将无数个网站连接起来，将商家的分销渠道扩展到地球的各个角落，同时为会员网站提供了一个简易的赚钱途径。一个网络会员制营销程序应该包含一个提供这种程序的商业网站和若干个会员网站，商业网站通过各种协议和电脑程序与各会员网站联系起来。单从字面意义的表面来看，这个概念非常简单：网站管理员加入你的会员计划；浏览者访问你的会员的网站；浏览者点击你的标志广告并在你的网站购物；你付给会员销售佣金。但是实际上会员计划比简单的成功流程图复杂得多，建立并运

作一个会员计划有许多特殊的学问，会员计划的成功与失败往往取决于对这种特殊学问的掌握和运用。本来可以成功的计划，可能因为实施过程中的失误导致失败的结局。

最初的网络会员制营销是拓展网上销售渠道的一种方式，主要适用于有一定实力和品牌知名度的电子商务公司。会员制营销已经被证实为电子商务网站的有效营销手段，国外许多网上零售型网站都实施了会员制计划，几乎已经覆盖了所有行业。2000 年底前后我国部分网站开始应用网络会员制营销方法，到 2003 年，网络会员制营销才真正开始在我国大型网络公司广泛应用，不仅受到大型电子商务网站的重视，也扩展到其他网络服务领域，如搜索引擎的竞价排名、竞价广告等。

现在有许多网络联盟形式已经超出了在线销售的模式，在多个领域取得了明显的效果，例如，Google AdSense（基于内容定位的关键词广告）是利用网络会员制模式拓展广告空间，将关键词广告投放在内容相关的加盟会员网站上；eBay 易趣的创业联盟则是一种新型高效的多网站广告投放方式，即同一个广告主同时在众多加盟网站上投放广告，根据用户通过加盟网站广告浏览后的某种效果支付费用，这样为广告主投放和管理网络广告提供了极大的便利。

7.1.2 会员制营销四方会谈

网络会员制营销系统构成如图 7-1 所示，主要包括了：会员、网上销售商、网上顾客、会员制解决方案提供商。

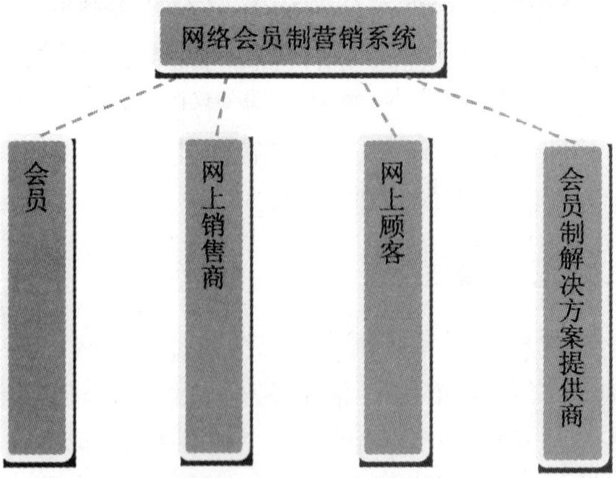

图 7-1 网络会员制营销系统构成

（1）网上销售商，即会员制网络营销计划的提供商，主要是大型电子商务企业。

（2）会员，即会员制计划的加入者。

（3）网上顾客，指在会员网站登录，并通过会员网站上的链接进入到网上销售商的网站购买产品或服务的网上浏览者。

（4）会员制解决方案提供商，即为开发会员制计划的网上销售商提供解决方案。

网络会员制营销的作用主要是通过其构成要素发挥出来的。网络会员制营销计划提供商通过发展会员网站以较小的花费在较短的时间内树立起自己的网上品牌通过网络广告投放到所有会员网站上，实现了网上销售额的快速增长同时也是一种节约在线广告支出的重要途径。会员网站自身不具备直接开展电子商务的条件，通过加入会员制网络营销计划，从起点较低的内容网站迅速转变为电子商务网站，虽然获得的不是全部销售利润，而只是一定比例的佣金但却可以实现营业收入并减少风险。网上顾客能从会员制网络营销中获得会员价格优惠、服务优惠从而激发消费欲望实行网络消费。会员制解决方案提供商又可以据此加以改善提供更多优化方案。网络会员制营销系统中的四要素形成一个良性的系统，使得整体效果可以得到充分发挥。

7.1.3　共营价值的利益体现

会员制营销的价值可以从两个方面来分析：

公司方面，从开展会员制计划的公司来看，会员制营销已经被证明是网上营销战略的成功模式，从理论到实践都已经比较完善，因此许多国际知名的公司都已经将会员制纳入营销计划之中。会员制营销对品牌推广的价值也是显而易见的，拥有大量的会员，实际上也相当于把网络广告投放到所有会员网站上，也是一种节约在线广告支出的重要途径。这也是网络会员制营销模式的七项功能：

（1）按效果付费，节约广告主的广告费用。

（2）为广告主投放和管理网络广告提供了极大的便利。

（3）扩展了网络广告的投放范围，同时提高了网络广告投放的定位程度。

（4）大大扩展了商家的网上销售渠道。

（5）为加盟会员网站创造了流量转化为收益的机会。

（6）丰富了加盟会员网站的内容和功能。

（7）利用了病毒性营销的思想，联盟会员主动进行推广。

加盟会员方面，对于加盟的会员网站来说，也许自身不具备直接开展电子商务的条件，通过参与会员制计划，可以依附于一个或多个大型网站，方便地开展网上销售，虽然获得的不是全部销售利润，而只是一定比例的佣金，但相对于自行建设一个电子商务网站的巨大投入和复杂的管理而言，无需面临很大的风险，这样的收入也是客观合理的。

7.2 会员制营销流程与要点

会员制计划是一个复杂的系统工程，不仅仅是吸收一批网站管理员并把标志广告或文本链接到他们的网站这么简单。很明显，要有一个成功的会员制营销计划，首先要有一个规范的策划流程并能够有计划有步骤地去实施，其实在实施的过程中要充分注意要点，这样才能够真正实现会员制的营销。

7.2.1 网络会员制营销流程

在进行会员制设计之前，首先必须详细了解自己的现状。客户忠诚是建立在客户满意及价值之上的，只有产品具有核心的竞争力，会员制营销才能真正做到行之有效。在全面了解目前企业及产品的状况后，必须完成以下的分析工作：

（1）确定会员制实施的最终目标。利用会员制营销的优势可以对现有客户的要求和潜在需求有较深入的了解，对公司潜在客户的需求也有一定了解，制定的营销策略和营销计划有一定的针对性和科学性，便于实施和控制，顺利完成营销目标。

（2）分析目标客户群。会员制计划可以同时选定一个或几个目标客户群，不同的细分市场都有其特定的价值诉求和行为特征。因此，首先需要了解：

企业现有客户是谁？

是谁在使用企业的产品和服务？

消费的额度和频率分别是多少？

是否可以准确地跟随踪客户的各种消费信息？

目标消费者的需求是什么？

如果会员制的目标客户较大，或者没有很强的相似性，那么就需要对这个目标客户群进行细分，从中找出最重要的客户，如购买量大、与产品关联度最大、对竞争对手最有价值的客户，然后将主要精力集中在这部分客户身上。将目标客户进行细分和另一个原因可能是预算较少或者缺乏建立大型忠诚客户基础设施所需的资源。

另外，会员制计划可以采用多级会同资格法，它的优点是适用于几个目标客户群。即使消费者从一个目标客户群转到另一个细分的客户群，会员制计划还是可以满足他们的需要。事实证明，多级会同资格法在很多情况下都非常有效。

（3）帮助会员选择正确有利益。这是会员制营销中最重要也最复杂的部分。会员利益是会员制的核心，它几乎是决定会员制营销成功或失败的唯一因素。因为只有为会员选择了正确的利益，才能吸引会员长久地凝聚在企业的周围，成为企业的忠诚客户。而企业为会员选择、设计的利益是否对会员有价值，这不能凭自己或别人的经验来确定，只有征求客户的意见后能做出判断。

（4）做好长期的财务投入预算。通常会员制的推广和维护的费用很高，很多会员制营销失败的主要原因之一就是没有严格控制成本。所以，建立一个长期、详尽的财务预算计划非常重要，内容应该包括可能产生的成本以及收回这些成本的可能性。

（5）搭建一个即时沟通平台。建立一个多方位的互联网沟通平台，方便会员和企业之间，会员和会员之间进行及时的沟通，这个沟通平台包括内部沟通平台和外部沟通平台。

内部流通平台：用于企业内部员工进行沟通交流，让内部员工理解、支持并参与到会员制营销的开发中去，因为只有内部员工同心合力，会员制成功的几率才有可能提高。

外部沟通平台：确定会员与会员制组织之间以及会员与会员之间需要间隔多长时间、通过什么渠道、进行何种形式的沟通。

（6）会员制的组织与管理。会员制的组织与管理包括：确定组织和管理的常设部门，如用务中心；决定将哪些活动外包出去；确定需要哪些资源配合，如组织上、技术上、人事上等；如何实现为会员提供的利益，等等。

（7）会员数据库的建立与维护。建立数据库然后将会员的相关信息资料整合到企业的其他部门，以充分发挥其对其他部门的支持作用。会员资料对于企业的研发、产品管理和市调研等部门来说非常有价值，充分挖掘会员制的潜力，既能帮助上述部门提高业绩，也能增加会员制营销自身的价值。

7.2.2　网络会员制实施要点

大多数会员在开始加入会员计划时对这种特许经营方式并没有多少实际知识，正如一个新员工，只有对其进行业务培训，他才能很快胜任工作，对于新会员，如果没有给予适当的指导而期望他马上取得卓越的成效是不现实的。网络会员制计划的优越之处在于获得额外收入、增加网页浏览、有利于产品或服务的品牌宣传。但是，仅仅采取会员制计划而没有为之付出努力，计划本身并不能保证可以取得成功。网络会员制计划成功的关键在于会员培训。总结起来会员制的实施要注意如下的要点（图 7-2）：

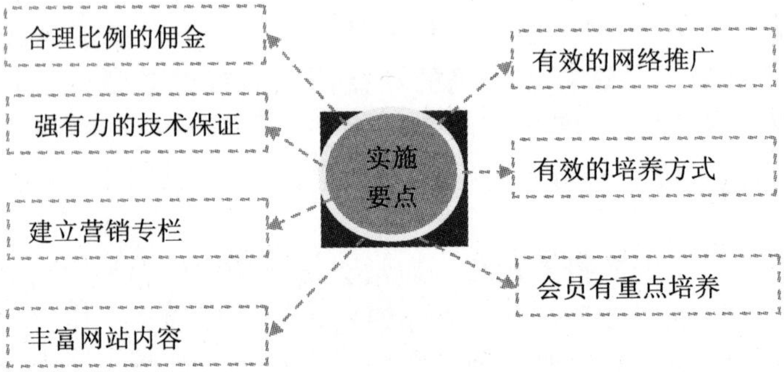

图 7-2 实施要点

1．强有力的技术保证

必须提供完善的技术保证。网络会员制营销是基于互联网这一先进媒介的营销手段，在很多方面并不成熟，会员加盟过程中或多或少都会存在各种顾虑，因此会员制网络营销计划提供商和会员制解决方案提供商至少要在方便的在线加盟程序、稳定的用户购买行为跟踪记录、可靠的在线销售统计资料查询等方面做足工作，保证技术前提才能使渠道更有效、广泛、稳定的拓展。

2．有效的网络推广

有效的网站推广是十分必要的，因为网络会员制营销的推广直接关系到加盟会员的数量，而会员数量在一定程度上决定了网站通过会员最终获得的收益。因此，除了在主页显著位置设置链接外，还有必要采取多方面的推广，甚至可以在邮件的签名档上也列出会员计划，如果发送的是新闻邮件，也不要忘记宣传的机会，甚至可以在发票上也留下相关信息，只有先打开了知名度，才有可能吸引更多会员，同时也意味着客源的膨胀。

3．合理比例的佣金

为会员合理付出，对于低利润高价值的行业，理应付给较低比例的佣金，但对很多行业来说，如果佣金低于总销售额 5%是无法接受的。平均酬金和每次点击付费模式完全取决于产品和成本状况。为确定最合适的佣金水平，可以研究一下竞争对手付给会员佣金的情况，并提供适当高过竞争者的佣金。同时佣金成分要有足够的吸引力让广大站点加入。

4．会员有重点培养

要重点培养 VIP 会员。将经济学“帕特原理”应用到会员制计划中，即会员所创造的营业额中的 80%来源于 20%的会员。落实客户关系管理理念，要将能切实带来收益的会员网站，给予重点发展，优先发展，充分调动他们的积极性，从而创造更多的价值。至于其他会员，也要予以不同层级的重视，寻找挖掘其潜力的切入点，从而可以使其发挥“长尾”作用。

5．有效的培养方式

对会员的培训可采取多种形式，有直接沟通方式，也有在线方式，最近，会员行业比较流行的做法是帮助会员优化其网站。与会员一对一地交互是一种有效的方法，但是这种方法对于资源有限的小型会员计划可能不太可行，成本过高，精力也有限。但即便不能亲自与会员交流，仍然可以利用互联网等多媒体资源寻找解决途径，与会员沟通并进行培训。

6．建立营销专栏

针对会员进行培训，首先，可以在会员计划内设立网上营销专栏，现在，有一些网站会提供适合于会员和网站管理员的培训教材和培训系统。为会员提供上述有用的资料其实对自己也很有帮助，不要以为自己经营会员计划就不能成为其他公司的会员，从对会员提供帮助的过程中也可以得到额外的收入。

会员制营销系统设计非常关键，因此必须做到简洁、清晰，且应该尽量围绕主题丰富自己的产品线，除了产品丰富，由于现在联盟站点基本上都只是加一段代码，为了让宣传效果更明显，就要求联盟的宣传 Banner 需要品种多，而且不断有更新，这样，会员站点才能充分利用自己的流量创造价值。

7．丰富网站内容

在网站的内容上，如果仅仅是为了赚钱，即使偶尔登录到网站的人一眼就看清了他的目的，那么浏览者很快就会走掉的，这就要求在内容上花一些时间。有一种方法可以改变会员网站的浅薄和懒惰，这就是在会员计划内设立一个网上资源区。网上有无尽的免费资源，会员可以把这些资源集成到自己的网站以改进设计和内容，然后在自己的网上资源区做链接。还有一些对网站管理员和营销资源有用的网站，可以请求与他们相互链接。如果愿意培训会员，那么，会员也将可以为创造更多收入、增加网站访问量、对产品或服务品牌形象产生积极影响。成功的会员是成功的会员计划的骨干，只要愿意对计划付出额外的努力，就有可能造就出那些可足以带来巨大收入的会员。

会员制网络营销方式在许多企业已开始推行，我们在实践中需要不断完善，及时总结、交流经验；从实际出发探索施行，使它在市场经济中得到更广泛的推广。在推广中需注意：

第一，加强宣传让消费者明白会员的权利和义务，让更多的消费者知道为什么要实行会员制，对消费者有什么好处，怎样能成为网络会员，会员有什么权利和义务。

第二，企业要经常与会员互动沟通，及时了解会员的要求和愿望，主动征求会员意见，认真答复会员的问题，及时按照会员的要求改进工作。

第三，争取更大的让利活动，坚持在产品、服务方式等多方面给会员以优惠。让会员感到他们确实比非会员得到实实在在的利益。

第四，诚信经营，企业要坚持诚信为上，对会员的允诺一定要坚持说到做到，要制定制度保证各项措施的落实，在会员心目中树立企业的良好信誉。

7.3 “会员就是上帝”服务意识

网络会员制营销之所以在电子商务领域获得了很大成功，其原因在于符合电子商务中的一般优势，如资源共享、高效率、用户永远更大的选择便利等。售后服务在销售中占有极其重要的位置，在互联网的会员制营销中更不要忽略它的存在。例如，在网络上如果顾客觉得受到了冷落，那他告诉的不是 1 个人，有可能会是 1000 个人。所以要用更多的时间，来树立良好的口碑。不但提供顾客所需的，自己还要在加一点服务态度。现今的客户关系管理，不能再如同过去依赖销售人员个人的魅力，而是必须依赖协调整合的行动，由过去被动地收集客户资料，转为建立主动关怀的顾客关系，在第一时间解决客户的需求问题，将能获得会员的忠诚心。

7.3.1 掌握会员的满意度

在经营的过程中，网站开办者在平常要做到如下的售后服务准备：

第一：畅通的电话联系；

第二：及时的咨讯传达；

第三：周到的咨询服务；

第四： 快速的系统维护服务；

第五：贴心的问候释疑；

第六：意外的惊喜礼物。

会员满意度主要涉及三个方面：会员的期望值、产品和服务的质量、服务人员的态度与方式。会员对于产品或服务的期望值过高。会员的期望在会员对卖家的产品，以及服务的判断中起着关键性作用，会员将他们所要的或期望的东西，与他们正在购买，或者享受的东西进行对比，以此评价购买的价值。

简单地可以用公式表示：会员的满意度=会员的实际感受/会员的期望值

1．会员的期望值

一般情况下，当会员的期望值越大时，购买产品的欲望就越大。但是当会员的期望值过高时，就会使得会员的满意度越小；会员的期望值越低时，会员的满意度就越大。因此，卖家应该适度地管理会员的期望。当管理失误时，就容易导致会员产生抱怨。

管理会员期望值的失误主要体现在两个方面：

（1）承诺过多与过度推销。我们要拒绝承诺过多，或者过度的推销，这样会造成会员很大的反感。简单地举一个例子，例如，有的网上商店承诺包退包换，但是一旦会员提出退商品或者换商品时，总是找一些理由来搪塞或者拒绝。

（2）虚假广告信息。在广告中过分地宣传产品的某些性能，故意忽略一些关键的信息，转移会员的注意力。这些的管理的失误，导致会员在消费过程中，有失望和反感的感觉，因而产生一定的抱怨和不信任。因此，我们打击虚假广告。

2．产品和服务质量

在产品和服务质量上，会存在如下的不足：

（1）产品本身存在的问题，质量没有达到规定的标准。

（2）产品的包装问题，导致产品损坏。

（3）产品出现小瑕疵。

（4）会员没有按照说明操作，而导致出现故障。

3．服务人员的态度与方式

为会员提供产品服务，缺乏正确的推荐技巧和工作态度，都将导致会员的不满，产生抱怨。这主要表现在：

（1）服务态度差。不尊敬会员，缺乏礼貌；语言不当，用词不准，引起会员误解。

（2）缺乏正确的推销方式。缺乏耐心，对会员的提问或要求表示烦躁，不情愿，不够主动；对会员爱理不理，独自忙乎自己的事情，言语冷淡，似乎有意把会员赶走。

（3）缺乏专业知识，无法回答会员的提问，或是答非所问。

（4）过度推销。过分夸大产品与服务的好处，引诱会员购买，或有意设立圈套，让会员中计，强迫会员购买。

7.3.2 处理会员抱怨的方法

好的服务，首先必须要有好的服务态度，因为服务来自内心。好的服务第一必须尽心尽力去满足会员的期望，第二便是想方设法去超越会员的期望。

1. 处理会员抱怨的原则

第一，会员就是上帝，会员始终正确。这是非常重要的观念，有了这种观念，就会有平和的心态来处理会员的抱怨。这包括三个方面的含义：

（1）应该认识到，有抱怨和不满的会员是对卖家有期望的会员。

（2）对于会员的抱怨行为应该给予肯定，鼓励和感谢。

（3）尽可能地满足会员的要求。

2. 如果会员有误解，请参照第一条原则

会员与卖家的沟通中，因为存在的沟通的障碍而产生的误解，即便如此，决不能与会员进行争辩，否则会失去了潜在的会员。

3. 处理会员抱怨的策略与技巧

（1）首先必须重视会员的抱怨。当会员投诉或抱怨时，不要忽略任何一个问题，因为每个问题都可能有一些深层次的原因。会员抱怨不仅可以增进卖家与会员之间的沟通，而且还可以诊断卖家的内部经营与管理所存在的问题，利用会员的投诉与抱怨，来发现我们的不足，以及需要改进的地方。

（2）详细的分析会员抱怨的原因。比如，一个会员在某商场购物，对于他购买的产品基本满意，但是他发现了一个小问题，提出来替换，但是售货员不太礼貌的地拒绝了他，这时他开抱怨，投诉产品质量。而事实上，他抱怨中更多的是售货员服务态度问题，而不是产品质量问题。在实际操作中，我们要引以为戒。

（3）正确、及时地解决问题。对于会员的抱怨应该及时正确地处理，拖延时间，只会使会员的抱怨变得越来越强烈，会员感到自己没有受到足够的重视。例如，会员抱怨产品质量不好，卖家通过调查研究，发现主要原因在于会员的使用不当，这时应及时通知会员维修产品，告诉会员正确的使用方法，而不能简单地认为与自己无关，不予理睬，虽然卖家没有责任，这样也会失去很多会员。如果经过调查，发现产品确实存在问题，应该给予赔偿，尽快告诉会员处理的结果。

（4）记录会员抱怨与解决的情况。对于会员的抱怨与解决情况，要做好记录，并且应定期总结。在处理会员抱怨中发现的问题，对产品质量问题，应该

及时通知生产方；对于服务态度与技巧问题，应该向管理部门提出，加强教育与培训。

（5）追踪调查。处理完会员的抱怨之后，应与会员积极沟通，了解会员对于卖家处理的态度和看法，增加会员对卖家的忠诚度。

7.3.3　建立客户忠诚计划

建立会员的服务意识并不是盲目的盲从服务会员，只有结合细分市场客户的价值需求，确定采用什么样的忠诚计划，才是商家进行会员制网络营销的重点。

1．客户忠诚计划的两个类型

客户忠诚计划按实施的条件划分，可以分为两大类：其一是开放型忠诚计划，其二是限制型忠诚计划。

（1）开放型忠诚计划。开放型忠诚计划也可以称为无条件计划，是允许任何人加入的，通常没有任何正式的申请过程。因为开放型忠诚计划不需要交纳入会费或年费，在某些情况下甚至无需填写申请表（购买产品即自动成为会员），因此，开放型忠诚计划可以吸引大量的会员，可以建立起一个更广泛的会员基础。

开放型忠诚计划可以吸引潜在客户和使用其他品牌的客户的注意，让他们有更多的机会接触公司的产品和品牌，同时也使企业有机会与他们进行对话交流。但因为开放型忠诚计划的会员资格太容易获得，所以会降低会员资格的价值感。

开放型忠诚计划具有以下优点：

1）接触到大范围的客户。

2）数据库完善而且齐全。

3）容易接触到潜在和竞争者的客户。

4）在对数据进行分析后，可实现多层次目标客户群的划分。

5）使忠诚计划更容易达到规模效益。

（2）限制型忠诚计划。限制型忠诚计划也叫门槛型计划，即对会员资格有所限制，不是任何人都能加入的。客户只有经过正式程序，例如，办理了填写申请表、交纳入会费等相关手续，才能获得会员资格。在某些情况下，客户必须符合一些规定的标准才能成为会员，例如购买一定数量的产品、一定的年龄要求等。

限制型忠诚计划具有以下优点：

1）能帮助企业快速收回成本。

2）有助于锁定目标客户群。

3）让会员资格更有价值，显示会员的地位。

4）清晰确定会员结构，使沟通变得更有效。

5）有效控制了会员的人数，降低了投入成本。

6）入会费提高了会员的期望，从而迫使企业不断提高它所提供的价值。

7）有长期的，高额的预算。

8）正处于未经过细分的市场。

9）处于 B2C 的市面上场环境中。

10）企业的产品是同质化产品。

为了将精力集中在主要目标客户群上，限制财务投入并控制风险以及通过更有效的沟通来提高效率，在大多数情况下，采用限制型忠诚计划对企业更有利。事实表明，人们更愿意选择加入限制型忠诚计划。

2．客户忠诚计划的四种模式

客户忠诚计划模式可以划分为：独立积分计划、积分计划联盟模式、联名卡和认同卡模式和会员俱乐部模式。

（1）独立积分计划。独立积分计划指的是：企业仅为消费者对自己的产品和服务的消费行为和推荐行为提供积分，在一定时间段内，根据消费者的积分额度，提供不同级别的奖励。这种模式比较适合容易引起多次重复购买和延伸服务的企业。在积分计划中，是否能够建立一个丰厚的、适合目标消费群体的奖励平台，成为计划成败的关键因素之一。很多超市和百货商店发放给顾客的各种优惠卡、折扣卡都属于这种独立积分计划。

独立积分计划对于那些产品价值不高、利润并不丰厚的企业来讲，有很多无法克服的弊端，最大的难点是成本问题。自行开发软件，进行数据收集和分析，这些都需要相当大的成本和人工。

其次，很多积分计划的进入门槛较高，能够得到令人心动的奖励积分的额度过高，而且对积分有一定的时效要求。这样做虽然将更多的优惠提供给高价值的顾客，也有助于培养出一批长期忠实的客户，但这样做也流失了许多消费水平没有达到标准的高价值客户。

另外，随着积分项目被越来越多的商家广泛使用，手里持有多张积分卡的客户越来越多。这些客户在不同的商家那里出示不同的会员卡，享受相应的折扣或者积分优惠，却对每一家都谈不上忠诚。

（2）积分计划联盟模式。联盟积分指的是众多的合作伙伴使用同一个积分系统，这样客户凭一张卡就可以在不同商家积分，并尽快获得奖励。与企业自己设立的积分计划相比较，联盟积分更有效、更经济、更具有吸引力。

企业是选择单独推出积分计划还是选择加入联盟网络，是由企业的产品特性和企业特征决定的。如果企业的目标客户基数并不是很大，主要通过提高顾客的“钱包占有率”、最大限度地发掘顾客的购买潜力来提高企业的利润，则推出独立积分卡较合适；联盟积分卡可以通过互相提供物流、产品、顾客资料方面的支持，降低企业的各种压力，使企业能获得更多的新的顾客资源。

（3）联名卡和认同卡。联名卡是指：非金融界的营利性机构与银行合作发行的信用卡，其主要目的是增加公司传统的销售业务量。

认同卡是非营利机构与银行合作发行的信用卡，持卡人主要为该团体成员或有共同利益的群体。这类关联团体包括各类专业人员。持卡人用此卡消费时，发卡行从收入中提成出一百分比给团体作为经费。运动协会、环保组织、运筹学管理科学协会的认同卡就是这方面的成功例子。

与前述积分计划联盟模式不同，联名卡和认同卡首先是信用卡，发卡行对联名卡和认同卡的信贷批准方式与一般的普通信用卡很接近，它们的运营和风险管理也许多相通之处。在管理方式上，银行需要与合作的营利公司或非营利团体签有详细的利润分成合同。就市场渗透的角度而言，针对有一定特殊共性的消费群体来设计品牌，是一种极好的市场细分的手法，对加强信用卡发行单位和签约单位的顾客忠诚度非常有效。

（4）会员俱乐部。个别企业顾客群非常集中，单个消费者创造的利润非常高，而且与消费者保持密切的联系非常有利于企业业务的扩展。他们往往会采取俱乐部计划和消费者进行更加深入的交流，这种忠诚计划比单纯的积分计划更加易于沟通，能赋予忠诚计划更多的情感因素。

3．实施客户忠诚计划的工作

现代企业竞争的本质是顾客忠诚度的竞争。而客户忠诚计划要真正吸引客户，获得客户的忠诚，就必须做好以下两大方面工作：

（1）忠诚方案需要依据顾客行为而调整。忠诚方案发展最成功的企业要算美国的运通，而且运通公司还根据顾客的行为对客户忠诚方案进行不断的调整，使其客户忠诚计划始终具有吸引顾客的魅力。

（2）区隔顾客、区别对待。对多数消费者而言，忠诚方案最开始的吸引就是在于免费兑换商品。但是，当企业开始区隔顾客时，就会发现顾客对企业的期待，会依他们对方案的参与程度而有所不同。

低参与度的顾客在乎的是比较实质的利益，如免费服务、商品、折扣、折价券等；高参与度的顾客比较在乎软性利益，如快速办理饭店住宿登记、退房手续、服务升级或游客私人休息室等。这些顾客在意的是企业珍惜他们、了解他们。他们往往也是企业必须多下功夫的顾客，因为他们有可能与企业建立长久的合作关系。

7.4 铁打的营盘，会说话的制度：会员制销售管理系统

网络会员制营销听起来似乎很简单，但是在实际操作中要复杂得多。因为一个成功的会员制计划涉及网站的技术支持、会员招募和资格审查、会员培训、佣金支付、会员服务、发生争议时的解决方发等多项内容。从网络会员制营销的基本流程也可以看出，一个网络会员制营销程序应该包含一个提供这种程序的商业网站和若干个会员网站，商业网站通过各种协议和电脑程序与各会员网站联系起来，因此，在采取网络会员制营销中存在一个核心的问题，即选择什么样的会员制度销售系统网站作为会员制营销手段。本小节以笔者带的技术团队给"百利来"品牌开发的会员销售管理制度来看一下会员制度营销中的核心"会说话的制度"是如何策划与实现的。

7.4.1 无店铺会员制销售模式

受香港百利投资集团有限公司的委托，笔者带团队针对其中的"荒漠甘泉"产品进行项目的包装，并对该产品的互联网会员制销售管理系统进行开发，该产品是一款用沙漠中野生的荆棘果研制而成的保健饮料，产品价格定位在 1300 元/盒，设计的 Flash 导入广告首页如图 7-3 所示。

图 7-3　用 Flash 制作的首页效果

公司高层针对"荒漠甘泉"产品进行了定位，最后将其归类为保健产品，

经过深入的学习和了解及市场调研策划，认为如果使用传统的营销模式，即依靠多级代理、批发零售、广告推广模式进行销售，需要非常大的投入并且销售周期会拉得很长。最后决定将世界先进的无店铺会员制营销模式引入为“荒漠甘泉”产品的销售。公司以守法合规经营为第一原则，经过半年多的研究探讨，制定了基于网络平台合法的全新会员营销模式。

设计的无店铺会员制营销制度主要是能够在网上定购一盒产品即给予会员的身份，如果他能代理公司的产品，帮助公司进行销售即可以获得提成。在经营一段时间后如果觉得项目确实可行，可以在后台申请开店，店分为 A、B、C 三种店，具体的制度设计如下。

1．会员申请条件：

（1）年满 18 周岁以上具有独立民事行为能力，提供个人资料及银行卡号（农行/工行银联卡）。

（2）全面了解并认同公司系列产品品质和公司消费创业营销方案。

（3）一次性按零售价消费 1300 元以上，即购买一盒产品即可以成为会员。

2．会员申请方式：

购买公司编制的会员卡，通过公司官方网站会员中心注册申请即可生效，购买的会员卡可以销售管理平台进行定购转化成“荒漠甘泉”产品。

3．会员待遇：

（1）终身享受会员身份，参与项目的提成，提成的方案如下：

直推提成比 20%：指的是成为会员后推荐出去的业绩直接提成 20%。

管理津贴奖按推荐的业务团队关系计提成，可计提取分为 6 层代理，代理层数和提取率如图 7-4 所示。即根据会员直接推荐会员的多少，公司奖励第 1 代至第 6 代会员推广奖的管理提成（直接推荐的所有会员为“第一层代理”，“第一层代理”再直接推荐的会员为“第二层代理”，以此类推）。

序号	代理层数	提取率
1	一层代理	6%
2	二层代理	5%
3	三层代理	4%
4	四层代理	3%
5	五层代理	2%
6	六层代理	1%
7	会员代理级别	3%

图 7-4 代理管理津贴奖

（2）可以参与公司本营销方案的运营体系，可以根据发展的要求升级成高级店主，并享受相应的提成，升级代理商的条件如图 7-5 所示。其中普通代理商即为普通的会员，不需要额外再交费用，只需要购买一款产品即可，如从会员升为 C 店则需要定购 15000 元的产品。其中升为 A 店时可以每月享受公司所有销售产品总额 5%的店铺补贴。

序号	代理级别	折扣	奖金设置	需汇款
1	普通代理商	100%	0%	0元
2	A 店	100%	5%	55000元
3	B 店	100%	0%	35000元
4	C 店	100%	0%	15000元

图 7-5　升级为代理商的条件

（3）参加合作机构组织的各种培训经营活动。

4．奖励方式：

现金或等值产品，按月结算一次，如果是提出现金奖励要安国家要求扣税后实际发放。

备注：

（1）公司会按当月实际消费额的 60%作为总奖励分给会员和高级代理店铺，因此每个会员会有最高封顶值。

（2）产品质量保证按国家规定执行。

（3）经公司核实在产品未开封的情况下，新会员自注册生效之日起三日内可申请退出会员资格。

7.4.2　会员提成模拟方案

根据公司提供的营销制度，一般人理解起来非常的难，提交给程序员也很难理解，因此需要设计一个模拟方案，设计出制度的核心结算公式，才能让营销平台得以实现，下面就模拟一个会员的实际提成方案。

（1）设公司推广卡为 A 张，每张面值为 B 元/张，则发行总面值为：S 总=A×B 元。

（2）公司计划拿张发行总面值的 C%作为给推广卡的人进行分账，则分账的总额不能超过：S 分=S 总×C%元。

（3）分账系统采用 2 的 N 次方，取短的一条线进行结账，取的层数后每张卡可以拿一层对碰后一张卡的 D%，举例如下：

会员小张从公司拿了 23 张卡，不论是他直销或者是二级转销再三级转销，他所拿的提成如图 7-6 所示。

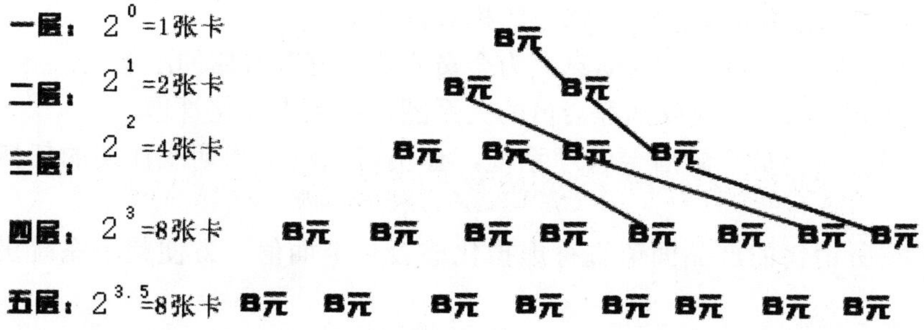

图 7-6　模拟的提成

那么小张所有卖出去的 23 卡按图 7-6 进行 2 的 N 次方进行排列，他个人所提的钱为红线所拿的钱为：

S（一层）=B 元×3×D%

（4）假设最大情况下即三层以后的卡是二层以上的人推出去，那么二层还要再进行一次分账，所以涉及一个公司计划拿出的 S 分会超出预算，以最大化计算，可能破的最大算的公式为：

S（一层）+S（二层）+S（三层）+S（四层）

= B 元×3×D% + B 元×2×D%+ B 元×4×D%+ B 元×7×D%

= B 元×16×D%

所以得保证：S 总×C%＞B 元×16×D%才不会超出预算。

总结的核心结算公式为：

可以划分的层为 N 层取整：2^N=A，即 N=INT（log（2）(B)）；

个人的提成算法：

S 提=B 元×N×D%；

S 分总最大值为：

S 分最大=B 元×N×D%+B 元×2^1×D%+B 元×2^2×D%+B 元×$2^{(N-1)}$×D%

7.4.3　平台搭建技术解决方案

会员制度销售管理系统的搭建除了考虑营销制度的编制之外，还涉及整个项目的运营的安全性问题，这里所指的安全性是指网站平台搭建后不能被攻击，数据库不能被破解等问题，一旦出现这样的问题给整个公司带来的损失是灾难性的。所以对平台的搭建和实现提出如下的技术解决方案。

（1）购买单独的结算平台运营服务器，将网站平台与结算系统分离。

（2）采用 ASP+SQL 数据库进行开发，符合整个平台的技术要求。

（3）为了方便公司对整个销售管理系统的维护和管制，所有涉及提成及销售的面值数据都设置成动态可以修改的模式。

（4）充分采集注册会员的信息，为会员升级做好升级店的准备。

（5）会员可以自助摆放推荐会员的关系图，做到人性化管理。

（6）强大的会员登录后台管理系统，会员可以浏览当期或往期的任何一期销售业绩。

（7）按所销售的产品面值进行虚拟化成会员卡面值，方便整个系统进行统一结算。

（8）设计崩盘运算模式方便公司及时调整和监控销售状态。

（9）定期的结算功能，能够及时从网页导出成 Excel 财务报表形式。

基于上述的技术解决方案，笔者带 1 名美工，3 名 ASP 程序员通过两个月的研发终于将会员制销售管理系统开发完毕，单从建立的 SQL 数据库就可以看出该系统的复杂性，如图 7-7 所示。

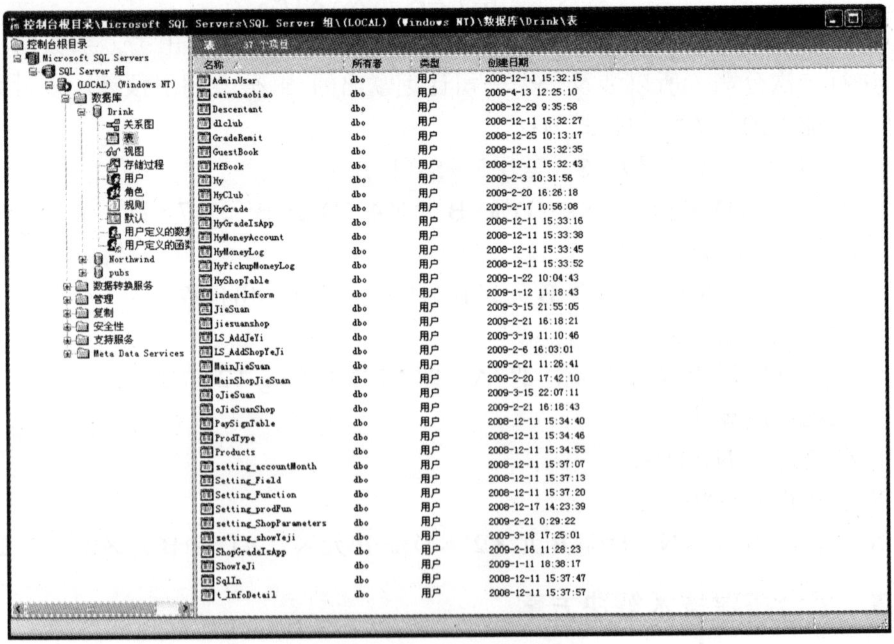

图 7-7　设计的 SQL 数据库

由于本书不是介绍如何开发系统，而重在于营销制度的剖析，从下节开始将对从会员的激活注册到开展业务的整个流程做一下介绍，同时对公司系统管理也做一下深入的解读。

7.4.4　会员注册激活

和普通的网络平台一样，代理者想进入“销售管理系统”的第一步就是通过网络平台激活自己的身份，针对会员制销售管理系统而言重点在于激活时一定要采集尽可能细的会员资料，而不能像普通的会员注册只是需要用户名和用户密码设置，开发的系统登录激活的步骤如下：

（1）在本地搭建好 IIS 服务器（专业用于解析 ASP 网站的 Windows 自带服务器），配置好数据库，访问首页的界面如图 7-8 所示。销售管理系统在首页设计一般要求简洁大方，但也不失美观。

图 7-8　登录系统的首页

（2）单击页面上的“激活”按钮进入“激活”页面，激活页面上一定要有备注，详细说明激活填写的注意事项，这样做的目的就是避免填写错误造成结算系统的错误。

激活填写说明：

“一、请您详细真实地填写如下信息，并选择加盟类型，并请您立即汇款，并将汇款额电话告知我们，本公司将在后台进一步确认您的激活信息后方可以使用，谢谢合作！

二、标有“(*)”符号的栏目必须填写清楚。一定要明确推荐人姓名以及卡号。

三、填写的密码一定不要与你的银行卡密码相同或类似，强烈建议使用字母和数字混合的密码！”

打开的激活页面如图 7-9 所示。

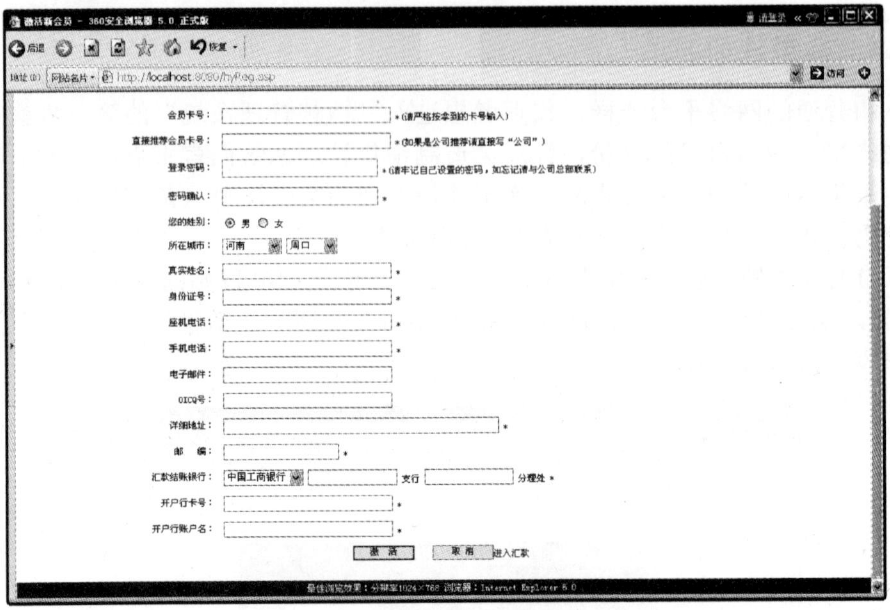

图 7-9 激活页面

（3）按公司给的会员卡号进行注册，明晰推荐的关系，如果是直接从公司获得信息拿的会员卡就直接填写“公司”，如果是从其他会员手里拿的卡就填写上他的会员卡号，填写好真实姓名、密码、银行账号等信息之后，单击“激活”按钮即可以完成激活注册操作。如果需要升级成店也是从这里可以登录的，单击“进入汇款”文字链接，可以填写汇款通知单，如图 7-10 所示。通知公司后台管理，确认激活就可以使用了。

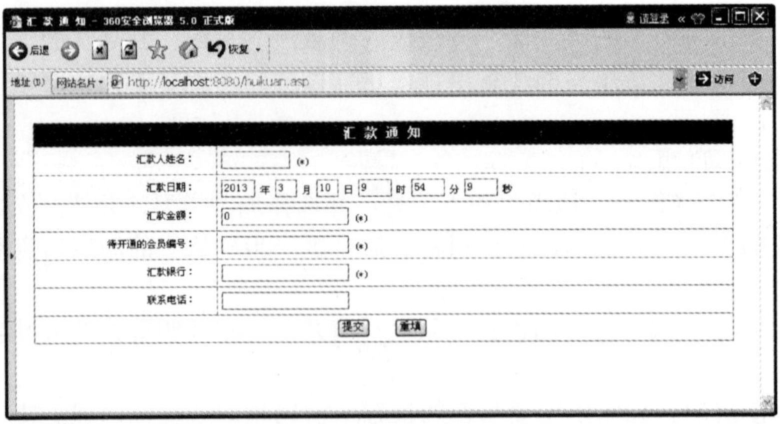

图 7-10 升级汇款通知

7.4.5　会员登录管理

在激活后会员就可以登录后台对自己的会员进行安置管理，同时可以用购买的会员卡上面值的 1300 元进行网上定购，并可以随时了解当期和往期的一些销售业绩，并可以根据奖金数申请提出奖金。

（1）会员打开登录页面，输入会员号和密码，单击“登录”按钮进入会员“销售管理系统”页面，如图 7-11 所示。管理页面的左边是各项管理功能快捷菜单，单击相应的功能即可以进入不同的频道进行浏览和管理。

图 7-11　会员管理首页

（2）单击“直接推荐会员”文字链接可以看到自己推荐会员的详细信息，有直接推荐的卡号、摆放的位置、姓名、电话、手机、地址以及邮编等信息，如图 7-12 所示。

直接推荐的会员

序号	您直推卡号	父级卡号	位置	姓名	电话	手机	地址	邮编
1	1234567890123457	1234567890123456	左边	于荷云	81517438	[illegible]	北京通州区地址	101121
2	1234567890123458	1234567890123456	右边	陈于润	0554789657454	[illegible]	广西	101122

第 1页 /共 1 页 首页 上一页 下一页 尾页

图 7-12　直接推荐的会员信息表

（3）单击“在线升级”可以打开升级的页面，这里如果是普通会员的话显示为“普通代理商”，如果会员升级推荐的是公司就要选择“公司”单选按钮，如果是会员推荐单击选择“会员推荐”单选按钮，如果是店推荐就单击选择“店推荐”单选按钮，然后在推荐账号中输入推荐人的会员卡号，最后还要选择升级的级别，如图 7-13 所示。在编制会员制销售管理系统的时候，推荐的逻辑关系一定要输入正确，通常在会员激活或者升级时都是推荐人直接辅助操作的。

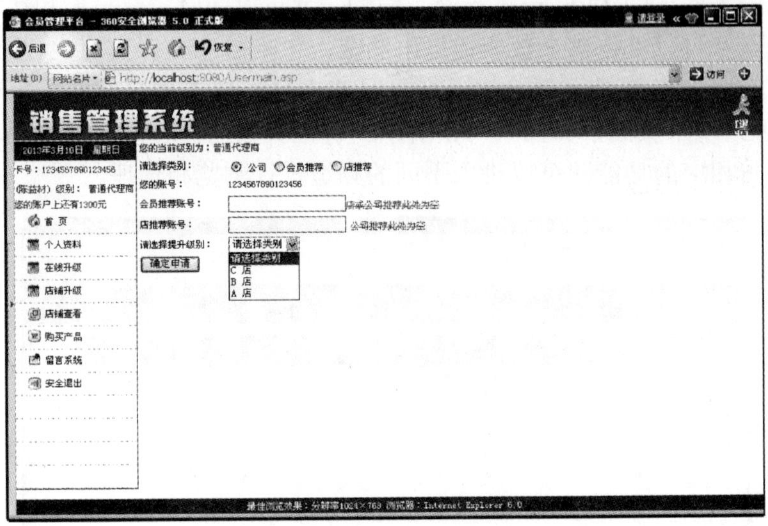

图 7-13 在线升级设置

（4）单击“确定申请”按钮，提交到公司管理后台，汇款后公司管理后台给予确认，店的功能升级成功。重新登录后台管理系统，可以看到“级别”已经是“C 店”，处理的状态为“已处理”，如图 7-14 所示。

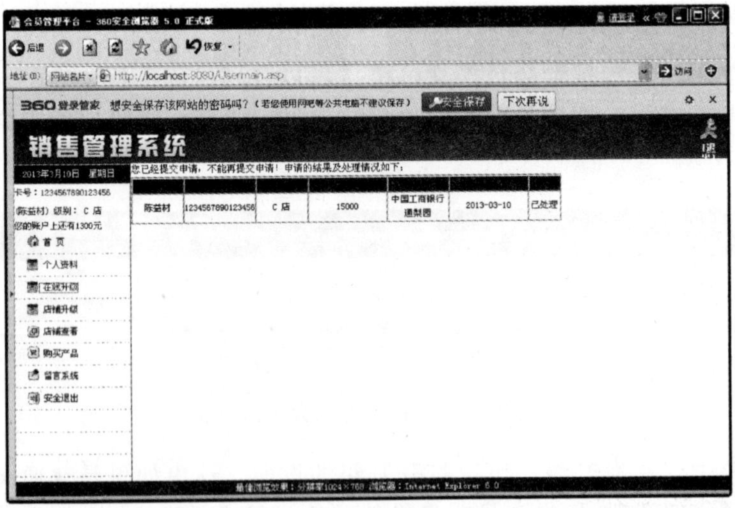

图 7-14 升级为店的后台管理

（5）如果已经是代理店级别了，还可以升级到更高级别的店，单击左边菜单栏“店铺升级”文字链接，即可以打开升级页面，单击升级的下拉菜单选择相应要升级的选项，最后单击“确定申请”即可以完成店的申请功能，如图 7-15 所示。

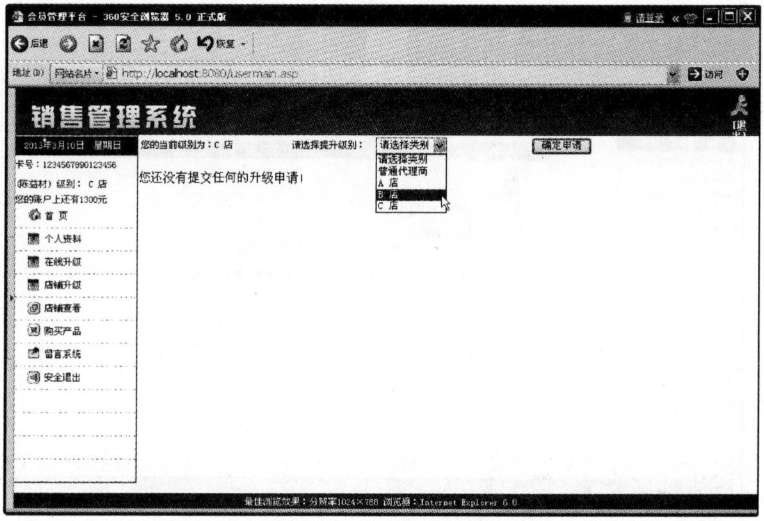

图 7-15　店升级设置

（6）单击左边菜单栏的“店铺查看”，可以查看当前注册的会员号有没有推荐的店铺，如果有推荐的注册店可以显示注册店的详细信息，如图 7-16 所示。

图 7-16　推荐店的信息浏览

（7）单击左边菜单栏上的“购买产品”文字链接，可以打开购买公司产品的页面，也就是将购买会员卡的 1300 元可以直接兑换成相应的商品，如图 7-17 所示。这里的功能和一般的购物车功能是一样的，单击“购买”按钮即可以下订单，消费后账户会清零，公司也会根据会员定购的产品量进行发货。

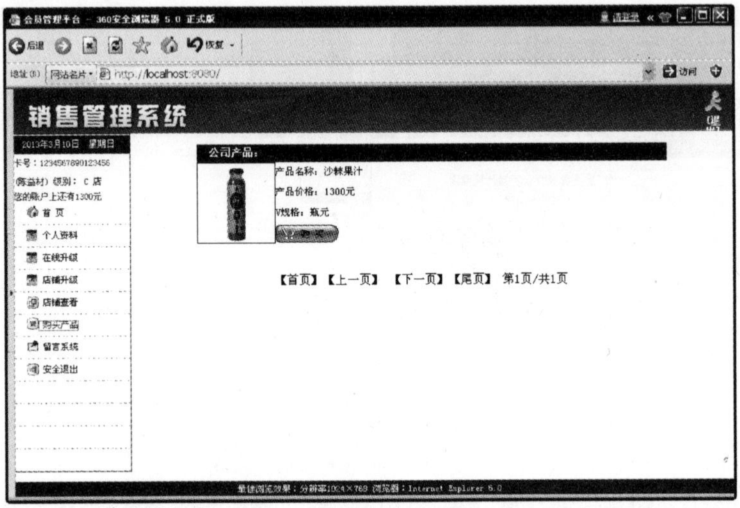

图 7-17　产品定购页面

（8）单击左边菜单栏的“留言系统”文字链接，可以进入“留言咨询”页面，留言板比较简单，主要能说明问题即可以，如图 7-18 所示。

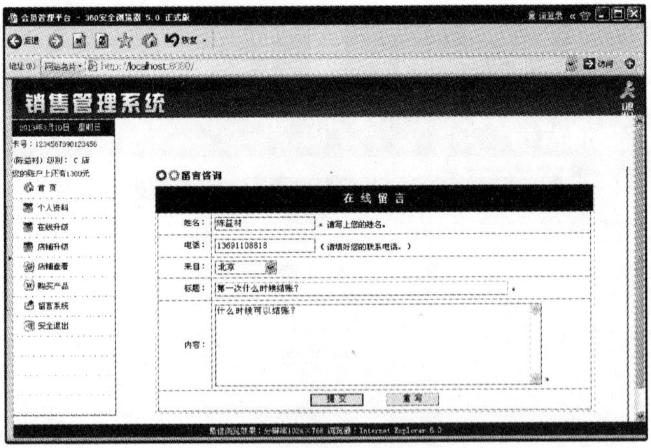

图 7-18　留言咨询页面

（9）在网页上输入留言的标题和内容，再单击“提交”按钮即可以向公司提交留言，且留言内容会及时显示在你的登录页面上，如图 7-19 所示。

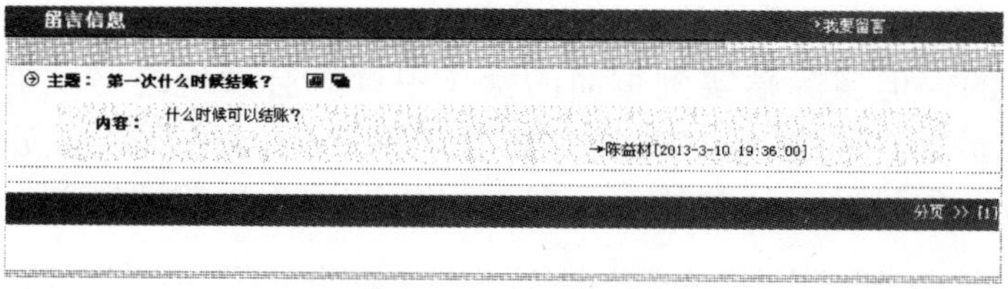

图 7-19 留言信息页面

（10）当公司管理的后台结算之后，设置了权限，会员可以浏览所有结算清单，如图 7-20 所示。里面显示了结算的日期，详细的业绩情况以及历史的总收入情况。

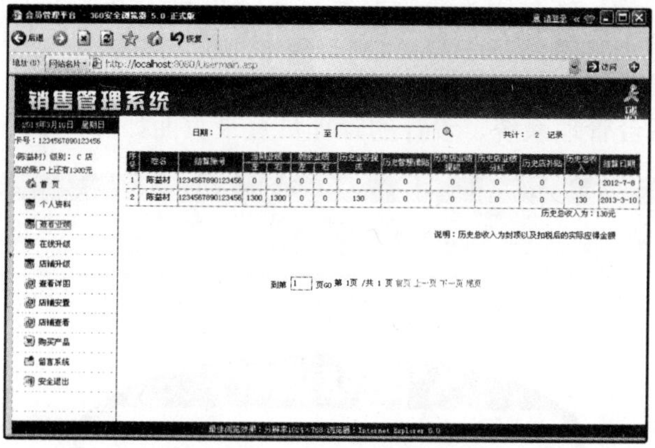

图 7-20 会员的业绩显示

（11）当结算之后，也可以显示当前会员所有的推荐关系脉络图，如图 7-21 所示。通过这些信息的显示方便会员核对自己的业绩是否有误。

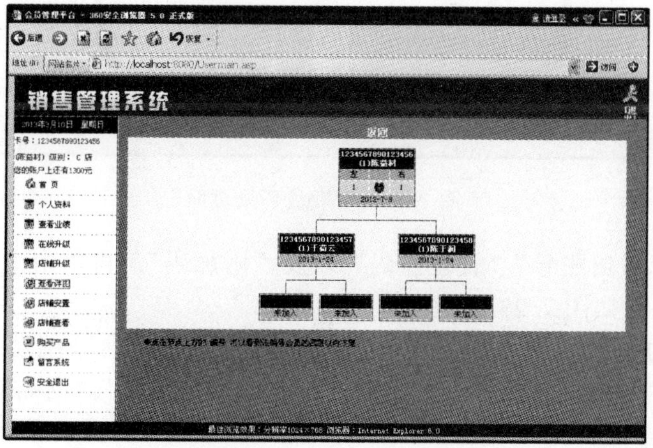

图 7-21 会员的安置详图

会员登录销售管理系统的功能大体就这些，编制具体的营销管理制度时感觉是很繁杂的，但实际落实到页面的操作中读者会发现这些功能其实都挺简单。这是会员操作的需要，试想如果管理系统做得很复杂会员操作会很麻烦，也不利于公司对会员的统一管理，因此设计会员营销制度时一定要操作简单化。

7.4.6　后台销售管理

一个完善的会员营销系统并不只提供给用户注册，可以进行购物就算完成了，它还要给网站所有者一个功能齐全的后台管理功能。如果说会员登录销售管理系统要简单化，那么用于公司的后台管理销售系统一定要仔细化，需要将项目方的任何需求都编写在后台，而且在操作的时候也要尽量的简单化，开发的后台销售管理系统介绍如下。

首先登录后台管理系统，设计的管理员登录页面如图 7-22 所示。

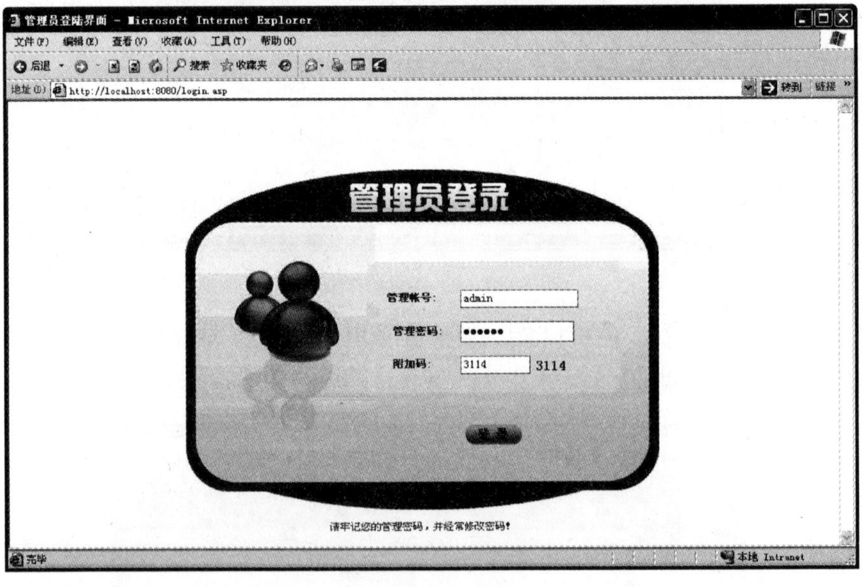

图 7-22　管理员登录页面

输入“管理员账号”“管理密码”以及“附加码”，再单击“登录”按钮即可以登录后台，如图 7-23 所示。

从管理的主页面上可以看到，会员制销售管理后台系统功能是非常强大的，实例中主要有“会员管理”“奖金管理”“系统设置”“商品管理”“备份恢复”“公告留言”以及“其他管理”七大模块，每个功能模块下面还有相应的详细功能，所有的功能设置都是与前台会员销售管理系统互相呼应的，会员销售管理系统提交的信息都可以在这里得到处理和实现，下面就按模块简单介绍一下一个成形的会员营销后台管理系统应该都有哪些具体的细化功能。

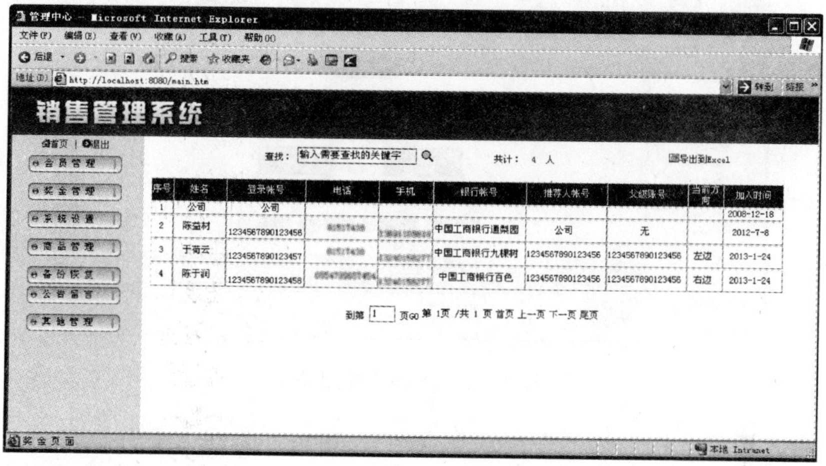

图 7-23　登录后台管理主页面

1．会员管理模块

会员管理模块的主要功能是实现对会员在激活会员卡，确认升级操作，帮助会员安置结算布图，确认汇款操作，查询会员信息等功能，登录会员管理功能的页面如图 7-24 所示。主页面上会显示最近注册的会员信息。

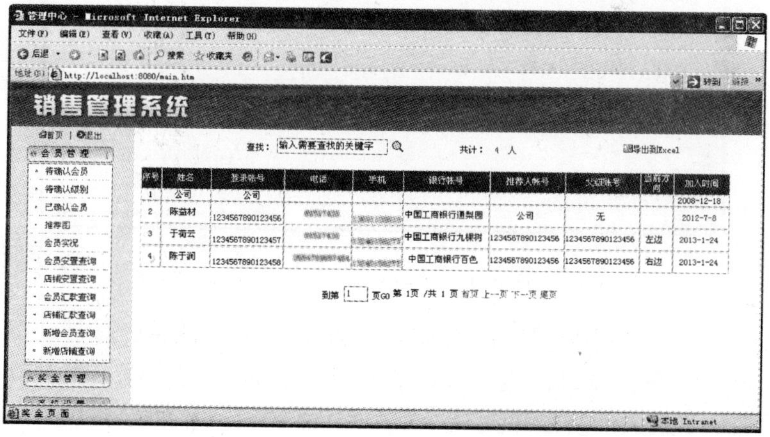

图 7-24　会员管理主页面

其中的“推荐图”显示的是会员布置的结算图，可以第一时间显示相应会员的推荐关系，方便公司及时核查，显示的布置结算图如图 7-25 所示。

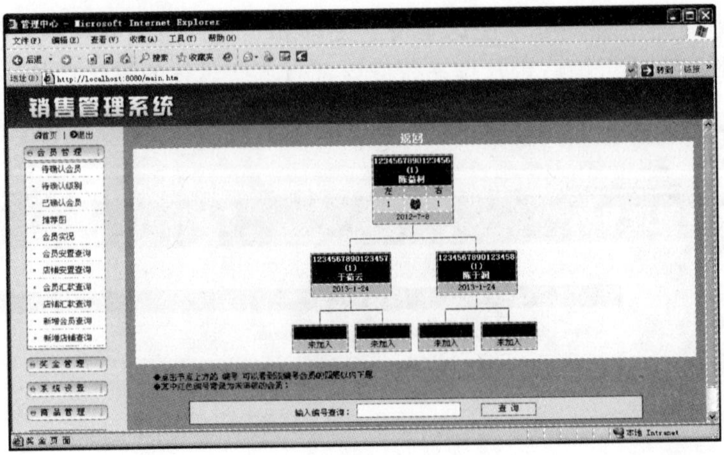

图 7-25　会员推荐图功能

单击左边菜单栏上的“会员汇款查询”，可以显示即时前台会员提交的汇款记录，在“处理”文字链接上单击就可以确认汇款是否到账，并同时激活会员卡，确认之后该条信息就没有用了，还设置了“删除”功能，如图 7-26 所示。

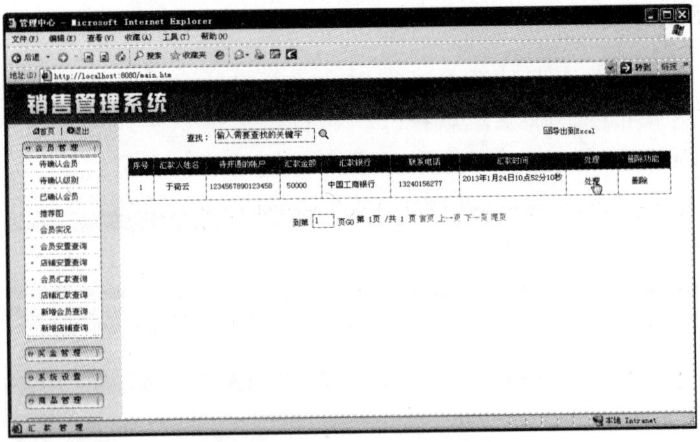

图 7-26　确认会员汇款功能

其他的一些功能都是辅助的功能，如查询功能、已确认会员功能等，都是为方便公司后台在会员有问题时及时查询处理之用，这里就不做具体的介绍，基本都只是一个搜索的功能页面。

2．奖金管理模块

奖金管理模块是整个结算系统的核心，公司每个月结算的时候都要在这里操作。由于涉及会员、不同等级的店，还要给会员卡充值，这里的每个功能都很重要。每个月月底，单击“当期结算”功能，即可以实现整个系统中所有注册会员和店的统计结算，并显示“当前会员业绩”，如图 7-27 所示。

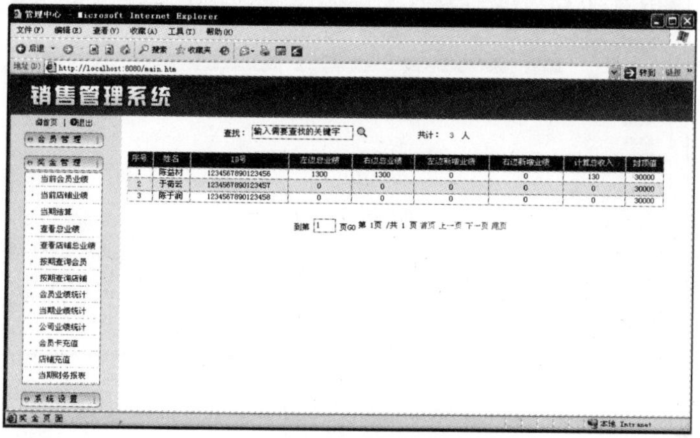

图 7-27　结算后当期的业绩显示

单击“查看总业绩”功能，可以显示结算当期所有会员的结算业绩，通过单击“导出到 Excel”功能可以导出 Excel 财务报表，方便公司审批结算，如图 7-28 所示。

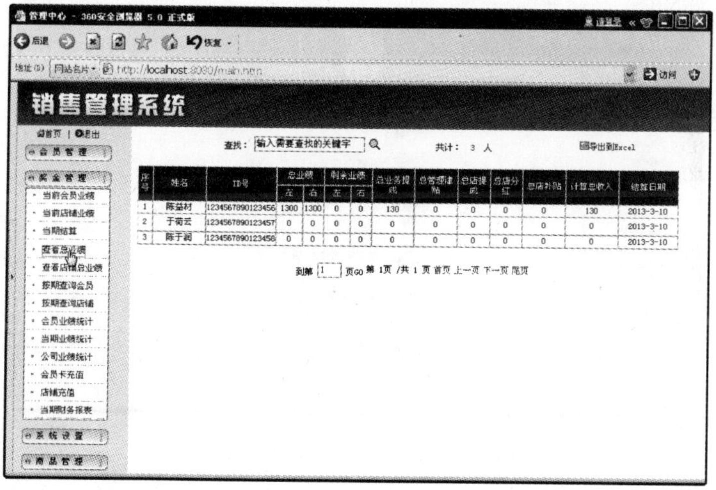

图 7-28　查看总业绩功能

单击“查看店铺总业绩”功能，可以显示结算当期所有店铺的结算业绩，页面显示了店主的姓名，ID 号（即会员卡号）、店铺级别以及店铺总营业额，如图 7-29 所示。

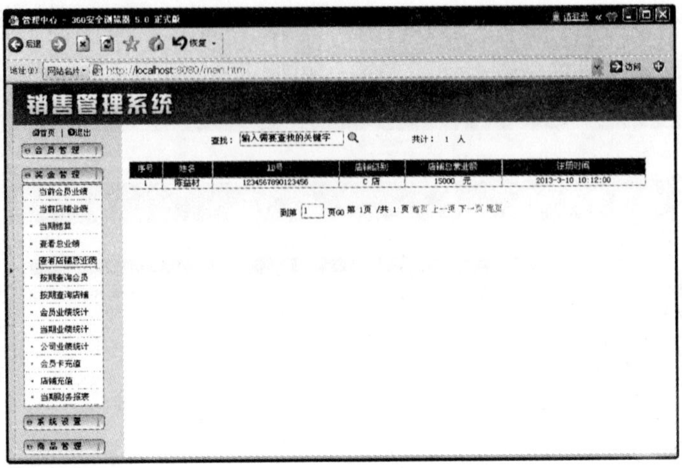

图 7-29 查看店铺总业绩功能

“当期业绩统计”功能主要是用于当期所销售会员卡的统计功能，如图 7-30 所示。显示了当期公司销售的卡数、注册的人数、充值的钱数、当期总共收到的总钱数、按结算公司对碰拔出的钱数、当期公司的实际拔出比等数据。

图 7-30 当期卡对碰统计结果

店铺充值和会员卡充值的功能是一样的，就是会员登录销售系统时显示的可以用于购物钱币值显示，在后台就是往里面输入钱数即可，如图 7-31 所示。

奖金管理模块的其他功能这里就不一一介绍了，通过上述核心功能的介绍，可以让读者明白会员制度营销管理系统是一个数据化非常明显的功能平台，数据直观，操作方便。

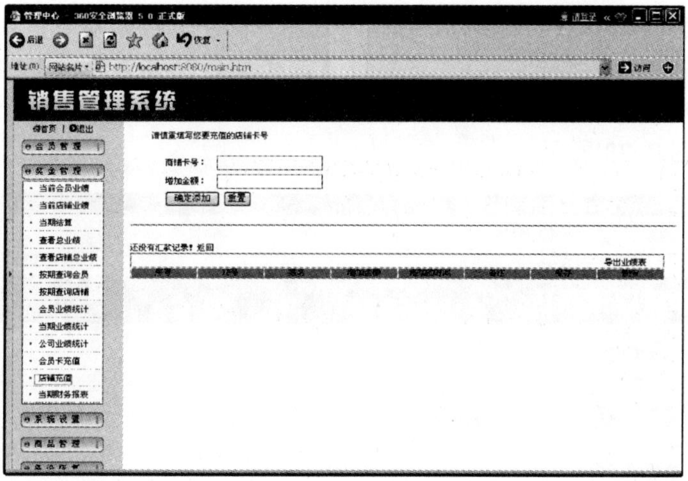

图 7-31　店铺充值操作

3. 系统设置模块

系统设置模块是应项目方的强烈要求而单独开发的功能，通过该功能的开发可以激活整个会员制营销系统的实用性，在实际的运营当中可以适当调整会员的代理制度，增加一些级别，提高给会员的奖励。

单击“代理级别”文字链接，可以打开代理级别设置页面，这里可以添加一个代理的级别，设置定购产品的折扣率，设置需要升级汇款的钱数，如图 7-32 所示。

图 7-32　设置店铺的级别和基础数值

"参数设置"功能是会员制度结算公式调用的基础数据设置，如果需要将销售的会员卡面值进行修改可以在这里设置，当然包括销售会员卡的对碰提成，直接销售提成和公司奖金总拔出比等参数。最后还增加了"店铺补贴"提成率的设置，如图7-33所示。

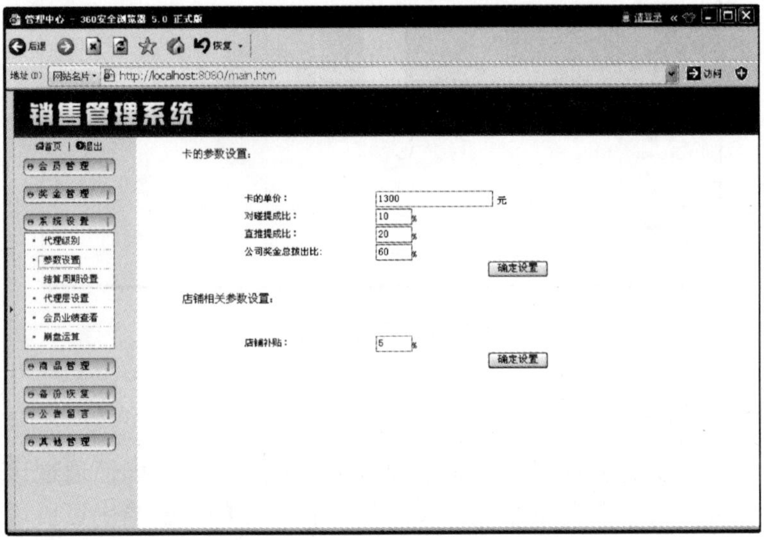

图7-33　结算系统基础参数设置

结算周期设置功能是指公司设置好结算的期间数，系统可以自动按设置的期间天数进行结账，系统默认情况下是按月进行结算的，如图7-34所示。

图7-34　设置结算周期

代理层设置功能主要用于设置会员卡推荐级别的设置，这里可以添加层代数，可以自动设置折扣数，同时对前面设置的提取率可以进行更改，该功能的页面如图 7-35 所示。

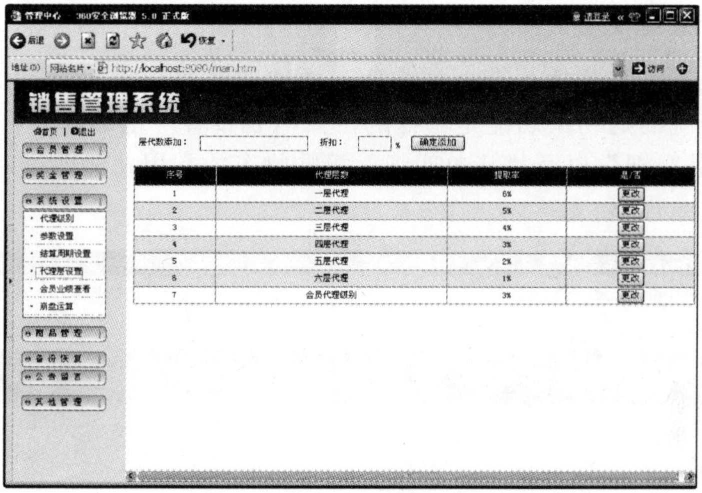

图 7-35　设置会员级别代理参数

系统设置还增加了“崩盘运算”功能，任何做会员制系统的公司都有一个顾虑，那就是公司项目上马之后都靠这个系统运营，那么经营多长时间后这个系统的实际拔出奖励会大于公司的计划拔出比呢，这个就是需要单独的整体核算。在会员制度系统中只需要按结算的公司进行模式运算就可以得到这个结论，设置模拟运算后的结果如图 7-36 所示。

图 7-36　模拟崩盘运算

从系统设置功能可以看出会员制度的营销编制并不是企业管理者拍脑袋就可制定一些营销提成方案的，它需要有实际的运营经验，精通数据营销，知道整个项目的运营步伐才可以制定出相对成熟的营销制度。

4. 商品管理模块

相对于上述的其他几个功能模块而言，商品管理模块就显得比较简单了，它和传统的购物车功能是一样的，只需要设置“增加商品”“商品类别管理”“商品明细”以及“订单明细”等购物车的常用功能即可，如图 7-37 所示。

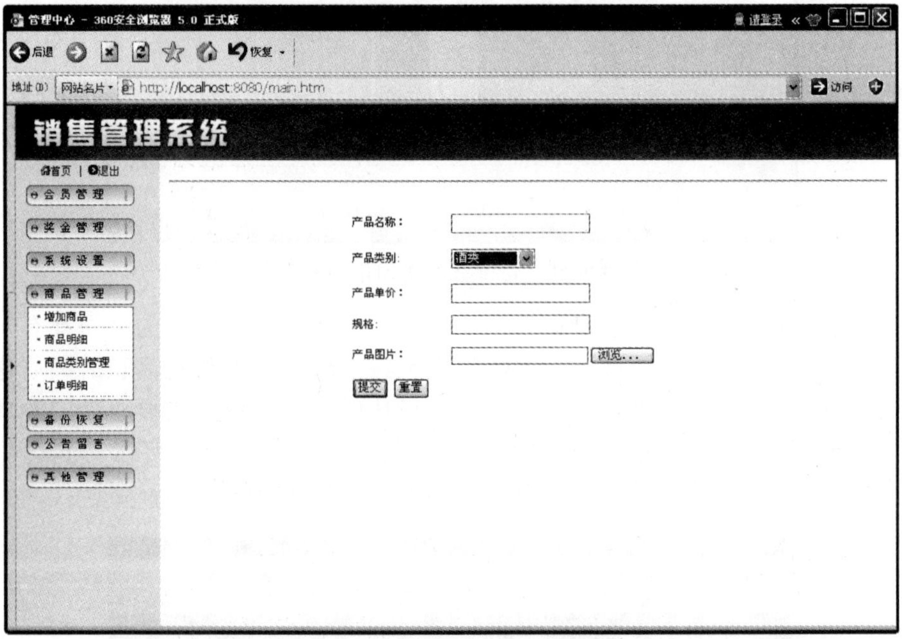

图 7-37　商品管理功能页面

商品管理功能其实就是网上最常见的电子商务购车功能，相对会员制度营销系统是比较独立的核算系统，这里也就不做具体的剖析介绍了。

5. 备份恢复模块

会员制度营销平台数据的安全是非常重要的，试想如果在操作过程中出现误操作，或者服务器受攻击数据丢失，那对整个结算系统遭受的损失是灾难性的，也不可能恢复。所以在开发的时候要充分考虑到这一点，做好数据的定期自动备份功能。系统做数据备份和恢复功能，如图 7-38 所示。

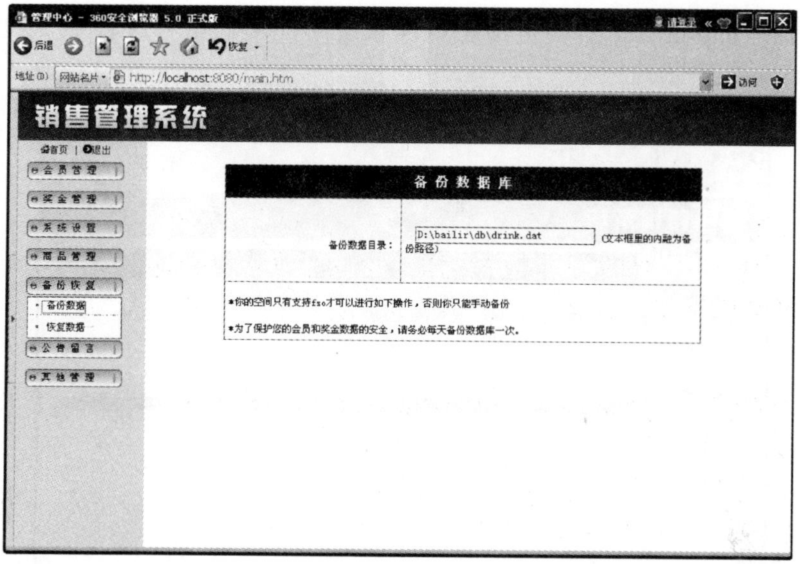

图 7-38　备份数据库功能

6. 公告留言模块

公告留言模块用于实现与会员的交流，只要有用于回复会员前台的留言和发布并管理新公司的功能即可。实例中的发布公告功能如图 7-39 所示。可以像 Word 一样对文字进行编排和插入图片，使用起来非常的方便和简单。

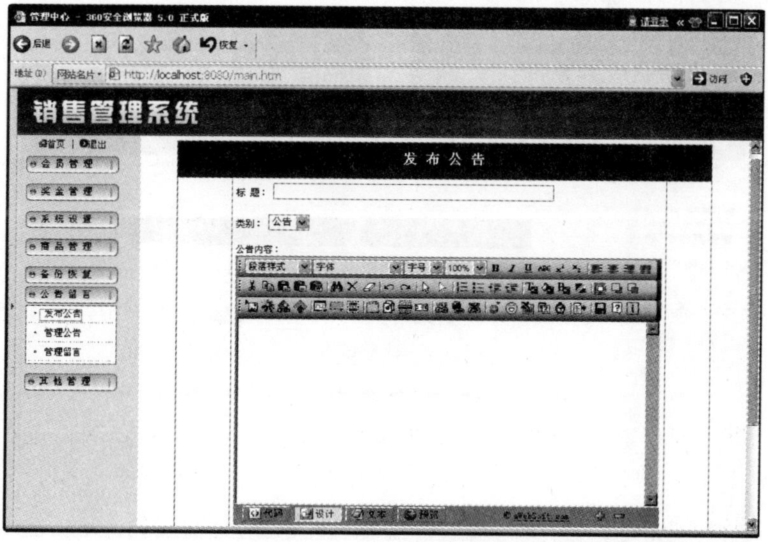

图 7-39　发布公告功能

留言管理功能就是对会员销售管理系统中提交的留言进行回复和管理操作，如图 7-40 所示。

图 7-40 留言管理功能

7. 其他管理模块

其他管理模块主要有“修改管理员密码”功能如图 7-41 所示。和一般网站的后台管理员密码修改的功能是一样的。

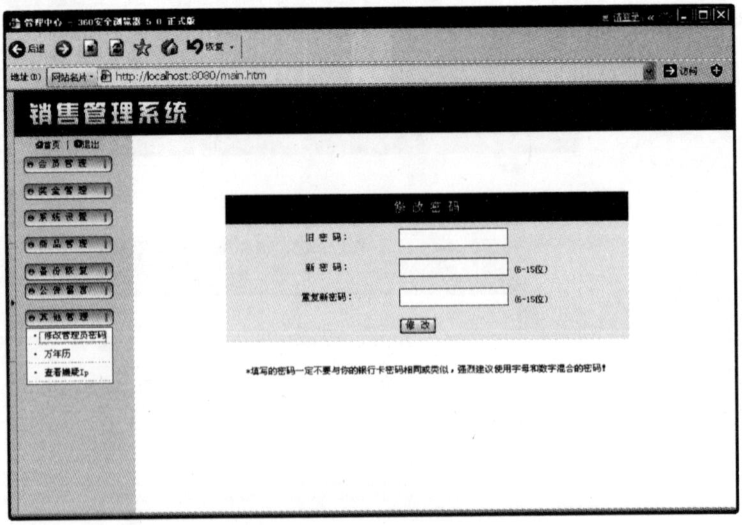

图 7-41 修改管理员密码功能

“万年历”显示如图 7-42 所示，设置了万年历也是为了方便管理者设置结算周期查询之用。

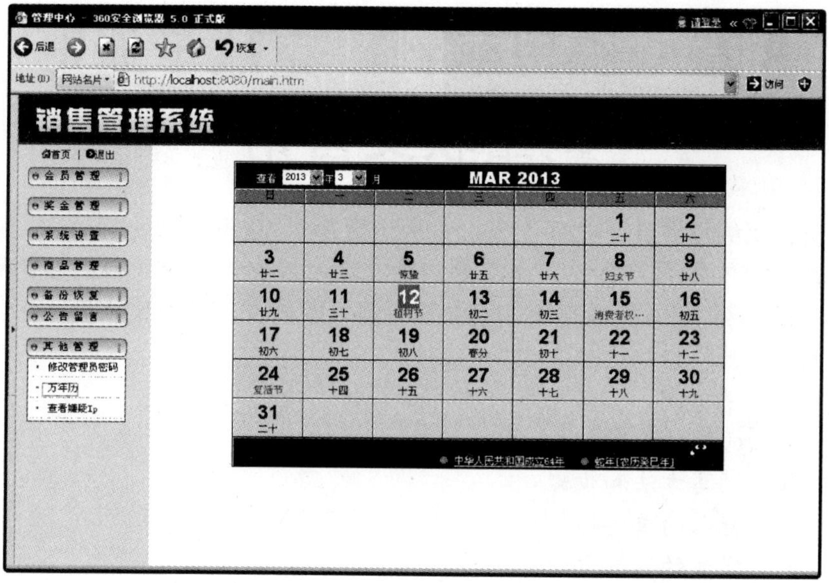

图 7-42　万年历显示功能

“查看嫌疑 IP”功能是用于防止恶意攻击所设置的安防措施，当黑客恶意访问销售管理系统的时候，超过 5 次就会被自动记录下 IP 地址，并被列到这里不能再访问该系统，只有在这里解除了锁定功能，才可以再访问。

第8章　绵里藏针，克敌于无形：网络软文营销

正所谓“绵里藏针，收而不露，克敌于无形”，这里意指的就是软文看似不像广告却比硬广告强，真正一两篇好的软文就可以充当整个项目的营销利器，本章以解析实例“2012 成都毕加索中国大展”的软文行销方案来看一下软文营销“四两拨千斤”以小力赢大市场的方法。

通过本章的学习，读者将掌握如下知识点：

- 软文营销的基础知识
- 软文撰写方法和步骤
- 软文标题的重要性
- 网络媒体的选择方法
- 绵里藏针，克敌于无形：2012 成都毕加索中国大展实例剖析

8.1　收而不露的软文营销

好的软文策划是企业营销推广方面的指路明灯，好的营销策略可以指引企业正确的推广方向，帮助企业在推广的道路上不走歪路。软文营销者最好在制定营销策略时就能够对产品有全面的了解，这样才能够为产品量身定做一个营销策略。如果软文营销者不了解所要营销的产品，即使软文写得再好，发布软文再成功，也很难得到很好的营销效益，更无法与同行竞争。因此，软文推广可以帮助企业的推广获得一个很好的成绩，而且企业也可以利用软文推广所节省的开支投入到企业更需要的地方，使企业获得一个良性的发展和循环。本小节介绍一下软文营销的一些基础知识。

8.1.1　软文营销的内涵

企业通过营销策划在报纸、杂志或网络等宣传载体上刊登的可以提升企业品牌形象和知名度，或可以促进企业销售的一切宣传性、阐释性文章，包括特定的新闻报道、深度文章、付费短文广告、案例分析等，在文章中加入自己企

业、产品的印迹，就会形成一篇软文。与硬广告相比，软文之所以叫做软文，精妙之处就在于一个“软”字，好似绵里藏针，藏而不露，克敌于无形。等到读者发现这是一篇软文的时候，已经被精心设计的广告内容所深深吸引。软文广告追求的是一种春风化雨、润物无声的传播效果。如果说硬广告是外家的少林功夫，那么软文则是绵里藏针、以柔克刚的武当拳法，软硬兼施、内外兼修，才是最有力的营销手段。

软文营销就是把广告很含蓄地表达在一些其他类型的文章里，从表面上看不出这是广告，但是却潜移默化地感染着读者，让人很自然地接受它。尽管软文有巨大的营销优势，但它并不是立竿见影的“猛药”。如果奢望借此获得很大的销量和流量，那硬广会更适合你。软文营销就是以文字为载体，用创意的手法，将产品贯穿其中，细水长流。

8.1.2　撰写软文的类型

撰写广告软文必须以创意的方式充分考虑它的四大特性，即新颖性、可读性、趣味性、知识性（图 8-1）。

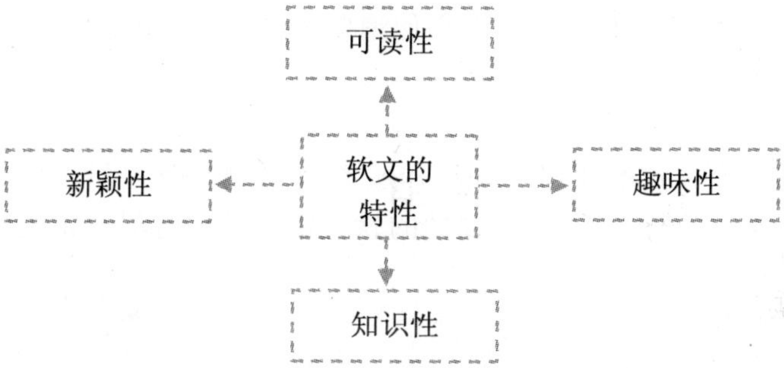

图 8-1　软文四大特性

软文在写作上并不拘泥于形式，但是任何广告软文如果没有吸引读者的阅读欲望，不能捕捉到读者猎奇、求知、愉悦的心态，就很难勾起读者的兴趣。如果一篇广告软文光看标题就让人打不起精神，其广告效果就根本无从谈起。因此还必须分析产品目标消费群的消费心理、生活情趣，投其所好，增加其可读性、趣味性、知识性，切忌一厢情愿自得其乐和不厌其烦的陈腐说教和很专业、很伤脑筋的专业阐述，否则，轻而言之，是制造广告垃圾，重而言之，适得其反，伤及企业自身。

软文从最终的文章表现体裁方式上看，大概可以分为如下类型：

（1）悬念式。也可以叫设问式。核心是提出一个问题，然后围绕这个问题自问自答。但是这类的软文必须要掌握火候，首先提出的问题要有吸引力，答案要符合常识，不能作茧自缚，漏洞百出。

（2）故事式。通过一个完整的故事带出产品，使产品的“光环效应”和“神秘性”给消费者心理造成暗示，使销售成为必然。故事的设计，也要和你的产品相结合，自然而然，不要突兀。

（3）情感式。情感一直是广告的一个重要媒介。其实情感式和故事式是相辅相成的。情感最大的特色就是容易打动人，容易走进消费者的内心，所以，“情感营销”一直是营销当中百试不爽的灵药。

（4）恐吓式。恐吓式软文属于反情感式诉求，情感诉说美好，恐吓直击软肋。恐吓比赞美更容易让人记住，但是恐吓过度往往会遭人诟病，所以一定要把握度，不要过火。

（5）新闻式。所谓新闻式，就是为宣传寻找一个由头，以新闻事件的写法去写，让读者更有信服感。但这种文体对于写作技巧有很高的要求，如果拿捏不准，多数会造成负面影响。

（6）促销式。促销式软文往往跟进在上述几种软文见效时。这样的软文可以通过“影响力效应”“跟风效应”来使消费者产生购买欲。

8.1.3 软文的注意事项

软文在撰写的时候不能信口开河，脱离实际肆意夸大和宣传产品，否则自能“拿起石头砸自己的脚”，一篇成功的软文在编撰的时候一定要注意如下注意事项。

（1）不与现有的法律、法规相抵触。广告软文撰写者必须要了解广告发布的相关法律、法规，发布的广告要以不能与现行的法律、法规相抵触为前提，以免受到相关执法部门的查处，甚至引起官司缠身。研究相关法律条款，可以使你在创作软文时更加张弛有度。

（2）切忌宣传口径不统一。软文广告要统筹规划，建议软文广告统一由企业总部市场部或企划部统一把关，以免二级代理公司或驻外机构在执行软文广告发布时宣传口径不一，从而影响广告的最终效果。

（3）切忌攻击其他竞争者。撰写软文时尽量只说自己的好，不说别人的坏，更不能充当害群之马，惹得同行群起而攻之，将没有立锥之地。

（4）宁缺毋滥，不制造垃圾广告。 软文广告投放宁缺毋滥，撰写软文要言之有物，精心打造，不要千篇一律。

8.2 软文撰写的营销策略

软文广告通常是由企业的市场策划人员或广告公司的文案人员来负责撰写，他们通常有“广告易做，软文难写”的感慨。因为广告软文不是文学创作，它更多地是在关注、把握消费者的理解方式后再进行撰写，因此要求要有非常高的写作技巧。在本小节谈一谈撰写广告软文的一些方法和策略。

8.2.1 软文营销的详细步骤

广告软文撰写者必须要有非常扎实的文字功底，具有非凡的驾驭文字的能力，非常综合的文化修养和丰富的想象力；同时还要吃透所服务的品牌的企业文化、企业的核心竞争力和产品卖点诉求、市场背景等。

撰写广告软文之前必须按以下步骤理清自己的思路：

（1）充分调整市场，掌握企业的核心竞争力和产品卖点诉求。只有掌握了与行业相关联的知识，再从这一堆知识中挤出水分，变成智慧融入企业文化中去，才能在主题明确的软文撰写中旁征博引、触类旁通、文思泉涌、一挥而就。

（2）了解消费者对广告软文的接受过程，明确推广概念主题。只有主题明确，才能有的放矢，达到预期的广告效应。

（3）必须要有新颖、富有创意的标题与销售推广文案。一篇广告软文新颖有创意的标题与销售推广文案具有同等的分量，一个能吸引人的标题需要花时间去好好琢磨，如果是一下了找不到有穿透力的标题，在主题明确的情况下，也可以边写正文边考虑标题，或正文全部写完后再冠上满意的标题。总而言之是必须多花时间考虑标题。

（4）选择与文案相匹配的表现形式。要考虑用最好的形式去表现软文主题，最好有平面视觉传达效果的支持。

（5）选择合适的媒体投放。这是软文营销的最后一个步骤，对于媒介的选择大部分人认为要尽可能大范围地去投放推广，道理很简单，多一个宣传阵地就多一个营销机会。但实际上并不是如此，对媒介的选择也要充分了解选择载体的读者细分，充分考虑读者细分与所推广产品的目标客户是否一致。

8.2.2 软文撰写的策略与方法

正所谓“水无常形，兵无常势”，与市场营销策略一样，广告软文的撰写及投放策略要因形造势，在撰写时要考虑与推广策略、投放载体、投放频率、投放方式等因素结合起来，选择不同的撰写方法与策略，如在主流平面媒体可以考虑用比较庄重、正式的方法撰写，非主流平面媒体可以考虑用比较轻松、有趣甚至诙谐的方法来撰写。总之，不能与投放媒体的整体风格格格不入，给人很别扭的感觉。

广告软文的撰写方法多种多样，越有创意的撰写方法，越能收到不同凡响的效果，下面简单介绍一些软文撰写策略与方法。

1．攻心为上法

所谓“攻心为上”，大多以“亲情”“爱情”“爱心”“孝心”等情感为主线，动之以“情”，再“晓之以理”，肯定会取得良好的效果，不能老盯着消费者的口袋让人家掏钱买你的东西，要言出由衷，流露真诚。这种方法是现在的软文撰写用得最多的方法，而且广告效果屡试不爽，特别是药品、保健品软文广告，表现得尤其明显。要本着一个敢于承担社会责任或宣传人性真、善、美及社会美德的真心去撰写，再尽量实事求是地推介产品卖点，才可能为广大消费者所接受与认可，达到品牌宣传和促进销售的目的。这种方法的要旨是找到产品卖点与情感主线的必然联系。

案例：太太口服液的软文广告（图 8-2）。

图 8-2 太太美容口服液平面广告

聪明的女人选择太太口服液

女人，这一真实、聪明、清纯、美丽的群体，她们生动而激越，细腻而真切……

女人是一首诗，润物细无声，嘴角甜甜的笑容，清澈透亮的眼睛，多彩跳跃的裙摆仿佛向这个世界诉说一个个美丽的故事。女人，时而纯净自然，时而温雅朦胧，构成了一道变幻莫测的风景线。

……

美丽和光彩是女性的财富，当发现将失去这些时，重现光彩便成了女性潜在的需求，广告抓住了这一关键，诱发购买需求。广告卖点清晰，定位准确。

2．谐音创意法

没有创意就没有灵魂，软文编写的时候要非常注意创意灵魂，这种方法更侧重在软文文字的提炼，特别是体现在标题上，多在谐音的关键字上大做文章，先声夺人，既能给人非常深刻的印象，又能体现产品的功能及主要卖点。并且以心照不宣的形式，明确传达满足消费者需求的信息。

案例：华润复方片仔癀“春痘不留痕 战‘痘’等你来打响”软文（图 8-3）。

图 8-3　华润复方片仔癀微博

春痘不留痕 战“痘”等你来打响

末日来临前的最后一个光棍节，复方片仔癀请“美女教授”与广大的“战痘”士们上演了一场光棍节青春痘大作战。不管你是高富帅还是白富美，都有一项共同的伟大爱好：爱美丽。让人苦恼的青春痘，是否有碍你的美丽？复方片仔癀软膏，绝密配方、中药治痘，击退青春痘，让你的“面子”更美丽。

华润复方片仔癀软膏：和“美女教授”一起“战痘”!

复方片仔癀软膏以名贵中成药、国家中药保护品种片仔癀为主要成分，有清热、解毒、止痛的功效，能促进皮肤血液循环，加快新陈代谢，有助于毛孔污物的排除，是治疗青春痘的理想药物。不论你是男人还是女人，不管你是爱面子还是爱美丽，复方片仔癀软膏帮你扫除青春痘，重拾自信，摆脱光棍指日可待。

姐姐妹妹来“战痘”摆脱“光棍”惹人逗。

一个能在上线短短一周内便吸引数以万计的网友参与的活动，自然有它的特别之处。以受众广泛发送简便的“微博”为搭建平台，网友只需进入微博，登录活动页面，写下一句自己的“战痘”秘方即可轻松参与。活动期间，华润复方片仔癀官微每日都会抽取幸运网友送上电影套票两张，为各位备受青春痘折磨的网友送上贴心“脱光”利器。这种参与门槛低，参与面广，规则简单，具有网友共鸣度高的青春痘话题又结合节日主题的线上互动活动，自然会吸引大批网友踊跃参与。

3．出奇制胜法

这种方法以出奇招怪招致胜，但具有较大的风险性，因此在撰写、投放这样的软文时必须慎之又慎，充分评估投放后可能承担的风险。一般持续稳定发展的主导品牌不会采取这样的软文投放策略和方法，因为一旦产生负面作用，它的破坏力所造成的后果实在难以预测和评估。但话又说回来，一旦正面作用得到淋漓尽致的发挥，它又可以达到使企业起死的效果，因此，不乏陷入困境的企业因为精心策划的一篇广告软文而峰回路转。

案例：123 宠物网“线上活动人才辈出，是中国特色还是仿国外”软文。

这是笔者在 123 宠物网策划的一篇针对线上“点广告，送大奖”的软文广告（图 8-4），在宠物行业市场上气势如虹，一举确立其在宠物行业的龙头地位。

图 8-4　点广告送大奖网页效果

线上活动人才辈出，是中国特色还是仿国外

随着互联网的发展，网民对互联网的依赖越来越强！企业也越来越重视互联网的宣传及推广！在这个大环境下，线上活动可谓是千奇百怪，再一次印证真理：没有做不到的，只有想不到的。

线上活动应用最多的就是抽奖送大礼，抽奖这个是万古不变的，关键就在这个“送”，送什么好呢！从最开始的送一些小的配饰，小的东西，不值钱的东西，到现在的送电器、送手机、送车、送房等，手笔越来越大这就是中国的特色，万变不离其宗。

看过很多书，都说有思路才有出路！可事实是很残酷的。最近发现一个宠物网他们搞了一个“点广告送大奖”的线上活动，刚开始也不以为然，无外乎就那样了。但是好奇心下还是进去了，进去后第一感觉他们是集狗主人实用的消费导向、生活娱乐与服务，集宠物资讯，宠物话题交流，产品评测、互动营销、电子商务于一体的综合宠物垂直平台。

来看看他们的活动详情：活动由 25 个广告栏组成，类似于九宫格的排列形式，然后每一个注册宠友每天点击 10 次广告图片。这个格子效应应该是仿国外吧，这不是关键，关键就在他们把这个格子效应很好地跟厂商投放广告以及他们网站的其他版块紧密地结合起来了。好处就是厂商可以即时传递品牌动向以及产品信息，用户也能得到他们想要的。也许还有很多，期待他们能给我们带来更多惊喜。

4. 图文并茂法

图文并茂，相辅相成，以图片与文字相结合的形式传达信息，在形式上比较直观。图片可采用卡通的形式，也可以数幅图片故事连载的形式，在故事叙述时把产品卖点诉求含蓄地表露出来；也可用夸张的、富有视觉冲击力的图片，甚至可以采用“超现实主义”的方式表现图片效果，先把消费者的目光吸引过来，便会更容易地达到预期的广告效果。

5. 狐假虎威法

借助相关主管部门的权威发布来撰写广告软文，激发、引导消费者的购买欲望，往往会取得事半功倍的效果。

6. 傍名作秀法

在软文的撰写上也可以结合知名度很高的人、物、事，“秀”它一把，“傍大腕”“傍名牌”同样可以取得良好的营销效果。

7. 别出心裁法

这种方法主要在软文的体裁、形式、措辞的传神技巧上做文章，力求给人耳目一新的感觉。

8. 软硬兼施法

这种方法主要是软广告和硬广告结合在同一个版面投放的方式，这个投放方式往往广告软文占很大的版面，通常以整版和半版投放，尽量照顾读者对广告信息充斥生活每一个角落的厌烦情绪。软广告占了绝大部分的版面，而且不露声色，看不到任何广告的痕迹，通篇不谈任何产品和品牌，只是让人猜谜一样地提出、分析消费者关注的问题，仅仅在同一版面的某个角落以豆腐块大小揭露谜底的形式推出硬广告，介绍产品的品牌、产品的功能，与大篇幅的软文遥相呼应，读者最后有了一个“豁然开朗”的感觉。大篇幅的软文如果对了读者的胃口，他会为商家的良苦用心所折服，即使让他有一个“上当”的感觉，最多也是一笑置之。这种方法适用于保健品、特效药品、特殊功能产品、个性化消费产品或市场细分程度较深的产品等。

9．数据比较法

数据是最能说明问题的，通过与不确指的同类产品的功能性比较，以数字图表一目了然、非常直观地把产品卖点展示出来。

10．问卷调查法

充分利用互联网互动的特点，巧妙设计测试性的调查问卷，然后同一版面以计分的形式给出问卷结果，不同的分值有不同的结论，不管是什么样的结论都得用你的产品解决问题。这种方法用于非处方药品、保健食品、家居用品、洗化用品、化妆品、房地产等。

11．借题发挥法

这种方法的要旨是结合事件，巧设名目，褒贬参半，名贬实褒。

12．小题大做法

从不起眼的事件找出与企业及产品的内在联系，然后集中力量，旁征博引，命中目标，要旨是一鼓作气，把气球吹大。

8.2.3 具有销售力的标题

软文是网络销售的利器，而别看标题只有几个字，它的作用占整个软文的50%，因此，写好软文的标题，让标题具有销售力，是网络销售的一个重要功力。软文广告标题必须要有强烈的冲击力和穿透力，是撰写该篇软文所有创意的高度凝练的概括。 特别强调广告软文标题的重要性，因为只有标题被消费者认可后，才能吸引消费者日趋挑剔的目光，让消费者接受广告内容才成为可能。

因此，必须要精心设计你的标题，广告软文的标题大致有几种不同的形式：

（1）开门见山式。直截了当地提出软文主题，多用于非处方药品及保健食品；如果标题不能明确传达产品目标消费群所需要的利益，最好不采用这种标题形式。

（2）避实就虚式。用提出问题、隐喻、夸张、拟人等形式隐晦地标注标题，诱发消费者的兴趣，从而接受你的广告内容；这种标题方式的软文案例，俯拾即是，因为这种标题形式与软文广告本身的功能与性质更加贴近。

（3）惊雷细雨式。这种标题形式是以上两种方式的结合，设计一个主标题和一个副标题复合，主标题通常是雷声阵阵，副标题通常是细雨绵绵，打雷了是人都得在意这种自然力的喧赫，绵绵细雨总会引导人们渐入佳境。

广告软文标题的形式一定要有创意，只要向消费者的猎奇心理发起攻势，就可以收到意想不到的回报。针对网络上发布的软文应该从搜索引擎收录及排名、吸引客户点击、客户购买阶段的针对性等角度，充分考虑标题的写作方法。

（1）标题要容易被搜索引擎收录。软文要发挥销售力，必须首先要被搜索引擎收录，被收录，客户才能在搜索结果中找到和点击阅读。尽管文章被收录受很多因素影响，但一个好的标题会更易于被收录。那么什么样的标题利于被收录呢？这里的关键就是标题要原创，并且要新鲜，最好能有一定的流行度，才能被收录得快。

在标题写作的时候，可以先将拟好的标题输入到搜索引擎，如百度的搜索框里查一下，假如那里已经有很多相同或相近的标题，就不要用这个标题了。

（2）从客户角度出发拟定标题。在拟定软文的标题的时候，一定要从客户的角度去想，客户最有可能用什么样的搜索语句来寻找结局问题的答案？根据搜索引擎匹配性的原则，越是与客户搜索语句匹配的文章标题越能获得好的排名。在拟定文章标题的时候，可以先将有关关键词输入如百度知道或百度指数等分享平台，就会发现许多读者或客户提出问题的语句，尽管他们的语句多种多样，但还是可以从中找出规律。找出这些规律，标题拟定就会更接近客户或读者的提问，也就会在客户提问的搜索结果中获得好的排名，从而让客户能够看到。

（3）引用相关关键词组合。能获得高流量的软文标题一般都是相关关键词组合的标题。这是因为，短的只含有单一关键词的标题，即使被收录，在单一关键词的搜索结果中排名也不会很好，而组合的相关关键词搜索结果不仅少，排名也会靠前。比如一篇文章的标题，假如仅仅是“软文标题”一个关键词，那么它的搜索结果不仅多，而且被收录的文章排名也不好，而标题上含有“销售”“软文标题”两个关键词，则搜索结果的数量会大大降低，文章的排名也会比较好，标题被搜索到的机会也就比较多。

在做关键词组合的标题时候，一定要考虑关键词的相关性，也就是客户会将这样的相关关键词组合起来，来搜索解决他的问题。

（4）不同的客户购买阶段使用不同的标题。客户在购买的不同阶段所使用的搜索词是不同的，软文的标题也要针对客户在不同阶段所使用的搜索词和需求来拟定，才能达到精准网络软文营销的效果。

比如，软文是向客户推销皮肤病医院的。如果软文是针对皮肤病进行一般性、知识性了解阶段的客户，他们搜索的关键词一般是："皮肤病症状""皮肤病的表现"等，软文标题可以是"皮肤病的症状（表现）有哪些？"如果软文是针对选择阶段的客户，他们的搜索词一般是"本地""治疗皮肤病""医院"，那软文的标题应该就是"某某城市符合国家标准的权威的皮肤病医院"。这样，软文标题才能符合所设定的目标群体最关心的问题，从而大大提升软文的吸引力和销售力。

（5）标题的形式要有足够的吸引力。标题的表现形式非常重要，网上有许多相关文章可以借鉴，但这里介绍比较实用的三点：

一是要尽量用问句，引起人们的阅读兴趣，比如"我市最权威的皮肤病医院是哪家？"这样的标题对有相关问题的读者是有很大吸引力的。

二是尽量要具体详细，尤其是对于接近购买阶段的读者，越具体越可信越有吸引力。

三是要尽量将利益写出来，无论是读本文所带来的利益或本文涉及产品或服务所带来的利益，都应该尽量反映在标题上，从而增加标题的吸引力和销售力。

8.2.4 网络媒体的选择

为了获得最佳的软文营销效果，除了免费的网络广告之外，通常还需要在其他访问量大的网站或者潜在顾客集中的网站购买广告空间，这时就需要选择合适的网络媒体。选择合适的网络媒体，用尽可能少的投入获得尽可能大的效果。选择网络广告媒体的主要步骤包括：确定所期望的送达率、频率与效率，选择需要的媒体种类，决定媒体的使用时机以及特殊的地理区域等。

那么，什么样的网站才能满足这样的要求呢?这个问题准确的答案，有些指标很难量化，不过仍然有一些可以遵循的规律，可根据某些重要参数来进行判断，这些参数包括下列几个方面：

1．网站访问量

广告站点必须有比较高的流量，虽然客户并不会为过少的广告显示多支付费用，但广告效果难以保证，对于有时效性的广告活动，还会贻误时机。因此，人们总是喜欢在访问量高的站点做广告。

2．目标定位

门户网站、娱乐网站、新闻网站等通常有较高的访问量，但广告效果未必好，而且这些高访问量的网站，广告价格也比较高，对一些专业性比较强的公司来说，不见得是最好的选择。

3. 价格因素

最好对比几家类似的网站，在同等情况下，当然选择价格低一些的网站刊登广告。另外，网站首页的广告价格通常比次级页面要高，可根据自己的情况做出选择。

4. 广告效果监测

网站是否可以出具中立的第三方提供的详细的广告监测报告，这一点也很重要，如果刊登广告的网站可以提供实时、详尽的统计报告，并以表格、图标等方式提供资料，将给市场人员带来极大便利，可以根据监测报告分析许多有关的信息。根据实时检测效果可以对网络广告的表现及时做出调整，对提高网络广告的最终效果具有重要作用。

5. 方便广告管理

需要在一定时期内不断更换广告内容，广告发布管理接口应便于日常进行的上传、查看、调整、确认等操作，并对重要操作过程作记录，甚至应该考虑在多操作者情况下对权限的分配和协作的实现。另外，客户服务接口应使客户看到的查询和统计报表简明、清晰、易懂，但又必须能在各种层次上满足多样化的广告投放方法和具体资料。

6. 网站的服务

这包括网站设备、带宽、人员服务等几个方面的内容。用户希望网页能够尽快下载，这需要提供广告服务的网站设备稳定运行，并能保证在高访问量时的带宽需求，同时，应该有方便的人工服务措施，在发现广告出现异常情况时，便于及时联系并尽快解决。

按照国内网站的类别分类，和这些网站在国内的知名度，不管是免费的软文广告，还是适当花点钱的软文广告投放，可以从表 8-1 所示的网络媒体表中组合适合自己项目的网络媒体。

表 8-1　网络媒体表

类　别	范　围
门户	新浪、搜狐、it168、tom、21cn、网易、新华网、人民网、中国网、千龙新闻网、中华网、腾讯网、慧聪商情网、263、猫扑、阿里巴巴、和讯网、中青网、北青网、MSN、凤凰网、中青在线
金融、财经	中国金融网、第一金融网、金融网、中国金融界网、金融之星、中国财经网、百和理财、和讯理财、搜狐理财、腾讯理财、金融界、新浪理财、钱生钱网、华夏生意网、华讯财经、银率网、中华理财、中国经济网理财、财讯理财、开富网、财客在线、普益财富、融资网、财智网、百灵网、创业网、天健网、天下理财、知富理财 、中国收藏、我爱卡、家庭财富、理财公馆、中国金融、创业无忧网、内蒙古理财、海南理财、天下财经网、环球招商、中国投资、环球招商网、傲人理财、幸福财富网、首席财务官、智博理财网、中华收藏网、华夏收藏网

（续）

类　别	范　围
IT、家电	赛迪网、donews、比特网、天极 Yesky、eNet 硅谷动力、太平洋电脑网、第三媒体、中原硅谷网、橄榄树电脑资讯网、电脑秀、西部硅谷、北方 IT 网、IT 搜购、哈尔滨 IT 网、天堂硅谷·文三街在线、极速网、电子产品、西域 IT 网、ZDNet、走进中关村、中关村在线、pcpop、IT.com、小熊在线、中国电信网、橄榄树、世界电子商务网、电子产品新闻网、中国家电在线、中国家电网、中国家电企业网、家电联盟、中国投影网、浙江家电网、新材料产业网、家用电器网、中国家用电器网、家电论坛、视觉中国、中国激光网、家电信息网、中国行业研究网、中国电信网、万维家电网、中国小家电网、全球五金网、朝龙五金网、中华五金网、今日五金网、北方五金网、贸易五金网、天韵家电网、家电网、沈阳家电网、北京家电维修网、中国家电、永乐家电网、西部家电网、中华电器网、家电信息网、中国电器工业网、中国电器采购网、中华家电商务网、大众家电网、新世纪家电网、河北家电网、浙江家电网、黑龙江家电网、东方电器资源网、国际家电网、E-WORKS、SOHUIT、CHIP 新电脑、驱动之家、csdn、华军软件园、极速网、PC365(IT 产品导购网)、水清木华、珠江路在线、52 硬件、掌上先锋、硬件沙龙、掌握天地、倚天门户、 pchome、fm365、madpc、gzeasy、未来数码动力、极速网、中国电信网、驱动之家、电脑秀、硬件沙龙、亿鹿在线、极点资讯（浙江 IT 第一站）、超频网、TOMPDA、PDA 发烧友、我爱 PDA、电信科技、游戏天地、大众游戏、网友世界、联通游戏网、中国视觉网、猎游网、17173、GAMEKING、游戏轴心、中国游戏网、骄阳游戏网、天使在线、西陆游戏、新亚电玩网、龙漫游戏乐园、中国游戏机交易信息网、游牧民族、淘乐吧、17173、久游网、网游网、游侠网、天空游戏网、联众星云网、火狐游戏网、游戏之王、网游星空、搜厨网、中国厨房网、龙太厨房网、坑坑厨房网、中国厨房电器网、网友精品厨房网
汽车	中国汽车网、中国汽车新网、中国商用汽车网、太平洋汽车网、华夏汽车网、汽车商务网、爱卡汽车网、263 车网、汽车之窗、中国汽车网、中国汽车动态网、第一车网、车讯网、che168、中国联合汽车网、汽车之友、购车网、车天下 中华汽车商务网、车友联盟网、车神榜、中国汽车世界、人来车网、汽车之家、车网、太平洋汽车网、深圳汽车大世界、网上车市、华夏汽车网、汽车族、汽车网、汽车热线·中国、中国汽车制造网、中国汽车世界、中车网、中国汽车产业网、易车网、华人汽车商情网、非常轿车网 汽车导购网、中国车龙网、神州汽车网、老友汽车、中国汽贸网、车元素、广东汽车市场、中国驾考网、汽车中国、中国信息网－汽车频道、海峡汽车网、汽车市场、越野 e 族、东方汽车网、新诺视线、汽车部落、汽车爱好者、卓越车主网、中国汽配世界、中国小型车辆网、学车网、中车资讯、北亚车市、中国汽车工业信息网、中国车行网、车友联盟网、银河网、汽车城中国汽车销售联盟、中国汽车流通协会、阿丁汽车网、全国汽车租赁网、中国机动车服务网、在路上、中广汽车、中国汽车新网、中国专用汽车网、中汽网、汽车商务网、汽车周报、卡优卡汽车网、龙文汽车网、中国汽配网、中国汽车影音网、中国汽摩配网、中国汽车技术研究中心、中国停车网、中国港口汽贸网、中国汽车贸易促进委员会、学车网、商都汽车、易交通、宁波汽车交易网、汽车经纪人培训、中国汽车工业协会、中国加油站网、中国汽车用品网、汽车图书在线、中国客车网、汽车天地、中国汽车消费网、车友网、汽车在线、有车一族、酷搜搜、都市汽车网、虎拜车友网、汽车大超市、中国汽车交易网、车海中国网、汽车人-汽车维修资料、民族汽车网、搜车虫、亚讯车网、黑马汽车网、车路网
服饰、生活	广东服装网、广东生活网、服装网、服饰品牌网、中华内衣网、中国时尚品牌网、中国服饰网、中国服装网、中华纺织网、玉女内衣、广州视窗、河南服装网、中国服装商情网、中国服装时尚网、时尚元素网、中国内衣时尚网、中华服装网、纺织服装资讯网、广大服装网、千百内衣网、中国青年创新网、OnlyLady 、中国纺织服装库存网、服饰品牌网、中国服饰网、中国服装网、中国品牌服装网、服饰流行前线、时尚-时装、第一时尚网-时装、时尚服装网、 E-风尚、世界时装网、中国女性时尚论坛、时尚论坛、 时尚社区吧、中国纺织服装网、东方纺织科技网、中国纺织网、虎门服装、富民时装网 中华纺织网、中国服装销售网、中国针织网、中国国际服装城、中国纺织服装信息网、北京纺织在线、全球纺织网、中国内衣网、中国女装网、全球服装信息网、中国服装鞋帽网、衣柜-服饰搭配、我行我素服装时尚社区、中国职业装网、浙江服装网、中国服装批发网、中国时尚品牌网、女装网
贸易	中国贸易网、1798 国际贸易网、贸易视点网、企业商务网、商易网、中国技术贸易网、环球贸易网、电子贸易网、北欧贸易网、万国商业网、中国商业网、第一商业网、中国商业企业网、中华商业网

（续）

类　别	范　围
教育	中国教育网、教育导航网、大众教育网、中国教育先锋网、英语中国网、中国信息技术教育网、我爱英语网、在线教育资讯、千万英语网、E 学网、蜜蜂英语网、慧师网、我的英语网、中国教育在线、ABC、英语坊、北方教育网、教育导航网、中华培训网、华夏大地教育网、江苏教育资源网、吉林教育信息网、中国教育信息网、中国文明网、中国教育出版信息网、e 教网、中国基础教育网、中国教育新闻网、中国教育和科研计算机网、继续教育网、亚洲教育网、疯狂英语、育人网、学习机网
食品、健康	中国食品产业网、天府美食、中国绿色食品网、中国粮油食品信息网、中国食品商务网、中国乳业信息网、中国牛奶网、中国奶业在线、中国奶业协会网、中华食物网、中国食品质量网、中国饮料网、第一食品网、壹食品中国网、中国产业经济信息网、大众健康网、中国产业经济信息网、国珍健康网、全民健康网、健康之友、健康报网、39 健康网、健康无限、健康世界、亚健康研究网、中国华佗网、中国医药 123 网、中华名医网、中国医疗健康网、中国医疗器械网、中国医疗网、中国癌症救治网、中国中医药网、中国医药网、人民健康网
建材、家居	搜房网、华夏地板网、家装在线、中国木地板网、中国家居网、易居网、爱家家居网、搜材网、中国板材在线、中国精品地板网、中国建材第一网、中国家居网、家网、安居网、和家网、家居生活网、时尚网、精品网、时尚生活网、中华时尚网、中国时尚网、时尚资讯网、流行时尚网、新传时尚、时尚吧
化工	中国化工网、中国橡塑网、中国涂料网、中国农化网、中国水处理网、中国聚氨酯网、中国胶粘剂网、中国香精香料网、中国化工设备网、中国氟硅材料网、中国林产化工网、中国化工仪器网、中国化工试剂网、中国食品添加剂网、中国植物提取物网、中国催化剂助剂网、中国化工信息网、中国开门化工商务网、中国华东化工网、中国化工电子商务网、中国医药化工网、中国化工产品网、中国化工仪器网、中国化工资讯网、中国化工安全网、中国石油和化工网、化工中国网、中华化工人才网、中国化工信息中心、中国万维化工城、华夏化工网、中国化工热线、中国生物化工信息网、化工设备网、中国涂料化工网、中国精细化工网、中国色母粒网、中国纺织化工网、化工世界网、国际化工网、中国化工论坛
物流	物流 110、中国物流招标网、中国第三方物流网、中国物流产品网、中国国际海运网、中国大物流网、物流网、神州物流网、中国物流文化网、中国物流联合网、捌捌物流网、中国国际招标网、中商物流网、现代物流网、中国国际货运网、航运信息网、物流中国网、盛唐物流网、中成物流网、物流快讯网、仓储物流设备网、中国包装网、中交物流信息联盟、中海物流网、中国水运资讯网、中国物流通、支点网、中国采购招标网、一诺钢材物流网、物流资讯、中国配货网、中国物流网、物流人才招聘网、中华物流网、西岸货运网、西部物流信息网、物流产业网、方方信息网、中国物流业网、邮政物流网、物流搜索、中国物流软件网、华夏物流联盟网、物流信息交易网、中国货运信息网、中国仓储资源网、中国物流设备网、中国物流品牌网、物流在线交易网、中国国际货运网、中国物流导航网、青岛物流网、深圳物流网、上海物流网、济南五洲货运网、广西物流网、厦门物流网、广东物流网、陕西货运信息网、重庆物流信息网、云南物流网、潍坊物流网、山西物流信息网、浙江物流网、吉林物流网、营口港物流网、江苏物流网、上海物流货运网、广州物流网、南京仓储物流网
烟草	烟草中国网、新新烟城、东方烟草网、烟草在线
餐饮网	中国酒店资讯网、中国酒店营销网、中国酒店管理网、国际酒店用品网、酒店采购网、中国酒店供应网、世界采购网
娱乐	中国休闲娱乐网、百灵网、中国旅游指南、京郊旅游网、东方旅游、中国户外资料网、游易天下、中国温泉旅游网、北京旅游网、中国温泉在线
DM	中国 DM 广告网、中国直投网、中国 DM 001 网、DM 媒体联盟、中华 DM 杂志网

（续）

类　别	范　围
论坛	中华网论坛、大旗论坛、搜狐社区、新浪论坛、西祠、TOM 论坛、凤凰论坛、QQ 论坛、TOM 社区、PChome 社区、网易论坛、猫扑、青青岛社区、中青论坛、化龙巷、烟台 BBS、大连论坛、北方论坛、梦溪讨论社区、第四城社区、和讯论坛、IT168 论坛、世界游网论坛、中国驴友论坛、红网论坛、天涯社区、红豆社区、大河论坛、新华网论坛、北海 365、东湖社区、麻辣论坛、中国娱乐网、塞班智能手机论坛、中关村在线论坛、魅族社区、WeiPhone 威锋网、卡巴斯基爱好者论坛、TOMPDA 智能手机网、东方财富网、股天下、中国投资资讯网、理想论坛、金融界论坛、alibaba 商人论坛、股城论坛自强人公益网、QZZN 公务员考试论坛、残疾人自强论坛、考研论坛、多玩游戏论坛、中国摩托迷网、大众社区、百度贴吧、泡泡网、levelup 社区、老钱庄股票论坛、天一论坛、慈溪论坛、999 宝藏网、极速网、西陆、凯迪社区、人民网强国社区、西祠、铁血论坛、家住天通苑论坛、数码公社、华声论坛、八目妖暴笑社区、搜房社区、冷血家园、我爱打折、电脑爱好者俱乐部、深圳社区、中国思维论坛、水木清华、HoopChina、天府婚嫁、丫丫社区、BT 之家社区、爱狗网、茸城论坛、CCTV 社区、东方社区、卡卡社区、我爱南开、灵豚社区、大河论坛、四川在线论坛、捉鱼 Joyes、碾尘心语、21CN 社区、9 楼空间、爱卡汽车网、厦门小鱼社区、淘宝网、狗民论坛、子陵论坛、合肥论坛、越野 E 族、中国人力资源开发网、HR369、博锐管理在线、HR 沙龙、穷游网、麻辣社区、大洋论坛、天府论坛、时尚论坛、瑞丽论坛、粉丝论坛
地方网络	大洋网、金洋网、奥一网、南方网、东方网、桂龙网、龙虎网、东方热线、新民网、重庆热线、上海热线、武汉热线、沈阳网、东北新闻网、福建东南新闻网、福州新闻网、浙江在线、浙江都市网、江苏新闻网、南京在线、深圳在线、湖南在线、红网、新桂网、乌鲁木齐信息港、贵州新闻网、中国吉林网、长江网、中国甘肃网、兰州新闻网、荆楚网、北方网、古城热线、四川新闻网、山西新闻网、太原新闻网、山西生活网、中安在线、合肥在线、安徽热线、江西热线、大江网、南昌新闻网、深圳新闻网、山西新闻网、山东新闻网、大众网、内蒙古新闻网、北方新闻网、青海新闻网、宁夏新闻网、银川新闻网、河北新闻网、长城在线、中国西藏新闻网、通网、华商网、西部网、西安新闻网、金黔在线、金阳时讯、海南新闻网、海南网、三亚在线、海南在线、广西新闻网、昆明热线、昆明网、大河网、舜网、中原网（郑州）、桂龙网、龙虎网、青岛新闻网、城市之间、炎黄在线、广州在线、大连天健网、华龙网、江苏在线、绍兴之窗、长春企业网、甘肃新闻网、北方热线、古城热线、四川在线、红网、中国求职指南网、西域军垦、梦天游、长春信息港、苏州新闻网、中国轻工业信息网、农贸在线、邵阳商务、江门新闻网、诸暨生活网、厦门海峡网、广州视窗、卓越网、中国医药网、中安网、中国金药网、东莞阳光网、中国品牌网、中国新闻网、深圳信息港、东北新闻网、彩虹网、胶东在线、中国中小企业网、南通搜狐、中国经济网、天天在线、福州新闻网、聊城新闻网
其他	中国企业新闻网、经济日报网、科技日报网、中国新闻社、第三媒体、证券之星、短信中心、中国广播网、橄榄树、找到啦、国际在线、世华网、中国体育网、好心情中文网、大农网、山东农业信息网、中国连线、中国食品网、华报网、秀洲农业网、金光农业网、中国信用在线、福建东南新闻网、厦门农网、中国福利企业网、浙江在线、中国农业网、宝应农业网、中国天津企业网、allenyan 网、浙江都市网、中国旅游网、湖南在线、中国市场网、中国荞麦网、中国市场信息网、武汉餐饮娱乐网、山东企业网、张家界旅游服务网、新昌信息港、温州网、国际在线、衢州热线、衢州网、三九健康、中华新闻网

8.3　绵里藏针，克敌于无形：2012 成都毕加索中国大展

从事互联网行业多年，几乎每个项目都涉及软文的撰写，其中“2012 成都毕加索中国大展”是笔者参与项目规模最大，媒体跟进报道最多，市场运营最

好的一次，这里将这个项目展示给大家，希望对读者能领悟软文营销是当下的营销方法当中“攻无不克，战无不胜”最厉害的营销利器。

8.3.1　毕加索项目综述

项目总招集人朱明岭先生是一名著名的投资家和收藏家，收藏了大量艺术珍品，同时他有着丰富的阅历和项目策划及管理能力。2011 年针对“文化热”现象，他决定在艺术品行业做一次有意义的创世之举，由笔者主要负责项目互联网部分的营销策划与推广。下面让我们先了解一下这个项目的整体情况，以及项目运营的主要思路（图 8-5）。

图 8-5　项目宣传的网页

世界艺术进入成都：百年邂逅毕加索

1．展品弥足珍贵，百年一遇，开启艺术审美的多维性

毕加索被公认为 20 世纪百年来最具魅力的艺术家，他传奇的一生有着非凡的独创力和想象力，他的立体主义完全改变了人们观看事物的习惯。他以多元化的视角和态度，不断地在创新中揭示出在变革转型下如何把握时代的脉搏，提供了有力的借鉴。

成都是毕加索中国大展的第二站，展品内容丰富，是迄今在中国质量与数量最上乘，规模最大的一次展览。包含了毕加索一生艺术发展中各时期最具代表性的真迹作品油画 48 幅；雕塑 7 件；还有记录毕加索生命历程难能一见的 50 幅高清照片以及毕加索影像纪录片，全方位地呈现出毕加索艺术作品的整体脉络（图 8-6）。

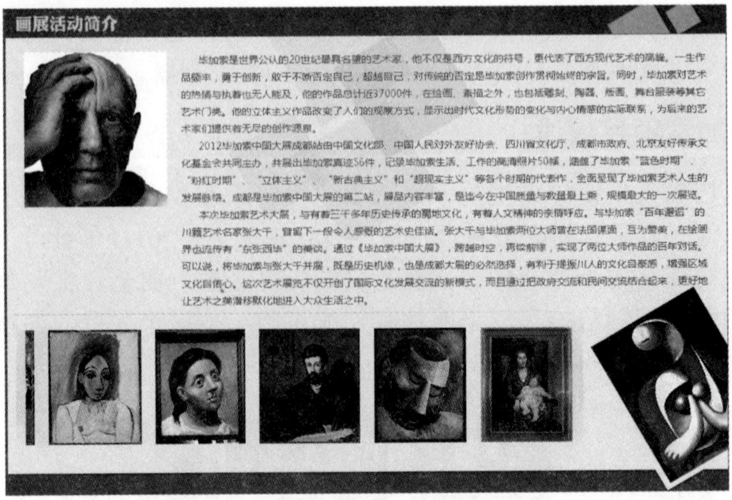

图 8-6 活动简介的网页设计

本次大展由中国文化部、中国对外友好协会、四川省文化厅、成都市政府、四川省美术家协会、北京友好传承文化基金会共同主办；由北京博揽九州文化有限公司、四川雅信达投资有限公司和巴黎国立毕加索博物馆承办；上海天协文化发展有限公司、上海刚泰文化、成都博奥公共关系顾问有限公司、汇然萱艺术网、百奥（香港）有限公司、北京国商天下会展服务有限公司、成都市汉光橡塑有限公司协办。

2．毕加索落户成都，不再是百年前的西风东渐

毕加索中国大展缘起巴黎国立毕加索博物馆展馆装修，大师珍贵作品才得以全球巡展。对西方绘画艺术的学习借鉴，在 20 世纪初有其合理性，在改革开放后的 30 年里，中国绘画艺术更是因袭演练了西方所有的绘画艺术。西风东渐已经一个多世纪，在当下全球化发展的历史语境下，重新检视中国文化的精神价值取向维度，重新比较东西方文化差异，发掘中国文化精神的本源，在新世纪的国际话语平台上，展示东方文化的独体思维方式，以高度的文化自觉和文化自信，在自身创新中寻找一种国际性的“审美共识”，拥有影响和引导这个世界前进的文化力量。2011 年 10 上海成功举办“毕加索 2011 中国大展”第一站，引起了社会巨大反响。中国大展第三站将计划下半年在首都北京举办。

经四川省驻京办事处王七章主任积极引荐，2012 年 1 月 9 日，四川省文化厅正式下达《川文美进（2012）1 号文件》，批复同意 2012 年 2 月 18 日至 2012 年 5 月 1 日期间，在成都市当代美术馆举办《百年邂逅—毕加索 2012 中国大展》。

3．东张西毕百年邂逅，美美与共天下大同

（1）毕加索不仅是西方文化的符号，更代表了西方现代艺术的高峰。毕加索对东方艺术十分向往，在他晚期诸多作品从中可见他深受东方绘画艺术影响的痕迹，他曾说：“真正的艺术在东方”。而成都作为古蜀源远流长的文化代表，养育了四川籍的绘画大师张大千，半个世纪前在法国卢浮宫举办个人画展，使西方艺术家深深感受到中国艺术的巨大魅力。 法国著名评论家们，皆认为张大千的画法变化多端，造型技术精湛，颜色时时革新，感觉极为灵敏。两位大师曾在法国谋面，惺惺相惜、互为赞美，也因而在绘画界也流传起“东张西毕”的美谈。今天，我们要在这次大展中也让张大千的部分艺术精品面世。通过“毕加索 2012 中国大展”，跨越时空，再续前缘，实现了两位大师作品的百年对话。将毕加索与张大千并展，有利于提振川人的文化自豪感，增强区域文化自信心。

（2）党的十七届六中全会提出“文化大发展大繁荣”的战略决策，举国上下都在探索“文化兴国”的具体实施方略。我们要把这次艺术展览演绎成一次规模较大的文化艺术活动，通过参与互动，提升全民的文化素质，通过学习比较，培植国人文化自信。在成都开创文化发展新模式，通过把政府交流和民间交流结合起来，积极发挥非公有制文化企业、文化非营利机构在对外文化交流中的作用，从而探索多渠道、多形式、多层次对外文化交流，广泛参与世界文明对话，促进文化相互借鉴。毕加索大展形成的世界级文化交流平台的有效传播，大大提升成都的知名度与美誉度，“从这里看世界，从世界看这里”，为把成都建设世界现代田园城市目标迈出坚实的一步。

（3）毕加索 2012 中国大展的展品价值高达 67 亿人民币，被称为新中国成立以来引入成都最昂贵的展品，已被列为四川省政府驻京办引进成都的文化大事。这一文化活动不仅可以为川蜀地区居民提供文化艺术美育，提高艺术欣赏水平，更可以充分点燃蕴藏于川蜀文化的艺术创造的热情，通过项目的市场化运作，从艺术作品到艺术产品，产业链的闭合形成，对推动文化艺术产业的发展具有示范与借鉴作用，潜移默化地将文化艺术之美，回归到大众百姓的生活当中。

4．毕加索 2012 中国大展活动的内容与主线

（1）点燃毕加索。“点燃”，是本次大展的第一个关键词，也是这次大展的灵魂。毕加索，已成为西方文化艺术的一个符号，大展的目的并不是为了宣传毕加索，而是站在毕加索这个顶级的文化艺术平台上，通过国画大师联展、张大千传世精品蜀绣再现等系列活动，我们要迅速点燃中西文化的交流、交融、交锋的火种，从而推动全社会的文化大发展、大繁荣。

（2）思考毕加索。“文化越来越成为民族凝聚力和创造力的重要源泉，越来越成为综合国力竞争的重要因素，越来越成为经济和社会发展的重要支撑”。毕加索已不再是一个个体，而是一种西方的文化现象，值得我们认真借鉴与思考。借鉴，是要借鉴毕加索文化艺术模式，洋为中用；思考，是要思考如何改善中国的文化环境，发展中国特色的文化模式。为此大展期间，我们将就如何“借鉴与思考”这一命题，组织专题文化研讨与高峰论坛。

（3）培育毕加索。从青少年开始，形成培育未来的中国毕加索的机制，是本次大展的延伸。我们以大展为契机，以成都为起点，在大展期间举办“成都青少年绘画大赛”“毕加索真迹青少年临摹会”等活动。并逐渐形成一个寻找发现、挖掘培养“中国毕加索”的长效文化机制。为此，大展之前我们将成立“中国毕加索希望之星基金”，并在基金成立之日启动捐款，目前已获得中国诸多艺术大师的支持。同时，本次大展的收益全部捐赠给基金。下一步将与四川省成都市教委、团委合作，在成都打造一个“中国毕加索青少年艺术培训基地”，系统培养国际大师级艺术人才，培育毕加索，超越毕加索！

四川被称之为天府之国，文化底蕴十分厚重。在省委省政府有力领导和有效引导下，四川作为中西部地区大省，将利用“毕加索大展”这次世界级的文化盛事，迸发出一次文化艺术资源聚合的动员令，充分点燃蕴藏于四川地域的文化生命力和创造力，从而在曲高和寡的高雅艺术与广大民众喜闻乐见的通俗文化之间搭建一座桥梁，在文化艺术欣赏和文化艺术产业之间搭建一座桥梁，形成新兴的文化市场和文化产业，真正掀起“文化大发展、大繁荣”的新局面，为全中国率先做出示范。

8.3.2 软文炒作点定位

从项目的整体策划综述中，已经清楚地描述了这个项目的特点，经过提炼有如下几个关键卖点，即可以用于宣传和炒作的热点：

（1）价值高达 67 亿人民币，被称为新中国成立以来引入成都最昂贵的展品。

（2）“借鉴与思考”这一命题，组织专题文化研讨与高峰论坛。

（3）举办“成都青少年绘画大赛”“毕加索真迹青少年临摹会”等活动。

8.3.3 创意全程的软文

软文的编写在项目运作之前都已经撰写完毕，从营销主题出发需要编写的软文有整个项目介绍的新闻通稿、发布会所用的发言稿、赞助商的广告软文等。

1．项目新闻通稿

2012 毕加索艺术大展（成都）

56 幅毕加索真迹作品，50 幅摄影作品，全面地呈现了毕加索艺术人生的发展脉络。展品均为巴黎毕加索博物馆的公共收藏品，总价超过 6 亿欧元，涵盖了毕加索“蓝色时期”“粉红时期”“立体主义”“新古典主义”和“超现实主义”等各个时期的代表作。2012 毕加索中国大展是中国今年伊始，最大规模的艺术作品展。毕加索作品已于 2 月 1 日从上海启运，不日抵达成都当代美术馆。为作品安全考虑，暂不公布作品武装押运的行程与路线。

毕加索是世界公认的 20 世纪最具名望的艺术家，他是有史以来第一个活着亲眼看到自己的作品被收藏进卢浮宫的画家。一生作品颇丰，勇于创新，敢于不断否定自己，超越自己，对传统的否定是毕加索创作贯彻始终的宗旨。同时，毕加索对艺术的热情与执著也无人能及，他的作品总计近 37000 件，在绘画、素描之外，也包括雕刻、陶器、版画、舞台服装等其他艺术门类。他的立体主义作品改变了人们的观察方式，显示出时代文化形势的变化与内心情感的实际联系，为后来的艺术家们提供着无尽的创作源泉。毕加索曾对东方艺术十分向往，他的创作作品中，就有着许多东方特别是中国的元素。他曾说过：“真正的艺术在东方”。而成都作为古蜀源远流长的文化代表，养育了四川籍的绘画大师张大千。半个世纪前，两位大师曾在法国谋面，惺惺相惜、互为赞美，也因而在绘画界也流传起“东张西毕”的美谈。今天通过“毕加索 2012 中国大展”，跨越时空，再续前缘，实现了两位大师作品的百年邂逅。

此次 2012 毕加索中国大展由中国文化部、四川省文化厅、成都市文化局、四川省美术家协会、中国人民对外友好协会、北京友好传承文化基金会指导主办；北京博揽九州与四川雅信达携手法国巴黎国立毕加索博物馆、成都当代美术馆共同承办，上海天协文化，上海刚泰文化，成都博奥公共关系顾问有限公司，汇然萱艺术网，百奥（香港）有限公司，北京国商天下会展服务有限公司，成都市汉光橡塑有限公司协办。已被列为四川省政府驻京办引进成都的文化大事，也是民间文化力量在国家倡导文化建设繁荣发展的历史时刻下，积极响应政府号召斥巨资引进的一次力举。当下中国正处在文化复兴的振兴时期，大量汲取世界优秀艺术，在学习借鉴的过程中，不断博采众长，推陈出新，同时在中国传统文化传承发扬的基础上，通过展览加强对外文化交流提高国家文化软实力，大大提升地方的文化自豪感与增强区域的文化自信心。

本次毕加索艺术大展，与有着三千多年历史传承的蜀地文化，有着人文精神的亲情呼应。毕加索艺术传递的没有止境的创造精神，与四川当代艺术在海内外的巨大影响力之间，惺惺相惜，遥相呼应。与毕加索“百年邂逅”的川籍艺术名家张大千，曾留下一段令人感慨的艺术史佳话。在这个有着深厚历史人文沉淀的“天府之国”，古往今来持续释放着生动鲜活的精神张力，才有了承上启下不断发展的当下盛景。小我至尊，大我天下。政府倡导的“田园城市”概念和着力推出的“府南新区”规划，以及描绘的文化事业升级扩张的宏伟蓝图，需要的是敢为天下先的胆识和无所不能的创造精神，如是，毕加索为我们传递着强大的精神能量，为我们奉上一席史无前例的艺术视觉盛宴，我们必须张开双臂盛情欢迎他，并由衷地道一声：老毕吉祥！

2．撰写卖点软文

此次项目高达 67 亿人民币，被称为新中国以来引入成都最昂贵的展品。是本项目最大的一个卖点，为此在会展还没开始之前就发布软文进行市场预热，通过第三方记者对毕加索真迹的运输和安保系统报道进行炒作（图 8-7）。

图 8-7　押送现场

价值 67 亿人民币，毕加索真的来了

“毕加索真的来了！”昨晚，在严密的安保措施下，4 辆满载着数十幅毕加索油画真迹的专用大卡车从上海顺利抵达成都当代美术馆。记者第一时间赶到现场，在 10 米警戒线外，全程见证了这批毕加索真迹在成都“安家”的全过程。

此次大展展品均为巴黎国立毕加索博物馆的公共收藏品，总价 67 亿人民币。展览是近年来中国规模最大、档次最高的艺术作品展。据悉，这些展品将于 3 月 1 日在成都当代美术馆举行的“2012 毕加索艺术大展”成都站上集体亮相。

毕加索油画首次大规模在蓉展出

成都站的展览，是继“毕加索中国大展”上海站之后的又一站。昨日，本次展览的学术主持陈默也在美术馆前等候这些珍品的到来，他告诉记者，此次展览共 56 件毕加索真迹作品，50 幅摄影作品，涵盖了毕加索“蓝色时期”“粉红时期”“立体主义”“新古典主义”和“超现实主义”等各个时期的代表作。展览共有 7 个作品展示区和 8 个记录毕加索生活的摄影照片展区。大师作品与生活照片相互穿插，为观众了解毕加索的艺术和人生提供了更多生动的线索。陈默介绍，十多年前，4 幅毕加索的油画作品曾在成都展出，几年前，毕加索的限量版画也有在成都亮相，但“毕加索大规模的油画真迹展，在成都还是第一次。”

“巨无霸”护卫“毕加索”到成都

“请出示你的工作证。”昨晚，当记者还未赶到成都当代美术馆门口，远远地就被安保人员拦住，请记者出示证件。闪烁着警灯的警车、长长的警戒线、严阵以待的安保人员……现场令人感受到这“毕加索”的气场之强大，安保规格非同一般。记者远远地看到 4 辆“巨无霸”卡车有序地排列着，其中一辆车的尾部正对美术馆的后门，工作人员和真枪实弹的警卫人员正在小心翼翼地搬运着半人高的木箱。

“对不起，你们只能在警戒线以外采访。”展览组委会秘书长朱明岭告诉记者，8 位法国专家正在与工作人员卸下展品（图 8-8），他们的工作不容许有半点疏忽。据朱明岭介绍，为确保“毕加索”中国行万无一失，此次法国方面和中国海关采取了全程监管方式进行巡展。作品是分别由 8 架空客飞机直接从法国运送到上海。而“毕加索”从上海到成都的过程更可谓是精益求精。“这‘巨无霸’可不简单，是全国唯一的珍品运送车，它们不仅抗震、抗压，还能够 24 小时保证毕加索的作品在 25 摄氏度，湿度 50 度的环境中，不受到外界环境的破坏。”他指着 4 辆“巨无霸”透露道，由承担此次运输工作的华协运输公司，专门负责国际珍品的货运服务，8 位法国专家全程跟踪，从上海到成都全程高速路。每辆车辆配备的减震仪，能确保车辆发生震动时，车辆能进行减速减震。为了避免在公路隧道中发生事故，每过一个隧道，车队都会由导引车开道。值得一提的是，押运员和司机都特许配备了手枪。在 3 天的押运过程中，车队只能在徐州博物馆和西安省博物馆休息。为确保作品能够万无一失，4 辆“巨无霸”还必须开进全密封的库房内封存。

“小小毕加索”少儿绘画大赛正式启动

上午十点整，大展组委会介绍了大赛组织情况，宣告“小小毕加索”少儿绘画大赛正式启动。

启动仪式现场还邀请到四川省美术家协会副主席、成都市美术家协会主席刘正兴；四川美术教育艺术委员会主任、著名国画家吴绪经；著名批评家、四川音乐学院美术学院教授陈默；少儿美术教育专家、四川省美术家协会少儿艺术委员会会长，成都市青少年宫美术学校校长左志丹；四川省美术馆副馆长罗雪村；文轩美术馆馆长张达星；以及著名当代艺术家徐牧源、符曦、刘栋等艺术家前来为绘画大赛剪彩祝贺（图 8-11）。S·O 艺术空间作为此次绘画大赛的总组织单位，对此次活动寄予很高的期望，相信通过这次大赛，给成都带来一次培养少儿艺术热情的一次绝佳机会（图 8-12）。

图 8-11　启动仪式现场

图 8-12　到场小朋友参观毕加索作品

毕加索是非凡的艺术天才，是值得全人类了解、学习的，也是应该借鉴、研究当然也是可以超越的。本次大赛的主题是“我心中的毕加索”，主办指导单位：中国对外友好协会，四川省文化厅，四川省美术家协会；成都市少年文化宫，成都市少工委联合主办。全国 3～11 岁少年儿童均可参加，大赛从 2012 年 3 月 3 日正式启动，开始在全国范围征集作品，本次大赛截稿时间为 2012 年 6

月 1 日。本次大赛分为幼儿组（3～5）岁、少儿组（6～8 周岁）、少年组（9～11 周岁）三个年龄组进行评选，评选分为初评、复评和终评三个阶段，由组委会授权的评委会以公平、公正、公开的原则进行评选。现场比赛和全国所征集的作品，经过学术委员会评议筛选，形成一个成规模的展览，并在其中评选出一、二、三等奖和鼓励奖。同时入选和获奖作品，将出版精美画册，并将在多个城市举办巡回展。

3. 发布会发言稿

东张西毕，再书华章

作为 20 世纪彪炳史册的伟大艺术家，毕加索以超乎人们想象力的创造能量，以经典华彩的图像面貌，感染和影响了一代一代艺术家，征服和滋润了全世界无数民众，成为艺术史上一个难以超越的典范，一座众望所归的高地。正是因为毕加索对世界艺术史和人类文化的卓越贡献，也因为这些价值连城、来之不易、精彩绝伦的作品登陆四川，才有了以艺术的名义，学术高调推进，大众互动参与的毕加索艺术狂欢。感谢内江市委市政府各级领导对大展的支持关心！感谢内江的父老乡亲！

毕加索不仅是西方文化的符号，更代表了西方现代艺术的高峰。毕加索对东方艺术十分向往，在他晚期诸多作品从中可见他深受东方绘画艺术影响的痕迹，他曾说："真正的艺术在东方"。而内江作为古蜀源远流长的文化代表，养育了川籍绘画大师张大千，半个世纪前在法国卢浮宫举办个人画展，使西方艺术家深深感受到中国艺术的巨大魅力。法国著名评论家们，皆认为张大千的画法变化多端，造型技术精湛，颜色时时革新，感觉极为灵敏。两位大师曾在法国谋面，惺惺相惜、互为赞美，也因而在绘画界也流传起"东张西毕"的美谈。今天，我们要在这次大展中也让张大千的部分艺术精品面世。通过"毕加索 2012 中国大展"，跨越时空，再续前缘，实现了两位大师作品的百年对话。将毕加索与张大千并展，有利于提振川人的文化自豪感，增强区域文化自信心。我们有理由相信，在中央文化大发展的战略背景下，我们民族的艺术一定能开出更加灿烂的花朵！

4. 赞助商软文

此次项目的定位以及运作得到市场和商家的认可，毕加索成都大展从项目策划开始就得到众多赞助商的关注，赞助商之所以进行赞助，就是希望结合知名度很高的"2012 毕加索成都大展"秀它一把，同样可以取得良好的营销效果。这里对其中涉及的软文编写总结如下：

部最具影响力，国内一流，国际知名文化之都”的过程中发挥更积极的作用。

图 8-15 启动仪式

活动现场，嘉宾们共同为 2012 毕加索中国大展公众开放日剪彩。绿地集团西南事业部还现场拍下一套 20 幅的毕加索高仿作品，并将全部款项捐赠给了中国东方少儿艺术培育基金，用于社会公益事业。

随后，与会嘉宾们走进展场，观赏了正在现场作画的小朋友们。今天在展会现场举行了“小小毕加索——艺术摇篮”计划的第一场活动，来自中央美术学院的毕建勋教授为孩子们现场授课！与会嘉宾们饶有兴致地参观了孩子们的“创作”过程，现场还为获得优胜奖的孩子们颁发了奖品。主办方介绍说，这样的公益艺术普及活动，在绿地集团的大力支持下还将连续开展至少四场。

据活动主办方介绍，本次毕加索中国大展包含 56 幅毕加索真迹作品，50 幅摄影作品，全面地呈现了毕加索艺术人生的发展脉络。所有展品均为巴黎毕加索博物馆的公共收藏品，总价超过 6 亿欧元，涵盖了毕加索“蓝色时期”“粉红时期”“立体主义”“新古典主义”和“超现实主义”等各个时期的代表作。记者了解到本次 2012 毕加索中国大展的公众开放日时间从今天起将一直持续到 5 月 1 日，有兴趣的成都市民可以到成都当代美术馆与大师亲密接触了！

领军房企，责任为先

作为中国综合性地产领军企业，绿地集团始终坚持“让生活更美好”的企业宗旨，同时，绿地集团具有很强的社会责任感，发展不忘回报社会。成立 20 年来，在慈善、公益、拥军、世博等方面累计赞助、捐赠达 9 亿元。绿地集团先后获得了全国五一劳动奖状、全国文明单位、中华慈善奖等荣誉称号。“绿地”商标被国家工商行政管理总局认定为“中国驰名商标”。本次由绿地集团倾力呈现的“小小毕加索”活动是绿地集团践行企业社会责任所开展的一个大型公益艺术普及项目，同时也是绿地集团 20 周年庆文化艺术季的组成章节之一，旨在帮助对艺术感兴趣的孩子实现一个零距离感受和学习世界艺术的机会，也将世界巅峰级艺术带到蓉城传递给下一代。

8.3.4　媒体软文的报道

主要策划的几篇软文需要投放到网络、报纸、杂志等广告媒介中，做软文营销的最后是要及时跟进发布的效果，2012 成都毕加索中国大展在推广的过程中，从网络媒体、报纸等方面的效果都做了统计分析。

1．网络媒体报道

在选择的时候优先投放网络，主要是因为网络媒体转载率高，基本不用花费什么成本即可以达到高曝光的效果。从 2012 年 2 月 11 日第一篇软文形成至 2012 年 3 月 7 日项目主要运营期间，总共有 46 家网络媒体分别做了 66 篇不同的软文报道（不包括转载的数量）如表 8-2 所示，当然上述的 66 篇软文章都是基于官方软文基础上衍生而来的。

表 8-2　网络媒体报道统计表

	网站名称	时　间	标　题
1	中国发展门网	2012.02.11	2012 毕加索中国大展将登陆成都，展出 56 幅真迹
2	新浪网	2012.02.11	西沐：2012 毕加索中国大展四大看点
3	中国经济网	2012.02.04	西沐：毕加索中国大展能给成都带来什么
4	北京文艺网	2012.02.05	2012 毕加索中国大展·成都
5	99 艺术网	2012.02.20	“毕加索 2012 中国大展”学术月成都站开馆日如期进行
		2012.02.10	2012 毕加索中国大展新闻发布会在全国政协礼堂举行
		2012.02.25	毕加索成都大展，“成色”如何
		2012.02.25	“2012 毕加索中国（成都）大展”高端论坛
		2012.03.01	“毕加索与 80 年代中国新艺术”专题学术研讨会召开
		2012.03.01	“毕加索和中国 80 年代新艺术”高峰论坛相约成都
		2012.03.08	毕加索来了 成都女性看到了什么
6	燕赵都市网	2012.02.11	毕加索作品展本月 19 日将亮相成都当代美术馆
7	86 车网	2012.02.09	“毕加索 2012 中国大展”邂逅四川
8	出山网		2012 毕加索中国大展·成都
9	cafa art info	2012.02.10	2012 毕加索艺术大展将现成都当代美术馆
10	中国收藏网		2012 毕加索中国大展·成都
11	四川新闻网	2012.01.30	毕加索中国大展移师成都 3 月或将启幕
		2012.02.04	“2012 毕加索艺术大展”成都站 3 月 1 号开幕 展品价值 67 亿
12	海棠社区网	2012.02.04	“毕加索 2012 中国大展”邂逅成都的背景资料
13	新华网	2012.02.10	“毕加索 2012 中国大展”将在成都举行
		2012.02.16	毕加索中国大展将赴成都

（续）

	网站名称	时间	标题
		2012.02.14	画展过后 毕加索带来什么
		2012.02.13	“2012 毕加索艺术大展”将在成都举行，张大千精品同时展出
		2012.03.03	中国老百姓为什么看不懂毕加索
14	欧洲时报	2012.02.11	“毕加索 2012 中国大展”将在成都举行
15	国际在线	2012.02.11	毕加索中国大展 2 月底点燃中西方文化交流火种
16	环球收藏网	2012.02.03	6 亿欧元毕加索真迹今晚抵达成都
17	艺术中国网	2012.02.09	毕加索作品将于 2 月 19 日亮相成都当代美术馆
18	人民网	2012.02.13	毕加索中国大展将在成都举行
19	四川美术网	2012.02.13	西沐：2012 毕加索中国·成都大展四大看点
		2012.02.28	30 位批评家参观毕加索大展 为小小毕加索当评委
		2012.02.28	小小毕加索少儿绘画现场大赛
		2012.03.02	2012 毕加索中国大展学术高端论坛在布衣客栈举行
		2012.03.03	“小小毕加索”少儿绘画大赛正式启动
		2012.03.05	小小毕加索少儿绘画大赛开赛
20	新浪四川网	2012.02.23	毕加索成都大展回归大千故里·东张西毕百年邂逅
21	吃喝玩乐网	2012.02.23	最贵的画展—价值 67 亿—毕加索成都画展门票
22	大麦网成都站	2012.02.23	2012 毕加索中国成都大展
23	大千在线	2012.02.23	2012 毕加索中国大展新闻发布会在内江举行
24	时间工厂资讯	2012.02.23	2012 成都毕加索画展时间敲定 将于 3 月 1 日举行
25	中国经济网	2012.02.23	2012 毕加索中国大展掀动东西方艺术流变故事
26	中国江苏网	2012.02.23	高斯洋：我看毕加索中国巡展成都站
27	团 800 资讯网	2012.02.22	心动价团门票 看毕加索中国大展
28	雅昌艺术网	2012.02.22	《东方视野中的毕加索》出版
29	新华网安徽频道	2012.02.21	张大千和毕加索的百年邂逅
30	艺超网	2012.02.21	“毕加索 2012 中国大展”学术月开馆日
		2012.02.27	“毕加索与 80 年代中国新艺术”专题学术研讨会
		2012.03.08	毕加索来了 成都女性看到了什么
31	中华网河南在线	2012.02.21	“毕加索中国大展”即将移师成都
33	华西都市网	2012.02.20	毕加索真迹揭开面纱 成都观众洗眼睛
34	中国画廊网	2012.02.20	2012 毕加索艺术大展 3 月成都献演
		2012.02.20	毕加索真迹亮相成都（图）
		2012.02.20	毕加索到中国一游的意义
		2012.02.20	张大千和毕加索的百年邂逅
35	证券之星网	2012.02.13	“毕加索”成都行

（续）

	网站名称	时间	标题
36	西部经济网	2012.02.23	毕加索画展在成都举行
37	新浪收藏网	2012.02.27	陈晓峰：毕加索大展在中国的商业操作
38	当代艺术网	2012.02.27	吕澎：不想当馆长只想写书(组图)
39	中国新闻网	2012.02.28	毕加索画作登陆成都 推动本土现代艺术发展
		2012.03.03	四川“小小毕加索”少儿绘画大赛正式启动
40	中国文化传媒网	2012.02.29	向批评家颁发评委证书 为“小小毕加索”当评委
41	东方网	2012.03.03	百姓为什么看不懂毕加索？因现代主义在我国缺失
42	中国新闻图片网	2012.03.03	四川 200 名儿童争当“小小毕加索”
43	文化中国网	2012.03.02	毕加索上海“遇冷” 仅仅因为太抽象观众看不懂
44	泸州老窖	2012.02.29	毕加索&国窖 1573——异曲同工的极致艺术
45	中国艺术品拍卖网	2012.03.08	200 名儿童集体创作巨幅图画“小小毕加索”少儿绘画大赛正式启动
46	艺术国际网	2012.03.07	毕加索中国大展(成都)高端论坛在蓉隆重举行

很多行业的专家都参与到这个项目的点评当中，可以说“2012 成都毕加索中国大展”获得巨大的成功，在百度上搜索活动主题，找到相关结果约 166,000 个，如图 8-16 所示。

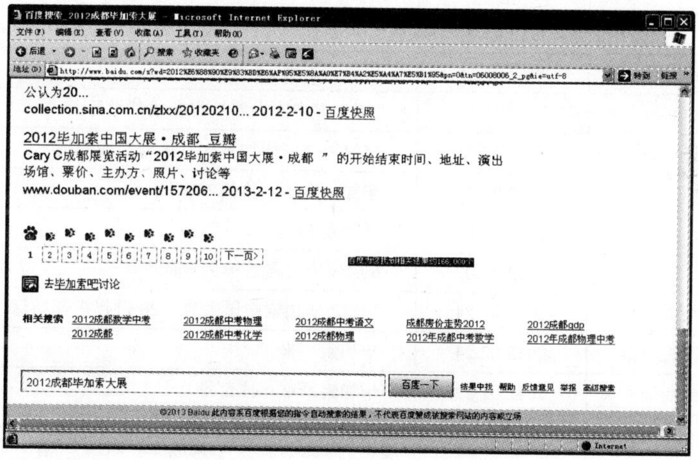

图 8-16　搜索主题的结果显示

2．报刊媒体报道

“2012 成都毕加索中国大展”在策划媒体投放的时候主要以网络媒体为主，报刊媒体为辅的策略，由于项目影响力较大很多报刊都主动联系主办方进行采访报道。最后统计了有 15 家报刊做了相应的报道，如表 8-3 所示。

表 8-3 报刊报道统计表

	报刊名称	日期	主题
1	美术报	2012.02.11	2012 毕加索艺术大展 3 月成都献演
2	江门日报	2012.02.11	毕加索真迹将亮相成都
3	华西都市报	2012.02.03	今夜，毕加索来成都
		2012.02.24	半世纪后毕加索张大千再度擦出火花
.		2012.02.07	67 亿毕加索“验身”23 名保安通宵护卫
		2012.02.29	恭候“小小毕加索”最单纯的画
4	光明日报	2012.02.11	毕加索艺术展登陆成都
5	中国日报	2012.02.11	毕加索中国大展 2 月底点燃中西方文化交流火种
6	成都商报	2012.01.18	毕加索大展 下一站成都
		2012.02.02	作品 63 件保险 67 亿 毕加索明日驾临成都
		2012.02.04	毕加索真迹到了
		2012.02.18	毕加索大展　下一站成都
		2012.02.05	毕加索真迹明日开箱
7	成都日报	2012.01.30	龙年 毕加索油画值得成都艺术粉丝期待
		2012.02.02	毕加索原作明日抵蓉
		2012.02.05	毕加索大规模亮相成都 太难得
		2012.02.07	毕加索真迹昨日开箱 专家提前为你解读画作
8	新京报	2012.02.11	毕加索大展 28 日登陆成都
9	深圳商报	2012.02.12	“毕加索中国大展”将在成都举行
10	天府早报	2012.02.02	文娱短播（毕加索 3 月 1 号）成都展
		2012.02.04	毕加索来了，价值 67 亿
		2012.02.05	毕加索 PK 张大千
		2012.02.07	6 层保护层覆盖毕加索真迹
11	四川经济日报	2012.02.24	“2012 毕加索中国大展”28 日起在蓉举行
12	四川工人日报	2012.02.24	毕加索，来了
13	西南商报	2012.02.22	毕加索画展在成都举行
14	深圳特区报	2012.03.02	民营企业斥资近亿打造中国最昂贵展览“毕加索 2012 中国大展”上海“遇冷”，移师成都求关注——看不懂的毕加索
15	海南日报	2012.03.04	中国老百姓为什么看不懂毕加索

3. 电视媒体报道

由于活动在网络媒体和报刊媒体的成功报道，地方电视台也应声参与到对活动主办方的采访报道中，主办方乘机做了几个电视专访报道（图 8-17）。

图 8-17　电视媒体报道

总之，2012 毕加索大展在成都举办是一项世界性的文化艺术盛事，通过软文传播获得巨大的成功。可以有效地提升成都的知名度与认知度，推动成都的国际化程度。不仅可以为成都市民提供文化艺术美育，提高艺术欣赏水平，更可以通过项目的市场化运作，培育成都文化艺术市场的市场化水平。

第 9 章　网络人脉，成功的命脉：SNS 营销

“网络人脉，成功的命脉”其中网络人脉指的就是 SNS 的表现形式，本章介绍 123 宠物网的核心 SNS 营销的实现办法，通过本章的学习，读者将掌握如下知识点：

- SNS 营销的概念
- SNS 网站的推广策略
- SNS 网上的营销手段
- SNS 营销阶段过程
- 网络人脉，成功的命脉：123 宠物网 SNS 功能营销

9.1 人脉网络化的 SNS 营销

SNS 营销，随着网络社区化而兴起的营销方式。SNS 社区在中国快速发展时间并不长，但是 SNS 现在已经成为备受广大用户欢迎的一种网络交际模式。本节就介绍圈子化 SNS 营销的基础知识。

9.1.1 SNS 六度关系理论

SNS 全称 Social Networking Services，即社会性网络服务，指旨在帮助人们建立社会性网络的互联网应用服务。国内目前比较知名的几家 SNS 均以模仿 Facebook 起家，均以校园为核心，向上延伸至白领、职业人等大学生毕业之后进入的领地，向下延伸至高中这些不久将进入大学校园的人群，中国 2000 万左右的高校生成为 SNS 得以生长的沃土。从相关新闻报道和报告中可以看到，目前国内 SNS 做得最好的人人网（校内网改名而来）如图 9-1 所示，号称覆盖 2200 所大学，有超过 1800 万的在校大学生用户，已经占据中国高校 SNS75% 的市场份额。

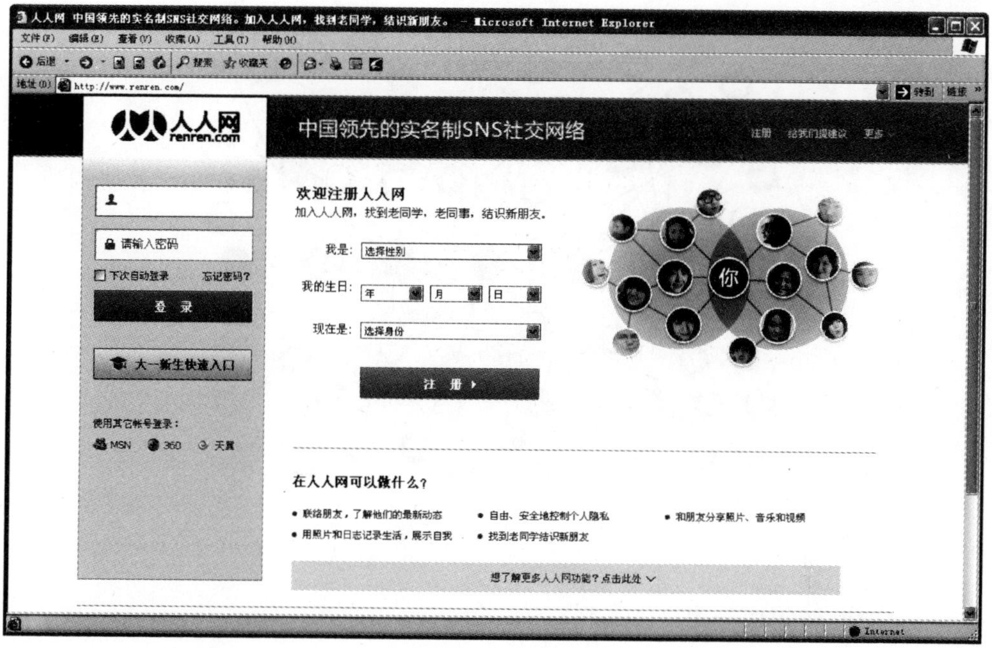

图 9-1　人人网首页

六度关系理论是 SNS 的核心理论。美国哈佛大学著名社会心理学家米尔格兰姆于 20 世纪 60 年代最先提出，在人际脉络中，要结识任何一位陌生的朋友，这中间最多只要通过六个朋友就能达到目的。就是说你想认识一个人，托朋友找朋友找认识他的人，之间不会超过六个人，也叫小世界理论。

现实社会中，人与人的交流是通过人与人之间的介绍、握手来形成一个朋友圈、联系圈的，每个人不需要直接认识所有人，只需要通过他的朋友，朋友的朋友，就能促成一次握手。而普通的网络交际，则大多数通过某些平台来实现。两者的优缺点明显，社会性交际优点是可靠，彼此关系建立在可靠的人际网络上，缺点是产生握手的时间长、代价较高；平台式的网络交际优点是成本低，但是不可靠。

那么在网络中将这套机制复制，即在理论上，获得可靠与低成本的双重优点。其他优点是，在 SNS 中，朋友圈内关系往往真实度很高，非常可靠，互相之间不存在所谓网络的“假面具”，因此，比较容易实现实名制；SNS 基于人传人联系网络，一传多，多传多，利用网络这一低廉而快速的平台，网络建立的速度会非常快，这又使得建立人脉网络的成本进一步降低。

依据六度关系理论（图 9-2），以认识朋友的朋友为基础，扩展自己的人脉。它是人们社会关系和 Web2.0 技术的强力结合，可以看作是非正式但无所不包的特性管理工具，它规定了通过社会关系可以访问个人信息。

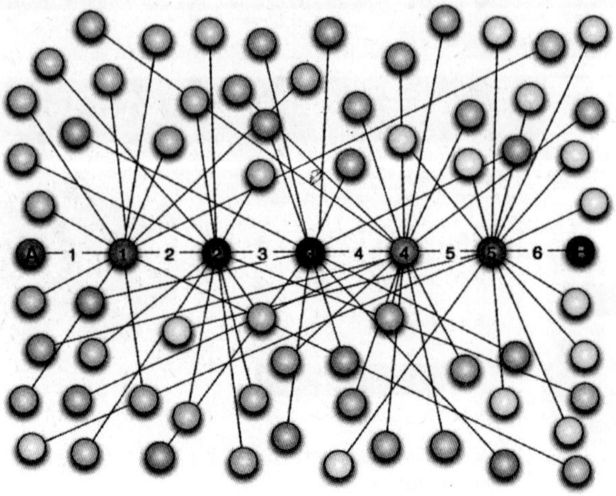

图 9-2　六度关系理论

1. SNS 所组成元素

SNS 包括七个核心元素即身份、状态、关系、交流、小组、名誉、分享，其主要定义如表 9-1 所示。

表 9-1　SNS 元素表

元素	简要的定义
身份	核心基本元素，具有唯一性，用于区分和识别个人
状态	判断某人是否在线，可用以其他状态信息的方式
关系	用于表现两个用户在系统里面建立和发生的联系
交流	通过系统与其他用户沟通的方式
小组	在网络上形成团体，并以团队的方式出现
名誉	显示用户在系统中地位的方式
分享	共享对于参与者来说有意义的东西，包括文字、图片以及视频

“身份”是任何一个 SNS 最基本的元素和需求，其他元素可以看成辅助性的元素。基于此可做出 SNS 元素的蜂巢模型，主要元素“身份”在蜂巢模型的中央，其他辅助性元素则围绕在周围。这里要注意的是，并不是每个 SNS 都包含以上所有的元素，绝大多数都有三个或三个以上的元素。在实际应用中，热门的 SNS 业务和应用都实现了多数的元素，但是运营企业会把精力集中在一两个元素的应用上。

2．SNS 的两大分类

SNS 的分类方法很多，在这里广义上的将 SNS 网站分为两类：内部社会网络（ISN）和外部社会网络（ESN）。

ISN 是一个封闭的或私人的群体，由那些在同一公司、协会、社区、学校、组织的用户组成，或者也可以是外部社会网络的一个用户创建的一个需要邀请才能够加入的小组。在大多数社会性网络中，两个用户要进行相互链接必须在通过对方的请求认证之前，即在确定他们是朋友关系之后才能进行链接，比如人人网。

而 ESN 则是一个开放的、公共的、面向所有网络用户的交流平台，基于共同的兴趣爱好或者非现实中存在的集体关系，用户可以和其他任何用户成为朋友，如图 9-3 所示的豆瓣网。

图 9-3　豆瓣网网站

而按照 SNS 网站的交友功能和目标用户分类，可以分为严肃交友网站、休闲交友网站、商务交友网站等。

在互联网中，PC 机、智能手机都没有强大的计算及带宽资源，它们依赖网站服务器，才能浏览发布信息。如果将每个设备的计算及带宽资源进行重新分配与共享，这些设备就有可能具备比那些服务器更为强大的能力。这就是分布计算理论诞生的根源，是 SNS 技术诞生的理论基础。

SNS 是一个采用分布式技术，通俗地说是采用 P2P 技术，构建的下一代基于个人的网络基础软件。SNS 通过分布式软件编程，将现在分散在每个人的设备上的 CPU、硬盘、宽带进行统筹安排，并赋予这些相对服务器来说很渺小的设备更强大的能力。这些能力包括：计算速度、通信速度、存储空间。

9.1.2 SNS 营销基础知识

SNS 营销随着网络社区化而兴起的营销方式。SNS 社区在中国快速发展时间并不长，但是现在已经成为备受广大用户欢迎的一种网络交际模式。

SNS 营销也就是利用 SNS 网站的分享和共享功能，在六度关系理论的基础上实现的一种营销。通过病毒式传播的手段，让你的产品被众多的人知道。也可以在这里做问卷调查等。反正要是有足够的准备，一个圈到另一个圈，可以把整个 SNS 网站都传播遍，当然这是理论上的。实际上网络还是有很多死角的。SNS 营销相对来说还比较新型。很多地方都没这种观念。伴随着网络的变化，越来越多的营销方式会产生和应用的。不管任何营销方式，结果是衡量营销效果的唯一标准。

SNS 营销的优势主要体现如下：

（1）精准目标用户，资源丰富。SNS 网站的用户群相对比较固定，而且可以掌握详细的用户资料，可以最大程度地有效到达目标用户，无论是广告投放还是推广都可以最大限度地达到目标。无论是综合的 SNS 还是垂直的 SNS，现在都没有特定的用户群体，其中的人员分布很广泛，全国各地的、各行各业的都有，所以，这就给 SNS 网站以无限的资源，由广大用户在使用中慢慢地帮助 SNS 网站积累了资源。其实用户就是资源。

（2）庞大的用户群、浏览量和黏度。用户群是展开营销的基础，SNS 营销的基础就很好很强大。SNS 用户可以更容易地在网站上找到自己想要的，比如，有些人希望找老乡，找些自己喜欢的东西。通过其他用户提供的资源可以解决这个问题。又如，在 SNS 认识了一些志同道合的人，所以每天都想上去交流一番。逐渐地形成了一定的用户群体，并有较高的用户黏度。

（3）传播速度快，效率高。以朋友、同学关系为基础的社交圈，可以形成巨大的口碑营销场所，由于 SNS 网络特殊的网际、人际传播方式，使得传播具有爆发迅速的特点，能够在很短时间内聚集大量的关注；同时由于社区用户参与性和分享性都比较高，社区热点事件往往能够借助各种渠道和方式得以大范围传播。

9.1.3 SNS 用户现状特点

SNS 营销是针对 SNS 网站所进行的网络营销，掌握 SNS 网站注册用户的特点，了解用户的定位和需求，对进一步开展 SNS 营销策略非常有用。

1．用户的特征分析

从用户结构上看，他们在消费习惯、消费能力和消费结构上千差万别，但综而述之，用户类型却都具备以下共同特征：

（1）有强烈的社交需求，会尽可能地扩充自己的生活圈，让更多的人知道自己，同时也想了解更多其他人的生活状态。

（2）思想较统一，观点较一致。在对社会焦点问题或主流概念上往往会达成同一阵线，形成巨大的舆论力量，间接影响着社会的发展。

（3）是社会消费的主要构成。在实际消费力方面虽天差地别，但对于主流消费概念却不约而同地趋之若鹜，极大改变着现有的社会消费结构和层次。

（4）自我表现能力强，大多会主动发现自身优势并有计划地将其发展成自己的突破口，寻求机会展示自我。

（5）强大的共鸣性，有时候形成的口碑宣传力量可以胜过任何一家强势媒体。

（6）是高端消费品的生力军，对品牌都具有一种执著的追求或期待。

（7）爱好较一致，大多热爱音乐或其他相关爱好，并且想通过这些特长或爱好制造捷径实现自己的梦想。

中国互联网络信息中心公布的《2012 年中国网民社交网站应用研究报告》可以看出如下的用户需求分布特征：

（1）44.8%的社交网站用户会关注品牌货商家的主页。

（2）42.8%的用户会看有意思的广告图片或视频，分享到社交网站上。

（3）27.4%的用户参加社交网站上组织的团购或优惠活动。

（4）男性更愿意在 SNS 上分享有意思的广告图片或视频，而女性则更愿意直接展开购买活动。

（5）43.1%的用户会在社交网站上看到好友推荐的产品，产生购买想法。

（6）38.3%的用户会参考社交网站上好友的评论，帮助自己进行消费和购物决策。

（7）37.2%的用户会在社交网站上和好友分享好的品牌、产品和商家。

（8）25.7%的用户遇见不好的消费经历，在社交网站上评论和投诉。

（9）男性更愿意在社交网站上发表负面评论，女性则相对愿意分享正面的评论。与此同时，女性更容易被社交网站上的口碑评论影响。

2．用户的需求分析

目前国内 SNS 网站用户中，男女性别比约为 54:46，男性社交网站用户占比高出女性约 8 个百分点（图 9-4）；社交网站用户的性别属性与网民总体的相近。SNS 网站在我国男性网民中的渗透率要高于女性网民。

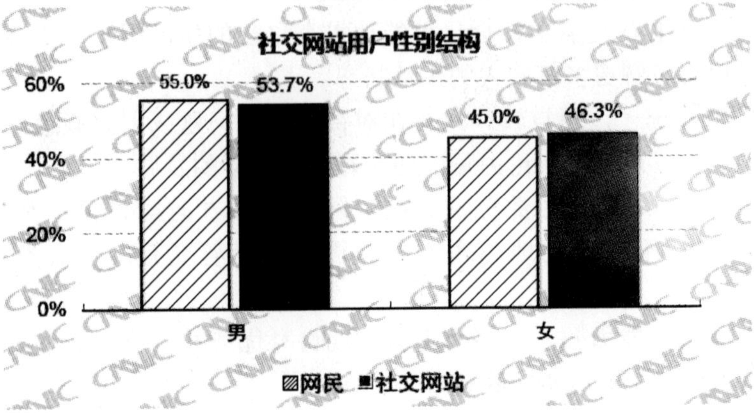

图 9-4　CNNIC：用户的男女性别分布状况

SNS 网站用户与整体网民年龄分布相比，更具低龄化特征。社交网站用户中 20～29 岁用户占比最高，达到 34.1%，其次为 10～19 岁用户。这两个年龄段人群在社交网站用户中的占比明显高于整体网民，显示出 10～30 岁网民对社交网站的使用率明显高于其他年龄段网民（图 9-5）。

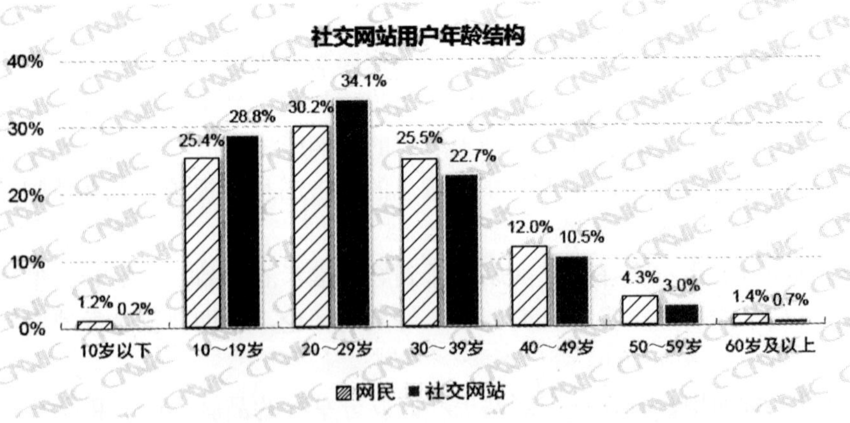

图 9-5　CNNIC：用户年龄分布状况

社交网站用户中初中学历人群比例最高，达到 37.4%，其次为高中学历人群。由于许多网站逐渐转型为社交网站，丰富了这一类型应用的种类，使得其用户群体范围扩大，导致社交网站用户学历结构与整体网民相当（图 9-6）。

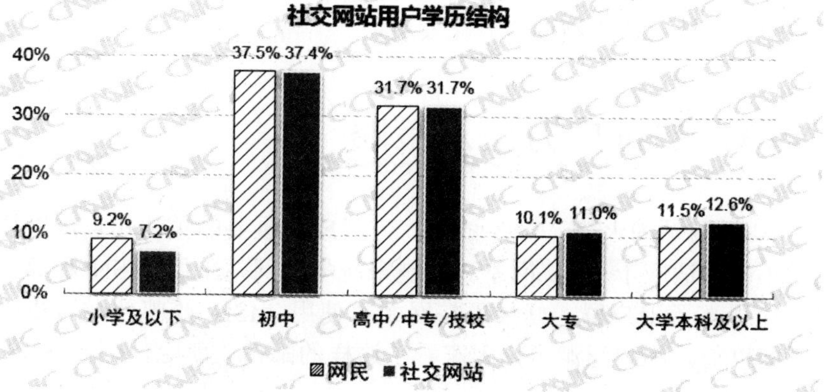

图 9-6　CNNIC：用户学历结构图

社交网站用户中，个人月收入在 3001～5000 元、5001～8000 元的群体占比明显高于整体网民，显示出中高收入网民对社交网站的使用比例高出其他收入群体（图 9-7）。

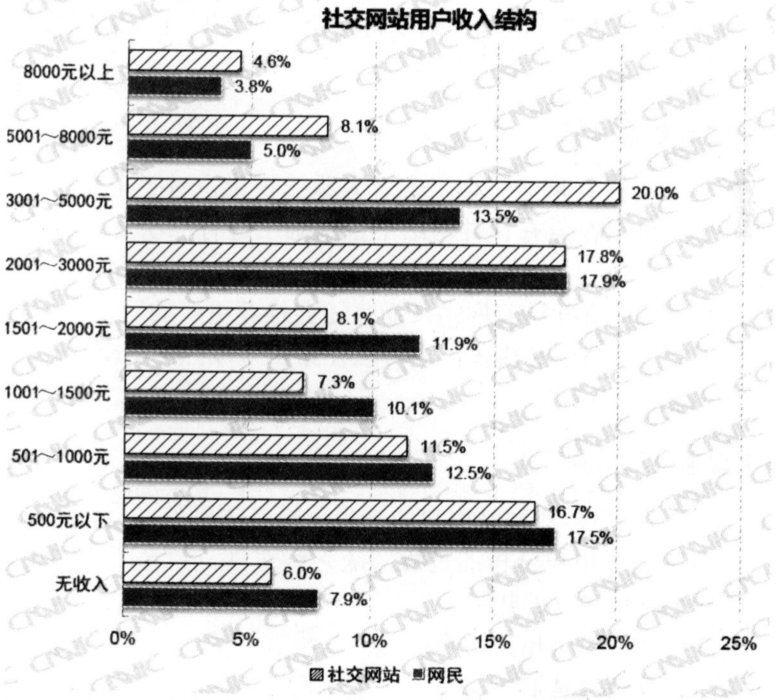

图 9-7　CNNIC：用户收入结构图

SNS 作为一种人类社会性需求的产物，其市场潜力是毋庸置疑的，据估计，国内 SNS 市场接近 100 亿（数据来源于网络调查）。SNS 的发展从最初的情感交友的单一性定位逐渐向多元化发展。

9.2 SNS 的推广方法及策略

随着 SNS 网站的火热，SNS 的推广方式成为重要的关注焦点，以往的网站推广方式不一定适应于 SNS 网站。当越来越多的网站采用 MSN 和邮件邀请注册后，快速提高了用户群。好像现在网站再使用 MSN 或邮件邀请注册的话，效果大不如以前。因为泛滥了，大家看了这样的邮件就删除，因此 SNS 营销推广策略和方法尤其重要。

9.2.1 SNS 推广策略分析

SNS 发展到现阶段已经有很多成熟的不同分类平台，这在前面已经介绍过如人人网、开心网等，他们的成功显示出了 SNS 营销的魅力所在，那么企业如何利用 SNS 营销为自己的网站和企业增加更多的流量和人气，就是本小节要介绍的知识点。这里所描述的 SNS 营销是特指企业搭建具有 SNS 功能的网站进行的网络营销。

1．建立 SNS 功能网站

SNS 营销的核心是在网络平台上实现人脉的积累，对于企业而言，如果条件允许的情况下，可以在原有官方网站平台基础上进行二次开发，把原有的会员注册功能与 SNS 网站的功能进行对接，开放自己的“社区家园”功能。这样不但能让原有的会员更喜欢访问网站，而且还会推荐更多的朋友一起来“玩”。当然如果不想花太多的时间和成本，也可以在第三方成熟的 SNS 平台上注册小家园进行 SNS 营销。

2．分析需求吸引用户

建立 SNS 平台之后，对网站用户的需求分析是否到位，直接影响到用户的参与度。有些网站缺乏用户分析的过程，缺乏针对性，以至于无法提供含金量高的内容，降低了用户参与的热情。

网站要定位清楚，吸引相应的用户：

（1）网站的目标用户是谁。

（2）研究目标用户的需求和上网习惯是什么。

（3）网站可以通过何种手段吸引目标用户。也就是通过“定位”“分析”两个步骤，最终“制订方案”，达到吸引用户的目的。

老注册用户有了体验后，自然会告诉新用户 SNS 网站的好处，但尚不具备老用户时，SNS 就要给新用户一个使用自己的理由。

3．扩大网站的知名度

无论是豆瓣网，还是人人网，主要受众群体都是年轻人，他们都有一个共同的特点：拒绝广告。他们大多自信于自己的判断力，认为所有的广告都是恶俗的，在心里藏有强烈的抵制情绪。因此，在这种情况下，“口碑传播”就成了最好、最有效的传播和营销方式。口碑传播是消费者参与的网络营销方式，通过用户的“口口相传”传播一个网站的优劣，这也是最具信服力的传播方式。

例：豆瓣没有刻意做推广，而是通过口碑的方式来吸引新的用户。来豆瓣的第一批人大多是网上的“大虾”，人群比较好，又通过博客、电影、音乐等特色功能把豆瓣介绍出来，看到的人又成为豆瓣新的用户。如图 9-8 所示的电影频道。

图 9-8　豆瓣的电影频道

4．培养“个别人物”

其实“个别人物”算是“口碑传播”的一个特例，也就是说，“个别人物”就是进行“口碑传播”尤为有效的那一类人。在网站推广中有一个“个别人物”法则，意思是说有三类人在传播中起到关键性作用，他们分别是：

（1）内行人，即那些在某些领域积累了丰富知识的人。就网站来讲，不少成功的网站创始人都是该领域的内行，或有能力召集内行的人。

（2）联系员，即那类富有社交天赋的人，其人际关系可能同时涉及几大领域。根据六度关系理论，世界上任何两个人之间的间隔平均仅为六度；但并不是每一个人都与其他人之间仅存在六度之隔，它的实际意义是有个别一些人与其他所有人相隔仅几度，而大部分人就是通过这几个人与世界联系起来的。

（3）推销员，他们负责最后的信息传递，说服人们接受该信息。推销员是指那些能说服你的人，他们或许不是知识丰富的内行，也不是社交广泛的联系员，但他们能解决这一问题：说服人们接受信息。信息能不能真正病毒式地扩散出去，最重要的一点是有多少强有力的推销员在为此努力，让每个用户都成为你的推销员，或许是每个网站都梦寐以求的事情。

而以上三种人也可以被看作是推广网站的意见领袖，在“口碑传播”时代，你一言我一语，意见不一时，意见领袖的话往往是用户所听取并广为传播的。意见领袖往往呈现给人一种提供建议，分享心得，有时甚至给受众以帮助的姿态，所以使人很难抗拒。

5．线下争取新用户

如果网上的“精准定位”和“口碑传播”做得不尽如人意，那么线下推广就非常重要。在线下的活动更容易提起人的精神头，而且能够造成声势，如果活动够炫，还会引起媒体报道，使得传播范围更广，效果更好。

线下活动可以和网上传播相互促进、相映生辉。有了线下活动，可以使得网络中的“粘合度”更高。如豆瓣网的“大家一起做手工”就是豆瓣的用户们自发组织的活动，活动历时一年，在一年内，大家可以通过发帖、回帖等形式，组织在可以做手工的地方活动，内容包括陶艺、拼布、自制银饰等DIY 活动。在活动过程中，聚集了一批爱好 DIY 的用户，拉帮结伙，网络小组繁荣起来。

9.2.2 SNS 营销推广手段

SNS 网站营销手段可以是多样化的，前面章节所介绍到的软文营销，博客营销等都可以作为宣传推广的手段，但根据 SNS 网站的特点，在推广的时候有些营销手段是不适合在 SNS 网站里进行推广的。本小节看一下常用营销在 SNS 网站的营销中是否适用。

1．软文营销

软文营销是目前 SNS 网站推广比较好的方式之一，因为目前 SNS 是在传播概念的阶段，许多外行人根本不知道 SNS，而行业内的人也需要了解 SNS 的真正内涵，所以软文营销是必需的。只有先让网络行业内的人士了解 SNS，使用 SNS，然后向网络外的人士宣传和推广 SNS 的概念以及模式，SNS 网站才能发展起来。

2．人脉营销

MSN 邀请和邮件邀请等方式已经是很传统的方式了，虽然已有用户会对 SNS 网站发送的邀请信感到厌烦，但邮件邀请仍然是效果最好的一个营销方式。毕竟邮件邀请人都是熟悉的朋友，在虚拟的网络里，第一能信任的就是朋友。因此，这种推广营销的方式在 SNS 网站还有成长的空间。

3．口碑营销

口碑一直是网站营销的法宝，SNS 也不例外，可是 SNS 网站目前没有可以用做口碑的材料。但可以把传统的营销方式理解为 B2C 的营销，做得好一点无非是互动的 B2C 营销，而口碑营销则是 C2C 的营销，就像 C2C 的电子商务一样，它的空间往往比 B2C 更大。在没有互联网的时候，口碑有效传播的范围很小，只局限于熟人之间的小圈子里传播。当互联网出现以后，口碑的传播就方便多了，用户购买东西之前都会上网搜搜看；尤其是用户可以评论之后，就更有说服力，以至于用户看新浪新闻往往更关注后边的评论。在 SNS 出现后，口碑传播变得更快更有效。

4．活动营销

活动营销包括线上和线下。线下的活动是能够快速提高知名度和口碑的主要宣传方式。活动也是传统网站增加会员积极性的重要方式之一，对于 SNS 来说，活动是最有效最直接的宣传方式，但缺点是传播的速度慢，范围小。活动营销绝对是前期网站发展的重要营销方式之一。

对于传统网站来说，线上活动是经常使用的营销方式之一，但是 SNS 网站的线上活动却相对较少。因为 SNS 的内容是会员产生的，一切以会员为主，网站要做的就是把程序和产品开发得更人性化，尽量少参与会员之间的行为。这样会员的主导权就体现出来了，也诠释了 SNS 网站的真谛。

5．适当硬广告

许多 SNS 网站为了提高会员数量，做了户外媒体广告或者其他网络广告。其效果还不错，但是对于 SNS 的发展却不是十分有利，SNS 的发展一定要靠会员的邀请朋友加入，光靠广告带来的会员和流量，不会长久也会失去原有的意义。

6．事件营销

博客营销的方式成就了一大批的草根，重要的原因就是因为事件营销。SNS 网站虽然有事件的机会产生，但是绝对不适合作为营销的方式进行传播，首先 SNS 网站的核心是充分地尊重会员，SNS 是个分享、平等、开放的平台，假如 SNS 网站拿会员的事情来炒作的话，不但会伤害会员，同时也让网站在会员心目中失去了以会员为核心的形象。正确使用事件营销的方法，可以注册一个马甲通过转载第三方的事件进行报道营销也不失为是一种合适的手段。

7．友情链接

传统网站为了提高流量和排名，纷纷进行友情链接，但是 SNS 网站却很少这么做，因为 SNS 网站追求的不是流量和排名，SNS 追求的是有价值的会员，就算流量再大，没有有价值的会员，SNS 网站也是一文不值。SNS 网站的价值是随着有价值的会员不断增加而体现的。SNS 的价值跟会员增加绝对是成正比的，而传统网站的价值跟会员增加虽然成正比，但也不是完全是，传统网站就算没有会员，有流量，照样有潜在价值，就算没会员，网站也可以招编辑来维护和更新资讯内容，而 SNS 网站却不一样，SNS 网站没有会员就等于没有一切，因为 SNS 的内容都是会员产生的。

8．邮件群发

如果为了吸引会员注册而采用邮件群发等手段去吸引会员，那么 SNS 网站肯定会毁灭的。SNS 是一个基于真实的虚拟社区，SNS 的发展是靠朋友的邀请，而不是靠填鸭式的宣传来吸引会员的。因此，邮件群发的营销模式不适合 SNS 网站的推广。

9.2.3 SNS 营销阶段过程

SNS 营销按执行的阶段可以分为：接触消费者，消费者产生兴趣，消费者与品牌互动，促成行动，分享与口碑传播五个主要阶段。

第一个阶段：接触消费者。在满足用户情感交流、SNS 互动、APP 娱乐、垂直社区、同好人群等需求方面提供多种服务和产品，这些产品为广告主接触用户创造了大量的机会。通过精准定向广告直接定位目标消费者。

第二个阶段：消费者产生兴趣。精准定向的 Banner 广告创意与用户群的契合会带来用户更高的关注度，同时来自好友关系链的 Feeds 信息、与品牌结合娱乐化的 APP 更容易引起用户的兴趣，这些兴趣可能是用户的潜在消费欲望，也有可能是受广告创意的吸引。

第三个阶段：消费者与品牌互动。通过参与活动得到互动的愉悦与满足感。也可以通过 APP 植入与消费者进行互动，APP 植入广告在不影响用户操作体验的情况下传递品牌信息。

第四个阶段：促成行动。通过消费者与品牌的互动，在娱乐过程中消费者潜移默化地受到品牌信息的暗示和影响，提升了消费者对品牌的认知度、偏好度及忠诚度，从而对用户的线上及线下的购买行为和选择产生影响。

第五个阶段：分享与口碑传播。用户与品牌互动及购买行为，可以通过自己的博客进行分享，而这些基于好友间信任关系链的传播又会带来更高的关注度，从而让品牌在用户口碑传播中产生更大的影响。

9.3 网络人脉，成功的命脉：123 宠物网的 SNS 营销

2011 年 10 月应 123 宠物网 CEO 王楗楠的邀请，笔者荣幸担任 123 宠物网的 COO（运营总监），带营销策划团队开始对 123 宠物网进行全面的市场定位以及市场营销整合，试运营的时间为 6 个月。在这半年当中王总给予了大力的信任和支持，通过项目的市场调研，确定了多项营销思路，并阶段推出实施，终于不付重托将 123 宠物网打造成了在行业内具有一定影响力的平台，在离任的时候有效真实注册会员有达近 16 万人次，并成功缔造了宠物行业的全新网络盈利模式。本章将首先介绍一下 123 宠物网的基础 SNS 营销。

9.3.1 123 宠物网项目简介

123 宠物网基于 SNS 宠网物社区，致力于为狗主人提供实用的消费导向、生活娱乐与服务，集宠物资讯、宠物话题交流、产品评测、互动营销、电子商务于一体的超人气综合宠物垂直平台。至 2012 年年底 123 宠物网平均 IP 为 3 万，PV 值为 15 万，注册会员为 16 万，每日新增会员为 500 人左右；网站如图 9-9 所示。

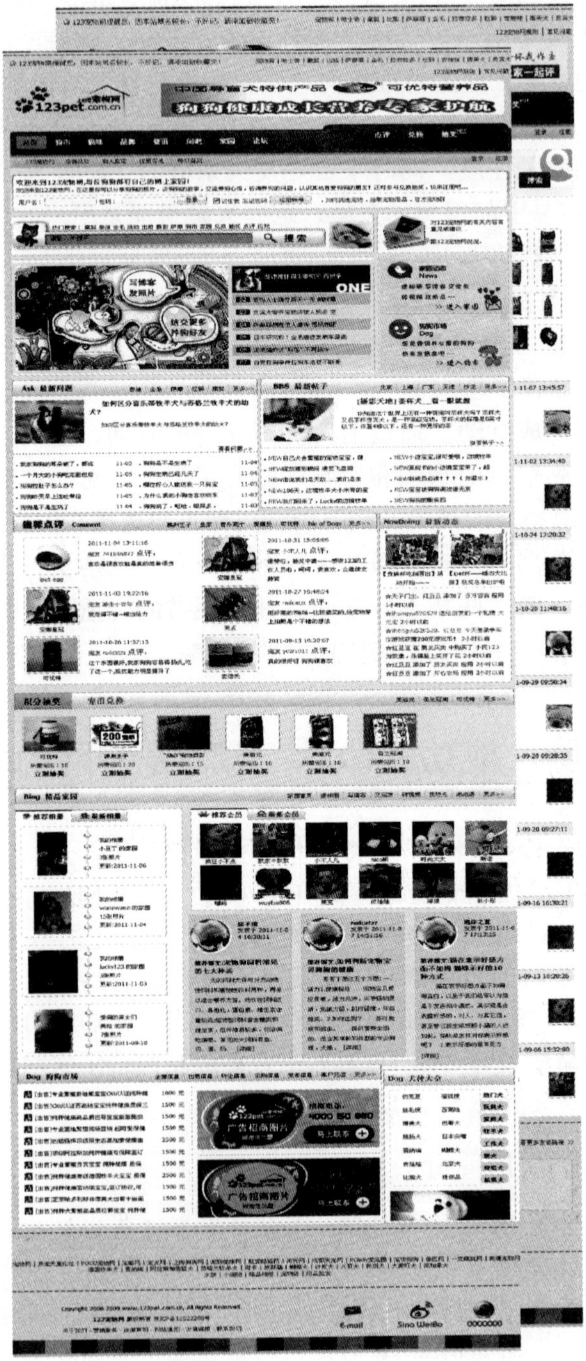

图 9-9　123 宠物网的网站

123 宠物网于 2009 年 2 月上线，目前收录了全宠物行业近 800 个品牌及产品。成功将 SNS 社交类网站应用于宠物行业，经过近三年的成长，网站已经成为中国最专业的宠物狗主人社区及宠物狗交易市场；每个用户都有一个自己的家园，会员通过家园及所养狗狗品种结交认识同城及至全国的狗友，同时可以参与线上抽奖、竞拍、并对所得到的奖品进行客观性的点评，极大地丰富了狗主人的业余生活。

项目主要以 123 宠物网为平台，对厂商和犬舍提供广告、营销策划推广服务，对会员提供真实的宠物及用品交易信息。公司先后与近八百家宠物行业的厂商有着合作。

123 宠物网和众多网络平台有着深入的媒体合作，主要的合作方如图 9-10 所示。

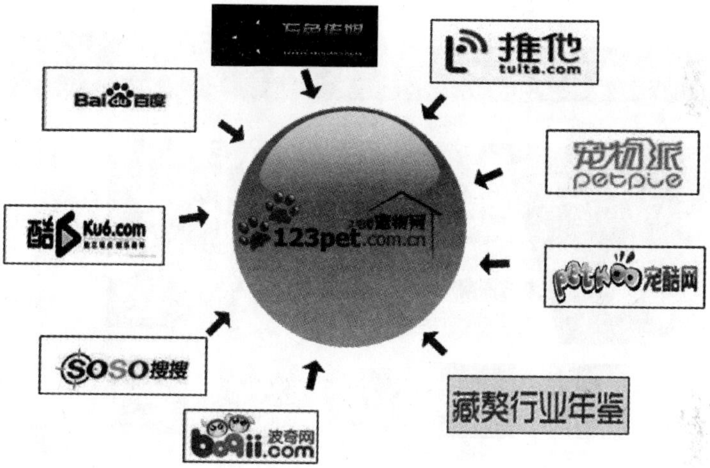

图 9-10　主要合作方

项目以卓越的运营模式，人性化管理的服务，为宠物主人以及更多爱好宠物的友人们创造一个时尚、健康、舒适、温馨的网络环境与氛围，为从事宠物产业的商家提供最好的展销产品的平台。从真正意义上成为宠物行业的 B2B 到 B2C 的转型模式的代表，从而成就宠物行业更多的机会与更好的发展。精益求精地塑造以及满足会员需要的网络空间。公司企业文化以积极进取，努力向上为宗旨，以个人带动集体，以集体荣誉为动力提高个人工作能力，相互促进。为个人提供展示能力的平台，共创佳绩。

9.3.2　体验 SNS 家园功能

项目是 2009 年 2 月上线的，几乎就没做什么营销推广，主要就靠网站的

SNS 家园功能的会员口碑营销推荐产生新的会员，到笔者介入的时候差不多自动运营了两年半的时间，真实有效的会员量也才 8 万多，这对于宠物行业门户网站而言还算是刚入门的一个小网站。想深入了解 SNS 的营销功能，首先就从体验实际的家园功能做起。

1. 注册并登录家园

首先在 123 宠物网上注册一个家园号，并登录注册的家园。步骤如下：

（1）打开如图 9-11 所示的网站家园频道首页。和其他的 SNS 网站一样，页面简洁大方，这里列出了家园系统里包括了 96 个组件应用，并在底下显示了好友数最多的一些经常登录的用户。这样操作的目的很明显就是重点培养“个别人物”。

图 9-11　家园频道首页

（2）单击右上角的“注册”文字链接，打开注册的页面和普通的网站一样，填写自己的个人信息，如图 9-12 所示。

图 9-12　填写个人信息

（3）输入完资料之后，单击“提交”按钮即可以完成注册，并自动登录家园频道的页面，如图 9-13 所示。

图 9-13　家园频道的页面

2．装扮自己的家园

新注册的会员是系统配置的默认状态，没有头像也没有任何博客文章。为了让更多人来了解你，并喜欢和你互动交流，就得装扮一下自己的家园。

（1）单击菜单栏上的“头像设置”文字链接，开始设置自己的个人信息。首先打开“个人资料”选项卡，如图 9-14 所示。本着真诚的原则，为了能交到更多的朋友，对于 SNS 社区网注册时尽量以真实的信息注册。

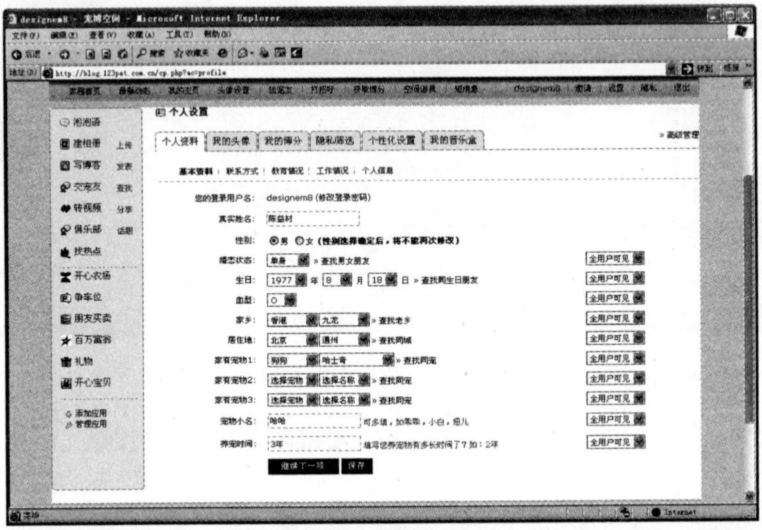

图 9-14　设置个人信息

（2）单击菜单栏上的“我的头像”选项卡，按网页上的提示上传并设置自己的头像，这里是宠物家园的社区，最好就是传自己养的宠物的头像作为“我的头像”，设置如图 9-15 所示。

图 9-15　设置个人头像

设置好个人头像之后会员的个人家园算是初步完成了，细心的读者可能会发现 SNS 社交类的网站在注册的时候基本上是一样的，都要求注册真实的个人名字和信息，这也是 SNS 网站真诚元素的要求。

9.3.3　SNS 功能化营销

SNS 的内容是会员产生的，一切营销要以会员为主，网站要做的就是把程序和产品开发得更人性化，尽量少参与会员之间的行为。这样会员的主导权就体现出来了，也诠释了 SNS 网站的真谛。本小节看一下 123 宠物网深化开发了哪些具体的功能。

1．免费赚取博分功能

单击“我的博分”选项卡，网站使用“博分”这一自定义的虚拟交换币用来区分注册会员的级别，设置了详细的博分获取规则，并编制了用户组规划，最为吸引人的地方就是设计了用博分可以兑换实物的功能，如图 9-16 所示。这无疑提高了用户黏度。

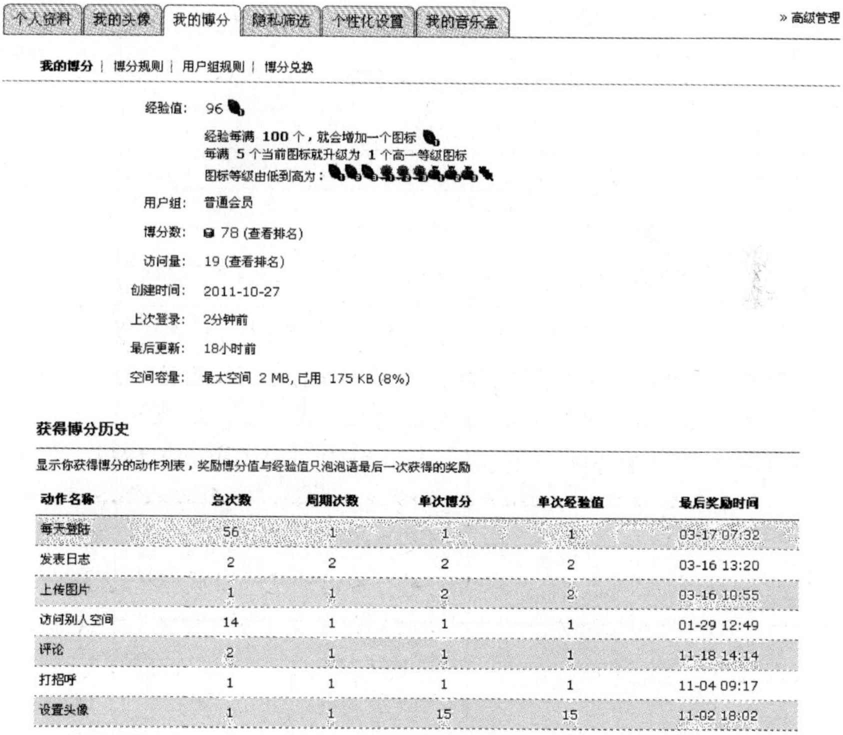

图 9-16　我的博分功能显示

设置博分奖励规则如表 9-2 所示。

表 9-2　博分奖励规则表

动作名称	周期范围	周期内最多奖励次数	单次奖励分值
信息表态	每天	不限次数	0
使用应用	每天	不限次数	0
安装应用	不限周期	不限次数	0
被评论	每天	20	1
评论	每天	1	1
发起分享	每天	1	0
推荐活动	每天	不限次数	0
参与活动	每天	1	0
发起活动	每天	1	0
参与投票	每天	1	0
创建投票	每天	5	2
回复话题	每天	1	1
发表话题	每天	5	2
拍大头贴	每天	1	0
上传图片	每天	10	2
发表日志	每天	5	2
发表记录	每天	5	2
被留言	每天	1	0
留言	每天	1	1
打招呼	每天	1	1
访问别人空间	每天	1	1
每天登录	每天	1	1
热点信息	每天	不限次数	0
更新心情	每天	1	1
成功举报	不限周期	不限次数	0
视频认证	一次性	1	0
设置头像	一次性	1	15
成功邀请好友	不限周期	20	10
邮箱认证	一次性	1	40
实名认证	一次性	1	20
开通空间	一次性	1	10

进行以下事件动作，会得到博分奖励。不过，在一个周期内，最多得到的

奖励次数有限制。

有奖就有罚，博分扣减规则如表 9-3 所示。

以下事件动作发生时，会扣减博分。其中，自己发布的信息自己删除不扣减博分，被管理员删除才会扣减博分。

之所以将博分设置得这样清楚，是因为博分在这个网站里是真实可用于交易的虚拟电子币，这和现实生活中赚钱的道理是一样的，因此必须详细地列出规则，不然会引起宠友的极大意见。

随着用户的经验值的提高，其用户组所拥有的权限也会越多。单击“用户组规则”文字链接可以打开如图 9-17 所示的用户组规则。设置用户组规则是为了培养个别突出的忠实会员，别小看这些简单的级别和权限设置，确可以给会员极高的荣誉感。

表 9-3　博分扣减规则表

动 作 名 称	单次扣减分值
评论被删除	5
留言被删除	5
分享被删除	4
活动被删除	6
话题被删除	5
投票被删除	4
图片被删除	5
记录被删除	5
日志被删除	5
修改域名	5
日志导入	10
搜索一次	1
获取邀请码	0
头像被删除	10
更改邮箱认证	40
修改实名	5

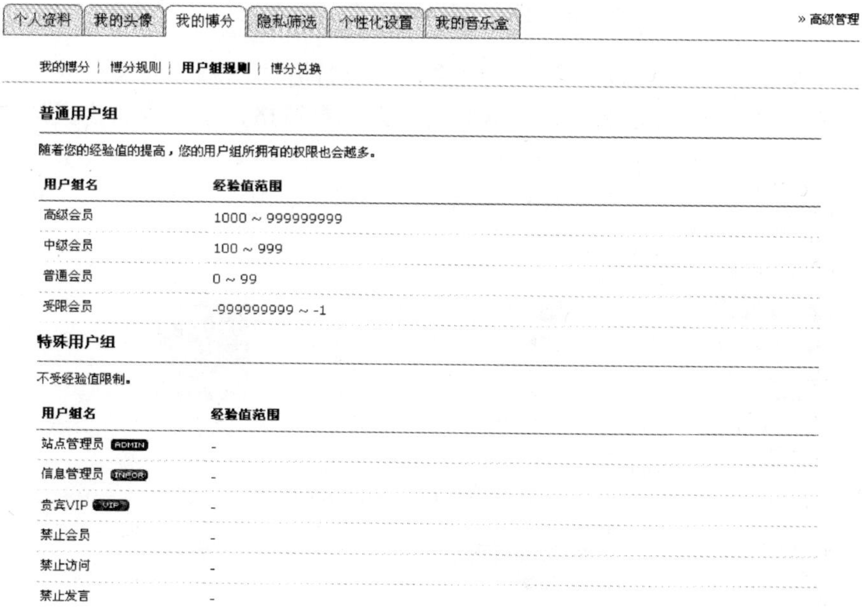

图 9-17 “用户组规则”

2．个性化功能设置

合理的个性化功能设置是尊重会员的最大表现，123 宠物网在个性化设置的功能这块主要设计了“隐私筛选”“个性化设置”“我的音乐盒”三个功能。

（1）单击“隐私筛选”文字链接，可以打开“隐私筛选”选项卡，如图 9-18 所示。这里可以将个人家园所有发布的信息进行权限设置，可以完全控制哪些人可以看到你的主页上面的内容。

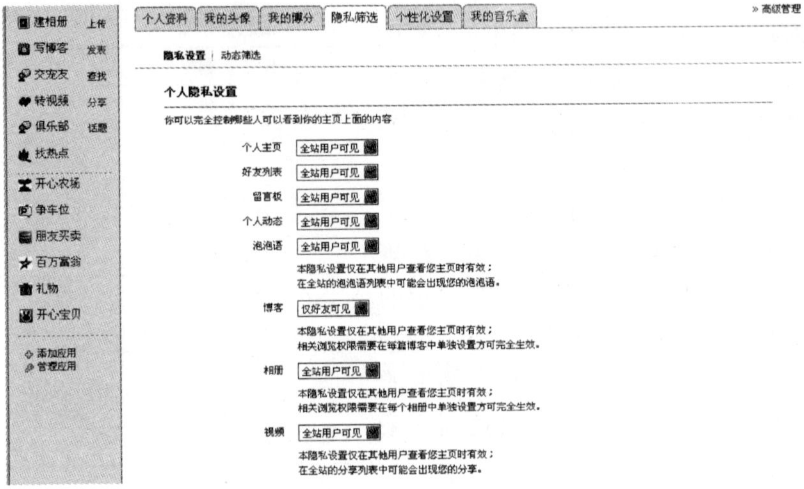

图 9-18 “隐私筛选”选项卡

（2）单击“个性化设置”文字链接，可以打开“个性化设置”选项卡，如图 9-19 所示。这里可以选择自己喜欢的个人主页风格，也可以自定义风格。

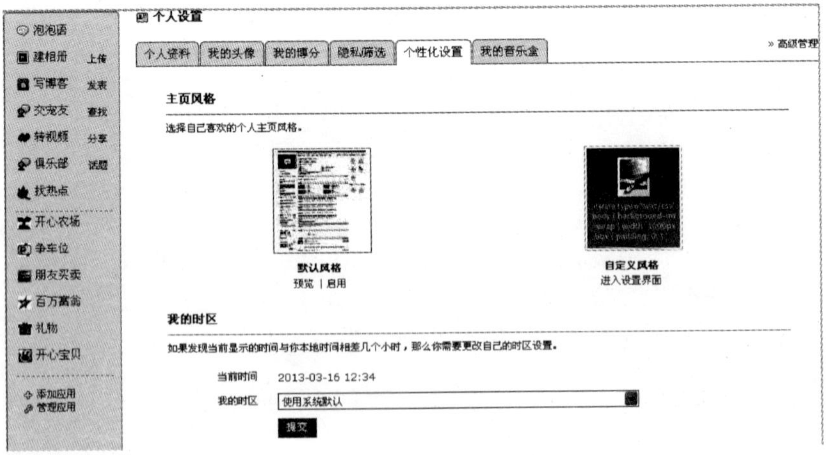

图 9-19 “个性化设置”选项卡

（3）单击“我的音乐盒”文字链接，可以打开“我的音乐盒”选项卡添加音乐页面，如图 9-20 所示。

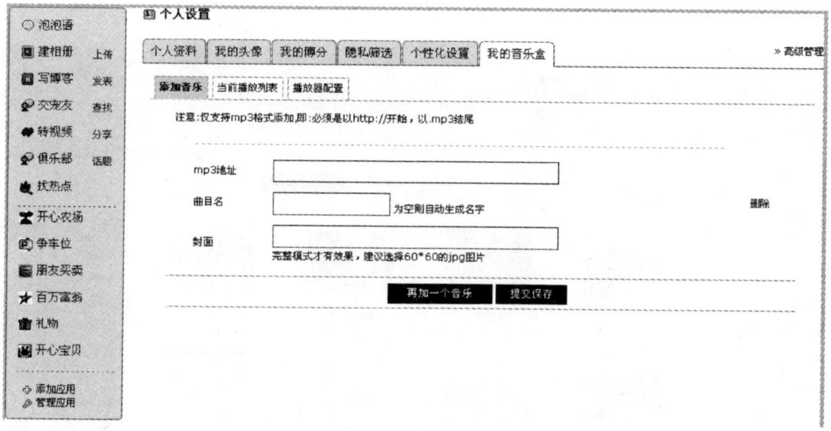

图 9-20　“我的音乐盒”选项卡

这里的设置和 QQ 的空间设置是差不多的，可以选择背景音乐，并可以进行个性播放器的配置，如图 9-21 所示，可以设置“显示模式”“开始模式”“播放模式”“界面颜色”以及“面板背景”的链接地址等功能。

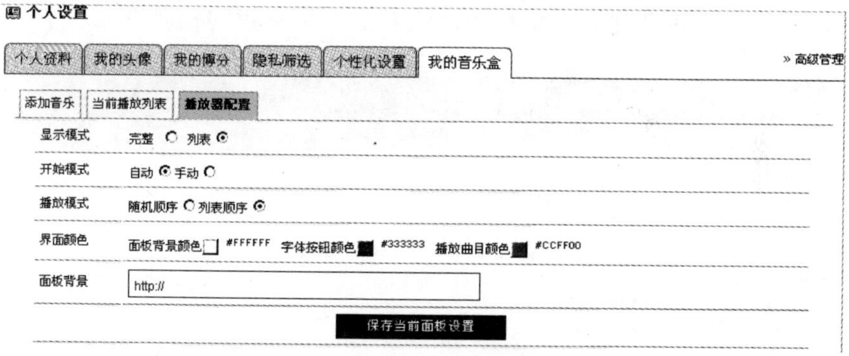

图 9-21　设置个性播放器

都说互联网的出现促进了平民的个性化进程，就是普通人也能通过互联网享受到个性化的服务，SNS 网站在设置任何功能的时候都要充分考虑个性化的过程，毕竟可以让会员拥有自己的主页和标签。

3．图片相册功能

相册对于大部分的网站来说，应该是一个“有胜于无”的功能。需要用户交互的，多多少少会涉及图片一块。

（1）单击左边菜单栏上的“建相册”功能，可以打开如图 9–22 所示的相册功能页面。这里充分整合了所有会员的相册，细分为“好友最新相册”“大家的相册”“我的相册”以及“我表态过的图片”四个功能。

图 9–22　相册展示功能

（2）当会员想发布自己的相册的时候，单击“上传新图片”功能按钮即可以进入发布图片的功能界面如图 9–23 所示。单击选择“浏览”按钮，选择上传的照片，并选择是否新建立一个相册，或者是上传到我的相册里面。

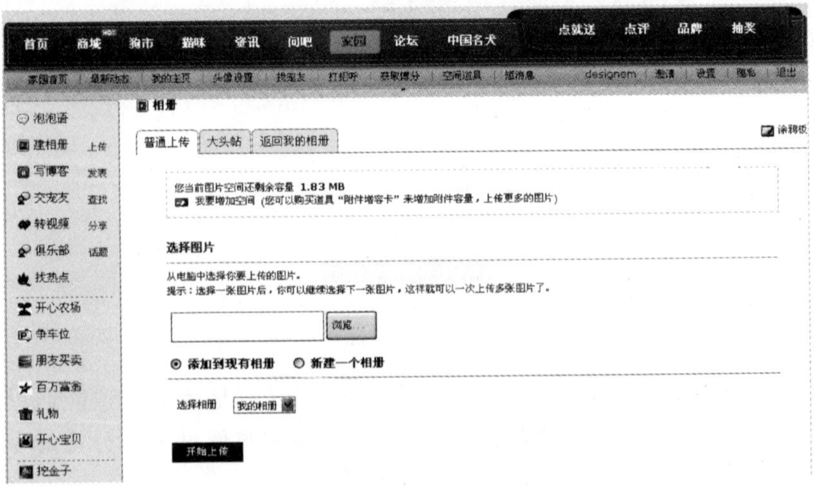

图 9–23　发布图片的功能界面

（3）单击“开始上传”按钮，即可以完成图片的上传，并显示上传成功的页面，如图 9–24 所示。

图 9-24　上传成功并显示我的相册

观察过不少用户的相册，用户需求主要有如下几类： 方便管理和获取，做照片或图片仓库；方便分享和沟通，精品展示窗口，尤其是摄影作品；方便外链，当作网络存储来使用；在私有的情况下，可以增设对朋友、家人的分享，这样的权限结构更接近真实生活圈子。

4. 发表博客功能

人是视觉与听觉动物，更是情感动物，正因如此我们才想对自己、对他人说点什么、做点什么。做博客的人喜欢自己的作品点击率高，回帖率高，这是一种鼓励，一种动力。SNS 网站溶入博客功能可以完美地满足写博客者的需求，因为这里圈子足够大，人脉足够宽。

（1）单击左边菜单栏上的“写博客”选项，可以打开“博客”功能页面如图 9-25 所示。和图片相册的功能一样，这里整合了所有会员的博客，包括“好友最新博客”“大家的博客”“我的博客”以及“我表态过的博客”。

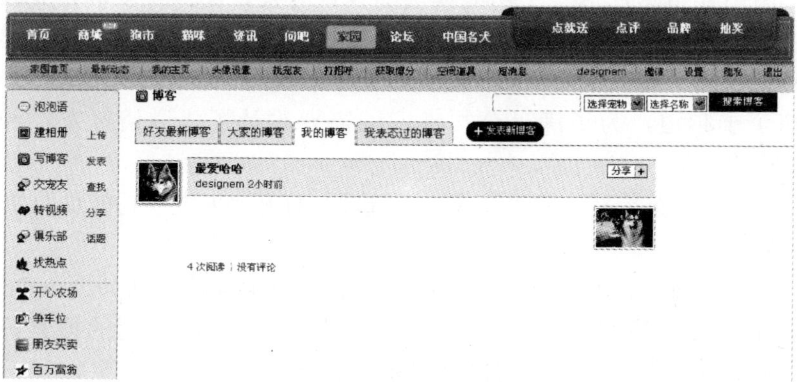

图 9-25　博客功能页面

（2）当会员想发布自己的博客时，单击“发表新博客”功能按钮即可以进入发布图片的功能界面如图 9-26 所示。

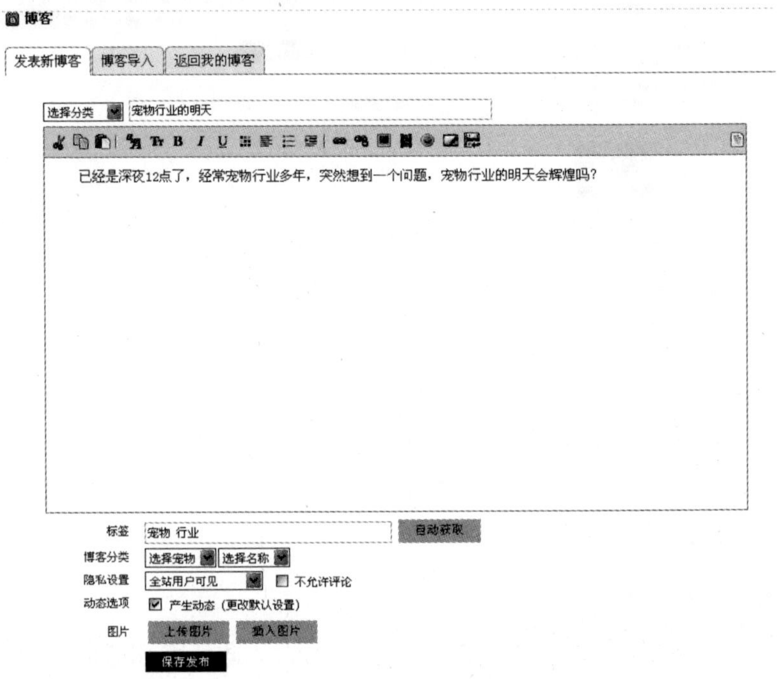

图 9-26　撰写博客

5. 宠友互动功能

123 宠物网在这个方面充分考虑到网站访问者的需求，浏览者主要都是一些爱好宠物的宠友，整个网站的核心就是能让这些宠友之间相互分享并彼此成为朋友。网站非常重视这一个功能模块的设计开发，第一个要满足宠友找新宠友的需求，第二个还要充分满足网站丰富和推广新会员的要求。根据这两个要求设计了用于满足宠友的“好友列表”“查找好友”“可能认识的人”和“好友请求”四个子频道，为了满足公司推广的需要设计了“邀请好友”和“排行榜”两个特色功能。

（1）单击左边菜单栏上的“交宠友”选项，打开“好友”功能页面如图 9-27 所示。

（2）单击“查找好友”选项卡，打开查找好友的功能页面如图 9-28 所示。这里细分了宠友查找相应朋友的需求，分别设置了九种不同的搜索好友的功能，间接指引宠友更精准地找到自己想要的朋友。

图 9-27　“好友功能”页面

图 9-28　查找好友功能

（3）单击“可能认识的人”选项卡，打开网站系统默认推荐的一些其他宠友的资料，并显示当时在线并登录家园的宠友，可以及时互动，如图 9-29 所示。

图 9-29　默认推荐的宠友列表

（4）单击“邀请好友”进入项目的核心页面，在这里网站要充分考虑如何让现有的注册会员帮助公司邀请新会员来访问并注册。这里设计了“给好友发送 Email 邀请”如图 9-30 所示。

图 9-30　网站设计的邀请函

用户可以通过 QQ、MSN 等 IM 工具，或者发送邮件，把自己的博客链接告诉好友，邀请他们加入进来。

（5）单击“排行榜”选项卡，进入“排行榜”功能页面如图 9-31 所示。为了能留住现有的注册宠友，提高他们的荣誉感，同时为了吸引更多的新宠友来注册，这一模块也下足了功夫。将排名营销、美女帅哥营销等常用的手段在这里用数据来显示。

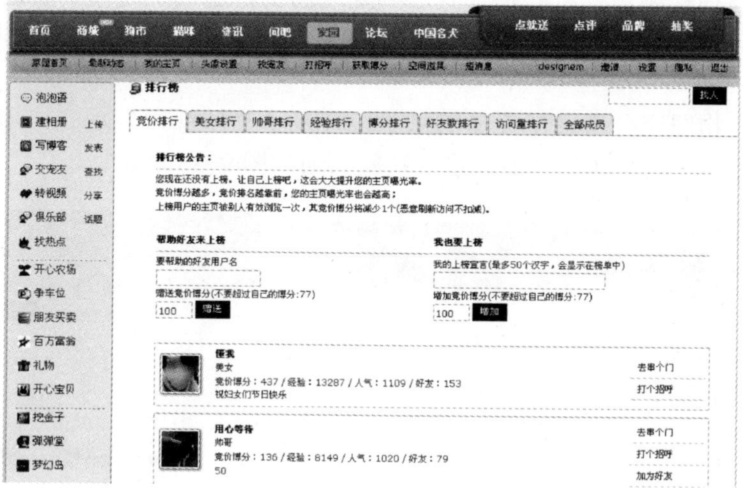

图 9-31　“排行榜”功能页面

单击其中的“美女排行”二级选项卡，打开“美女排行”功能页面如图 9-32 所示。这里根据“美女”发布的个人照片的关注度人气来排行，如果感觉喜欢可以直接在后面“打招呼”或者直接“去串个门”。

图 9-32　美女排行榜

其他的排行榜这里就不一一介绍，单从排行榜的主题就可以看出实际的意思。在做 SNS 网站的时候，各种各样的排行榜确实是建立“个别人物”的最佳利器。

6．转视频的功能

随着互联网带宽的发展，视频营销也走入网络营销的阵营。视频营销指的是企业将各种视频短片以各种形式放到互联网上，达到一定宣传目的的营销手段。在 SNS 网站中充分给注册会员发表一些视频资料也可以达到吸引会员的效果。

123 宠物网充分考虑了会员的需求，开发了“转视频”功能，用户可以单击菜单栏上的“转视频”功能，进入功能页面如图 9-33 所示。

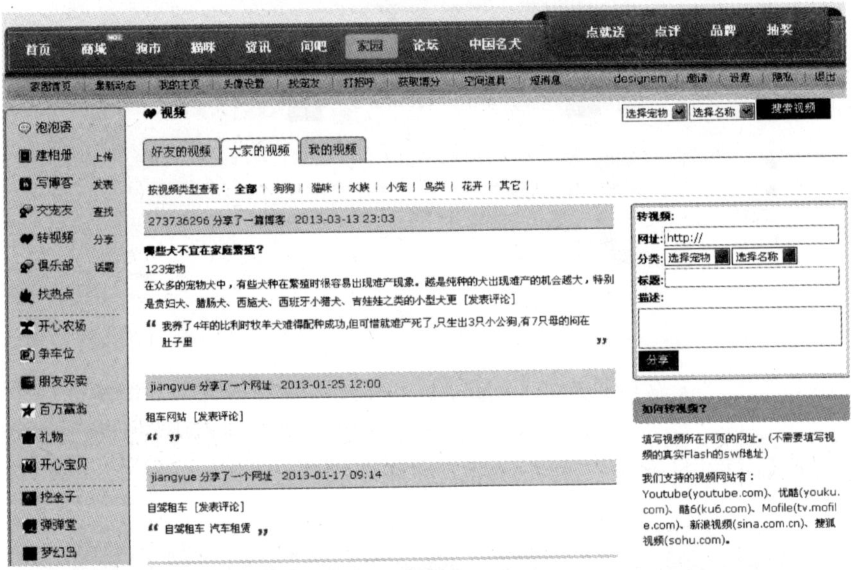

图 9-33 转视频发布功能

转视频功能并不是真实将会员的视频上传到网站的空间里面，而是让会员先将视频或者感兴趣的视频发布到现在一些视频网站，然后填写视频所在网页的网址(不需要填写视频的真实 Flash 的 swf 地址)。支持的视频网站有：优酷(youku.com)、酷 6(ku6.com)、新浪视频(sina.com.cn)、搜狐视频(sohu.com)。

7．游戏娱乐功能

开心网选择了用富有趣味的小游戏来切入市场。结果，这些看似简单的小游戏让生活单调、工作压抑的中国白领找到了前所未有的乐趣，并最终导致了开心网在写字楼间的疯狂病毒式传播。由此可见，SNS 网站中有适当游戏娱乐的组件是非常重要的。

123 宠物网的宠友大都是高收入者，平常也比较有时间上网交流游戏，因此网站也结合了一些比较热门的游戏组件来满足宠友的需求，如图 9-34 所示的“开心农场”游戏和图 9-35 所示的“争车位”游戏。

图 9-34 “开心农场”游戏

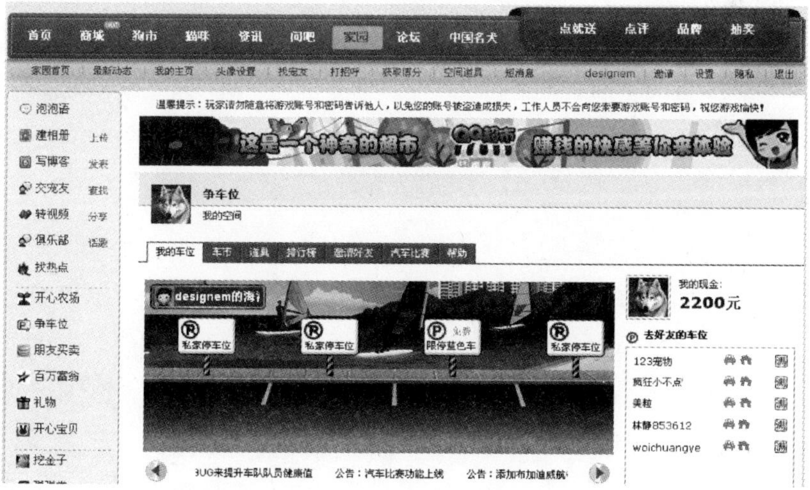

图 9-35 “争车位”游戏

通过 123 宠物网的 SNS 营销为例直观地解释了 SNS 网站的运营、营销推广和盈利模式，SNS 网站的发展前景和趋势已经显而易见了。随着 SNS 网站迅速蹿红，SNS 盈利模式越来越受到关注，同时也让人堪忧。对于目前中国众多的 SNS 交友网站，模式上的大同小异和功能上的不尽相同，以及如何才能实现真正的网络社区概念，并通过有效的互动交友模式圈住用户，成为中国 SNS 交友网待解决的问题。

第 10 章　运筹帷幄，决战千里：整合营销

正所谓“运筹帷幄之中，决战千里之外”，本章深入剖析实例 123 宠物网在笔者介入后的营销整合策划，通过本章的学习，读者将掌握如下知识点：

- 网络整合营销的概念
- 网络整合营销的原则与实施
- 123 宠物网盈利分析
- 项目整合营销的方法
- 营销效果分析

10.1 整合是硬道理

互联网的营销是通过持续的联系来获取利益，并设法培养、加强这些联系。经过统计，使一个消费者从观望者变成我们真正的客户需要 10 次以上的接触。虽然这个时间很长，但是这个环节是不可缺少，他们不从你这里获得这些信息，就会在其他地方去获得类似的信息。因此“整合是硬道理”这就要求一个网站如果想获得真正的门庭若市就得从掌握整合网络营销基础开始。

10.1.1 网络整合营销概念

网络整合营销是指为了推广公司所做的一切营销推广活动。营销从公司诞生的那一天就开始了。确切地说网络整合营销是一个汇集了各种网络营销方法、产品、服务的大超市，它主要包括网上调研营销、通用网址营销、网络黄页营销、搜索引擎营销、电子商务营销、邮件营销、论坛、社区营销、分类信息营销、呼叫广告营销、资源合作营销、网络体验营销、博客营销、威客营销、搜索引擎营销、电子地图营销、电子杂志营销、网络视频营销、游戏置入式营销、RSS 营销、3D 虚拟社区营销、网络会员制营销、手机短信营销等各种网络营销方法，然后再根据企业的现状、企业的目标客户群体、企业对品牌和销售的侧重精心挑选组合而成的一种网络营销方式。

整合营销提出是以 4C（Consumer 消费者、Communication 沟通、

Convenience 方便、Cost 成本）为理论基础的，4C 倡导的是以顾客为中心，客户需求至上，实行企业与顾客之间的双向沟通。整合营销要求营销策划者以战略的眼光来看网络营销，营销是和忠实的顾客建立持续的关系，这包括在售前、售中和售后为其提供服务，整合营销是一个过程，而不是简单的销售，不是一次交易的过程，也不是一次简单的单项营销，它需要有一个长远的规划。

网络整合营销将给快消企业带来至少五方面的收益。

一是快速提升品牌知名度和认知度。

二是扩大产品消费人群，增强年轻人对该品牌的认同和消费意识。

三是通过动漫、视频等娱乐化、时尚化的营销传播，使品牌更年轻，更有活力，与潜在消费人群保持良好沟通，增进品牌文化的认同。

四是为区域品牌进军全国市场打先锋，通过低成本、高收益的网络整合传播，取得营销上的优胜权。

五是通过赢道顾问电子商务合作联盟，建立或扩大企业的网络销售渠道，提高批发及团购出货量和利润率。

10.1.2 整合营销的趋势

近几年电子商务市场规模以每年倍增的速度发展扩大，相应产生的网络营销名词也越来越为人熟知，而飞速发展和普及的网络到底会如何发展，这将是每个网络营销工作者一直探讨的一个问题，从整合营销的发展趋势来看，主要有如下几个发展方向。

1. 搜索引擎逐步多元化

现阶段网络营销主要推动力还是搜索引擎，但是随着搜索引擎的多元应用，搜索引擎营销将朝着更加深层次，更加专业化的方向发展，同时搜索引擎的竞争结构也随着市场的竞争而改变。搜索引擎营销的产业化，可能发展成为一个相对完整的网络营销分支，也将产生更多的相关市场机会。

但是随着整个行业的发展，搜索引擎难免渐渐会沦为网络营销的一个支点和杠杆，虽然作用多元化被应用和发掘，但是其主流的模式可能将会被弱化。因为随着各行业的竞争的激烈，在搜索引擎上面有很大的局限性，比如百度某个关键词可以排在首页的就那么几家，搜索引擎的局限性决定了其的价值利用程度需要进行扩大和多元发展。

2. 网络营销内容不断丰富

目前很多人大概对于网络营销的概念仅存在于百度等一些搜索引擎上，但是随着网络营销各方的研究与业内经验的积累，各种营销手段层出不穷，于是到现在就有了 SEO 和 SEM 的概念。几年前，微博还没听过，但是现在已经成为了一种主流的网络营销手段，并且不断地创造和扩大价值空间，所以，只要有网络产品的不断更新，就有网络整合营销的不断扩大。

3．专业化推广平台出现

随着网络营销的整合和不断扩大，将促使网络营销的飞速发展。而之间又与其他网络产品的更新有着间接或者直接的关系。网络产品的更新速度，也会影响到网络营销的发展速度。但是如此一来，网络营销都是比较被动的发展，所以在未来，必定会有专业的整合推广平台出现。

10.2 整合营销的原则与实施

通过网络整合营销的概念我们可以了解到网络整合营销是所有网络营销的大集合，但真正应用到某个特定的项目上时，却要注意整合营销实施的原则，并且要科学地按照一定的实施步骤去完善并实现。

10.2.1 网络整合营销的原则

网络整合营销就是网络营销工作的系统化、体系化，网络整合营销的目标是为企业创造网络品牌价值，为实现企业整体经营目标而服务。那么进行网络整合营销时应该注意哪些核心原则呢？我们将其总结为 4I 原则，如图 10-1 所示。

图 10-1　网络整合营销 4I 原则

1．Interesting 趣味原则

趣味性可以简单地理解为，某事物的内容能使人感到愉快，并且能引起人们产生兴趣的特性，从而达到增强用户注意力、兴趣度和记忆力的目的，使得产品更有新意、更有吸引力和亲和力。中国互联网的本质是娱乐属性的，在互联网这个“娱乐圈”中混，广告、营销也必须是娱乐化、趣味性的。

2. Interests 利益原则

天下熙熙，皆为利来，天下攘攘，皆为利往。网络是一个信息与服务泛滥的江湖，营销活动不能为目标受众提供利益，必然寸步难行。这里所指的利益并不止真金白银的利益兑现，网络营销中提供给消费者的“利益”外延更加广泛，还可能包括：①信息、咨讯；②功能或服务；③心理满足，或者荣誉；④实际物质，金钱利益。

3. Interaction 互动原则

网络营销方法中的互动也很重要。网络营销要针对新兴的网上虚拟市场，及时了解和把握网上虚拟市场的消费者特征和消费者行为模式的变化，为企业在网上虚拟市场进行营销活动提供可靠的数据分析和营销依据。不要再让消费者仅仅单纯接受信息，数字媒体技术的进步，已经允许我们能以极低的成本与极大的便捷性，让互动在营销平台上大展拳脚。而消费者们完全可以参与到网络营销的互动与创造中来。消费者亲自参与互动与创造的营销过程，会在大脑皮层回沟中刻下更深的品牌印记。把消费者作为一个主体，发起其与品牌之间的平等互动交流，可以为营销带来独特的竞争优势。

4. Individuality 个性原则

网络营销在网上开展营销活动来实现企业目标，而网络具有传统渠道和媒体所不具备的独特的特点：信息交流自由、开放和平等，而且信息交流费用非常低廉，信息交流渠道既直接又高效，因此在网上开展营销活动，必须改变传统的一些营销手段和方式。个性化的营销，让消费者心理产生“焦点关注”的满足感，个性化营销更能投消费者所好，更容易引发互动与购买行动。

那么消费者真正需要什么？

想要爱与被爱，享受健康，得到娱乐，出名，保护他们的孩子的安全，被挑战，充满活力，看上去很年轻，富有，让痛苦赶快停止，更多自由，更高效，得到尊敬。

一旦列出自己产品或服务能够带来的益处，就要仔细研究一下其中有没有真正独有的。如果其中有一些是你的竞争对手很少有的，甚至是没有的，那就更好了。这样你就完成了开发自己独特销售主张（Unique Selling Proposition，USP）的第一步。

什么是USP？

独特的销售主张就是用清晰简单的语言来传达一个信息，使你与竞争对手区别开来。也就是你的顾客为什么要放弃你的竞争对手到你这里购买的理由。你如果找不到这一点，你的顾客将到你的竞争对手中去购买。

10.2.2　网络整合营销的步骤

不管你的目标是完成盈利销售，获得高度的认知度，还是为实体生意积攒人气，都要谨慎地选择线上和线下的整合营销策略。通常运作一个网络项目最好从一开始就介入，然后按下面的步骤去完成整个网络整合营销。

（1）找准市场机会和营销目标。

（2）设计客户体验功能。然后是通过取得第一批客户，建设以他们为主导的信息和商务服务网站。

（3）利用技术和数据库手段，根据这部分用户反馈的信息进行分析，确定主要营销战术，满足更多更重要的用户需求。

（4）设计论坛和社区，建立用户与用户的交流平台，设计商家与顾客的交互功能，以需求一种用户的忠诚度。

（5）确定对外传播信息，根据已有用户的信息涉及和分配各人群的需求，进行对外口碑传播。

（6）就是分析各传播工具的特性以及信息需求，引导外在用户产生兴趣和需求。

（7）实施各种免费服务策略，发现用户潜在需求，诱导传播和消费。

10.3　项目盈利分析

在笔者进入 123 宠物网之间，平台的定位非常简单，就是打造基于爱宠人士交流互动的 SNS 社区，这个定位网站从会员的利益出发是没什么问题的，简单地说就是为爱宠人士提供一个交流的互动平台，但是通过这种模式的定位公司的盈利点特别的少，只能收些传统的网络广告，而忽略了中国宠物市场的消费者是以养狗和养猫为主，宠物行业中众多的厂商也是为狗和猫生产产品。因此决定对市场做整体的分析，重新做一下定位，找出新的盈利模式。

10.3.1　项目市场定位

做市场营销的第一步需要系统地了解平台所在行业的市场，分析市场规模，找出项目自身的卖点，再根据卖点给项目一个核心定位，最后再创意出特色的盈利模式。

1．宠物行业市场分析

根据对海外的市场调查，美国有接近8000万只狗，宠物市场规模为400亿美元。日本有接近2000万只狗。而且这些数字在近几年以翻倍的速度猛增。而在中国，宠物市场也慢慢趋于更高一步的发展阶段。随着物质生活的富裕，传统家庭结构的变化、工作压力的增大，越来越多的人将感情投注于宠物身上。目前国内养宠物的人越来越多，宠物被看做是家庭的重要成员，每年人们在宠物身上消费至少为3000元以上。

2．宠物行业市场规模

根据国内市场调研，宠物行业市场从2008年至今网上销售额大约为60亿元。到2015年，宠物电子商务市场将会达到80亿元。

我国宠物行业虽然已经发展了十多年，但是与国外发达国家相比还处于行业发展初期，就目前中国总人数和整体犬猫数量来分析，实际表现为人口数量远远大于所拥有宠物的数量。从城市拥有犬只的家庭占总数的比例来看，北京为7.5%、上海为4.5%，全国仅为1.7%。据统计，2008年，全国宠物（犬猫）商品市场销售总额约为60亿元人民币；而美国家庭养犬比例为55%、日本为29.4%，其中，2008年美国宠物（犬猫）商品市场销售总额约为195亿美金、日本约为35亿美金（以上数据不含美容、医疗等服务类消费）。这些数据一方面说明了国内与国际市场的巨大差距，也说明了国内市场在未来将面临更大的商业机遇和发展空间。特别是随着消费意识的进步，城市化进程的加快，犬猫宠物拥有量的逐步增长，都会进一步带动整个宠物行业的迅速发展。预计中国宠物行业将以每年35%的速度持续增长。

国内统计显示，宠物犬占有85%的宠物商品市场销售份额，宠物猫占15%。中国目前全部犬只数量据估算在5800万只以上。以北京为例，2001年北京市养犬登记不足10万只，而2009年北京市公安局登记的犬只数量就达到了90万只，9年间虽然增长了近8倍，但在这90万只犬当中，在北京城区注册的犬只数仅为30万，即为宠物行业中所谓“伴侣动物”和视为家庭成员的消费目标，其余60万只均为北京非城区饲养的犬只，以这个依据和模式推算出全国真正有效的宠物犬只数量约为425万只，宠物猫数量为200万只，这一数字目前仍在以每年30%的速度增长。

在宠物类商品交易方面，目前北京、上海、广州、重庆和武汉是中国公认的五大“宠物城市”，平均每年在单只宠物狗身上消费在6000元以上。作为公认的五大“宠物城市”之首，北京2008年的宠物消费达20亿元之多。目前中国宠物狗数量超过1亿只，2008年中国宠物消费超过150亿元，预计到2015

年，中国宠物数量将增至 1.5 亿只，中国宠物市场的规模有望在 2015 年达到 400 亿元人民币。

我们相信，随着宠物数量的增多，及人们对于动物的保护与关爱意识，这一产业带来的市场商机是不可估量的。这一领域未来发展的主要趋势将是向着大份额的宠物行业交易额发展，以更加方便快捷的网络购物，产品的精准介绍为主。

3．123 宠物网市场定位

未来十年，中国的宠物饲养人数将会出现爆发性增长，我国已经成为世界上宠物产品需求增长最快的国家之一，中国宠物市场潜力巨大。从国家政策指导分析上不难看出，宠物行业在未来的时间内将越来越规范，相关的一些活体交易政策也将出台。因此，快速占领这一市场，并处于领先地位，实为同行业类网站的当务之急。

123 的市场定位为：

为国内所有宠友商家提供完善、贴心的商业旺铺平台。成为宠物主人们与厂商之间最直接、最有效的交流平台。

10.3.2 项目管理运营团队

作为一个创业型的行业门户互联网公司，不能像其他传统公司一样，机构臃肿编制混乱，这无形中会给公司带来不必要的成本损失，因此针对公司的现有人员编制以及项目推广的需要，将公司的组织机构按运营的需要进行了重新编制，如图 10-2 所示。

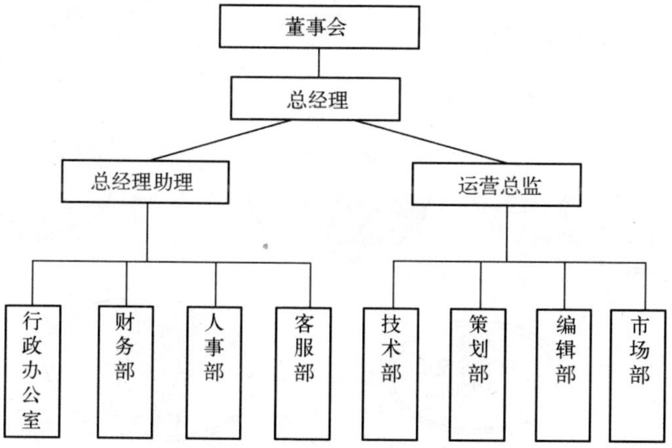

图 10-2 公司的组织机构部门设置

运营团队是由一群年青、富有激情、热爱宠物的年轻人组成的创业团队。

其中总经理 CEO 王犍楠大学毕业后就业于马云旗下爱狗网的市场部经理，拥有行业丰富的市场资源和策划推广经验，笔者作为行业资深人士加入团队后负责 COO，完善了公司的管理和运营制度，为了接待客户的需要以及提高整个公司的集体荣誉感，特别设计了职能形象墙，让客户在会客室能第一时间了解公司的人力。

10.3.3 公司的盈利模式

对于一个互联网门户公司而言所销售的产品基本都是虚拟的广告产品，因此产品定位主要演变成了盈利模式，通过对注册会员的分析以及犬舍和厂家的需求出发，结合一些创意的营销模式改版并推出了集商城、狗市、猫咪、家园（SNS）、论坛（BBS）、问吧、中国名犬、点就送、点评、品牌、抽奖等行业内独一无二的特色营销频道，如图 10-3 所示。

图 10-3　设计的网络频道

以技术、营销、运营模式创新为胜，整个公司的运营模式如图 10-4 所示。

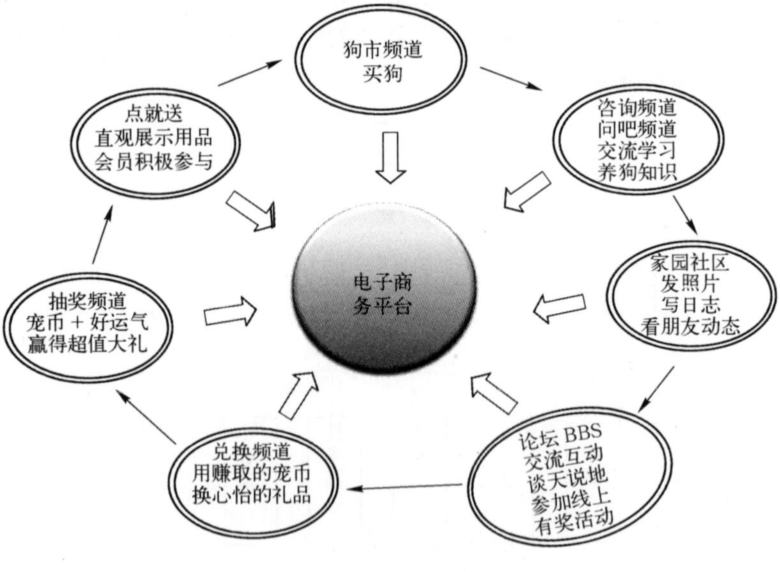

图 10-4　公司的盈利模式

产品细化如下：

1．针对犬舍的狗市频道

中国宠物行业最专业的狗主人平台致力于为成千上万的购犬消费者提供安全真实的犬只出售信息，配种信息及转让信息，为犬舍朋友提供最大的销售市场，这里是集合纯种犬个人交易，商家买卖的真实网络平台，狗市频道如图 10-5 所示。

图 10-5　狗市频道页面

（1）竞价服务：竞价为 10 条信息，在狗市首页排名前十位展示，通过底价起竞的推广方式获得最佳的信息排名从而获得更大的成交机会，竞价前四名赠送狗市频道首页图片广告位。

（2）置顶服务：狗市频道置顶信息为 50 条信息，以积分（充值形式 1 元=10 积分）的形式消费，置顶信息位于狗市首页前端展示，从而更好地服务会员以及我们的终端客户，分时段置顶，　置顶时间长则消费积分越多，排名越靠前。

（3）图片广告：现阶段开发图片广告位置为 35 块，会随会员以及客户的增加而进行开辟，在狗市频道最好的黄金位置展示，出售位置均为注册商家，能更好地为宠物爱好者提供放心犬只也为宠物商家带来最客观的直接利益。

2．针对厂家的商业旺铺

123 宠物网通过一段时间的会员沉淀，已经建立了一群经常访问的固定群体，当然这和后面要讲的各种整合营销方式有关，但是将注册的会员量转化成市场价值这一关键环节还没有实现。在笔者开始策划之前平台只有一个“品牌”的频道，里面收录了许多厂商品牌，如图 10-6 所示。这一块上架的品牌都是免费的，只是积累了一定的人气。

图 10-6　品牌频道

和王樾楠讨论是否想进一步做类似淘宝的 C2C 平台，他提到两个担忧第一个是现阶段的厂商在网上开店都是免费的，收费怕做不起来。第二个是现有的注册会员都是玩家不会没事再进入厂商的店铺进行消费。他以前也考虑给商家做一个网上商城，但基于此就一直没有去实现。针对这个问题我下了很大工夫去研究，最终以创意型营销“点就送”完成了这个最艰巨任务，该方法在后面的营销分析中会做完整的分析，实现的商铺如图 10-7 所示。

图 10-7　厂商品牌旺铺

123 宠物网商业旺铺的卖点：

（1）提高企业品牌、产品知名度。

（2）以少量的投入带来大量的潜在客户。

（3）针对用户搜索习惯进行品牌宣传。

（4）提供一个定制永不关门的商铺。

（5）传播范围最广，不受时间和空间的限制，通过 123 宠物网平台把企业信息 24 小时不间断地传播到全国、世界各地。

（6）服务周到，时刻了解用户需求，产品市场反馈情况。

（7）实现厂家直销，省去代理商、经销商、终端。

（8）每月线上、线下活动互助推广，组织用户狗狗活动，提高产品宣读度。

123 宠物网商业旺铺的优势：

针对厂商对互联网并不是十分了解，特别是技术上，商铺提出了量身定制方案，如图 10-8 所示的朗跃品牌店铺效果。

图 10-8　定制型店铺

厂家商铺的优势体现如下：

（1）123 宠物网是专业的全国性宠物平台，有近 16 万注册会员，每天在线活跃人数高达 3 千人左右。

（2）商城只有 50 家商铺，将面对我们 16 万的注册会员。针对犬粮、零食、用品、药片、奶糕等产品，竞争压力小，几近于每家商铺独自享有 16 万会员。

（3）做真正的厂家直销，厂家自己打理自己发货，省掉了代理商环节实现厂家和宠友双方利益最大化。

（4）为厂家提供最完善的定制网络技术支持。

（5）线上线下活动的诱导性消费。

（6）123 宠物网作为第三方，利用自己的库存，提供永不闭户的“点就送”。

3．点评、抽奖频道广告

该频道展示了全世界知名的宠物用品、宠物食品、医疗保健等与宠物相关的产品，用户可选择自己使用过的产品进行客观性的点评，一方面通过点评的信息让众多的会员了解了该产品的特性，另一方面也使网站了解到哪些产品是被会员所追捧及认可的，为开设电子商务（团购/商城）采购起到了至关重要的作用，点评频道的页面如图 10-9 所示。

图 10-9　点评频道

点评频道是互动营销成功的模式，其核心在于点评规则的制定，实例的规划如下：

在广大会员的支持下，越来越多的会员开始关注商品点评，对于使没有使用过的某样商品的会员来说，在购买商品前查看商品点评，可以获得许多有效的信息，从而选择是否购买某样商品。为了提高商品点评的质量，让点评信息更有效，点评内容更有实质性，现在对商品点评内容做一下调整：

最新点评内容细则：

第一项：对用品进行相关描述，须至少包括以下三点：

（1）产品包装点评，指由于快递过程中存在的问题，非网站单方可以控制，所以快递中的包装问题不在此范围内。如果遇到破损等问题，请您联系客服。破损等问题不在产品外观点评范围内。

（2）产品外观点评，指的是拆开包装后，产品的形状、液体的颜色浓度等。

（3）食品适口性、用品质量、用品气味、用品舒适性或适用性。

（4）产品效果描述。

（5）产品特点。

（6）产品性价比。

第二项：说明用品优缺点。

第三项：使用心得分享。

第四项：给其他狗民建议。

以上需至少包含四项的两项，点评才能予以通过。另外，您所做的评价必须与您的评分基本相符，否则不予通过。

请大家认真对待点评，您的点评会提供给无数人有效的参考意见，所以请大家客观点评。

每个被审核通过的点评：普通点评：增加 2 个宠币，精华点评：增加 10 个宠币。

会员在获得宠币之后，可以进入“抽奖”频道进行抽奖，当然这里也是厂家打广告的最佳阵地，抽奖频道如图 10-10 所示。

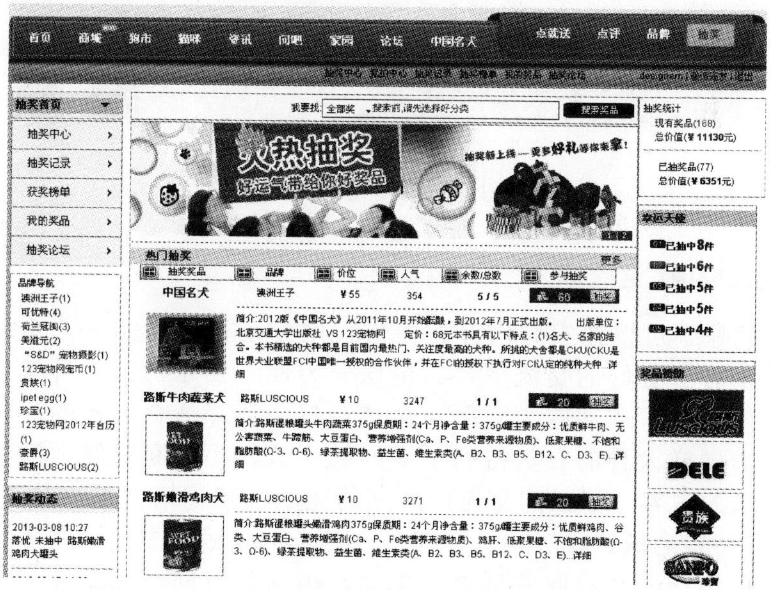

图 10-10　抽奖频道

4．家园频道广告

123 宠物网技术团队具备较强研发实力，研发的 123 宠物网依托温馨的社区家园 SNS 通过互动营销和线上、线下活动等，使其成为最具特色，最有人气的网络互动平台，在这里可以建立自己的网络家园，通过 SNS 社区及论坛与好友互动交流，使广大狗主人找到亲切的归属感，如图 10-11 所示，该频道在第 9 章中已经详细介绍过。

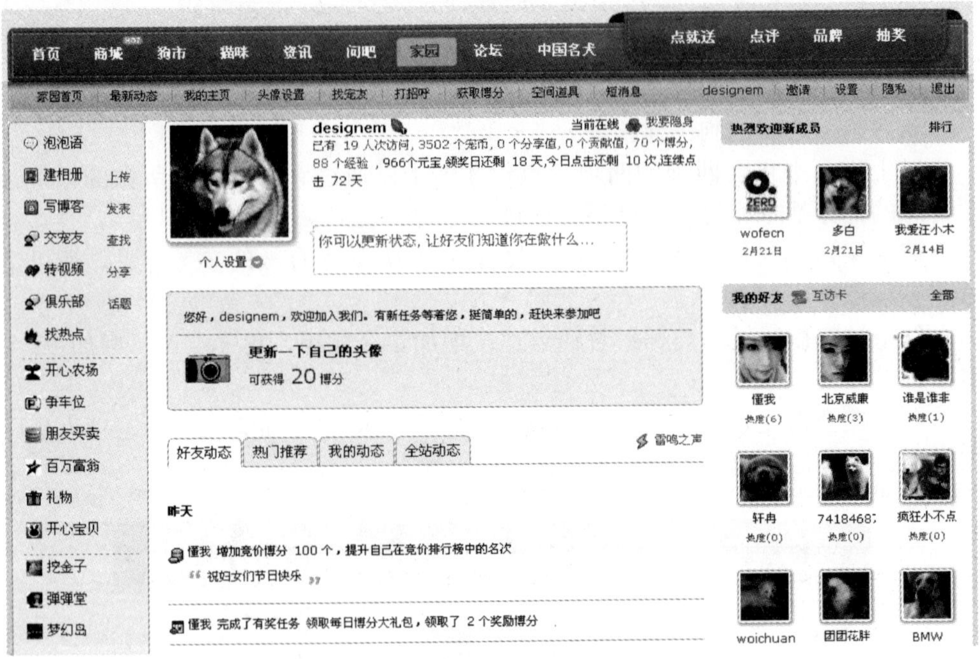

图 10-11　家园频道的强大功能

5．论坛频道广告

宠友们除了可以在家园内互相问候，网站还提供了完善的论坛平台，让广大宠友有了更好的交流平台。论坛分为地方俱乐部、犬种俱乐部、专业俱乐部、综合俱乐部四大版面，会员可自由选择适合自己的版块，使同地区，养着同样犬种的会员得到了更好的交流，不间断的线上活动更加的丰富了论坛的内容。积极的交流，激烈的竞争，使论坛“人声鼎沸”“战火连天”，完善的论坛管理（官方管理员，竞选的各版版主）维系着论坛的文化秩序，使论坛的交流向着健康、生动、趣味的方向持续发展，论坛频道如图 10-12 所示。

图 10-12 论坛频道

6. 问吧频道广告

注册会员在访问网站的时候除了娱乐之外，还有一个很大的需求点，就是在饲养宠物的过程中会遇到各式各样的问题，因此平台搭建了“问吧”频道来解决这个问题。但对于公司而言，宠友提出的饲养和疾病问题并不是一般编辑可以回答的，需要像宠物医院里的专业医生来解答这个问题，正好宠物医院也是需要这样的宣传窗口，所以该频道最后定位与专业的宠物医院合作经营，如图 10-13 所示。通过这种运营模式，真正把商家和宠友的需求互动起来。

图 10-13 论坛频道

10.4 运筹帷幄之中，决战千里之外：123 宠物网整合营销

项目经过市场调研有好的市场定位，也有了自己特点的盈利模式，剩下的就是进行专业的营销推广工作，本小节就带大家解读 123 宠物网的整合营销推广方案，希望对那些做门户网站的读者有所帮助。

10.4.1 网站推广目标

123 宠物网网站是针对宠物的市场营销推广的需要，专门制作的一个宠物门户网站。通过 123 宠物网网站的推出，能够让 123 宠物网抢占宠物行业门户网站这一行业传播阵地，以提升 123 宠物网知名度、美誉度和忠诚度。

网络的发展为整合传播开辟了一条新途径。网络资源的最大优势在于快速、便捷、低廉、高效，且具有互动性。如今上网的人越来越多，信息传播面广，传播速度快——我们可以充分利用这些特点，为 123 宠物网的宠友、犬舍、厂商服务。

123 宠物网网站主要具有以下作用：

（1）网站可以提升、拓展、纵深的形象、价值及外延。

（2）网站能够提供互动、亲切的“客户关系管理”，不管是普通来访者、宠友消费者，还是生产经营活动的厂家和犬舍价值链上的各个环节。

（3）网站是实现线上推广营销的根据地。一方面，在线下领域可以配合广告、公关、促销等开展系列营销活动；另一方面，网站本身就是一个互动沟通平台，两者活动的反馈沟通均可在网站实现。并且，这些活动都应以核心价值为基准点，因此可以确保活动的持久性与连贯性。

通过有效的网络营销活动，可以使 123 宠物网网站实现上述期望，能够较传统途径和方法更为快捷地实现深化品牌传播的目的。

网站推广效果衡量标准：网站访问量稳步上升，会员注册数、企业美誉度、网站的忠诚度。

网站推广广告语定位：中国最专业的狗主人社区及宠物狗交易市场！

10.4.2 搜索引擎营销

统计表明，网站 60%的访问量来自各类搜索引擎，因此 123 宠物网网站科学地登录各大搜索引擎，是进行网站推广的最重要内容，由于搜索引擎在营销

中的重要性，特别招聘了有 SEO 营销推广经验的全职人员一名，全程负责 123 宠物网的搜索引擎优化与推广工作。在操作方面提出了如下的要求：

1．确定网站关键词

对 SEO 没概念的人决定目标关键词时首先想到公司名称或自己的产品名称。但是当企业或网站没有品牌知名度时，没有用户会搜索公司名或网站名。产品名称如果不包含产品的通用名称，也往往没人搜索。要确定适当的关键词，首先要做的是，确认所选的词用户搜索次数达到一定数量级。如果在这方面做出错误的方向选择，对网站的影响将会是灾难性的。经过核心关键词确定与关键词扩展，应该已经得到一个至少包含几百个相关关键词的大列表。这些关键词需要合理分布在整个网站上。

站长工具箱可以检索某个关键词的扩展关键词、百度指数、Google 搜索频率，以及某个词在某个网站的排名状况，如 123 宠物网的关键词“宠物网”一词在百度等搜索引擎检索的排名位置，非常实用，对独立网站使用比较适合，可以用它来扩展网站的相关关键词、长尾词等，如图 10-14 所示。

序号	关键字	指数	排名第一位
1	宠物狗	1483	www.58.com
2	宠物狗的种类	816	dog.aigou.com
3	宠物狗图片	437	dog.aigou.com
4	宠物狗的名字	339	www.ganji.com
5	宠物狗价格	317	www.58.com
6	宠物狗大全	267	dog.aigou.com
7	宠物狗品种	164	dog.aigou.com
8	宠物狗名字大全	163	www.ganji.com
9	宠物狗狗	155	pet.pclady.com.cn
10	宠物狗58同城网	123	www.58.com
11	宠物狗品种大全	117	www.petyoo.com
12	宠物狗种类	107	wenku.baidu.com
13	石家庄宠物狗	100	shijiazhuang.baixing.com
14	宠物狗网站	95	www.cndog.net
15	宠物狗大赛	89	v.youku.com

图 10-14　站长工具关键词挖掘

123 宠物网网站全面登录搜索引擎，网民只需要搜索相关关键词即可显示出网站地址，并能点击进入。根据 123 宠物网网站特色，为其选定的关键词为：宠物狗、宠物网、狗、狗粮、藏獒等各类犬种名称，基于上述关键词，基本准确描绘出 123 宠物网网站的基本内容。

2．登录各大门户网站搜索引擎

门户网站搜索引擎是许多普通网民搜索和发现新网站的重要途径，123 宠物网网站根据科学选定的关键词进行网站登录，能够有效地提升网站的曝光率，快速呈现在普通网民面前。其中各大门户网站搜索引擎的“推荐登录”方式能够让 123 宠物网网站具有较好的关键词搜索排名位置，是比较理想的登录方式。

Google、百度等知名专业搜索引擎属于自动收录加关键词广告模式。能够被其自动收录，并在搜索相关关键词的时候具有较好的搜索引擎自然排名，这将极大的促进 123 宠物网网站的营销推广和自我增值。我们通过做好 123 宠物网网站的搜索引擎优化工作，促使网站自发布之日起，三个月内，能够在专业搜索引擎具有较为理想的排名，搜索相关关键词，123 宠物网网站能够排名前列（图 10-15）。

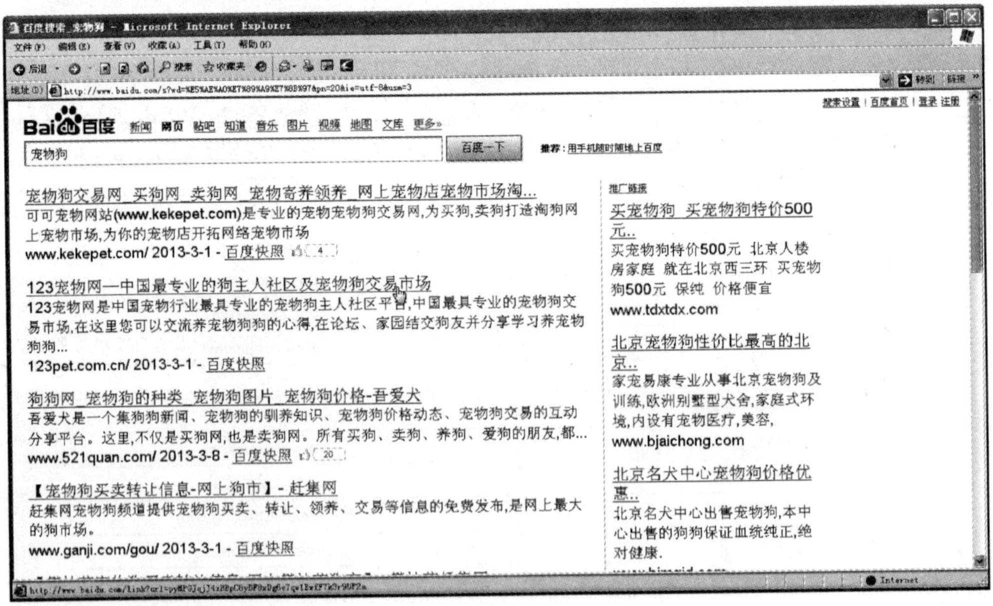

图 10-15　搜索宠物狗的排名

具体的登录搜索引擎工作步骤如表 10-1 所示。

表 10-1　123 宠物网网站登录搜索引擎工作

步骤	内　　容	说　　明	效果评估
1	确定关键词	确定 123 宠物网基本关键词	精确定位关键词
2	登录门户网站	"新浪""搜狐""网易"推荐型网站登录	相关关键词排名前列
3	登录 Google、百度自然排名	做好 123 宠物网网站的搜索引擎优化工作，提升网站自然排名	相关关键词排名前列
4	投放 Google、百度关键词广告	投放 123 宠物网等关键词广告，增加网站曝光率	相关关键词排名前列

此外，Google、百度等知名专业搜索引擎也提供了点击付费模式的关键词广告。在 123 宠物网网站发布初期，我们将在 Google、百度等知名专业搜索引擎投放关键词广告。根据 123 宠物网网站活动开展过程选择相应的关键词投放广告，精确锁定网站的目标访问群，能够有效提高 123 宠物网网站的访问质量。

10.4.3　特色线上营销

123 宠物网营销攻关的难点在于整合商铺和会员的互动，如何能让会员关注厂家商铺成为营销中的重点，笔者参阅了国内外的所有营销模式，大都在寻找这样的营销模式，并没有一种方式适合去实现项目所遇到的难题，经过很长时间的摸索，再加上笔者开发过众多的营销平台，对技术也精通，最后发现如果能将抽奖和格子效应融合，完全可以另辟蹊径解决所遇到的问题，下面就带大家一起剖析一下笔者创新的盈利模式"点就送"。

1．格子网站基础

格子网站就是将网站首页划分成若干小格子放置别人的图片，买下来后可以在上面放上广告或者其他信息。

说到格子网站就要说把格子发扬光大的一个英国大学生。2007 年，一位英国的 21 岁大学生在短短的 4 个月内就从互联网上赚了一百万。他如何那么快就成为一个百万富翁呢？他并没有做什么非法见不得人的网上交易，他只是在自己的网页上销售图像广告的位置就在如此短的时间里赚得了这笔钱。

这位名为 Tew 的英国大学生为了能支付其大学学费，想出了一个好办法。他将自己的网页变成一个广告粘贴栏，以每个像素（Pixel）1 美元的价格出售给广告客户，一个 10×10 像素的图像空间就卖 100 美元。

开始，他只通过亲朋好友来推销售卖这些图像广告空间，赚取了 1000 美元。为了扩大客户群，他通过互联网开始向各大媒体和其他厂家发放广告。令人意想不到的是，市场反映强烈，来自不同行业的广告客户蜂拥而至。

到 2008 年为止，他经营的网站 milliondollarhomepage.com，如图 10-16 所示。

图 10-16　格子网站的创始平台

总共卖出了 1 000 000 像素的广告图像空间。他的客户范围从交友网站，房地产中介，到伦敦时报，可谓种类繁多。现在，他的网站看起来就像一个网上的时代广场，由众多繁杂的图像广告所覆盖。

2．“点就送”活动模式

格子网站的模式解决了网名猎奇的特性，因此它成功了。但如果从最终的浏览者的利益出发它并没有给浏览者带来任何的优势。如果将收上的广告费用通过实物或者现金的形式反馈给浏览者将弥补这一足，这将是一个全新的盈利模式，而且能让浏览者推荐更多的会员来参与。经过一两天细则的讨论，123 宠物的特色“点就送”模式就诞生了，思路非常的简单，设计一个活动网页，上面放商家的 Logo，会员单击广告可以打开相应品牌的商铺，设计的活动页面如图 10-17 所示。

图 10-17 “点就送”频道

具体的活动细则：

为了活跃市场感谢会员对 123 宠物网的支持，根据国家法规法律相关要求，经公司董事会和顾问专家组研究，将于 2011 年 12 月 1 日推出“点广告，送大奖”活动，新活动规则如下：

获取元宝途径：

（1）点击一次广告送 2 元宝，最多点击 10 次（硬性规定 5 次+随意点击 5 次），连续点满一月即 600 元宝。

（2）连续登陆满一月（送 100 元宝），连续登录满 2 月（送 200 元宝）依次类推，最多连续登录 12 月。即最高 1200 元宝。

（3）推荐新用户每推荐一个用户送 100 元宝。一月最多 500 元宝。

元宝兑换奖品：

最终数据：线上（满足活动要求网友均获得由厂商与 123 宠物网提供的各类奖品）。

12000 元宝兑换：5000 元以上的产品（这一年 123 为你的宝贝买单）；

6000 元宝兑换：1200～1500 元的产品；

2000 元宝兑换：200～300 元的产品；

1000 元宝兑换：80～150 元的产品；

年奖品：

12000 元宝以上的会员除获得等级别产品之外，还可以额外抽取大奖的资格。

大奖：奔奔 MINI 基础配置小轿车一辆；

名额：2 个，每年产生一次大奖。

特别说明：

（1）兑换礼品时您必须最少有 1000 元宝，且必须连续点击 30 天。

（2）如邀请的好友注册信息经我公司核查不是真实有效的个人信息，一经发现将取消任何对奖资格。

（3）为了让宠友能合理兑换到喜欢的产品，123 宠物网特作如下规定：

会员每月只能兑换同一品牌产品一次，多兑无效，如违规，网站直接扣除元宝，不予返还，不予发货。

（4）参加点就送兑换的会员，每次收到奖品后记得要到论坛-晒奖品版块发帖，晒一晒你的劳动成果哦。发帖内容：产品和狗狗图片+文字说明（产品体验），亲收到奖品后记得一定要晒一晒，如不到论坛发帖，经网站核实会取消会员的领奖资格，一律不再提供任何点就送奖品。

（5）活动最终解释说明权归 123 宠物网官网。

在活动页面上设计了“活动规则”“奖品兑换”“视频帮助”三个主要的频道，其他的都不放，本来这个活动就是要简单易操作，如果再放其他的栏目将会影响其营销的实际效果，“奖品兑换”频道如图 10-18 所示。

图 10-18 “奖品兑换”频道

在策划这个活动的时候，关于商铺的价格如何定也成为难点，因为所收上来的钱大部分将要折成奖品返给宠友。在这里就需要有一个量的规划，根据 123 宠物网的会员增量速度，我们拟定了每年 100 万左右的奖品反馈，具体的反馈细节已经体现在上述的活动细节里面了，量化后活动页面上的广告格子每月要交上来多少钱就一目了然了，设计规划了一个页面 50 个厂家，价格表如表 10-2 所示。

表 10-2　商铺的价格表

	A	B	C	D	E
1	商铺 A1 16000/月	商铺 B1 14000/月	商铺 C1 10000/月	商铺 D1 8600/月	商铺 E1 8400/月
2	商铺 A2 14000/月	商铺 B2 10000/月	商铺 C2 7800/月	商铺 D2 7600/月	商铺 E2 7400/月
3	商铺 A3 10000/月	商铺 B3 7000/月	商铺 C3 6800/月	商铺 D3 6600/月	商铺 E3 6400/月

（续）

	A	B	C	D	E
4	商铺 A4 6200/月	商铺 B4 6000 月	商铺 C4 5800/月	商铺 D4 5600/月	商铺 E4 5400/月
5	商铺 A5 5200/月	商铺 B5 5000/月	商铺 C5 4800/月	商铺 D5 4600/月	商铺 E5 4400/月
6	商铺 A6 4000/月	商铺 B6 4000/月	商铺 C6 4000/月	商铺 D6 4000/月	商铺 E6 4000/月
7	商铺 A7 4000/月	商铺 B7 4000/月	商铺 C7 4000/月	商铺 D7 4000/月	商铺 E7 4000/月
8	商铺 A8 4000/月	商铺 B8 4000/月	商铺 C8 4000/月	商铺 D8 4000/月	商铺 E8 4000/月
9	商铺 A9 4000/月	商铺 B9 4000/月	商铺 C9 4000/月	商铺 D9 4000/月	商铺 E9 4000/月
10	商铺 A10 4000/月	商铺 B10 4000/月	商铺 C10 4000/月	商铺 D10 4000/月	商铺 E10 4000/月

当然上述的商铺价格表并不是非得交现金来换取，因为最后还是可以用该商铺的商品抵给会员的奖品的，这也就弥补了现在互联网打广告可以出产品最好不要出现金的趋势。

3．营销的效果

点广告活动在目前是宠物行业内独一无二的，使硬广和软广完美结合的营销推广活动，通过点广告进入到商业旺铺，可以使宠友详细地了解公司产品详情、品牌动向等信息。更重要的是厂商可以通过商业旺铺这个平台与宠友直接在线交流，并实现在线销售，掌握第一手客户信息。

推出这个“点就送”频道的效果是非常明显的，在推出的头一个月内会员暴增两三万多，行业内也都带着好奇的心理来研究我们的新模式，媒体间的报道也数之不尽，我们也大概做了一个统计。

（1）活动半年参与点击数已经超过了 30 多万，这在活动的页面上能看到具体的点击数，如图 10-19 所示。

图 10-19　参与会员数字显示

（2）由于活动新颖，有效会员积极参与，宠物行业的厂商积极参与，在推出半年后广告位基本都已经销售出去，如图 10-20 所示。

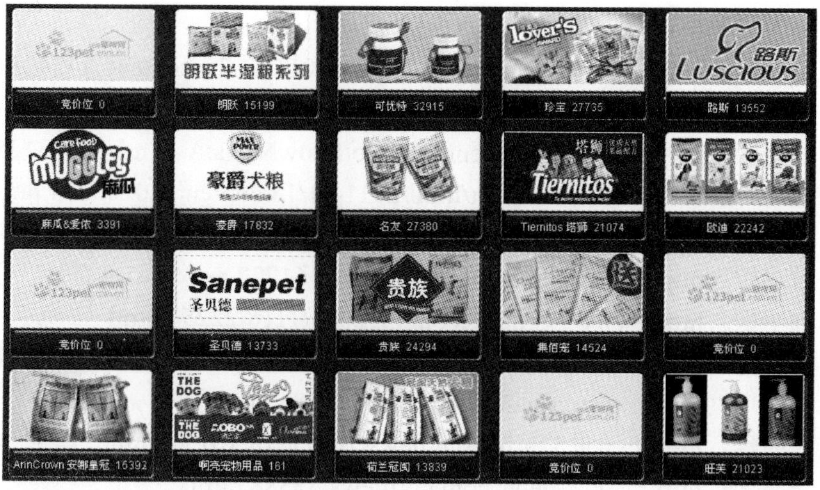

图 10-20　参与厂商的显示

（3）网络媒体争相报道这一成功的模式，其中中国日报的报道如图 10-21 所示。

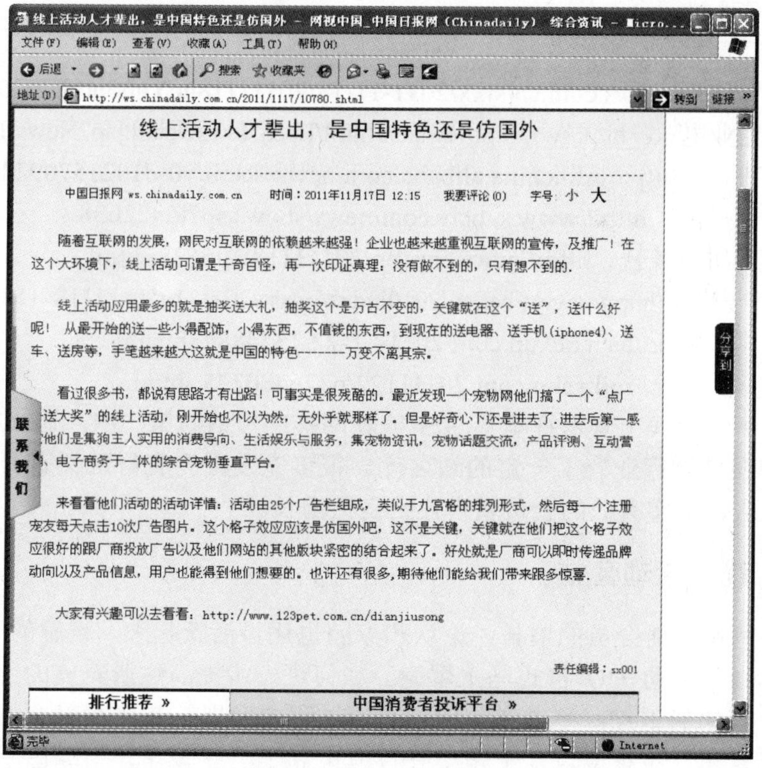

线上活动人才辈出，是中国特色还是仿国外

中国日报网 ws.chinadaily.com.cn　时间：2011年11月17日 12:15　我要评论(0)　字号：小 大

随着互联网的发展，网民对互联网的依赖越来越强！企业也越来越重视互联网的宣传，及推广！在这个大环境下，线上活动可谓是千奇百怪，再一次印证真理：没有做不到的，只有想不到的。

线上活动应用最多的就是抽奖送大礼，抽奖这个是万古不变的，关键就在这个“送”，送什么好呢！从最开始的送一些小得配饰，小得东西，不值钱的东西，到现在的送电器、送手机(iphone4)、送车、送房等，手笔越来越大这就是中国的特色-------万变不离其宗。

看过很多书，都说有思路才有出路！可事实是很残酷的。最近发现一个宠物网他们搞了一个“点广告送大奖”的线上活动，刚开始也不以为然，无外乎就那样了。但是好奇心下还是进去了.进去后第一感觉他们是集狗主人实用的消费导向、生活娱乐与服务，集宠物资讯，宠物话题交流，产品评测、互动营销、电子商务于一体的综合宠物垂直平台。

来看看他们活动的活动详情：活动由25个广告栏组成，类似于九宫格的排列形式，然后每一个注册宠友每天点击10次广告图片。这个格子效应应该是仿国外吧，这不是关键，关键就在他们把这个格子效应很好的跟厂商投放广告以及他们网站的其他版块紧密的结合起来了。好处就是厂商可以即时传递品牌动向以及产品信息，用户也能得到他们想要的。也许还有很多，期待他们能给我们带来跟多惊喜.

大家有兴趣可以去看看：http://www.123pet.com.cn/dianjiusong

责任编辑：sx001

图 10-21　中国日报的报道

统计的其他报道如下：

中国网：http://news.china.com.cn/rollnews/2011-11/18/content_11242349.htm

中国经济网：http://intl.ce.cn/qqss/201111/18/t20111118_22848548.shtml

中国企业新闻网：http://mrjj.cenn.cn/info/ShowNews.Asp?newsid=31259

华龙网：http://news.cqnews.net/html/2011-11/18/content_10203274.htm

中国新闻采编网：http://www.chinanpn.com/portal.php?mod=view&aid=312320

价值中国：http://www.chinavalue.net/Story/361722.aspx

咨询中国：http://www.zhgnews.com/hz/2011/1118/22257.html

上海热线：http://rich.online.sh.cn/rich/gb/content/2011-11/18/content_4961867.htm

万维家电网：http://news.ea3w.com/129/1295865.html

聚富财经：http://www.52jufu.com/news/20111118/101723.html

第一时间：http://www.fnews.com.cn/fnews/35588.html

邵阳网：http://www.shaoyangnews.net/news/xianshiqu/dxq/2011/11/32478.shtml

焦点中国网：

http://www.1news1.cn/news/difangzhuangao/201111/18/1118145645676AAH0BGDJ3IEKC78.html

福州新闻网：

http://news.fznews.com.cn/sjxx/2011-11-18/20111118hcYnb0ht98202642.shtml

中国商业电讯：http://www.prnews.cn/html/LocaNewsDetail.jsp?NewsID=25434

阿里巴巴：http://info.china.alibaba.com/news/detail/v0-d1021570922.html

韩城新闻网：http://www.sxhctv.com/news/show.asp?id=22038

中国网络电视台：http://news.cntv.cn/20111118/106528.shtml

中国西藏网：http://www.tibet.cn/2010index/gdxw/201111/t20111118_1186916.htm

和讯网：http://tech.hexun.com/2011-11-22/135488438.html

搜狐网：http://roll.sohu.com/20111122/n326480225.shtml

可以说特色线上营销打响了 123 宠物网推广营销的第一炮，让 123 宠物网这个品牌在宠物行业有了一定的知名度，很多宠友因为有得玩又有得“赚”也都奔走相告，真实有效的会员量也往上良性增长。

10.4.4 线下活动营销

随着网站注册会员的增长，论坛和家园也逐步活跃起来，设置的 123 宠物网“点就送”活动 QQ 群也马上爆满。如何进一步提高注册宠友的忠诚度成为了下一个营销的重点。笔者在与用户交流过程中发现，在北京养宠物的玩家大部分有私家车，也很爱玩，于是一呼百应策划了“春暖花开”绿色阳光健康休闲之旅，让宠友带着自家的宠物一起参加活动，活动的策划如下：

“春暖花开”绿色阳光健康休闲之旅

【主　　办】123 宠物网

【策　　划】宠物网活动策划部

【活动主题】春暖花开-绿色阳光健康休闲之旅-大型活动

【活动时间】4 月 22 日（周日）

【活动地址】名仕（国内最豪华的宠物主题庄园）

【活动强度】休闲、娱乐为主，国内第一次行业内最多人数，最强媒体跟踪报道，厂家、网络平台、会员、爱犬欢聚一堂的线下活动。

【参与人数】自驾不限数（群内成员，可带家属）

【报名截至】包车以足数为准，自驾不限，欢迎私下拼车。

【集合时间及地点】待定

【乘车地点】租车及自驾同时进行～欢迎各大粑粑麻麻带宝宝自驾。

【活动目地】为了增进 123 宠物网会员更好的交流，在轻松融洽的气氛中，使活动内容丰富多彩，让我宠友们和狗狗们认识更多的新朋友、新美食，让我们带着爱宠一起来庆祝狂欢吧！

【活动规则及形式】

（1）活动对象：123 宠物网会员、各大网络支持媒体。

（2）活动要求：必须严格按照国家文明养犬有关规定，持有免疫证明的健康宠物，方可参加活动；生病期间和发情期宠物不得参赛；烈性犬不得参赛；半岁以下幼犬不得参赛。参赛宠物不分品种，不分年龄组别。

（3）活动形式：活动分不同形式的主题性宠物活动按阶段性进行，评选出冠亚季军，奖励宠物礼品，力争达到集宠物及宠物产品展示、人犬互动、竞赛小活动（三人二足、宠物天仙配、冲刺、等待、跳高）等活动为一体，为广大宠物爱好者，打造出一场宠物嘉年华。两人三足活动内容：在活动期间，设置一场两人三足环节，依然实行简单的比赛制度，主人们将自己心爱的宠物宝贝牵上台，由宠物们拉着主人前行，由现场观众及评委评判出最整齐，最快速，最完美的乖乖宠物宝贝，并获得礼品一份。宠物天仙配活动内容：凡通过报名之后到活动现场参与宠物家庭，可以在报名的时候注明要参与宠物配偶这一环节，凡参加这一环节的宠物宝贝们可在现场进行“相亲”。亦增加了活动的多元化、娱乐化，以及提供来参与宠物秀活动的宠物家庭一些务实的项目。冲刺活动内容：由主人将爱宠牵到起跑线，主人可以在终点唤起爱宠名字，由评委进行计时决定，用时最短冲刺到终点的宠物宝贝，将获得礼品。等待活动内容：由主人将自己的爱宠牵到台上，安抚好爱宠，在台上等待的时间最长的宠物，将胜出获得礼品。跳高活动内容：由主人将自己的爱宠牵到比赛场地，设不同高度的障碍，跳得最高且用时最短者获胜。特别提示：每只宠物最多限报两种比赛活动，请各位宠友们考虑好再报名，一旦报名中场不得转换。

【奖项设置】每个活动分设为 5 组，每组 40 人，奖项设置一等奖 1 名，二等奖 2 名，三等奖 3 名。以现场评委的最终评选为准。为确保比赛的公平公正，比赛结果次日将公布在 123 宠物网站及官方微博；奖品以现场奖品为准。

【媒体支持】123 宠物网、新浪、宠物派、推他、宠酷网、波奇网、酷 6，中国新闻网，人民日报网等 30 家媒体跟踪报道。

此次活动得到了宠物犬粮知名品牌“巴西淘淘”和宠物名仕庄园的大力支持，活动开始得非常的顺利，参加的宠友有近一百多个人，玩得非常开心，活动的照片如图 10-22 所示。

图 10-22　线下活动照片

在有了第一次成功的线下活动之后，公司就决定每年在天气好的时候不定期举行 4 次以上的线下活动，进一步实现了 123 宠物网品牌知名度。

10.4.5　网站合作推广

策划开展网站合作活动是有效的网站推广手段，且能提高访客忠诚度，持续深入地传播网站和品牌。广泛征求友情链接，扩大网站外部链接活力，能增加网站的搜索引擎曝光率，获得理想的排名效果。与网上网下媒体展开充分合作，撰写公关文稿，关注网站发展动态，并定期在各媒体发布。同其他网站进行各种合作是效果明显的网站推广方式，可以借合作伙伴的力量，促使 123 宠物网网站的系列活动有效开展。

100 个各类网站的友情链接，广泛征求链接互换，扩大网站外部链接活力，包括娱乐、资讯、地方门户、个人等网站的友情链接。123 宠物网网站合作推广工作如表 10-3 所示。

表 10-3　合作推广表

类　别	说　明	效 果 评 估
友情链接	100 个各类网站的友情链接，包括娱乐、资讯、地方门户、个人网站等	扩大网站外部链接活力，促进网站推广
合作开展活动	寻求地方门户、宠物网行业等网站就 123 宠物网网站相关活动展开合作	扩大网站活动影响，提升 123 宠物网形象
公关软文	围绕 123 宠物网网站上线、各类活动开展情况等撰写公关文稿进行网站推广	提升 123 宠物网网站公众知名度，扩大影响度

10.4.6　邮件营销推广

邮件营销是快速、高效的营销方式，但应避免成为垃圾邮件广告发送者，参加可信任的许可邮件营销。通过注册会员、过往客户、电子杂志订阅用户等途径获取客户邮件地址，向目标客户定期发送邮件广告，是有效的网站推广方式。

建设自己的邮件列表，定期制作更新 123 宠物网最新线上活动的软文，向 123 宠物网会员和其他用户发送，能有效地联系网站访客，提高用户忠诚度。

123 宠物网系列线下活动通报：面向所有参加活动和对活动感兴趣的网民，及时通报活动情况并发一些活动的照片，让更多人来访问网站。

10.4.7　博客微博推广

开通企业博客，来宣传公司文化、理念和产品。可以在大的网站如新浪博客或者专门为企业开博网站如中国企业博客网等上建立我们的博客。

应宠友的交流沟通的需要，123 宠物网也开通了新浪微博，如图 10-23 所示。

图 10-23　新浪网上的认证微博

10.4.8 网络广告推广

对传统媒体而言，网络媒体的特点在于其全能性及在打造和行销方面的力量。网络广告的载体基本上是多媒体、超文本格式文件，只要受众对某样产品、某个企业感兴趣，仅需轻按鼠标就能进一步了解更多，更详细、生动的信息，从而使消费者能亲身“体验”产品与服务，让顾客身临其境般感受商品或服务，因此，网络广告又具备强烈的交互性与感官性这一优势。

网络广告是投入较大，效果明显的网站推广方式之一。广告投放对象选择要符合网站访问群特征，并根据网站不同推广阶段的需要进行调整。针对 123 宠物网网站的特点，我们制订了相应的网络广告投放计划。

1. 广告投放对象

与信息分类网站如 58 同城（图 10-24）和赶集网、导航网站和宠物行业资讯网站等交换链接。

图 10-24 58 同城宠物频道

2. 广告投放办法

123 宠物网网站的网络广告投放分两个步骤来进行，整个网络广告以“点就送”取奖品为主线。

第一个步骤为 123 宠物网网站发布之际，在各类目标网站投放“庆祝 123 宠物网网站上线，注册会员参与点就送换取大奖活动”广告，吸引网民访问网站，并注册成为会员。

第二个步骤为分几个线下活动主题进行广告制作与投放，活动依次序投放广告并开展活动。制作相应的广告页面，并引导网民访问 123 宠物网网站的相关栏目和内容。

投放周期：整个网站广告投放周期为三个月。

3．广告形式

根据 123 宠物网网站的网络广告投放需要，将设计规划多种广告形式进行广告投放。主要广告形式有飘浮广告、banner 广告、文字广告等。

效果评估：通过第一个月的“点就送”活动广告投放，将吸引大量网民访问网站并注册成为 123 宠物网网站的会员；紧接着投放的三个网站活动广告，将进一步吸引网民参与到网站的活动中来，123 宠物网将深入植根到网民印象当中，各类活动开展得如火如荼，网站的知名度和访问量将进一步提升。

10.4.9　合作出版营销

上述的七种营销手段主要目标是解决了厂商和宠友之间的商业互动，在取得一定结果之后，对我们服务的目标客户犬舍只是硬性的竞价广告收入，营销没有特色也不能足以引起犬舍和宠友的关注。为此笔者和王楗楠开车走访了近二十多家知名犬舍，和各犬舍主共同探讨了宠物狗销售市场的一些问题，同时也留意了宠友的意见，总结如下两条最大的问题：

（1）宠友反映狗贩子以次充好，有钱难买放心狗。国家对活体交易市场不规范，没有专项的法律约束，很多狗贩子打着知名犬舍的名义做宣传广告，一些宠友在不知情的情况下经常被骗，买了狗出了问题反而找到犬舍头上去。

（2）知名犬舍主呼吁有指导性消费平台的出现，希望自己能够与 123 宠物网上的“狗市”频道的一般消费狗主区分开来。

基于宠友消费和知名犬舍推广的需要，笔认为 123 宠物网是一个专业的狗交易信息交流平台，应该给消费者一个的正确消费指导性，为此便策划出版正规出版物《中国名犬》，并制作电子杂志放在网上供宠友购买宠物时参考使用。

在这里摘要《中国名犬》看一下出版营销的文章写法。

（1）图书的封面设计。在走访的时候得到一些犬舍的大力支持，其中乐源犬舍主更是表示愿意定购大量的图书作为他们犬舍的宣传品，主理人卓乐更是在此书的策划和编排上指导了很多专业的意见，经过了解我们也知道他所经营的犬种在国际和国内比赛当中都是冠军，为此我们将封面设计成了犬舍比赛时的照片，内页也设计了一张彩页效果，如图 10-25 所示。

图 10-25　书的封面和彩页设计

（2）前言由 123 宠物网的 CEO 写了一篇序“爱狗是一种新生活主张”，写出了本书的特点和定位，如图 10-26 所示。

序：爱狗是一种新生活主张

一、爱狗是一种新生活主张

《中国名犬》凭何得于国内近百家各犬种顶级犬舍的支持而出版？
我们的答案是因为宠友的支持，倡导爱狗是一种新生活主张。

在物质文明高速发展的今天，向往精神文明，摆脱大變无穗，强调活出健康和品位，通过爱狗传达温情，融洽帝人友人间的情义，甚至以爱狗为载体，传递新的健康生活理念和积极乐观的人生态度，已然已经成为一种新时尚。

123宠物网顺应这一潮流，集合宠友的需求，展示知名犬舍的高度，编写了《中国名犬》，提出了一种新的爱狗生活主张：

名犬、名家的结合。本书精选的犬种都是目前国内最热门、关注度最高的犬种，所选的犬舍都是CKU（CKU是世界犬业联盟FCI中国唯一授权的合作伙伴，并在FCI的授权下执行对FCI认定的纯种犬种进行繁殖管理）正规的注册犬舍，犬舍推荐的犬也均是血统纯正、获得过国内或国际大奖的名犬。

名犬、美图的结合。书里配有上百幅精美绝伦的名犬照片，这些照片都是知名犬舍的最“得意”形象照，每张名犬都跃然纸上，传神的向读者展示它的美姿和高贵。它不仅给爱狗人士提供了可资借鉴的参考图，也给行业真正树立了新标杆，得以笑傲江湖。对于想了解狗狗的人士或者正想购买狗狗的人士也不失为一个窥斑见豹的窗口。

二、我与123宠物网

互联网给很多有理想的年青人一个大展鸿图的机会，而宠物行业又是一个全新的生机勃勃的朝阳产业，做为爱狗的极端人士，我从会上网就开始一直在宠物的车的广交宠友，在与好友充分享受我家“英俊”带给我无穷的欢乐的同时，也找到了一个我想终身付出和奋斗的事业——123宠物网。123宠物网于2009年上线，是一个全新的生机勃勃的宠物门户网站，基于SNS社区的高速发展，现在已经是一个拥有12万注册会员的大家庭，这里是一个爱宠人士藏龙卧虎之地，聚集着各路爱宠的精英以及寻常百姓中具有才实和真知灼见的有识之士，一篇報道，一个狗狗是否受欢迎，一个品牌是否有拥戴者，24小时就可见分晓，这就是宠友的力量。我们共同为流浪狗争取最大的权益，我们共同分享爱宠生活的点点滴滴。

三、鸣谢爱狗有缘人

《中国名犬》从2011年10月开始酝酿，到2012年7月成书，得到了业界的大力支持，特别鸣谢乐源犬舍主理人卓乐对本书的指导，同时感谢此次在编写过程中积极参与的犬舍。

在此还要感谢本书的总策划和编写人员：
总编：陈益材　卓乐
编委：韩宇轩　崔健　冯海波　张敬　吴海娇　于洋

123宠物网CEO，王键楠

图 10-26　序

（3）书的前几章按知名犬种的分类进行编写，分别按知名犬舍的代表犬只来说明此类犬种的特点和饲养方法等知识，如图 10-27 所示。

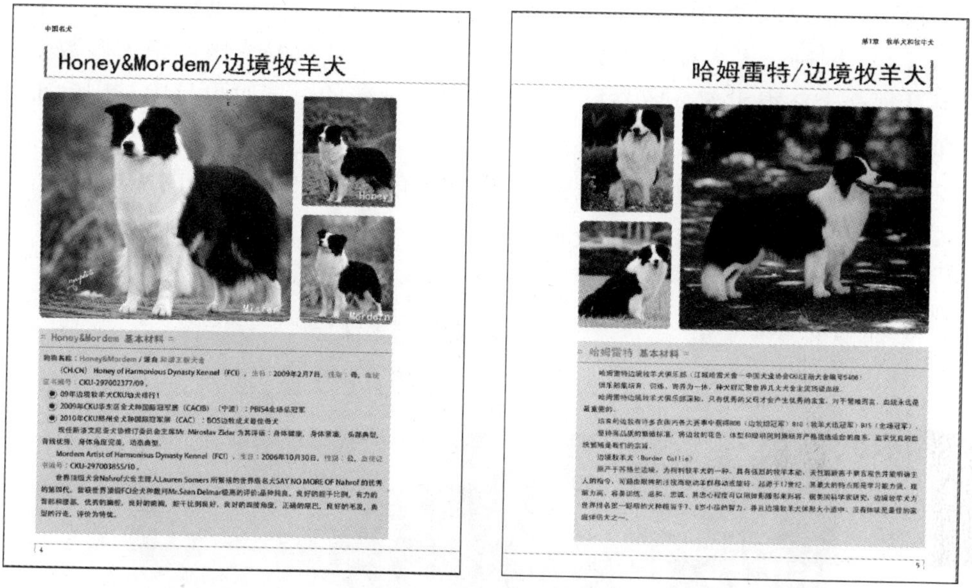

图 10-27　书的内页介绍

（4）最后根据宠友和犬舍的需求，特别增加附录，加入“知名犬舍通讯录”一节，里面详细记录了各犬舍的经营犬种和联系办法等信息，如图 10-28 所示。

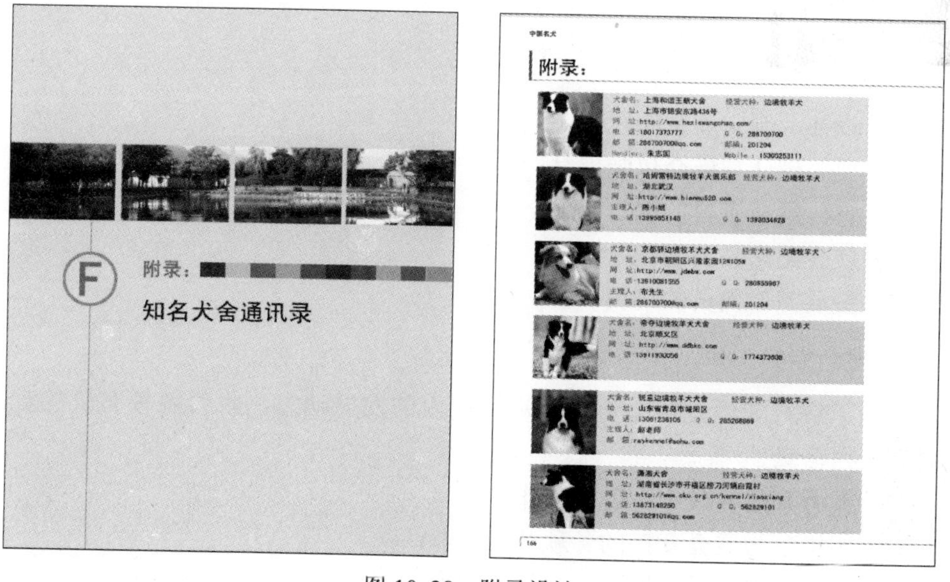

图 10-28　附录设计

10.4.10 积极参与展会

据了解企业以参加展会的形式拓展市场的成本费用要比其他传统形式节省40%以上，同时还大大缩短了促销时间。在欧美一些贸易大国，绝大多数企业都是从展会上获得大部分贸易机会和寻求合作伙伴的，同时也是参与国际市场竞争的最佳场所。

所以我们要举办或者参加一些和宠物行业有关联性的展会（图 10-29）。

图 10-29 参加行业的 CPU 展会

1．展会前工作

（1）设计、制定展位布置方案。

（2）展会设计与展会包装展品。

（3）宣传展会资料的编写制作。

（4）展会纪念品的制作。

（5）参展工作人员的培训。

2．展会期间工作

（1）了解行业的发展趋势以及观察业内的发展动态，收集各种有价的客户信息和业内信息。

（2）大力开展各项宣传公关工作。

（3）积极参与展会安排的各项行业交流活动。

（4）在展会现场举行展品的演示说明会。

3．展会后工作

（1）展后总结。

（2）合理利用信息，跟踪客户。

（3）重新调整企业发展战略。

10.4.11　营销效果分析

所有网络营销的最终效果就是获得优质的会员，海量的点击率以及强有力的会员活跃度，营销推广半年后为此针对 123 宠物网的宠友做了深入的分析，当然这也是展示给厂商看的营销道具。

（1）优质人群共同见证，如图 10-30 所示。

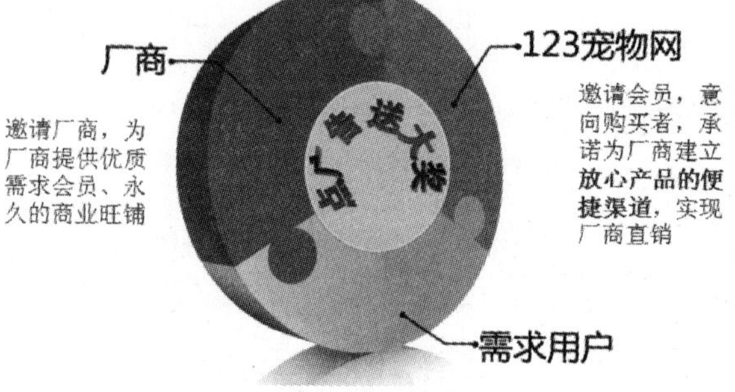

图 10-30　123 宠物网的经典商业模式

（2）123 宠物用户展示。这里首先要了解 PV 值概念。网站的 PV（Page Views）值，这个数据反映到访的网民对特定网站的使用率，Page Views 就是每个用户浏览的页面数量，简称 PV。某网站的 PV 值是每天所有访问该网站的 Alexa 工具条用户在该网站上浏览的总页面数的平均值，而同一人对相同页面的重复浏览在每天只计作一次。

CNZZ 站长统计为目前国内站长使用最多的网站流量系统，为个人站长提供安全、可靠、公正的第三方网站访问免费统计，是站长们每日必看的流量统计分析工具。通过 CNZZ 站长统计，站长可以随时知道自己网站的被访问情况，每天多少人看了哪些网页，新访客的来源是哪里，网站的用户分布在什么地区等非常有价值的信息数据。站长们根据 CNZZ 站长统计，可以及时知道自己的网站的访问情况，及时调整自己的页面内容和推广方式，以及对自己网站的调整做出客观公正的评测。同时 CNZZ 站长统计已经被业内公认为是一个可信赖的第三方评判标准，发生网站访问流量方面的疑问时，大家都愿意以 CNZZ 站长统计来作为第三方的公正评判依据。

123 宠物网在 CNZZ 统计 2012 年 6 月的用户流量信息分析如图 10-31 和图 10-32 所示。

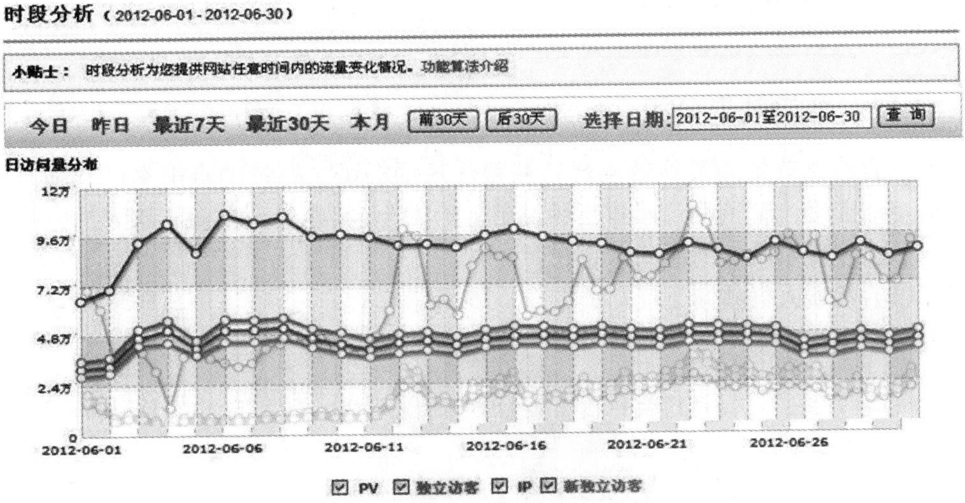

图 10-31　日访问量分布图

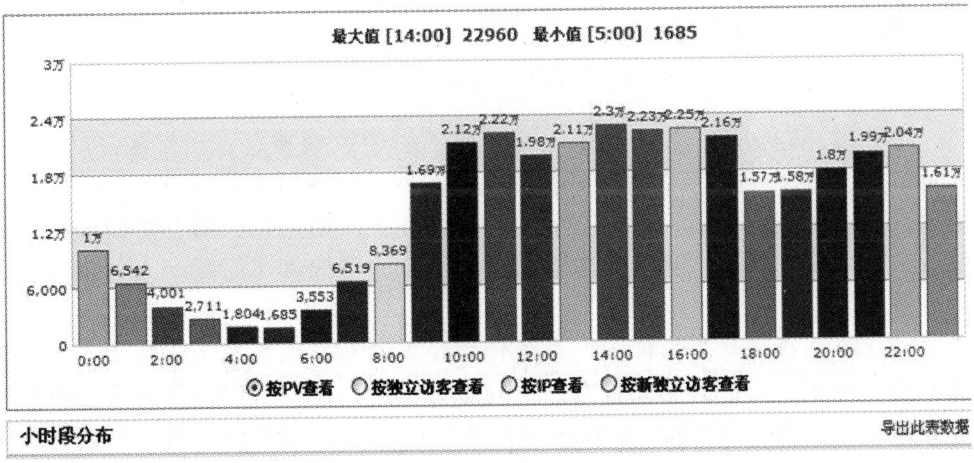

图 10-32　小时段分布图

（3）123 宠物网用户定位。123 宠物网拥有集中的以女性及高学历人群为主的养狗用户群，多来自经济发达地区，追求潮流、时尚，将宠物视为家庭的一分子，对宠物用品品质要求极高，从而其消费欲望及消费能力颇为可观，统计的会员信息如下（图 10-33～图 10-36）。

1．区域分布

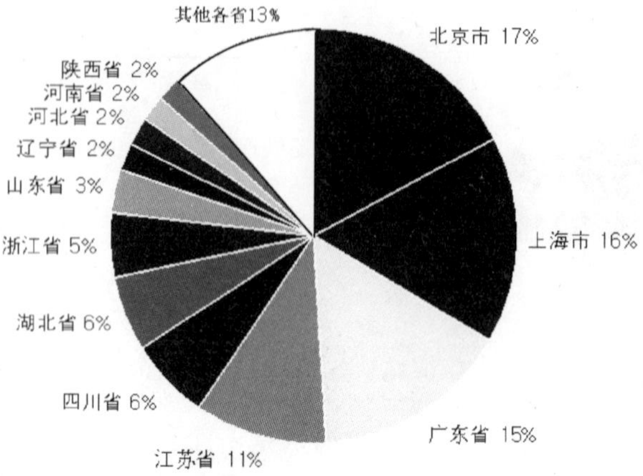

图 10-33 会员区域分布图

2．年龄统计

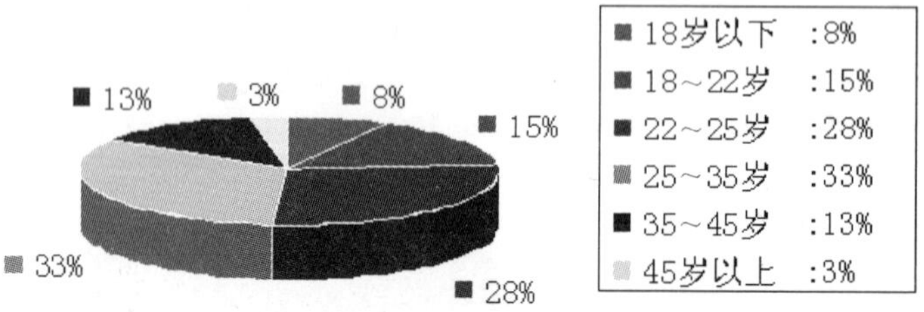

图 10-34 会员年龄分布图

3．家庭收入

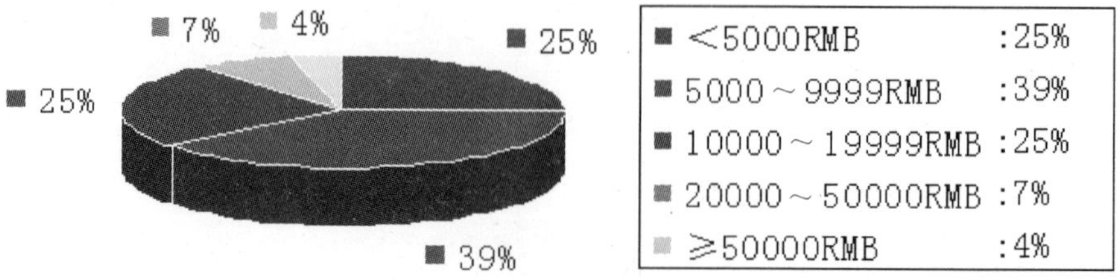

图 10-35 会员的家庭收入分布图

4．学历统计

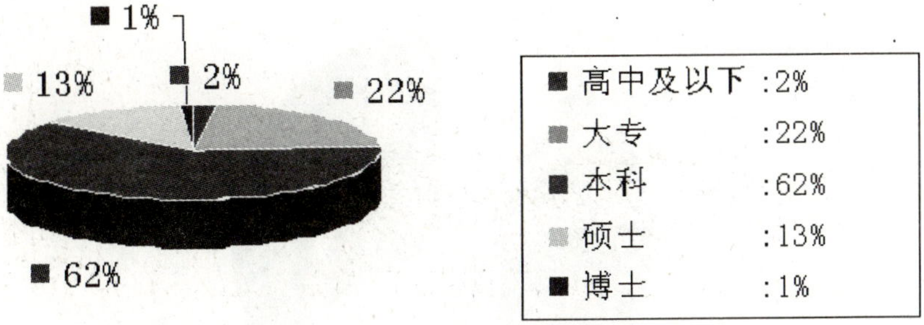

图 10-36　会员的学历统计图

123 宠物网网站的建设和网络营销，是一个创举，它揭开了传统企业利用互联网进行传播的新模式。深入传播是企业开拓新市场，稳定市场占有率的强大动力，这也是众多国内大企业在企业营销中不遗余力在做的一件事情。